印度农政分治研究

YINDU NONGZHENG FENZHI YANJIU

李典军　著

中国农业出版社
北　京

序

PREFACE

该书用马克思主义的立场、观点和方法，对印度农政分治思想和实践展开了系统的研究，对印度农政分治的历史源起、印度农政分治的思想来源、印度农政分治形态的创建、分治农政中的英迪拉时代、经济全球化中的分治农政和适应分治的印共农政探索等内容都做了系统的、辩证的、历史的分析。结合作者对美国农政道路、苏联农政模式的系统探索，可以说作者逐步完善了对外国农政思想研究的范式、内容与体系，这些研究成果对于深层次地把握世界各国农业、农民和农村治理与服务的经验教训，解决我国“三农”问题都有直接的借鉴意义。很多研究成果具有创新性，填补了农政思想的研究空白，大大丰富了社会主义农政思想的理论内涵，具有重要的理论价值和学术价值。

综合来看，该书填补了印度农政思想研究的学术空白，研究方法科学，资料较为全面，研究结论令人信服，对我国当前的农村改革和发展具有积极的借鉴意义。

中国社会科学院农村发展研究所研究员

杜志雄

导言

INTRODUCTION

《印度农政分治研究》是继《美国农政道路研究》和《苏联农政模式研究》之后，又一部研究大国农政问题的专著。我们理解的农政是农业、农民和农村之事的治理与服务，它重点研究治理与服务进程中农业方式的有效性和农政关系的和谐性两个方面的问题。这里的农业方式是指农业生产经营组合的方法和形式，农政关系是农民群体与政权主体之间相互作用和影响的状态。在这两个方面的矛盾运动中，当代世界形成了兴衰不同的大国农政建设形态。在《美国农政道路研究》一书中，我们第一次从农业方式的有效性和农政关系的和谐性两个方面，阐述了美国殖民地时期以来农业转型、农民转化和农村转变的历程，从而揭示了它对世界各国农业的影响以及美国农政道路发展的特点。在《苏联农政模式研究》一书中，我们同样以农业方式的有效性和农政关系的和谐性为尺度，在阐述列宁、斯大林、赫鲁晓夫、勃列日涅夫和戈尔巴乔夫5个时期的农政思想、农业政策和农政体制的基础上，将其归纳为"苏联农政模式"，并分析了这种模式对世界产生的影响而引起自身蜕变的历史轨迹。

本书是第三部研究大国农政问题的专著。我们同样根据农业方式的有效性和农政关系的和谐性两个方面的理念和方法，对印度农政发展进行了全境式的历史与比较分析。我们的研究表明，独立后的印度，承继千年的印度文化，广纳世界的农政理念，并根据人口众多、民族复杂、农村落后等实际，在70多年的发展中，成就了自身特色的农政分治模式。所谓农政分治，就是中央、各邦和各地方政府，根据宪法确定的不同职能，对农业、农民和农村实行分别治理与服务的形态。为了全面分析印度农政分治形态的形成与发展，我们从印度几千年历史的演变和印度思想家们的思想宝库中寻找它产生的答案，从农业方式的有效性和农政关系的和谐性两个方面阐述它的成长历程。全书形成了如下的基本线索与逻辑联系：

第一章从世界农政发展历史演变规律的宏观高度，通过比较分析的方法，对印度农政分治的历史渊源进行了追述。从古代印度开始，由于外来入侵者的不断更替而主政印度，因而它没有形成像中国那样因为地主与农民经济的敌对关系而产生浩大的农民起义所引起的政权更迭，也没有出现像西欧那样对农奴和农民的世俗与宗教双重奴役所导致的王国征战而分裂割据，而是在其外来者的不断冲击中，形成了社会内治化的村社形态、治理经济化的种姓制度、矛盾分散化的土地结构和英国殖民化的农政统治，从而在这种全境式的历史演变分析中，揭示出印度独立后走向农政分治的历史必然性。

这种历史必然只是印度走向分治的条件，而农政分治的政治体制和经济政策的建立，仍受现实3个方面的影响。一是印度思想家们的思想斗争，二是独立后印度国家确立的政治体制，三是印度宪法对国家农业和农民地位的确认。这3个方面使现实的印度不得不沿着古代和近代印度的历史轨迹，建立起世界大国中独有的农政分治形态。第二章首先对近代印度农政思想的博弈过程进行了全面分析，印度思想家们的突出代表包括印度最早的启蒙活动家罗姆摩罕·罗易（Rammohan Roy，简称罗易），印度国民大会党（简称国大党）奠基人瑙罗吉，印度民族解放运动的早期领导人伦纳德，国大党早期领导人杜特，印度民族革命运动的奠基人提拉克、甘地和尼赫鲁[①]等。这些思想家们从英国殖民化农政的批判开始，提出了印度必须走工业化和非工业化的农政道路两种方案，最终在尼赫鲁和甘地农政思想的影响下，促成了印度农政分治体制的确立，也就给出了印度分治农政长成的现实答案。

在印度众多的思想家中，甘地的思想影响是最为深远的。他的非工业化思想，如以分散的农村经济来反对集中的城市竞争经济、恢复和发展村社这一农村管理形式、改造印度古老的种姓制等，对印度农政建设产生了十分重要的影响，促成了独立后印度农政分治的形成。然而这种分治体制

① 本著中“甘地”专指“圣雄”莫罕达斯·卡拉姆昌德·甘地，拉吉夫·甘地依理简称“拉吉夫”，“尼赫鲁”指贾瓦哈拉尔·尼赫鲁，下同。

是以农村主导城市的总体安排为其原则的，在其成长中对尼赫鲁推进的工业化产生了抑制作用，自此，这种分治体制在国家发展战略中经历了尼赫鲁的矛盾与冲突、英迪拉的调整与完善、20 世纪 90 年代外向自由化的重建 3 个大的历史阶段。国大党在国家的建设问题上由此出现了两大体系，一是甘地以乡村为中心的乡村建设以及与此相关的中央之下各邦的管理体系，二是以城市为中心的现代工业化建设以及与其相关的中央国家管理体系。第三章对这两大思想体系作用下的第一个历史阶段的农政分治形态进行了阐述，从农政分治体制的建立开始，随后对农政分治化的土地改革、服务工业化的农政方略进行全面追述，最后对印度分治农政的创建者尼赫鲁农政建设思想和实践进行了总体分析。

尼赫鲁创建的印度农政分治形态在他的女儿英迪拉[①]时期经受了考验。英迪拉不仅接过了甘地和尼赫鲁的民主社会主义旗帜，而且广泛采用市场经济的方式发展国民经济，她启动的经济内向自由化奠定了印度 20 世纪 90 年代后外向自由化的基础。在这一进程中，英迪拉完成了由尼赫鲁重工业优先向“农业优先、工农并举”的农政建设方略的转变，促进了工农关系的调整，实现着印度的强国目标，由此构成了直到今天仍在延续的英迪拉时代。在农政建设上，英迪拉在美国失信的 480 号公法实施中，强力推进了印度农业发展战略的巨大转变，在调整前期农业政策的基础上，创建了印度完善的务农体系并进行了一系列的制度建设，促进了全国各地农业方式的进步；完善了农政分治体制，初步形成了政权主体与农民群体和谐共生的农政关系。作为历史与逻辑的一个完整整体，第四章以“分治农政中的英迪拉时代”为题，对英迪拉时期的农政建设予以集中阐述与分析，内容包括英迪拉农政方略的转变与政策调整、农业务农体系的系统性构建、农政分治体制的完善与重建，最后对“英迪拉农政”作为印度发展的新起点进行了全面论证。

英迪拉建立的印度农政稳定结构在 20 世纪 90 年代经历了考验。美国以其和谐的农政关系建立起来的强大的农业生产力，不仅支撑起了国内经济的发展，而且以其充足的粮食武器推行着美国式的价值观，并在这种粮食武器战中击垮了苏联。苏联不是倒在美国的热战和冷战之下，而是垮在

① 本著将英迪拉・甘地简称为“英迪拉”，下同。

② 关于这个方面的全面论述参见拙著《苏联农政模式研究》一书，中国农业出版社，2007 年。

了美国粮食武器的拖延战术之中[②]。社会主义的苏联由一个十月革命前的粮食出口大国演变为20世纪60年代以后不断增大自美国粮食进口的粮食进口大国，最终书写了一个土地广袤的大国近乎三分之一的粮食都需要外国供给的最为奇特的农业史，农民在由有产有地变成无产无地的进程中，成为全球文明史上最大的不生产、少生产、软抗衡统治者的最大群体，苏联的粮食问题供给成为引变苏联垮台的“癌细胞”，一个曾经强盛的大国崩溃的历史进程不可避免。粮食危机的化解考验着执政者的能力，粮食的安全保障更考验着执政者的智慧。英迪拉在解决印度这一不断暴发粮食危机的国度中，显示了她的能力，展现了她的智慧。她在展示自己的能力和智慧中不仅为印度人民建立起了一个超稳定的农村治理结构，而且建立起了有效的粮食安全体系。然而当苏联崩溃，美国开始进行新的农产品贸易战时，印度的粮食安全问题再次经受着考验。第五章正是在这个意义上来认识印度20余年来的农政挑战与变革，对正在进行的农政分治的变革与转型，包括英迪拉内向自由化的新机遇、经济全球化中的农业政策变化、农村社会公共保障制度的完善、农政体制的转型与分治的弱化等进行了平实的述说。

印度农政分治最具特色的部分是允许不同意识形态的政党在某一个区域进行自己的农政建设。20世纪初，马克思的社会主义理论传入印度。在社会主义理论的传播中，20世纪20年代诞生了印度共产党。与国大党甘地和尼赫鲁社会主义不同，印度共产党坚称以马克思列宁主义为指导进行自己的革命和建设。在这一原则下，独立前的印度共产党在英国殖民统治下开展了一系列的革命斗争，其农政建设的主张也与此基本保持了一致。独立后，在国大党创立的农政分治体制下，1951年印度共产党首先在革命策略上发生了一次转变，即由武装斗争转变为和平议会斗争，于是也就有了1957年获得喀拉拉邦政权的早期农政建设实践。由于对印度国情条件和革命策略的认知不同，1964年印度共产党发生了组织上的分裂，从最初的一源两支裂变为一源四支。在农政建设上，印度共产党充分利用英迪拉给出的分治条件，在喀拉拉邦和西孟加拉邦形成了轮执型和长久型两种执政形式，从而成为国大党中央政府农政建设理想的推动力量。在这一系列农政建设的实践中，印度共产党把马克思列宁主义农政原理与印度实际结合起来，在各个不同的时期形成了相应的农政建设理论。为了展现这一历史进程，第六章首先在厘清印度共产党社会主义农政建设思想演变的基础上，重点介绍了喀拉拉邦的轮执型执政和西孟加拉邦的长久型执政中的两种农政建设模式，然后在社会主义农政建设理论与印度共产党农政实践的结合上进行了相应的比较，重点分析了印度国大党和印度共产党两党农政主张的趋同和两邦农政运行模式的选择两个方面的问题。

目 录
CONTENTS

第一章
印度农政分治的历史源起

印度是世界上伟大的文明古国。从公元前6世纪摩揭陀国开始，先后经历了孔雀王朝、贵霜王朝、笈多王朝、伽色尼王国、德里苏丹国、莫卧儿帝国等六个王朝帝国，其间尽管经历了种种的列国分裂岁月，且列国分裂岁月占据历史文明的大部分时间，但印度统一的历史进程无法阻挡。到莫卧儿帝国的奥朗则布（1658—1707年）前期，达到印度王朝帝国势力的巅峰，莫卧儿帝国版图东起孟加拉湾，西达阿富汗，北起克什米尔，南至卡维里河谷，几乎囊括了整个南亚次大陆。自近代英国对印度进行统治以来，它不仅对印度进行了残酷的经济剥削，而且在政治上肢解了统一的印度，将其分裂为巴基斯坦、印度以及后来的孟加拉国。在世界农政发展史上，由于外来入侵者的不断更替而主政印度，因而它没有形成像中国那样鲜明的地主与农民经济的敌对关系而产生的农民浩大起义不断所导致的政权更迭现象，也没有出现像西欧那样对农奴和农民的世俗与宗教双重奴役所导致的王国征战而分裂割据，而是在其外来者的不断突击中，形成了治理经济化的种姓制度、社会内治化的村社形态、矛盾分散化的土地结构和英国殖民化的农政统治，从而使新印度在独立进程中不可避免地走向了农政分治。

第一节　治理经济化的种姓制度

在雅利安人进入印度并与印度原部落居民的融合过程中，最先产生了独具特色的种姓制度，它在演变中与村社制度结合在一起，成为维系印度历史稳定发展的两大因素。从历史进程上看，应当是经济化的种姓制度催生了内治化的村社制度。从雅利安部落社会中成长起来的种姓制度，以其自觉的精神控制，将一种身份维系几十年、几百年甚至上千年，这在治理结构上可以说是最为经济的。这种经济化控制需要一种社会组织来维系，这就催生了内治化的村社制度。因为从治理结构上看，相比于外治化的国家控制，内治化的村社治理应当是更为经济的制度。在农政关系上，这种制度还将务农的农民身份固定下来，农民身份保持长期稳定有利于生产的发展，同时通过村社内部与其他非农种姓发生关系，从而无法形成中国式的农民起义和西欧式的分裂割据。因此，无论是在有利于农业经济发展方面，还是在保持国家政治稳定方面，这都是印度一个合理的制度安排。

一、种姓制度的起源与演变

一般将种姓和种姓制通称为“瓦尔纳”（varna）和“贾提”（jati），但实际上它们略有区别。瓦尔纳通指婆罗门、刹帝利、吠舍和首陀罗四大种姓，贾提则是指不断嵌入这四大种姓的各个分支集团。历史上贾提的数目是不断增加的，现今的南亚社会中大约有 2 000～3 000 个贾提，这些贾提分属于不同的瓦尔纳。但在婆罗门教传统中，婆罗门和刹帝利的支系不称贾提。贾提这个单位在很多情况下不能用来表示婆罗门和刹帝利两大瓦尔纳中的种姓集团。这种从总到分的种姓制度的形成大体上经历了 3 个阶段。

（一）部落社会演进中产生的初期种姓制

公元前 1 000 年至前 600 年的吠陀时代后期，进入印度的雅利安人在部落社会的不断分化中形成了以职业世袭和内婚制为特征的种姓制度——瓦尔纳。最初的瓦尔纳分白色的“雅利安瓦尔纳”和黑色的“达萨瓦尔纳”两种。随着生产的发展和社会财富的增加，部落内部越来越不平等，它沿着世系的分支，按世系长幼的不同而分化。长者支系演变为贵族世系“罗耆尼亚”（kajanya），幼年支系演变为平民世系“维什”（vish）。罗耆尼亚保护整个部落，并进攻其他部落以夺取牛羊，而维什成员从事牧业和农业生产，向罗耆尼亚和部落的祭司贡献他们的产品。罗耆尼亚逐步演变为刹帝利，为掌握权力者；维什氏族集团演变为吠舍，为被统治的阶层；为部落举行祭祀的祭司和一些离群索居的思想家，则构成了婆罗门。在这些等级阶梯的下端，很多没有世系关系者构成了首陀罗。至此，瓦尔纳等级制在吠陀社会从牧业向农业经济的转化中，在吸收各个部落氏族集团加入部落世系的过程中初步成型并得到巩固。但是这时的瓦尔纳制并不是我们在近代社会看到的种姓制。瓦尔纳制只构成种姓制的基本框架，它是种姓制形成的第一步。

（二）贾提产生后的种姓制充实期

随着吠陀诸部落向东部移民，在恒河中下游当地的居民中建立了一些有特色的文化，城市和国家也自此而兴，恒河中下游成了佛教文化区。在东部地区没有长幼世系之分，本部落成员都称为“罗耆”，全体则构成“罗耆家族”（rajakula）。瓦尔纳的概念传入后，罗耆家族也称刹帝利，但是这里既无幼辈世系可转化为吠舍，又无首陀罗。瓦尔纳作为一种外来的概念，其实际内容与西北部地区大不一样。从佛教文献反映的瓦尔纳等级来看，刹帝利即王族排在最高，婆罗门居其次，然后是吠舍、首陀罗，还有瓦尔纳体系不收容的“贱民”（chandala）。由于这里没有长幼辈世系分化，吠舍和首陀罗瓦尔纳都是虚构的，用来衡量社会地位高低更为现实的单位是贾提。贾提是指从上到下各种地位的集团，一般被分为两大类。一类是高级的，包括婆罗门和刹帝利的各个家族世系；另一类是低级的，包括其他一切不属于婆罗门和刹帝利的集团。随着新的社会经济发展，特别是城市的兴起，在城市和农村中涌现出很多新的社会集团。如都城中国王的扈从、侍卫、后宫，政府的官员、军队，服务于统治机构的医生、会计、洗衣人、理发匠、厨子、裁缝、艺人等，城市经济的商人和工匠，服务于各个阶层的农民和借贷人等。这些不同地位的职业成员逐渐形成了内婚制集团，变成了贾提。这些贾提虽因纯净度不同而有高低贵贱之分，但它们之间的排列次序和瓦尔纳的归属并没有明文规定，在历史上因时因地而有所调整。这些历史上的贾提根据自己和周围贾提从事的行业找准自己在种姓制中的位置，并得到周围贾提的基本认可，充实了种姓制的组成人员。

（三）贾吉摩尼制后的种姓制成熟期

瓦尔纳体系为社会等级制的体制化提供了理论框架，各行业、各部落组成的内婚制集团以贾提的形式不断加入瓦尔纳体系。这在印度历史上延续了2 000余年。外族的入侵、移民，城市的兴起、衰亡，婆罗门教文化的扩展等不断产生新贾提和使它们加入瓦尔纳的机会。在这个过程中，不管是在南方还是在北方，某个地区加入农耕社会的部落总有先来后到。先拥有土地耕种权的部落集团定居下来，建立村庄，与周围平等地位的土地占有者联姻结盟，组成贾提，形成某个地区的占统治地位的农业贾提。稍晚加入农耕社会的部落氏族则只能依附于这个占主导地位的贾提并为其服务。服务的家庭每年向主户提供一定的产品和服务，在收获季节分得一份农产品，这就是贾吉摩尼制。为了使贾吉摩尼制关系得到巩固，便出现了农业公社。同时，在这个过程中还形成了渔业贾提、畜牧业贾提和手工业贾提，并在这种贾吉摩尼制的成长中形成了各自主导的渔业公社、畜牧业公社和手工业公社等农村公社（以下简称村社），印度村社自此而兴。种姓制度在与村社制度的结合中进入了它的成熟时期，它与各个等级的经济利益、政治需求有效地结合在一起，最终成为一项稳定的制度。

二、种姓形成中的农政关系

在种姓的成长中，务农的群体逐步嵌入瓦尔纳体系。由于种姓的强制和村社的控制作用，它们世代务农，并由此成为世界上最为长久的务农群体，形成了世界上最为稳固的农政关系。

在种姓制形成的第一阶段，随着牧业经济向半农半牧和定居农业经济转化，农业生产成为一个正式的职业，主要由普通部落成员的维什来承担。起初牧业和农业混在一起，农业还没有专门的分工。随着土地和农业的扩大，部落需要更多的劳动人手，社会分化进一步加剧，结构也发生了变化。维什成员中有一部分成员主要进行农业生产，同时还要进行牧业生产，这一阶段的维什还是牧业与农业的结合，维什作为被统治的种姓生活在各个瓦尔纳之中，务农群体由于未能与其他群体严格区分而使其农政关系仍处在一种萌芽状态。

贾提制出现后，随着城市的兴起和国家的形成，各个不同职业集团的人群形成不同的贾提，农民作为一个固定的社会阶层也就出现了。早期佛教文献不断提到对农民的各种称呼。有些农民是农业家庭经济中的佃户，他们可能原是家庭经济中的附庸劳动力。在城市经济发展时，有些家庭移居城市，把耕作管理交给这些劳动者，于是他们成了佃户。也有些农民是独立生产的小农，他们直接向国家纳税。这些农民当然都形成自己的内婚制集团，成为新的贾提。这一时期的农业贾提受到城市的影响和干扰，还没有成为主导性的贾提集团，他们的农业身份由于处在较大的流动和变动之中而难以形成稳定的农政关系。

在印度城市经济的兴起与衰落进程中，农业方式在经济生活中逐渐占据主导地位，农业贾提以及为之服务的贾吉摩尼制的出现，使种姓制不断成熟起来，而且在如下几个方面的影响下形成了稳定的农政关系。

第一，村社的形成为稳定的农政关系创造了条件。村社的建立是以定居为前提条件的。它使部落社会形成的种姓关系逐步在一个区域内相对稳定下来，并得以不断巩固和完善，从而使农业贾提不仅在内部产生了贾吉摩尼制而嵌入瓦尔纳体系，而且在与渔业公社、畜牧业公社和手工业公社的交往中，形成了务农群体与其他社会群体的交往关系，由此成为印度全部农政关系的成长起点。

第二，不同等级的村社交往活跃了务农群体与非农群体的关系。不同种姓因各自纯净-肮脏的程度不同而不能随意交往，这就使居民的通婚和对政治、宗教事务的参与都必须超出本村社的范围，在相同的贾提或贾提支系内进行。各个村社的种姓集团都有各自的通婚网络，通过这些网络，一个村社与周围地区有很多联系交往。每一个种姓等级，不管是婆罗门的家族、刹帝利的世系，还是贾提，都在不同层次上建立自己的组织机构。农业贾提在这个过程中当然也会建立自己的网络与组织，以对付其他种姓集团，争取更多的利益。因此也就在更大的范围内出现了跨村社、跨地区的农业贾提大会，这些大会一般在某个大村或自设的神庙中举行，这就出现了盛大的朝圣。这些朝圣者可以向本种姓等级的成员们倾诉自己的问题，争取自己的特殊利益。这样的朝圣还与商业活动关联在一起，那些成为朝圣地的市镇同时兼具农产品交流的职能。自此，我们看到的是以农业村社为支撑的印度各个村社，由于人们的婚丧嫁娶、走亲串户、朝圣拜神、负贩经商，熙熙攘攘，从而构成了一个联系紧密的社会网络，形成了较为活跃的务农群体与其他村社的种种关系。

第三，婆罗门村社的兴起强化了农业贾提的重要地位。随着越来越多的移民进入和疆域拓展，使得那些移居的农业种姓集团很容易演变成贾提，成为首陀罗的一部分。尽管在城市的兴起和衰亡中一些种姓集团消失，一些新的种姓集团兴起，但作为务农的贾提及其种姓集团则是不断扩大的。特别是从笈多王朝时期开始，印度北方工商业开始衰落，而农耕发展，土地价值增高，对土地的争夺加剧。王朝君主把荒芜的土地或渔猎部落生息活动的土地颁赐给婆罗门和其他宗教机构，农业自此与高等种姓结合，随着婆罗门教的扩展快速向南方推进，从德干高原推向南方的泰米尔地区。6 世纪兴起的帕拉瓦王朝和 10 世纪兴起的朱罗王朝都以婆罗门教立国。统治者有时自称婆罗门，有时自称刹帝利，并向婆罗门大量颁赐土地，建立婆罗门村。婆罗门村成为农耕文化的核心和主动力，由此形成了这种以婆罗门村为主导的印度古代的农政关系。在这个村社内，设有专门从事祭祀的婆罗门祭司，也有为经营农业服务的其他贾提。

第四，农业村社成为当时经济产品交流的主体而影响其农政关系。农业贾提主导的村社不可能是孤立的，特别是那些占有土地的农业贾提更成为农业生产的组织者和实践者。虽然他们上有婆罗门的精神指导，下有各种服务者为他们的生产和生活服务，然而自己生产自己所需的一切是不可能的。他们无法自己生产的铁、盐之类是生产和生活必不可少的，这就需要通过商品流通来解决。于是农业村社的农产品就需要流向市场，与其他村社产生商品交换。正是这种农业村社主导的产品交换，与不同种姓的通婚网络结合在一起，使农业村社与周围地区有很多联系交往，形成了彼此之间相互依存、相互合作的社会。

从以上种姓制度形成中的农民群体成长来看，农民群体经历了从种姓的分离到独立的贾提集团的形成再到嵌入各个婆罗门村社的过程，从而使自己在政治治理上与村社相互结合，在精神和经济上与种姓制度融为一体。它们的利益一般通过各个村社的婆罗门种姓来体现，从而难以形成自己利益的代表，更难以形成全国性的政治推动能力。

三、种姓治理的经济化分析

在印度传统价值中，种姓制是一个基本的特征，它形成了一个完整的体系，规范着一切社会关系。根据种姓制，印度社会分为婆罗门、刹帝利、吠舍、首陀罗以及不可接触者“贱民”五大等级。这 5 个等级构筑了社会的高低顺序，社会生活即以这 5 个等级的相互关系为核心展开。这种等级化的种姓制同样也维系了几千年的内治化村社，使各种外来者不断融入各个村社组织之中。那么这种等级化的种姓制度为什么在印度千年不变，保持了如此久远的历史呢？

这似乎只能从人们生存法则的经济因素中去找原因。在一个社会主要依靠农业来维持生存的时代，也只能从农业经济的因素中去找答案。如果说村社是政治治理费用最小的话，那么种姓制度与农耕经济结合则是农业经济管理费用最小化的最佳形式。村社制度与种姓制度结合在一起，使政治上的治理和经济上的管理费用最小化，并导致印度生存风险最低化，这既是种姓制度长期存在的原因，也是印度和谐发展的最突出表现，更是印度文明不同于世界其他文明的地方。

第一，这种农业管理的经济化决定了农业生产管理费用的最小化。在村社内部的种姓中，主要有3类阶层的人与农业生产方式发生关系，即作为土地占有者的婆罗门种姓、作为农业生产者的农民贾提和为其服务的商人贾提，后两类人一般归于首陀罗。它们的关系不是中国式的“富不过三代”，而是终身难以改变。在中国，作为农业生产最主要的生产资料的土地是在地主之间不断变动的，有时商人也出钱购置土地而成为商人地主。这些地主，特别是新转入的地主，其对农民的地租剥削可能是疯狂的，中国的村社当然也会服务于这一目标。这样，中国村社内部的地租剥削随着土地变动后的时间推移，经历了第一个由轻到重的过程，但由于是在村社内部，所以地主对农民的剥削不论多重，都必须满足农民维系生命的要求。村社内部地主与农民并不构成国家矛盾关系的主要方面，这一点与印度相近。问题在于中国的封建国家制度。中国的县官是皇帝委派征收农民赋税的官吏，从县到州再到府，直到全国最大的地主——皇帝，相互之间构成了层层官吏的巧取豪夺，由此演绎着农政关系的第二个农民受压榨的由轻到重的过程。更为关键的是，随着科举制的推行，中国各种官僚享有少征和免征赋税的权力，其赋税负担照例要转嫁到农民头上。随着官僚队伍的不断扩充，农民所受剥削也就经历了第三个由轻到重的过程。这3种农民由轻到重受剥削的过程，不仅导致了农民与各村地主的阶级矛盾，更形成了与封建国家政权的最高统治者——皇帝的直接对立。中国农民与封建国家的多重关系导致了其所受剥削的程度要高出印度很多，农民受剥削的程度由轻到重通常是1/3、1/2和2/3，最后就是基本生命都无法维持，那时农民起义也就不期而至。但印度不同，它由村社集体向皇帝交纳田赋，一般为1/6，无法形成中国式的层层巧取豪夺。印度村社内的种姓等级终身不得改变，导致婆罗门尽管被我们称为是一个不劳而获的等级，但婆罗门没有中国地主那种无限占有更多土地的动力，更不像中国地主那样自己参与农业生产，因此，婆罗门对于进行农业生产的农民贾提也就难以形成中国式的地租剥削。如果对农民贾提剥削太深，无以为食导致的农民贾提不生产可能同时危及这些婆罗门。就农业贾提来说，它们终生务农，既不考虑购地，也没有成为婆罗门的可能，这种务农的专职性决定了他们对农业的学习和生产费用也是最小化的。就商人贾提来说，他们只能服务于包括农民贾提在内的村社的各个阶层，挣再多的钱也不可能升到其他阶层，更不可能购地成为婆罗门来剥削农民。因此，从这个意义上看，印度村社下的种姓制就造成了一个没有阶级尖锐对抗的社会形态，在没有外来入侵者的情况下，社会各司其职，长期相安无事。

第二，国家对种姓制度下的村社管理由此也是最为经济化的。在印度，由于是通过国家直接对村社进行松散的管理，通过种姓制度进行精神控制，并没有西方国家那样的官方教堂，导致印度教徒不可能像基督徒那样通过教会机构和牧师来保持其信仰和维系其世俗的社会体制，而是形成了一种分权的社会控制体制。在这种体制下，既不需要中央政府，也不需要教堂，种姓制度本身就能将足够的劳动供给捆绑在村社所需要的劳动密集型任务之上。这样的控制，只有在没有残酷的阶级斗争的社会形态中才能建立起来，由此也就形成了相对稳定的治理结构。从这个意义上看，在相当长时期内缺乏任何中央集权政治权威的格局中，种姓制度是一种最为可行有效的制度安排。另外，从政治和军事的存在理由看，印度久远的种姓制度也在某种程度上通过让参加战争成为某一种姓阶层人士——如刹帝利（或武士）——的专门职业，使其他种姓阶层的民众避免参与到印度统治者改朝换代和外族入侵者建立其政治统治而引起的社会冲突当中。这就使权力从一个国王转到另一个国王，而下层邦和村庄的行政体制却保持不变，亦适应新的统治者。

第三，农业管理和村社治理的经济化决定了印度难以形成国内对立的阶级斗争关系。在如何认识印度种姓制度这一社会结构的问题上，西方学者根据自己的价值观和理论框架，建立了阶级说并进行了相应的阶级分析，印度部分西化学者和中国部分学者也持相同的观点。但印度更多的本土学者坚持种姓说而否定阶级说，并反对进行阶级分析。在我们看来，古代印度（英国侵入以前）农耕文明时代立足于农业经济管理费用最小化和村社治理费用最小化的村社形态和种姓制，是南亚大陆产生的最优制度安排，它是那个时代一项比欧亚各国的制度更为和谐、更适合人性的制度。在几千年印度文明史上，除了因外族的侵入而产生的种族斗争外，印度自身从没有形成两大对立集团导致经济利益冲突而产生的大规模战争。印度本身的发展史表明，由于村社内部的分工不变，使得根本不可能导致阶级对立，更不可能产生在此基础上的大规模的全国性的阶级战争。阶级斗争既不是印度发展的动力，也不是印度发展的主要力量。因此，一些学者根据意识形态将印度种姓制纳入阶级斗争的分析不仅是“强人所难”，更是对印度实际的一种先入为主的无知之见。实际的情况是，英国侵入印度后，不仅造成了残酷的经济剥削，而且形成了文化强制。其最突出的强制就是西方的阶级斗争说、产权至上说的传入，它使印度永无宁日，不得不转入西方引导的所谓现代化道路，并且它对印度人民的伤害更是极为严重，对此内容将在英国的农政维系中进行讨论。

第二节　社会内治化的村社形态

在古代印度原始部落农业的基础上，最早进入印度的雅利安人在由游牧经济向农耕经济的转变中，在种姓制形成的初期，因其农业的定居需要而产生了村社这一最初的农村组织。村社组织与经济化种姓制结合在一起，因其内治化特征而与世界其他所有的农村基层组织区别开来，并在印度这个古老的国度存在了约 3 000 年，也成为印度现代社会最重要的历史遗产。

一、印度村社的起源与演变

在印度雅利安人种姓制的成长与推进中，为了保证种姓的纯洁性，巩固雅利安人创造的农业文明成果，在那些实行了种姓制的村落催生了渔业公社、畜牧业公社、手工业公社等各种村社。在如何认知这种村社的问题上，主要有两种方法。一种是史学法，将村社视为人类社会的一个阶段而进行历史演变的分析，认为村社专指原始社会解体时期形成的以地域性和生产资料所有制的二重性为特征的社会组织；另一种是社会学法，将存在了几千年的村社视为一种社会现象，认为村社是指相同利益、相近关系的一定成员组成的富有自身特色的村落社会。本著将这两者结合来分析和认知村社，认为村社是人类社会历史发展中的一种社会现象。公元前 10 世纪前后吠陀后期雅利安人在印度北部恒河流域，6 世纪后拉杰普特人在印度中西部、北部某些地区，10 世纪后贾特人在旁遮普等分别建立了多种多样的村社。大约从 1 世纪起，南印度由于较少受外族入侵的影响，村社与农业生产平行发展。

印度村社通常由村落组成，一个村落就是一个村社。村落有大有小。从地域范围来看，小的村落几百英亩*，大的村落几千英亩；从住户多少看，大的村落达 1 000 户，小的村落仅 30 户，100～500 户是比较适中的村落。作为一种历史现象，印度村社存在了 2 000 多年；作为一种社会现象，印度村社长久存在的可能性就是它的治理内治化。

一是农业和手工业在村社内分工和治理。印度农业和手工业结合的方式不同于中国。在中国，古代农业和手工业的结合是在家庭内进行的，“男耕女织，耕织结合”是中国古代家庭经济的基本特点，因而它呈现一种家庭内部的治

* 英亩为非法定计量单位，1 英亩≈4 046.86 平方米。——编者注

理，更大范围的则是国家对村社的管理。而在印度，古代农业和手工业的结合是在各村社内进行的，由不同种姓的家庭分别完成。除纺纱和织布常常由不同的家庭分别完成外，村社内还有专门为全村服务的各种手工匠人，如铁匠、木匠、陶匠、编筐匠、金匠、银匠等，这些手工匠人为全村居民提供生产工具和生活用具，村社则以份地、份粮的形式付给他们报酬。这说明印度古代村社内的分工较中国古代社会的分工更细致、发达。这种分工是在村社内部进行的，并同种姓制度相结合，因而无论是从经济层面上还是从精神层面上，其治理都主要在村社内部进行。

二是由于种姓在社会发展中的特殊地位，村社内治就表现为不同的种姓治理，阶级治理不占主导地位。印度北部古代种姓结构以瓦尔纳制度为主体，村中村民可粗分为婆罗门、刹帝利、吠舍和首陀罗四部分。婆罗门、刹帝利同少数吠舍上层构成村社内的统治种姓，吠舍的中下层同首陀罗构成村社内的被统治种姓，被统治种姓占村社居民的大多数，其中最受歧视和压迫的是首陀罗。印度南部的情况则不同，它主要存在婆罗门和首陀罗两个种姓集团，几乎没有类似印度北部的那些人数众多的吠舍种姓集团，除少数王族外也很少有刹帝利种姓集团；但在各个地区都存在一个从首陀罗中分化出来的占有重要地位的农业种姓集团，这个农业种姓集团同婆罗门结盟统治村社，村社内的主要劳动者是中下层首陀罗和“贱民”，他们构成村社内的被统治种姓。在随后的发展中，各种姓内部结构和分工有所变化且进行了更为详细的划分，但政治上的治理和经济上的剥削都是以种姓结构出现，而不是变动中的阶级结构。

三是种姓治理表现为自觉的依附而不是强行的武力控制。在长期的种姓结构治理中，它通过强化种姓观念，把低级种姓的人和“贱民”束缚于村社内部，使其处于依附地位，从而形成了较为稳固的人身依附关系，主要表现为两个方面。一种是属于低级种姓的人和不可接触者“贱民”对整个村社的依附。在这种关系下，多半是属于工匠、差役的低级种姓的人为整个村社服务，为全村供应生产工具和生活用具，或为全村提供洗衣、理发等服务；“贱民”则从事清除垃圾或搬运动物的尸体，以及其他类似的职业。他们的报酬由全村以实物形式支付，通常由村中拨给少量免赋土地，或在收获季节从村社公粮中分给一定量的粮食。另一种是属于低级种姓的家族和不可接触者“贱民”的家族对高级种姓家族户对户的依附关系。在这种关系下，低级种姓家族特别是工匠、手艺人和“贱民”家族，不是为整个村社服务，而是为某一特定的高级种姓家族服务。这种低级种姓家族对高级种姓家族户对户的依附关系，是世代相传而不能任意改变的，通称贾吉摩尼制。

二、村社演进中的村政关系

印度内治化的村社，其宏观管理和微观治理的成本较其他农政关系形态的国度而言都是最小的。印度国家对农民群体的治理既不是中国以中央为核心的地主官僚集团与广大农民群体的关系，也不是西欧政教分治的庄园主对农民群体的关系，更不是沙皇俄国（简称俄国）依靠村社力量形成的中央国家与农奴群体的关系，而是在村社内部形成务农种姓与村社其他种姓关系的基础上，形成了国家与村社的间接的关系。村社内部非农种姓异常强大，无论是在精神层面——由婆罗门控制，还是在物质层面——由非务农的其他种姓控制，这就使务农群体即使在村社内部也难以对统治种姓构成治理危机，更不可能形成务农种姓群体对国家的直接威胁，这种村社与国家的村政关系成为印度历史最显著的特点。

一是早期村社作为国家的基层行政单位，同国家直接发生政治关系。一般由国王直接任命村长。《摩奴法论》规定国王应该任命村落长、十村落长、二十村落长、百村落长和千村落长[①]。村长的第一项职责是照理农村防务，率领为此目的组织的义勇警卫队；第二项任务是实现国家税收，并保管实现税收的记录；所有重要的文件习惯由村长直接管理（马拉维亚，1956）。此外，村社还有以下人员：一个记账员，登记农业账目；一个官吏，捕缉罪犯，保护外来旅客并把他们从一个村庄护送到另一个村庄；一个边防人员，守卫村社边界，防止邻近村社入侵；一个管水人员，从公共蓄水池中分配灌溉用水；一个婆罗门，司理宗教仪式；一个教员，在沙土上教公社儿童写字读书；一个专管历法的婆罗门，以占星家的资格确定播种、收割的时间以及对各种农活有利和不利的时间。

二是村社直接向国家缴纳田赋，由村社形成对国家的经济关系，务农种姓只与村社发生经济关系。一般地租和田赋合一，最低的租赋率为产量的1/12，最高的租赋率为产量的1/6，通常租赋率为产量的1/6，如果加上其他杂税则租赋率要高于产量的1/6。中世纪的租赋率要高于古代。德里苏丹国时期，田赋占产量的一半；在莫卧儿帝国时期，赋额接近于“经济地租”的最高限度。村社只要向国家缴纳了田赋，其内部事务则不受国家干涉。可见村社具有高度的内治权。

三是村社通过潘查亚特来实现它的内治权。在古代印度，潘查亚特是管理村社的自治组织。它由5个属高级种姓的村社长者组成，所以又称“五老会”。这5个村社长者的职位往往是世袭的，他们拥有行政、立法、司法权，几乎控制了村社生活的各个方面。他们决定问题并不是通过多数人的投票，而是通过

① 蒋忠新译：《摩奴法论》，中国社会科学出版社，1986年，第125页。

成员间的相互讨论和协商。他们被看作神的最高审判者，他们5个人的决定被看作神的决定[①]。到了莫卧儿帝国统治的后期，随着村社的逐渐瓦解，潘查亚特逐渐瓦解，其权力也逐渐减弱。英国的入侵彻底摧毁了印度村社，潘查亚特制度随之被彻底破坏。

正是由于印度村社与世界其他村社的不同以及由此形成相异的村政关系，使得各个村社无法形成更大范围的利益共同体，从而导致印度的各个村社既不能组成统一的力量以反对专制制度的统治，又不能组成统一的力量以抵御外国入侵。这就使印度难以形成像中国那样长时间的中央集权、俄国那样的沙皇绝对奴役、西欧那样的神皇相争的局面。因此，从整体上讲，古代印度以区域王国为主，长期处于分裂状态，国家政权不起重要作用，实力和重心在村社，这也是印度难以形成统一的力量抵御外国入侵，更难以建立起长期的专制主义的重要原因。

三、村社内治化的比较分析

正是由于印度在种姓结构的框架内有着很强的村社治理内治化倾向，所以它的治理与其他大国有着重大区别且具有自己鲜明的特征，从而成为印度独立后其农村和农业走向分治的历史起点。

第一，没有形成像俄国村社那样的从中央到地方的统治链条。与印度相比，俄国是一个非常年轻的国家。俄国是15世纪下半叶后围绕莫斯科逐渐形成的一个中央集权国家。在这个与印度气候特征迥异的区域，俄国在农奴制确立与演变的同时，形成了农民群体丧失自我的村社制度。其特征是自给自足、封闭排他，政社合一、连环自保，土地公有、定期重分。尤其是它的政社合一、连环自保特征，形成了村社外治的沙皇的绝对控制。在俄国，村社作为生产管理和政治统治合一的组织，要以连环保的形式负责分派和征收国家、地方自治机构以及封建主的货币税，要完成整修道路、桥梁和渡口等国家劳役，要摆渡囚犯和巡幸官员，接待军队住宿，监督农民按时交纳应付的款项并追缴欠款。村社还负责维持治安，监督村社内部纪律和生活习惯准则的执行，拘捕流浪者、逃亡者和逃兵；当农民由一个村社迁往其他村社时，负责登记、除名和迁徙的有关事项；预防犯罪，拘捕罪犯，进行预审，以罚款、拘禁或鞭笞等方式惩治轻微犯罪的农民，对欠债人实行强迫劳动。此外，村社还依据地方习惯法，审查民事案件，审判在村社内所犯的刑事罪等。俄国这种村社制度是特定的历史条件促成的。它把古斯拉夫人的封闭性、维金人的宗法自治、拜占庭的邻里公社及蒙古人巴思哈制度下的连环责任制融为一体，形成了一种以强调个

① R S拉吉普特，D R 梅格主编：《印度乡村自治：基层的民主》，新德里，1984年。

人对共同体的依附为总体特征的宗法体系，也在很大的程度上影响和决定着俄国农业方式的生产和组织形式。这样一种结构导致了俄国沙皇政权这一村社的外部力量对村社的绝对控制，这种依靠国家对村社有效控制的外治，又使农民群体在这种外治中不断丧失自我。而印度是国家对村社松散控制，主要依靠村社内治，又使农民在这种内治中形成自我满足的村社形态。俄国村社和印度村社应当被视为两个大国农村基层组织的两种不同形态。

第二，没有形成像中国那样有效的逐级专制直接统治。中国在 2 000 多年的封建专制统治中，充分利用了村社这一形态来强化自己的专制统治，封建专制统治作为村社的一种外部力量对村社进行治理。中国的村社形态早在公元前 10 世纪的商周时期就已经出现。但在村社的历史演变中，不是与印度内治化的种姓制度结合，而是与封建专制制度结合，被封建主利用。中国的封建国家以黄河流域为中心向着四周边缘地区扩张。在其停滞的生产力的制约下，这种扩张不能以集约的方式，在一定领土与人口上增进生产物的总量，而是必须借助于政治的权力，以占领区域的外延的扩大来获得生产量的增加，扩大剥削范围。为此必须得到村社形态的原有士族的支持、合作与援助。而这些士族在他们所占据的地区内常保留村社的形式，以地缘或血缘作为结合纽带，形成一个广大的乡族势力集团。在秦汉时期以后的封建社会里，村社对于协助中央或地方官僚，加强其在辽阔地区的统治权曾起过相当大的作用，具体表现形式为村庄、里甲、五代同居、义门、义仓、义田、族田、学田、尝田等。在这种背景下，封建国家在对农民治理的问题上，就与这种种不同的村社保持着相互利用的关系。这些村社在封建政治的扶植与利用之下获得了较大的合法权力以统治村民，封建专制国家则利用村社的力量扩张了领土和财富。与其不同的是，印度的内治化治理结构使其在没有外来入侵者的情况下能保持一种松散的状态，而在外来入侵者建立新政权的过程中，也因村社的稳固性不得不依附于印度这种既村社合一又有种姓支撑的村社形态，中国外治式的双方利用在印度是不存在的。

第三，没有形成像西欧那样的强盗扩张。西方学者继研究了印度村社、俄国村社之后，19 世纪中期德国学者毛勒又追寻到了西欧的马克公社，并被当时的大多数学者认同，认为日耳曼人的公社组织一直延续到中世纪甚至近代。然而为了证明西方的先进性，自 19 世纪末起西方的主流学者坚决不承认日耳曼曾存在公社，他们也大都放弃了公社说。但在笔者看来，西欧存在的村社形态却较东方要落后得多。日耳曼相似于俄国的村社存在时间很短，到日耳曼部落征服意大利、西班牙、高卢等地的时候就已经不存在了。日耳曼人在所有被征服的国家里建立了新的村社，在这种新的村社里，耕地成为农民的私有财产，而牧场、荒地等仍然是村社的公共财产。在随后的演变中，西欧的村社逐步走向外治，形成了鲜明的阶级等级关系，与印度村社有了较为明显的差别：独立自由的村社基本消逝，逐步被外在化的庄园制代替；封建领主试图侵夺村社农民使用的公共土地，农民采取行动保卫自己的权利，村社成为农民与封建领主斗争的工具；封建主依靠国家强权，逐步战胜村社的农民，夺取了村社的公共土地的所有权；到 12—15 世纪，西欧一些国家的农村根据过去的村社传统，联合起来进行斗争，拒服劳役，驱逐主教，共同起义，要求自治，从而为农民争得了自己的利益。因此，印度村社婆罗门种姓在其村社内的统制力，不像欧洲中古时期那样直接地“由等级特权的体系加以巩固”，而多是利用村社的种姓制度渗透于村社的经济和政治之中，以保存地方分割性的自然经济和政治上的内治结构。

第三节　矛盾分散化的土地结构

在治理经济化的种姓制度和社会内治化的村社形态的控制下，印度按农业区域和等级划分为不同的国民，实行着稳定的政治统治。与此相适应，印度还形成了矛盾分散化的土地结构。真正意义上的“溥天之下，莫非王土”的土地国有制，由于与村社制和种姓制不相协调而在印度难以长久存在。但一些西方学者却将自己的学术观念强加给了印度，在印度考证出了所谓的土地国有制而在世界上广为传播；一些中国学者也从印度的古籍中找出了所谓的土地国有制。本著无意全面评价这些学术观点的是与非，只是在本著的农政史研究中，感觉这些学术观点无法解释印度农政分治结构的历史演变，反倒是印度学者关于印度古代土地形态的观点，更能切合印度农政分治结构的实际。本著的研究表明，从印度土地形态的历史演变来看，无论是土地私有制的不断深化，还是短暂的土地国有，其总体趋势是沿着农政矛盾分散化制度变迁演进的，这也是印度的土地形态与古代其他文明土地形态不同的地方。

一、土地形态的历史演变

西方现代经济学的产权理论诞生后，试图将世界上所有的物质生产纳入产权理论当中，产权动力的“神话”吹遍了学术的各个角落，争论最为激烈的就是关于“产权是公还是私”，土地的归属问题也一样。于是到印度古籍中寻求相关的依据成了很多学者的任务，为市场经济的世界推广或阶级斗争提供理论支撑成为他们的责任。而其中争论最为久远、最为激烈的可能莫过于土地问题。

但在笔者看来，印度由于村社制和种姓制的独特性，并不具备像欧洲和中国土地形态那样的条件，更多的是一种与土地使用发生关系的自然演变。

一是雅利安人进入印度后由牧业向农耕转变中的土地村社共有时期与村社共同耕作。公元前 1 000—前 500 年雅利安人进入恒河中下游地区，开始使用铁器。部落共同体逐渐过渡到地域性共同体，在种姓和村社形成的不断累积中开始形成国家。这一时期是村社相对稳定的务农种姓土地专用时期，当时并不存在土地归谁所有的问题。如前所述，由于种姓制度下的其他等级种姓一般是不务农的，所以这片土地无论是公有还是私有，即不管土地归谁所有，都由务农种姓来负责生产。婆罗门提供的祭祀，刹地利提供的武装保卫，其他首陀罗提供的工商、生产等服务，都应当是一种生产。因此，务农种姓在村社内部就不是一种被剥削关系，而是一种分工合作关系。那种将务农种姓硬定为被剥削对象的理论假设是，农业、工业等物质领域是生产，而精神领域不是生产。这种理论今天看起来已经过时了。

二是村社王权扩大，长期的王地农耕时期。据佛经记载，公元前 6—前 5 世纪印度开始进入列国时代，当时有 16 个邦国，主要有摩羯陀、迦尸、拘萨罗、俱卢、般遮罗和犍陀罗等。从吠陀初期，村社公有土地共耕转变为务农种姓专耕；到吠陀后期王权扩大，公有土地转化为王有土地，而此前为务农种姓耕种的耕地并不归属于国王。虽然国王对于王有土地、荒地等具有特别的权力，但这种权力并不涉及一般村社的耕地。以惩罚懒惰农民为由的王权的行使，并不是凭借国王的土地所有权，而是凭借国王的统治权产生的。国王利用耕地的权力对作为土地所有者的农民所共有的充分权利加以限制。随后出现了国王向婆罗门、宗教团体等赠送土地、村庄的现象。通过村庄的赠送，国王把此后征收各种税收的权力让渡给婆罗门，一般来说这并未侵犯村社农民的土地使用权；国王赠送土地即意味着赠送所有权，一部分王有土地、未垦土地以及从原来所有者处买来的土地被国王赠送出去了。但无论是王有土地，还是国王赠送出去的土地，其生产者都是务农种姓，此时国王们还没有经营土地。

三是孔雀王朝短暂的土地国有时期。古印度摩揭陀国的孔雀王朝（公元前 321—前 187 年）是印度真正意义上的国家一统时期，它和中国汉朝、罗马帝国并称为当时世界上最先进的文明。孔雀王朝定佛教为国教，种姓制的土地关系略有消解。公元前 273 年阿育王取得王位后，以武力四处讨伐，开疆拓土，统一了除迈索尔地区外的印度全境，其统治时期成为古代印度史上空前强盛的时代。这种强盛需要集中国家财力，这就出现了印度历史上第一个集聚全国力量的土地国有制时期。国王对于王室农庄、森林、矿山、河流拥有所有权，并据此建立了国家统一生产的制度，设置了农业管理机构。农业管理机构的农业官员负责视察河道，丈量土地，管理露天渠道，注意让每个耕种者得水量相等，监督农事，管理樵夫、工匠和矿工，征收租税等。但这种土地国有并由国家统一经营的土地制度是不可能扩大到印度全境的，一般村社仍保留自己原有的土地形态，村社农民没有迁移和改变职业的自由，村有农耕土地仍占主体地位。且当时的土地国有并非国王个人私有，而是氏族贵族共有。村社的贡赋虽然被称为国王的份额，但它既用于国王与王室的消费，又用于政府的开支，还要在氏族贵族中再分配。在公元前232年阿育王去世后，这个依靠一时土地国有支撑起来的帝国由于没有有效的制度安排，无法供养军队，所以很快就瓦解了，各个地区在政治、经济、文化上仍保持自己的独立性，土地国有状态也不得不恢复到原有的村社土地形态中，印度又回复到更常见的地区性独立王国的分治局面之中。

四是进入土地私有化的全面拓展时期。由于仍实行务农种姓专门农耕，所以土地所有的矛盾不是集聚而是不断分散，其进程也特别漫长，经历了1 500多年，持续到13世纪。孔雀王朝以后，短暂的土地国有制逐渐瓦解，土地因国家所有而产生的与经营集聚的矛盾也随之化解，随即出现了矛盾分散化的土地私有化进程。土地私有化主要通过两个渠道：一是通过国王封赐土地，形成高级僧侣、官僚、军事领主私人土地占有；二是通过村社内部的分化和土地兼并，形成村社私人土地占有，但这些占有的土地主要是垦荒产生的不属于村社的土地。由于种姓制度的限制，上述两种私人土地占有形式的发展相互并行而不能融汇，两者彼此间有难以逾越的鸿沟，这就造成了地权的分割。更为关键的是，尽管地权分割，但务农种姓专事农耕的性质没有改变，土地除维持务农种姓的简单再生产以外，其地权的收益也是分散的，这就使土地所有的矛盾不是集聚而是不断分散。印度王朝土地分封制度广泛实行，永久赐地大量出现及其私有化的发展，进一步削弱了国家的财政基础。

五是穆斯林入主后的土地国有制与土地私有化的斗争时期。印度的土地制度由于存在种姓和村社两大因素的制约，导致印度既达不到中国式的土地财富的国家集聚以及在此基础上的皇帝封建政权，也达不到西欧式的农民土地所有权高于一切以及在此基础的土地全面私有化，而是在土地国有制与各种土地私有化的博弈中，产生了柴明达尔土地制度，从而使土地的分散化生产经营达到了古代印度的顶峰，进而导致印度内治化村社和等级化种姓两大制度的制约而无力集聚全国的力量去有效反击欧洲殖民侵略者。印度这一博弈过程从13世纪初德里苏丹政权建立到莫卧儿帝国崩溃，共5个半世纪。其表现主要为3个方面：①穆斯林和莫卧儿帝国的强有力的君主始终主张集聚全国资源，以行政和军事的力量巩固土地国有制，并为此进行了一系列改革，但改革的成果总是只能在短期内得到维护。在土地国有制与土地私有化的博弈中，私人领地在曲折中发展。私人领地在其拓展中，既分散了国家的财富，也分化了统治者与被统治者的矛盾。②村社内部的土地私人占有形式得到了发展，村社上层人物作为外来征服者必须依赖的基层力量，利用他们的特殊地位兼并土地，成为土地私有化的最大受益者。③由于宗教的、民族的差异及语言文化方面的障碍，君主在与以上两种土地私有化力量的博弈中，不得不扶持和发展中间人势力，利用他们享有的代国家收取赋税的权力，同时也获得一定的地权收益。德里苏丹国时期出现了对贵族（主要是军官）分配土地田赋的伊克塔制度，贵族作为国家与农民的中间人而得到土地上的田赋。到莫卧儿帝国时期出现了柴明达尔这一农村中间阶层，他们在自耕不交田赋土地的同时，负责征收农民耕种土地的田赋。

由此可以看到，自阿育王建立统一强大的孔雀帝国时起，即开始了土地的国家集聚与村社分散的博弈过程。种姓与村社两种制度结合在一起，使得分散化的力量大大强于集聚的力量。当外来者通过武力成为印度君主时，土地的集聚范围有限且时间短暂，即使在一定时间和范围内集聚了一定的土地，也不得不将其分封给各地方有势力的人物以组织生产，从而形成了土地的多层关系而分散了印度古代社会的各种矛盾。

二、农业方式的分聚形态

印度与土地结构分散化相适应的农业方式仍以分的趋势为主。尽管其间有过君主集聚的斗争，但在 2 000 年的农业发展中，农业方式分的趋势是其主要特征，主要表现为以下几个方面。

（一）农业生产分的趋势明显

这种趋势是通过区域性发展不平衡表现出来的。远在公元前 3 世纪印度河流域摩亨佐·达罗（Mahenjo-daro）和哈拉帕（Harappa）文明时期，在印度西北部就已出现了原始农业。从各遗址中发掘出的谷物、棉纱、纺锤以及青铜农具（犁、铧、镰刀等）表明，当时已能使用金属工具从事小麦、棉花生产。公元前 2 000 年左右印度西北部喜马拉雅山麓地带的部落已用 8 头或 6 头一组的公牛犁地，种植大麦、小麦、稻、黍、芝麻以及甘蔗，开始采用简陋的人工灌溉和施肥，并饲养乳牛、水牛、驴、绵羊、山羊等。这表明此时的印度西北部已进入发达的农业时期，而广大的德干高原地区仍处于新石器时代。公元前 1 000—前 800 年，印度开始进入铁器时代，农业地域开发自西向东沿恒河流域扩展，并在自然环境炎热多雨的恒河下游平原发展了水田农业。至公元前 5 世纪，农业生产已扩及整个南部印度，栽培作物的种类也大大增多，如大麦、小麦、水稻、非洲黍、高粱、粟、豆类、芝麻、蓖麻、亚麻、棉花、黄麻、甜瓜、南瓜、胡椒、甘蔗、香蕉、芒果和柑橘等，此外还有许多药用作物。正是依靠这种农业的发展，促进了印度人口的大量繁衍。到公元初年，今印度边界内的人口就已超过 3 000 多万人。此后在漫长的 1 500 多年历史进程中，由于历经多次异族入侵、王朝更替、战争破坏、社会动荡，农业生产受到极大摧残，人口增长也十分缓慢。至15世纪末，人口才首次超过1亿人，1650年达到1.4亿人。随着人口的急剧增长和社会日趋安定，带来了农业生产的进一步发展和地域的广泛开发，也加剧了农业生产的分散化。当16世纪末印度全境大部分宜耕地均已辟为农田的情况下，由于农作物的多样性和轮作制度的复杂性，使各地只能根据不同情况进行不同的施肥和灌溉。各地也只能按照自己的农业地理和气候特征，选择林业、畜牧业和采集业。分散化的农业生产主导了2 000多年的印度农业发展。

（二）农业交易以分为主的分聚结合

农业生产分散化的特征决定了农产品交易的分散化，使印度根本不可能形成全国统一的农产品交易。印度自种姓制和村社形成后，建立了在村社内部分工基础上的农产品与其他产品交换的形式，而随着生产的增加，这种交换的区域不断扩大，由一个村社扩大到一个更大的村社。早在孔雀王朝时期，印度就修筑了贯穿东西的北方大道和通向南方的南方大道，这两条大道直到近代铁路线铺设之前都是印度的主要交通命脉。这种全国性的陆地交通决定了难以形成全国性的农产品贸易，形成的只有沿海与外国经济作物的交易，来自地中海的商人驾船来到印度河口的巴巴里孔港、坎贝湾的巴里加扎港以及西部沿海的卡里雅纳、索帕罗等港口，卸下金币、银币、大罐酒，装走各种香科、棉布、宝石、珍珠等。需求量较大的粮食流通范围有限，由于受到印度复杂地形的影响，尤其是没有国家的强制推动，所以这种粮食交易范围是不大的，印度不可能形成像中国唐代长安、宋代开封那样的世界性农产品交易市场，也不可能出现贯通全国南北的京杭大运河来进行粮食的远距离交换。由于当时的生产力水平比较低下，对自然条件的利用程度和控制能力也较差，农业生产对自然环境仍具有强烈的依赖性，农业的土地利用、耕作制度和生产特点均受到地形条件和气候状况的制约。农业生产的地域类型，大致在雨量充足的滨海平原和河谷低地发展了以一年两熟为主的水田农业，在干燥区、高原、山地则种植以一年一熟的麦类、粟、黍、鹰嘴豆等杂粮为主的旱地农业。在长期形成的农业和家庭手工业密切结合的社会经济结构支配下，虽然蚕桑、香料、蓝靛、棉花、甘蔗等经济作物也有一定地位并具商品性，在中世纪欧洲市场上享有较高声誉，但是总的来说，商品化生产和农副产品交换规模仍然很小，农业经济仍以自给自足的粮食生产为基本内容。

（三）农业水利的分散化明显

印度古代的灌溉水利建设曾经被认为是封建专制王权的基础，但今天的进一步研究表明这一结论不符合印度实际①。印度水利灌溉的种类和规模因不同

① 施治生，刘欣如：《古代王权与专制主义》，中国社会科学出版社，1993年。

的地理气候条件、不同的时代和不同的生产技术水平而异。这种分散化表现具体如下。

(1) 水利设施建设主体的多元，绝不是仅依靠国家君主。从国家出现后的古代印度 3 000 余年水利发展史来看，远古的萨罗君主政体没有国家控制的大型水利灌溉系统，水利由各部落共同进行。孔雀王朝国王既组织水利工程建设，也鼓励和资助民办水利工程，但由于地理生态环境的多样化和国家财政的限制，孔雀王朝时期不可能像修筑贯穿全国的大道一样修建全国性的水利网，其大部分水利均属于民办性质。贵霜王朝等外族统治者继承的前期的大型水利工程，主要依靠地方上的头面人物或社会机构来主持一般的水利灌溉，也有不少信佛的人向佛寺捐赠或为佛寺修造水井、蓄水池和汲水设备。笈多王朝以后，已经发展起来的地方势力和民间机构行使组织社会生活和生产的职能，水利设施作为土地资产的一部分，当然也归这些机构掌管。由于封建君主制是层层分权的，所以根本谈不上建立大型灌溉网，各国君主只能用各种办法鼓励地方发展水利。曾被西方视为主政水利的南方王室，能直接控制的只有坦焦尔一带的核心地区，其他地区由婆罗门和占统治地位的农业种姓集团共同控制。尽管莫卧儿帝国政权有一套较为完善的中央集权机构，但他们在水利灌溉上的作为和印度南北方的历代统治者一脉相承，仅在自己直辖的核心地区兴建一些大型工程，在其他地区就只能提供一些资助或用政策鼓励民间的水利事业。

(2) 水利设施受益者的多层次，绝不仅是国家君主。由于水利设施建设主体的多元化，特别是早期村社、宗教机构等基层社会组织的参与，后期南方婆罗门、农业种姓以及集多方投资和积累于一体的神庙的出现，导致水利设施的受益者为社会的各个阶层。印度历史上有不少关心水利事业的君主，他们的主要目的是保证国家的财政税收。但是君主在多大程度上能控制农业税收，并通过对农业水利的投资增加税收，则要看国家机器的效率，也就是要看国家对资源的控制和管理能力如何。在孔雀王朝、朱罗王朝和莫卧儿帝国的极盛时期，君主能够用行政手段达到较高的中央集权，中央政府对资源和税收能够控制，也就能在经济核心地区兴建大型水利，并资助民间的水利设施，因此能从灌溉增收中得到直接的好处。反之，在实行全面分封制的君主国里，君主只能靠武威和礼仪性的互换，如纳贡、颁赐等方式保持臣属关系，中央政府的职能很少，大部分水利设施的建筑、维修、收益也和封地一样分给属臣了，君主主要从水利与税收的关系上来增加收益。这一点莫卧儿帝国尤为突出，皇帝们在他们统治的恒河上游和印度河流域核心地区建造了大规模的灌溉网，为的是保证中央政府的财政收入；政府用贷款的形式资助农民兴修水利，为的是提高税收比例。

(3) 水利设施区域极为分散，绝不仅集中于君主领地。自早期印度西部、西北部和喜马拉雅山脚的干旱和半干旱地区出现大大小小的灌溉设施后，各种水利灌溉设施得以发明并向全印度推进，如公元前 1 000 年左右旁遮普和恒河-亚穆纳河间地印欧语部落开始在小溪、小河上修筑临时性的水坝来蓄水，建造小型灌渠来引水或修建蓄水池。阿育王时期向更为广阔的区域推进。经过几百年的不断建设，君主、领主、商人、农民、婆罗门的水利投资和劳动以神庙形式积累起来，印度南部的水利网在 1 200 年之后初步形成了。印度南北部再次统一的莫卧儿帝国达到了水利建设的顶峰时期，这一时期开发了从德里一带到旁遮普的大灌渠网，从亚穆纳河、希萨尔河、苏特累季河和加格尔河引水的灌溉彻底改变了这个地区农业生产的状况。虽然由于技术上的进步，莫卧儿帝国时期的水利较以前有大的发展，但是大型水利工程所灌溉的面积占耕地总面积的比例仍是很小的。印度北方大部分水浇地使用传统的水源，即水井和小蓄水池，而水井多为土井，是砖井的水井很少。干旱的木尔坦地区也出现了一个灌渠网。

（四）农业管理分散

在 3 000 余年的历史上，印度对农业管理的主要目的在于收税，真正指导农业生产的农业管理只有过两次。第一次是孔雀王朝时期。为了有效地治理巨大的帝国，孔雀王朝的统治者把国土分为若干省，省再分为若干县，称阿哈拉、毗沙耶或者普拉德萨。当时有城市和农村两个管理系统。农村管理以村社为基层行政组织，每 800 个村为一个行政单位，设立税收、防卫中心，负责的官员称为“斯塔尼迦”，其下有主管 5～10 个村庄的行政官员“哥帕”，管理农村地区的高级行政官员称为“阿哥兰诺米”。这些官员监督河流灌溉，管理水闸，丈量耕地，监督农牧业生产。第二次是莫卧儿帝国时期。比较典型的是希瓦吉政府。为了便于农业的收税和管理，希瓦吉将王国分为若干个普兰特（即省），每个普兰特又分为若干个帕拉加纳和塔尔夫，村是最低的行政单位。希瓦吉废除了土地包税的习惯做法，而代之以通过国家官员直接向农民收税，但这些官员“无权行使政治长官（封建领主）的权力，也无权骚扰农民”。对土地仔细丈量后才进行估产，为此采取了统一的丈量单位。国家的税率定为预期产量的 30%，过了一段时期以后，希瓦吉废除了其他各种捐税，接着把国家的税率提高到预期产量的 40%。耕种者确切地知道他们的税额，并能缴纳这样的税额而不感到吃力。他们可以选择缴纳的东西，既可用现金，也可用实物。国家为了鼓励农业，由国库预先贷款给农民以便农民购买种子和耕畜，农民则不费力地每年分期偿还贷款。除了这两个王朝以外，基本上没有全国性的农业管理，而这两个王朝的农业管理也重在税收，而不是农业生产。

（五）农业收益分散

农业收益分散突出表现为两个方面。一方面，在整个印度占据主导地位的是分散化的、未能连续一致存在的帝王，他们在种姓和村社体制下未能集聚全国农业资源而建立起中国式的皇帝享有的大型宫殿。在印度君主不断的土地分封中，受封者不断坐大而使印度君主难以集聚财富。在财富最为集聚的孔雀王朝时期，农民是人数最多的一个阶层，但是农民不服兵役和其他公共劳役，只是全力从事耕种，且在战争和冲突发生时不受干扰。他们除缴纳土地贡赋外，还向国库缴纳一部分土地产品。虽然在非常时期他们必须缴纳捐税，但这种捐税只在很少的场合才征收。这导致了农业收益的分散。另一方面，最能体现财富集聚的是分属各种群体的神庙，它分散了国家的财富。各个种姓集团为维护自身的利益而建立起来的神庙，既是他们的朝圣之地和进行商业活动的场所，也集聚了整个种姓集团的财富。神庙既是种姓集团的物质财富，也是其精神财富。这种分属不同种姓集团的神庙，是各种人群利益的集聚，反映的是集团分散的利益，因此它在印度得以长久保持。神庙既是人们的精神寄托所在，也是一个特定群体利益的自我保护单位，不会像皇帝享有的大型宫殿那样不断遭到农民的焚毁。

三、农政关系的总体分析

印度土地形态和农业方式以分为主，它的土地国有制和农业集中管理极为短暂，这就使印度形成了不同于世界其他各国的国家与土地主体不同联系的农政关系。

（一）国家与村社松散的农政关系

村社曾是印度和俄国连接国家与农民群体的最基层单位。地处寒带的俄国形成了国家与村社紧密的统治关系。当时俄国村社内部全部土地归村社所有，以家庭为单位主要实行“公有私耕”。15 世纪末和 16 世纪初中央集权的莫斯科帝国建立后，莫斯科大公把大量土地赐给中小贵族，封地制度不断扩大，农奴制度相伴而生。在这种制度下，俄国农民彻底失去自由，形成了一种专制国家的严格控制模式——农民属于村社，是村社社员；村社属于国家，国家又将村社社员赐予贵族，于是村社社员又成为贵族的农奴。村社内土地公有，定期重分，强制聚居与强制耕作。但地处热带和亚热带的印度却形成了国家与村社松散的农政关系。印度国王在赐赠土地的进程中，导致了土地受赐者权力的扩大，形成了与国王抗衡的强大的社会力量。更为关键的是，这些土地受赐者尽管掌握村社土地，拥有土地所有权和行政司法权，却不一定直接经营和耕种土地。传统的种姓制度使婆罗门不接触耕犁，不移植稻谷，于是他们通过把大部分土地出租给农民耕种、向农民收取地租的方式来实现其土地所有权。那些租佃农民基本上是原村社农民，他们继续耕种土地，其中低级种姓“犁人”依附于高级种姓农户。但是这时的村社农民已不再是耕种村社份地的独立的村社农民，而是作为土地受赐者的依附佃农。他们原来向国家交纳的地租与地税合一的赋税，现在已成为向各种土地受赐者交纳的封建地租。在这种情况下，控制农民的就不是俄国沙皇式武装强制的国王，而是依靠种姓手段维系的土地受赐者。在这个过程中，村社作为统一的纳税单位，村社高等种姓收取村社社员的地租，然后从村社财库中拿出一部分实物（或现金）向国家纳税。这里农民不与国家的政权主体发生直接的纳税关系，由于土地受赐者直接向村社农民征收地租和其他各种税收，所以不需要户籍法官；并且在完成村社的纳税任务后，农民的人身是自由的，可以自由离开土地和自由进行自己的生产。土地受赐者掌控的村社，既是抗拒国王的重要的社会力量，也成为国家与农民之间农政关系的缓冲器，他们之间在相伴相生中未能构成一个严密的统治链条而只有间接松散的纳赋交租的经济关系。

（二）国家与地方松散的农政关系

中央和地方的多层级关系是中国与印度两国共同的历史现象，而不同的土地结构形成了两国不同的农政关系。中国的封建经营地主采用租佃制剥削农民，地主对土地的占有是不固定的，对佃农的占有也不稳定，他们本身不能亲自掌握行政权、司法权和军事权。这些权力从土地所有权中游离出来以后，必须归专门的官吏掌握，于是在地主经济之外，凌驾于整个社会之上，形成一套由中央到地方的完整而复杂的官僚机构。上有庞大的中央国家机器，下有严密的郡县制度，两者之间有着紧密的内在联系。中央直接任命、调遣郡县官吏，郡县官吏向中央负责并在政治、军事、法律上服从中央的政令，这就形成了中国封建社会的中央集权统治。在这种封建集权统治中成长了一大批不向国家纳贡的官僚特权地主，他们不仅不向国家纳贡，而且将王有土地税赋转嫁到经营地主和农民身上，经营地主和农民的负担也一天天加重，致使其无法生产而成为“流民”。经营地主和农民也在这种体制建构中构成了与国家直接的对立关系而不断形成了中国式的农民起义。而在印度，土地受赐者一般都有永久土地所有权和行政权、司法权，他们通过村社这种组织形式将土地出租给原村社农民耕种，收取地租，实行租佃剥削，这同中国的封建地主剥削农民的方式相似。但是，由于在印度村社内部，低级种姓“犁人”对高级种姓地主户对户的依附关系是不变的，所以这种租佃关系是稳定的，人与人之间有一种长久的共生关系，这又同中国的情况不同。总之，印度土地受赐者和耕种者的身份是不变的，他们对土地的占有和使用是稳固的。土地受赐者可以利用行政、司法等职权，在种姓制度的格局中通过村社这样的组织形式直接统治农民，因此，用不着建立庞大而复杂的中央和地方的官僚统治机构，也就不可能滋生出一大批中国式的官僚特权地主来对农民实行超经济强制的剥削，这就形成并强化了印度地方分权的农政关系。如果从管理成本来看，印度这种利用精神上的种姓制度的地方分权管理，既低于俄国，更低于中国。此外，印度国家和领主势力始终依靠村社来进行统治。虽然国家和村社之间也有省县机构，但省县机构并不重要、只起领主作用，村社才是有效的行政单位，统治的重心在村社。而村社结构又以种姓制为核心，村社与村社之间的关系以村社统治者的高级种姓的宗法关系为纽带。从总体看，种姓与种姓之间有排他性，整个社会被国界、村界、种姓区别所分割，而领主的分裂割据更助长了这种分散性，使印度难以形成一个长期统一的国家。

（三）国家与军事松散的农政关系

印度和西欧都是较早地实行了职业军人制度，但两者不同的农业方式却导致了两种完全不同的结局。

古希腊迈锡尼时代曾有过下层农民都必须向国王和贵族负担种种义务的“公”“私”份地制度，贵族必须听命于国王，农民则必须耕种国王和贵族官僚的土地，并负担其他一些必要的义务。雅典的梭伦改革打破了贵族对土地的控制，中小农民在获得自己土地的同时，把土地财产同政治权利联系起来，从而将中小农民阶层纳入城邦的政治体系，并在重装步兵改革中与军事发生关系。古罗马王政时代的塞尔维·图里阿国王（约公元前 579—前 534 年）实行兵农合一制，要求能够服兵役的是有土地的人，不管是大地主还是小地主，必须要有土地才能参加罗马军队，平时为农，战时为兵。公元前 107 年，罗马执政官马略把兵农合一制下的征兵制改为募兵制，只要是罗马的自由民，不管其家产多少，都可以自愿投军入伍，同时规定在服役 16 年后退伍，退伍时由国家分配一块份地以维持生活。

古罗马这种兵农一体的制度成为割据化封土制的起点。由于战争战术的变化，一般农民难以作为军士应征作战，所以逐渐以职业军人作为战争主力。这些人在国王的领导下作战，分担国王的危险，也分担国王的光荣，而国王则以他获得的土地来奖赏他们。这些人渐渐成为国王的亲兵，他们逐渐被称为封臣，由国王供养，这就是亲兵制。随着征服战争的扩大和封臣的增加，国王供养他们越来越不易，而征服的土地却越来越多，因此国王逐渐改供养封臣为给封臣一块土地，让土地上的耕作者为封臣纳租服役，进而形成了封土制。这些封建领主不但具有固定的等级身份，而且在领地上亲自掌握行政权、司法权和军事权，这与印度的领主是一样的，但是在农业方式上印度与西欧不同。西欧主要通过庄园这种组织形式，将庄园内的土地分成领主的自营地和农奴的份地，领主对农奴实行劳役地租剥削；而印度主要通过村社这种组织形式，土地受赐者将土地出租给原村社农民耕种，收取地租，实行租佃剥削。更为关键的是，西欧管理庄园的领主们同时也是国王的军人，他们与土地的利益密切相关。不管是兵农合一制，还是募兵制和亲兵制，西欧的兵制核心都离不开土地：兵农合一制是先分地，再服役；募兵制是先服役，再分地。兵农合一制的军队基本上由平民和贵族构成，募兵制的军队可以由贫民加入，而亲兵制则把封臣与封君的生存紧密联系起来。但是这些兵制有一点没变：军队都是为了自己的利益而战，为了土地而战！这种对土地的欲望也刺激着西方人对印度的入侵及对其他地区的扩张。

印度是最早实现职业军人制度的国家，早在种姓制度产生时就出现了刹帝利这一为国家服务的从军种姓。其军事组织形式以孔雀王朝和德里苏丹国最为典型。孔雀王朝的军队由国王亲自统率，军队主要分为正规的世袭军队和雇用军队，军队将士均由专门的刹帝利充任。正规的世袭军队由职业军人组成，他们从国家领取薪饷，跟随国王出征打仗，和平时期仍由国家供养。雇用军队则由为领取薪饷而受雇于军中的将士组成，他们受雇一日就领取一日的报酬。德里苏丹国时期对军官或士兵曾经实行与田赋联系在一起的伊克塔制度。莫卧儿帝国时期的柴明达尔曾经持有政府允许的地方武装力量，但他们的武力主要用以保卫自己在一个小地区的特权，而不是向外扩张。贾吉尔达尔是莫卧儿帝国时期的正规军，他们具有较强战斗力，能够支配莫卧儿帝国的经济生活、政治生活和社会生活。贾吉尔达尔虽有大小之分，但彼此无隶属关系，他们一律受中央管辖，所以对中央的依附性比较强，没有柴明达尔那样的独立性。并且贾吉尔达尔持有的贾吉尔（土地）是非世袭的，莫卧儿帝国为了防止贾吉尔达尔的割据倾向，有意地频繁调动他们，改变他们对贾吉尔的占有地点，通常是半年、一年或两三年变动一次。这导致了贾吉尔达尔同土地的关系不密切，同人民特别是同农民的关系也不紧密，不像柴明达尔那样扎根于农村。

这样，印度具有较强战斗力的军事力量因缺乏土地利益的冲动而无法产生出强大的内在动力，日益壮大的地方柴明达尔对统一的国家形成了很大的抗衡力量。但是，柴明达尔并不享有土地所有权，他们仅享有土地上的田赋以及由征收权产生的统治权，他们仍然只能作为国家与农民的中间人而未能与农民发生紧密的关系。对原占有土地的农民来说，他们并没有被剥夺土地，只是改变了纳税对象，由原来向国家纳税转为向军官纳税，因此他们仍然根据公社所有权或私人所有权照旧占有他们的土地。军官作为国家与农民之间的中间人，虽然能够占有农民的大量剩余，并使原占有土地的农民由自由人变为依附人，但这里的农民本身仍是职业劳动者，并没有与军事土地发生关系，军队的胜负仍与农民无关。由于印度村社制度和种姓制度的结合始终未曾使土地与兵制发生关系，所以它的分散化土地形态与农业方式，使农战合一在印度始终未成为主流。

第四节　英国殖民化的农政统治

1757 年 6 月普拉西战役之后，英国占领了孟加拉地区，印度开始沦为英国殖民地。国家与村社、地方和军事上的松散农政关系，决定了印度很难抵御外来殖民强盗的入侵。1757 年到 1947 年印度独立的近 200 年间，英国在对印度赤裸裸的经济劫掠过程中，还对印度社会进行了重构。就农村和农民的治理而言，它在印度国家与农民较为间接的治理关系中增加了一层不与印度民族融合的外部力量，这使得对农民的治理更为间接，其武装反抗变得更为困难，从而使独立后的印度不仅在政治上被肢解，而且在农村和农民的治理上不得不进入分治状态。从这个意义上看，甘地"不合作运动"就是立足这种国情条件而作出的明智的选择。

一、殖民化农业方式的形成

（一）从农产品平等交换到强制贸易

掠夺财富是英国占领并控制印度的主要目的。在印度这样一个传统的农业社会，其财富主要由农民进行的农业生产所创造。在近 200 年的殖民统治中，英国殖民者通过不断积累经验，实现了从印度内部农产品平等贸易向英国殖民者强制交换的转变，形成了世界殖民史上将殖民地传统农业的财富输往宗主国的最为完整的贸易机制。

第一，早期与欧洲其他列强共同抢建贸易点，为强制贸易提供舞台。16 世纪，随着地理大发现和欧洲商业资本主义的发展，西方商人与东方的贸易逐渐变多，英国、葡萄牙、荷兰、法国等国的东印度公司为取得从印度大量出口蓝靛、毛皮、油料、蔗糖、丝绸、棉布等商品的贸易控制权，竞相在印度沿海建立据点。其中葡萄牙占领果阿、第乌、达曼，荷兰占领钦苏拉、巴拉纳加尔，法国占领本地治里、昌迪加尔；英国占领孟买、马德拉斯和加尔各答，并且深入恒河流域内地建立亚格拉、巴特那、卡西姆巴扎和胡格里等贸易点。英国与欧洲其他殖民者建立的贸易点成为强制交换的起点。

第二，以军队护航，为强制贸易提供武力保障。英国的强制贸易是通过军队这一武装形式来保证的。首先，以武力清除法国等其他欧洲殖民者在印度的影响，独占了印度。1757 年 3 月，英国人攻占昌德纳戈尔，消除了法国人在孟加拉的影响，同年 6 月在特拉西战役中，又打败了孟加拉纳瓦布，进一步削弱了法国人的势力。从此印度这个最富庶的省份的资源就落入了英国人之手，成为英国在整个印度发动战争的物资基地。其次，以武力向印度纵深推进，将强制贸易扩大到全印度。普拉西战役后的近百年，英国通过武力强占，到 1856 年攫取了北印度最后剩下的一个大邦——奥德，整个印度已沦为英国的殖民地。伴随着东印度公司大规模的武力征服，英国开始了对印度赤裸裸的劫掠。据统计，普拉西战役后的 58 年间，英国从印度榨取的财富达 10 亿英镑，这些财富从头到脚流着亿万印度人民的血泪。最后，强制改变种植结构，武力强压鸦片种植。鸦片是英国在印度经营的一项重要专卖事业，为了牟取暴利，保障鸦片这一重要出口物资，英国殖民统治者在恒河中下游平原特别是贝拿勒斯地区，采用武力废粮易种，强迫农民广植罂粟。

第三，制定并实施不平等贸易政策，以“规范化”措施强化了强制贸易。英国对外贸易政策的核心是保证绝对的出超以获得巨额国外利润，对殖民地更甚。为了分散英国与印度的矛盾，英国于 1813 年废除东印度公司对印度贸易的垄断权，允许英国商人对印度自由贸易，并制定了相应的对外贸易政策。大批英国资本家的进入和不平等的外贸政策，使强制贸易的“盘剥”更为严重。为保证有利于英国从印度输入原料、向印度输出制成品，并限制印度制成品的输入，英国制定了相关的不平等税率。如棉织品、丝织品和毛织品，由英国输入印度的税率分别是 3.5%、3.5%、2%，而由印度输入英国的税率分别是 10%、20%、30%。结果在 1814—1844 年出口印度的英国棉布从不足 100 万码上升至 5 100 万码以上，而输入英国的印度棉织品的件数却从 125 万件下降到 6.3 万件。相反，印度输往英国的原料则迅速增长。1849—1858 年，羊毛增长近 6 倍，黄麻增长 4.4 倍。在饥饿中挣扎的印度向英国提供的粮食也增长了 3.4 倍，使印度农民几乎难以生存，更无法抵御灾荒，如印度 1876 年的灾荒使 500 万印度人民饿死。

第四，控制印度田赋，为强制贸易深入农村创造条件。1757—1813 年的半个多世纪中，英国对印度的侵略以商业资产者为主力，以东印度公司为主要工具，经济榨取的目标首先是印度最富庶的省份——孟加拉，采取的手段除了商业掠夺以外还兼用公开抢掠和勒索赔款等直接方式。英国成为孟加拉的统治者后，马上转变成以征课田赋为经济榨取的主要手段，而且从殖民利益出发逐步进行了深入的税制调整并推广到全印度各地。征收田赋，是英国用武力征服孟加拉后得到的最大好处。1765 年，东印度公司获得征收田赋的权利。1764—1765 年田赋收入还只有 82 万英镑，一年后增至 147 万英镑，到 1857—1858 年增至 1 530 万英镑。此时，对印度农民的“盘剥”所得由强制贸易转向了田赋，它占到了东印度公司总收入的 3/5 左右。英国的强制性掠夺性贸易和田赋征收结合在一起，商品贸易关系开始渗入农村，从而使印度沿海及恒河流域一带首先发展了殖民化农业，并逐步形成了一批殖民化农业集中地。如西北部的畜牧蚕桑区，亚格拉附近的蓝靛种植区，恒河中下游平原的油料作物区，孟加拉的棉花、甘蔗区，南部印度的蚕丝（柞蚕）、椰子、香料产区和古吉拉特的植棉区。

（二）从农作物自然选择到强迫生产

在英国殖民统治时期，印度农业由农作物自然选择向被强迫生产转变，而促成这种转变的目的是使印度成为英国工业品的销售市场、原料产地和投资场所。英国掠夺印度的农产品，使印度成为英国重要的农业原料附庸市场。为此，早在18世纪后半期至19世纪30年代，英国殖民当局就强迫印度农民种植各种经济作物，如罂粟、蓝靛、甘蔗、棉花、桑树、亚麻、咖啡等。但除罂粟、蓝靛的种植取得成功外，其他作物的种植都以失败告终。19世纪50年代以后，英国利用资本的力量强迫印度农民种植棉花、黄麻、烟草、花生、甘蔗等经济作物。罂粟、蓝靛、棉花、黄麻、烟草、花生、茶叶、甘蔗等经济作物以及一部分水稻、小麦的种植，主要是为了满足英国的殖民化需要，带有很大的强制性，这种强制的主要力量来自武力和资本。印度农民早期受武力的强制而不得不将种植粮食改为种植罂粟、蓝靛等经济作物，后期更是受到资本的强制而不得不“受强制”生产。一是不能自由种植。种植棉花的预付款只能用于种植棉花，种植黄麻的预付款只能用于种植黄麻。凡此种种，依次类推。二是不能自由出售。接受预付款生产的产品通常要按远远低于市场价的合同价把大部分产品或全部产品卖给预付款的提供者；剩下的一小部分，小农往往因收获后急于用钱而以低价在附近的市场上出售。三是小农从事经济作物的商品化生产，并不是为了利润，而是因生活所迫。小农为了维持生活，除了有必要的口粮外，还要支付必要的生活开支，维持简单再生产，这就要求他们在手头有一定数量的现金。小农之所以愿意以苛刻的条件接受预付款而从事某些经济作物的商品化生产，就是想等作物收获后能多换些现金，以满足生活和生产的需要；但因种种条件限制，小农种植的经济作物一般都卖不到好价钱。在以上殖民者强迫性农业生产中，形成了一套强制农民进行生产英国农产品原料的制度。

（三）从农业劳动自然产出到资本强行渗透

为了增加英国印度殖民政府（简称英印殖民政府）的财政收入，满足英国国内和英国在印度开办的殖民地轻纺工业原料的需要，自18世纪50年代后，英国资本开始大量渗入印度农村和农业，其主要形式有：由英印殖民政府直接提供预付款，通过武力和资本的结合强迫孟加拉农民种植罂粟，制成鸦片运销中国以获取高额利润；由英国商人直接提供预付资本，以预订的方式强迫印度农民生产蓝靛、棉花、黄麻、烟草等经济作物，产品由英国商人直接掌握，并按远远低于市场价的合同价收购，然后再运销国外；由英国扶植印度的商人、高利贷者向小农提供预付款生产商品作物，收获时小农按远远低于市场的价格向提供预付款者提供产品的大部分或全部分，然后再由他们进行销售；英国在印度创办蔗糖厂和甘蔗农场，作为工厂主和农场主，从事资本农业的一体化经营。

此外，英国在向印度农村和农业输出资本时，还通过兴建铁路、发展内河航运、建立灌溉系统以及直接经营种植园等，使英国资本日益深入农村，农业资本更为广泛地控制广大农村，经济作物地位得到加强。在这种资本渗透中，农民由过去农业的自然产出，变成了劳动与资本的共同生产，受到的剥削无限加重。与此同时，在这种资本渗透中，印度先后发展了一大批专门化农业生产区。其中最主要的有：孟加拉黄麻种植区，孟买、中央印度的棉花种植区，阿萨姆茶叶种植园，南部印度的咖啡、橡胶、香料等热带作物种植园，马德拉斯花生种植区和恒河中游平原的甘蔗种植区等。这些地区不仅作物种植单一、集中，种植面积和产量往往达到全国总数的 60%～70%，而且商品率高达 80%～90%，在国际市场上居重要地位。随着经济作物生产的迅速发展，非粮食作物种植的比重逐年增加。若以 1882—1883 年粮食作物与非粮食作物的种植面积指数为 100，至 1919—1920 年这两类作物的增长指数分别为 107 和 143。到了 20 世纪 40 年代开始出现新的转折，非粮食作物种植面积继续增加并出现了与粮食作物争地的局面，致使粮食作物种植面积大幅度减少。据 1934—1935 年至 1939—1940 年 5 年的统计，非粮食作物增加 160 万英亩（64.75 万公顷），粮食作物则减少 15 万英亩（6.07 万公顷）。粮食作物面积的大量缩减，必然导致粮食产量的锐减。在 1901—1947 年印度独立前夕的将近 50 年中，印度的农业生产只增加了 6.1%，其中粮食产量减少了 4.3%[①]。1901—1920 年，粮食产量以 0.3%的速度增长；1921—1935 年，粮食产量以年均 0.02%的比例下降；1936—1950 年，粮食产量以年均 0.68%的比例下降[②]。而与此同时，人口却增加了 37%。英国殖民者对农业生产的资本强行渗透与扩张，实现了英国殖民化农业的最高效率的形式，但却造成了印度粮食短缺，饥荒频繁发生，昔日大英帝国的“粮仓”开始成为举世闻名的“饥饿之国”。

综上所述，在英国对印度近 200 年的统治中，就农业方式而言，实行的是农产品强制交换、农作物强迫生产和农业资本的强行渗透，根本不具备平等和自由的市场经济条件。印度没有自己独立的国家政权，而是英国的殖民地政府；印度全部生产的目标不是自由的市场，而是被英国殖民者控制的市场。因此，列宁提出的“为市场而生产的商业性农业就是商业性的资本主义生产”的论断并不适用于分析印度殖民地时期的农业。印度在近 200 年间的农业主体形态是一种殖民化农业，只有在殖民化农业的背景下，才能展开印度农业的分析，否则无法理解为什么印度独立后走向了农政分治。

---

① 印度政府农业水利部，《1976 年国家农业委员会报告》第 1 册“回顾和进展”，新德里，1976 年。

② I C 丁格拉：《印度农业经济》，新德里，1980 年，第 45 页。

二、殖民化农政关系的确立

（一）种姓之上的英国贵族统治

从精神层面影响印度农政关系最为长久的是种姓制度。自英国殖民者侵占印度后，在印度种姓政权结构之上又多了一层不与印度合流的统治阶层，在意识形态上又增加了一个所谓比种姓文化更先进的西方文化。这就使得印度的农政关系更为复杂。然而正是印度种姓之上的英国贵族在如何对待经济化种姓制度方面的实践告诉我们：对于印度来说，种姓制度既不可能依靠政权的强力来摧毁，更不可能依靠所谓先进的西方文化来占领，而是只能在印度历史前进的步伐中逐步消除其影响。下面来看英国贵族殖民统治者如何对待这一经济化的种姓制度。

与世界历史上西方文化先进论和当今各路先知先觉者一样，英国殖民者早期也曾愤恨种姓制度。比如婆罗门作为高等种姓之上的最高统治者，英国人不能容忍婆罗门在印度社会中至高无上的地位，于是剥夺婆罗门作为印度社会的立法者和司法者的权力、削弱婆罗门政治上的势力等。然而印度存在了几千年的种姓制度，曾经是和平维持印度秩序的最为经济化的力量，它并没有像其他文化那样具有强盗特征。在英国殖民者侵入印度后，种姓制度这一政治结构和意识形态成为印度民族主义者用以团结人民、反抗英国统治的力量。因此，在印度 1857 年大起义之后，英国统治者就由限制种姓制度的政策转变为维护、利用种姓制度的政策。英国殖民者宣称："不能认为种姓的存在对于我们长久统治是不利的，如果我们审慎而耐心地行事，可以说它是有利的。种姓的精神与民族的联合一致是不相矛盾的。"在这种思想指导下，1917 年蒙太坞·切姆福特改革方案规定，印度选举和政府用人采取各种姓按比例分配名额的方式。该方案把印度人民分为 3 种，即婆罗门、中间种姓和落后种姓（包括不可接触者"贱民"）。结果是各种姓互争高下，相继出现许多种姓协会和报刊，造成各种姓间的相互"嫉妒和仇恨"。英国殖民者在印度开办西式学校，使那些高种姓的年轻一代能够得以模仿英国人的生活习惯，使他们逐步地西化，并批评起种姓制度，但批评的结果不是与种姓决裂，而是使种姓制度成为英国殖民者谋取经济利益的工具，使英国殖民者成为现代印度最大的经济和政治受益者。英国殖民者这一利用种姓制度的政策，对印度近代和现代社会产生了极坏的影响。

一是从农政关系的结构上铸就了一个高于全印度之上的最高种姓——"英格兰种姓"，使这一种姓能够站在一个远离印度社会的角度对印度"说三道四"，也为所谓的西方先进论提供了种种证据。今天西化的印度学者还在论述近代英国殖民主义统治在印度西化催生的"新阶级"引导了民族独立运动、印度民族解放的文化都来自欧洲文化等。如今把印度民族解放运动的政治文化归于西方影响的各种学说，都是“英格兰种姓”永远高于印度种姓的再版。

二是在治理结构上造成了印度历史上前所未有的大分裂。在英国西方文化影响下的印度资产阶级领导人开始倡导宗教民族主义，公开提倡古代的四大种姓，使已开始受到冲击的种姓制度与西方文化结合在一起，成为较古代种姓制度更没有经济理性的文化。种姓制度由此成为既争政治权力，又争经济权利的工具。

三是种姓制度成为殖民时期印度各政党和社会团体开展政治斗争的工具，这一经济化的制度变得“铜臭气”熏天。对于近代印度治理来说，由于种姓制度已经不具有经济化特征，导致为维护这一制度而增加了统治成本，进而增加了人民的负担。然而这一现象不仅影响了印度殖民时代的印度政治，而且波及今天的印度政党政治。在英国所谓“民主政治”的影响下，印度独立后种姓意识开始支配着人们的政治行为，种姓也构成了许多政党的基础，并通过这种形式反映各种姓的利益，从而为种姓的政治生存埋下了隐患。

四是种姓制度成为殖民时期印度教派斗争的工具，影响印度社会稳定和经济发展。印度教和伊斯兰教的纷争虽然在历史上早就存在，但并不普遍，而且有不少印度教和伊斯兰教的统治者与平民和睦相处、互相通婚的例证。教派纷争的大量出现是英国殖民者重建种姓制度之后的事情。英国殖民者“分而治之”政策的重要内容之一就是挑拨各种姓之上的各种教派间的争斗。从 19 世纪末至印度独立，共发生过 4 次大的教派斗争（1881 年、1893 年、1920—1921 年、1947 年），小的斗争不胜枚举。印巴分治发生的印度教和伊斯兰教斗争是印度历史上最残酷的一次，据统计有 50 万人被屠杀，800 万人背井离乡。印度独立后，国大党政府对教派纷争没有采取有力的措施。多年来，教派纷争仍屡见不鲜，有增无减。

综上所述，印度古代经济化的种姓制度，在英国殖民者的利用进程中，不仅由于增加了经济上的成本而成为国家治理的负担，而且与西方文化合流成为世界学术市场上一些学者指责印度文化的工具。把印度落后、贫困和无力抗拒外国侵略的原因归于种姓制度是极为不公平的。在我们看来，在印度不是消除种姓制度的问题，而是应当在清算英国殖民罪行的过程中，如何分析与批判西方文化与印度种姓制度合流给印度人民造成的苦难。种姓制度如果没有受到英国殖民者的利用而与西方文化合流，根本就不可能形成今天对印度社会的破坏性作用，且种姓制度完全可能在印度社会的发展进程中，随着不断的城市化脚步而自然消失，并将随着社会历史条件的改变而逐渐改变以致最后消亡。

（二）土地变动之中的农政关系调整

古代印度土地制度是一个较为分散的结构，它是由种姓制度和村社制度决定的，与其社会发展相适应。然而英国殖民者在完成了自己的强制贸易之后，将剥削的目光转向了土地利益的窃取和榨取。在理论层面是以欧洲历史为背景，提出了土地制度决定论，制造了印度土地国有说，为英国殖民者掠夺土地制造理论和政策依据。在政策的实践层面上开始了剥夺土地资源的土地整理。这种整理不是服务于提高土地生产力，而是重在调整农村生产关系，确定谁是土地所有者和土地所有者应缴的田赋两个方面，以更多地增加英国殖民者的田赋收入。从 18 世纪 90 年代到 19 世纪 90 年代，随着 100 多年的土地整理和殖民化农业的推进，近代印度的基层农政关系发生了如下几个方面的变化。

第一，英国人培植的柴明达尔成为他们统治农村的社会支柱。在英国人的强制贸易之后，其殖民剥削转向土地的田赋收入。到 19 世纪中叶，田赋收入约占英国东印度公司在印度财政收入的 3/5 以上。在田赋征收中，英国人充分利用了柴明达尔。与莫卧儿帝国时期的柴明达尔相比，英国人培植的柴明达尔不仅在政治上扩大了统治权，而且在经济上增加了提高赋税率的权力。在莫卧儿帝国时期，柴明达尔在居住村内有所有地，在居住村外有征收田赋权，并由征收田赋权产生统治权，这一时期的柴明达尔是不能随意向农民增加赋税的；而在 1793 年以后，尽管从本质上看柴明达尔仍是政府和农民之间的中间人，但已由包税人转变为包税地主，增加了自有地，而且在法律上承认了他们的土地所有权，所以他们比以前更能实行对农村的统治。经过英国的土地整理，规定孟加拉等地的柴明达尔上缴政府的田赋额永久不变，但并没有规定他们向农民征收的田赋也应该永久不变。柴明达尔在向农民征收田赋时，一般都要比政府规定的赋额高。随着生产的发展，荒地的开垦，经济作物的种植，物价的上涨，他们更要向农民增收田赋。英国殖民政府还建立正规警察和法院，目的是保证柴明达尔有效地利用法律对莱特强行征收田赋，从而使赋税率迅速提高。这是英国人把强制剥削手段带进了印度。例如，从 1793 年“永久性土地整理”起至 19 世纪 50 年代，布尔德万的赋税率几乎增加了 3 倍，到 19 世纪 70 年代增加了 4～5 倍。由于柴明达尔可以不断地向农民增加田赋和地租额，而他们交给政府的赋额却是固定的，所以他们的中间剥削收入越来越多。据统计，在印巴分治之前的孟加拉和北方邦，佃农缴给地主的地租和地主缴给政府的田赋比为 23∶1。无论在政治上还是经济上，柴明达尔都从英国殖民者那里得到了好处，所以他们倒向了英国殖民者，成了英国殖民统治的社会支柱。

第二，增加了政府与农民之间的治理层次，使农民越来越穷。在孟加拉永久性土地整理中，发展了中间人转租制度（Subinfudation）。这种制度早在英国统治孟加拉以前就存在，但当时政府和农民之间的中间层至多只有 8 层，而英国人的土地整理后在政府和农民之间的中间层往往有 30 层、40 层以至 50 层。这主要是由于经过永久性柴明达尔制土地整理以后赋额太高，老柴明达尔因缴不起田赋而纷纷破产，城市里有游资的商人、资本家到农村按固定赋额购买柴明达尔领地，成了新柴明达尔。新柴明达尔在农村购买了大量地产，但又生活在城市，不直接管理地产，所以成了不在村地主。于是，他们纷纷把土地转租给第二者，第二者再转租给第三者，层层转租，多至几十层。这种英国人田赋剥削主导下的多层的转租盘剥使得印度农业衰退，土地荒芜，农民普遍负债，饥荒连绵不断。在 19 世纪最末的 25 年内，印度发生了多次饥荒，其为害之烈、受灾之广，为古今所未有。从低估计，1877—1878 年、1889—1892 年、1897—1900 年的饥荒，死亡人数共计 1 500 万人。

第三，产生了不在村地主、经营性地主和富农这一英国殖民统治新的社会基础。在殖民化农业和土地整理的推进中，出现了具有资本主义特征的不在村地主、经营性地主和富农。①19 世纪末 20 世纪初，在印度农村出现了不在村地主，之后不在村地主人数逐渐增加。它主要由两部分人组成。一部分是商人、高利贷者和城市中等阶层。随着商业性农业的发展，他们在农村购买土地，其中绝大多数将土地出租给佃农耕种，收取实物地租，而本人则住在城市。另一部分是农村地主、富农的子弟在城市接受高等教育，他们毕业后在城市就业，但继承了农村祖传的地产，成了不在村地主。他们或雇人代管，或出租土地。不在村地主通过实物地租或预付款取得农产品，其中很大一部分农产品作为商品投入市场，获得较高利润。②19 世纪末 20 世纪初，印度农村已出现富农阶层。这些富农拥有较多的土地，其中部分自营，部分出租。到 20 世纪 20—30 年代，在殖民化农业比较发达的旁遮普、孟买、马德拉斯等地，有一些富裕农民雇用部分劳动者耕种土地，开始使用改良种子、改良农具和化肥，充分利用灌溉条件，农产品的产量有了很大的提高。由于他们具备运输条件，可以直接把产品运到远处的大市场上出售，所以逐渐富裕起来。他们在农村致富的另一个重要原因是向小农提供预付款，以远低于市场价的价格获取小农的农产品，然后拿到市场上高价出售。同时他们还出租土地、放高利贷，有地租和高利贷的利息收入。他们既进行雇工剥削，又进行地租和高利贷盘剥。③到 20 世纪 20—30 年代，印度农村已出现经营地主，当时的经营地主大致有这几种情况：资本主义的工厂主兼农场主，地主兼工厂主，一些有事业心的柴明达尔在自有地上办起资本主义农场。这些新型的农村阶层成为独立后印度农村的主导力量。

第四，佃农和无地雇农成为农民的主体。在实行柴明达尔制的孟加拉，据 1921 年的统计，地主占农村人口的 4.02％，佃农占农村人口的 83.70％，无地劳动者占农村人口的 12.23％。在联合省，据 1945—1946 年的统计，地主占农村人口的 9.20％，佃农占农村人口的 90.78％。在马德拉斯、孟买、旁遮普等莱特瓦尔制地区，存在较多的自耕农阶层，但自耕农是个不稳定的阶层，随着农村的阶级分化，只有少数人才能上升到地主、富农的地位，多数人会下降为佃农或雇农。因此，随着时间的推移，佃农逐渐占据了农村的主体地位。在农村中还有破产的农民和手工业者，他们成为无地雇农。随着高利贷的盛行，小农不断失去土地而加入无地雇农的行列，所以无地雇农的人数不断增加。到了 19 世纪末 20 世纪初，雇农已成为印度农村新兴的一个社会阶层。据 1901 年的统计，孟加拉、比哈尔和奥里萨的雇农占农业人口的 17.5%。20 世纪前 50 年，雇农的人数又有所增加。就印度全国雇农的人数来看，1882 年雇农为 750 万人，1921 年 2 100 万人，1933 年 3 300 万人。就全国雇农人数占农业人口的百分比讲，1931 年占比为 37.8%，1951 年下降为 26.7%。就局部地区讲，雇农占农业人口的比例则更高。如 1931 年孟买的雇农占农业人口的 57%，马德拉斯的雇农占农业人口的 54%，中央省的雇农占农业人口的 52%。这些人群在独立后的印度成为最为无势的农民群体。

（三）村社内治之上的外部控制

印度由东印度公司的经济性的企业控制转变为英国殖民政府治理。这种转变不仅在经济上增加了印度的负担，而且由于涉及政治、社会等其他层面的影响，从而使印度完全陷入了英国殖民者的全面控制。这种控制以 1858 年的印度大起义为临界点，前后分为两个时期。

起义前的印度由世界殖民史上最为臭名昭著的东印度公司直接控制中央政府，成为世界史上以企业来管理和控制政府的怪胎。对印度贸易的无限盘剥造成统治不稳，于是英国于 1773 年通过了有名的《管理法》，对东印度公司采取国会监督制，并在英国和印度修改东印度公司的章程。地方的控制逐步由各个地方王公上收到东印度公司。原有的省级政府经调整后，承担田赋，食盐和鸦片专卖，征收关税、通行税、消费税等税赋和司法行政方面的职能。省划分成若干县，每个县划分成若干塔鲁克。县级行政与治安的权力由收税官承担，并同时负责田赋厘定与征收任务。

大起义之后，在印度民族压力之下，由英国总督委派英国官吏负责管理地方事务，地方政府分为省、县、区、村四级。1858 年英国殖民政府收回东印度公司对印度的统治权后，一些英国总督试图恢复印度的地方自治制度。一是在地方各级政府建立委员会制度，委员会成员包括官方成员和非官方成员两部分，由官方成员担任委员会主席，主席和委员均由官方任命。二是遵循英国地方自治的模式，把地方委员会变成真正的自治机关，其中最主要的内容是地方委员会应由大多数选举出来的非官方委员构成，并由非官方主席主持；基层地方委员会的职权范围不应过大，以便它的每个委员对其职责都能有所了解并发生兴趣。三是为有效管理与村落有关的地方事务，建立和发展村潘查亚特，重建服务于殖民宗主国的农村基层自治制度。四是划分中央和各省政府的职能，中央受任负责的事项为国防、政治和外交、主要铁路及其他重要的交通事业、邮政和电报、通货和造币、公债、商业、民法和刑法及诉讼法、宗教管理、兵役、若干研究机关及其他未列入省辖的事项，省政府受任负责的事项为本省的法律和秩序、司法行政和监狱、水利、森林、工厂检查、劳动问题的管理、饥荒赈济、田赋管理、地方自治、教育、医务和卫生及公共保健、公共工程、农业、工业发展、国产税及合作社。自此，农政分治在英国殖民时代已经形成。

（四）农民政治意识的觉醒

由于英国殖民剥削政治以及经济机制的影响，印度的农村地主在失去管理传统农村社会义务的同时，却学会了英国残酷剥削农民的手段。它不仅使旧地主开始不顾传统社会道德义务的束缚而压榨农民，而且使那些由商人、高利贷者转化过来的“新地主”更是不择手段地追求农业剩余价值的榨取，从而使印度农村的阶级对立和斗争急剧尖锐化，由此促成了农民政治意识的觉醒。

第一，随着村社内部传统经济和社会关系的解体，农民开始形成新的集体意识。过去农民习惯于把自己看作整个村社有机体的一部分，把自己对于地主种姓的贡献看作社会道德义务，认为自己与地主之间有着一致的利益。现在，随着村社的解体，农民的想法改变了。他们从现实中意识到自己与地主在经济利益上是完全对立的，意识到自己与地主往昔的“社会合作关系”不再有效。他们开始意识到自己作为农民具有独立的利益，进而意识到自己是一个独立的社会集团。这样的意识就是现代阶级意识。在这种意识的成长中，1873 年 5 月帕布那县约素夫沙希区的农民建立了农民协会。这一农民协会组织集会和示威游行，反对提高地租和夺佃，吸引了当地所有的农民参加。在反对柴明达尔任意提高地租和夺佃的斗争中，农民协会很快就扩大到整个帕布那县和博格拉县。这种自发成立的农民协会是农民阶级意识觉醒的标志。

第二，现代阶级意识的产生改变了农民对政治的态度。以前，受种姓义务的束缚，农民对政治抱着一种冷漠的态度，真正的政治活动似乎由上等种姓“包揽”了。现在，农民意识到作为一个独立的阶级必须具有独立的政治活动。为维护自身利益，农民开始投入自发的阶级斗争之中。一个典型的个案是，1859 年 9 月纳迪亚县戈文德普尔村的农民在种植园主前雇员比斯瓦兄弟领导下，宣布停种蓝靛，展开了反对蓝靛种植园主的自发斗争。同年 9 月 13 日，当种植园主派武装打手袭击该村时，农民使用棍棒、长矛等开始了暴动。暴动迅速扩大到附近一些地区。到 1860 年春，农民的暴动已扩大到包括帕布那、穆尔希达巴德和达卡在内的孟加拉所有种植蓝靛的县区。农民们拒绝接受预付款，拒签合同，发誓不再种植蓝靛，甚至烧毁契据，攻击种植园主的收购点，联合起来驱逐债主和种植园主。农民以暴力对抗地主的暴力，还抗击前来镇压的警察武装。当柴明达尔企图提高地租和夺佃时，农民以抗租抗夺佃斗争相回敬；同时开展社会抵制，动员种植园主的仆人离开种植园主。对于这场冲突，总督坎宁写道："事情看来很危急。……大约有一个星期，我比……其他任何时候都忧虑。我感到，只要一发愤怒的子弹或种植园主的一个愚蠢行动，就会使整个下孟加拉的收购点化为灰烬。"①

第三，随着印度农村阶级斗争的发展，农民与英印殖民政府的矛盾日益加深，促成了农民现代民族主义意识的形成。19 世纪 70 年代德干地区农民的两次起义和殖民政权的反应很好地说明了这一点。1874 年 12 月，浦那县卡尔德村农民首先发动了对高利贷者的社会抵制运动。这个运动很快扩展到全县和附近的阿迈德那加尔、绍拉普尔、萨塔拉等县，有成千上万农民参加，并发展为武装起义。在浦那县及附近地区，1875 年霍尼雅领导农民起义，袭击高利贷者和新地主，要他们交出债据、地契，予以焚毁，对顽抗者给予严惩。在两年多的时间内，这一大片地区摆脱了高利贷的剥削和土地兼并。霍尼雅因此被称为"债农之友"。英印殖民当局派兵镇压，逮捕 600 多人，霍尼雅亦于 1876 年不幸被捕，起义受挫。阿迈德那加县的起义也遭当局镇压。

1879 年在马哈拉施特拉再次爆发了农民起义，其打击矛头也是高利贷者和新地主。这次起义的领导人瓦苏德夫·帕达开告诉农民，只是反对高利贷者和新地主是不够的，要从根本上改变贫困地位，就要推翻英国殖民统治。他还为农民运动制定了纲领，其内容除了反对高利贷者、地主的盘剥外，还包括建立共和国、发展民族工商业等资产阶级要求。帕达开领导的农民武装起义的发展引起英印殖民当局的惊恐。英印殖民当局派了一支 1 500 多人的军队前去镇压。这年夏天，各支起义队伍都被击溃，被捕者近千人。1879 年 7 月 21 日帕达开亦不幸被捕，他被判处终生苦役。零星的武装力量到 1879 年底都被镇压。

1874 年的农民起义说明农民与地主的阶级矛盾已发展到只有用暴力才能解决的程度，而英印殖民当局对农民起义的坚决镇压说明了英印殖民当局对农民运动的容忍程度。它表明英印殖民当局决不容许农民用暴力改变印度农村的基本经济结构，因为英国殖民统治的利益与这种经济结构的维系密切相关。一旦农民运动发展到要求废除印度的寄生地主制的时候，农民与英印殖民当局的矛盾就会凸显出来。推翻英印殖民当局，建立农民认可的"民族政府"，就会成为农民的政治目标。帕达开领导的农民起义清楚地表明了这一点。因此，不难理解，印度的农民阶级与"新阶级"一样，迟早也会变成民族主义者。

综上所述，如果说英国殖民者对印度有什么贡献的话，那就是在残酷的殖民统治中，促成了印度农民群体阶级意识的觉醒，使古代印度治理经济化的种姓制度、社会内治化的村社形态和矛盾分散化的土地结构经受前所未有的挑

① 林承节：《印度近现代史》，北京大学出版社，1995 年。

战，所谓的阶级斗争说只有在分析印度的英国殖民化农政时才有意义。

三、殖民化农政的比较分析

近代西方国家的殖民运动缘起于对非洲和古代东方财富的追求。1492 年哥伦布发现美洲大陆后，殖民运动席卷全球。葡萄牙、西班牙、英国、法国和荷兰在非洲、北美洲、拉丁美洲、大洋洲建立了一系列的殖民地。这些地区大多人烟稀少、原有的农耕文明不发达，因此，对异族殖民化进程的矛盾不十分尖锐，农政殖民化特点不明显。但是，18 世纪中期和 19 世纪中期西方列强分别进入印度和旧中国，则有着完全不同的背景。这是两个有着几千年文明的古国，被侵入前经济比西方列强发达，国力也比西方列强强大，因此，两国殖民运动进程中的矛盾较为突出，殖民化特征因其众多的人口和古老的文化而呈现相异的特色，殖民化农政也有许多的相似点和不同点。这些差异特色，不仅影响着当时社会的不同面貌，而且决定了两国后来不同的农政发展走向。

第一，两国农村都遭受了近代西方列强的劫掠与剥削，留下了破败的农村，但其区域与深度不同。近代前的中国与印度一样，都曾有过田园般的农村。两国农业经济支撑起来的国家经济规模都超过了西方国家。1820 年，中国和印度的国内生产总值（GDP）分别比西欧和其衍生国的总和高出大约 30％和 15％。然而随后西方列强对中国的鸦片贸易和强制赔款，英国对印度的田赋改革和其他不平等贸易，使两国的财富源源不断地流向了西方列强。西方列强对两国的劫掠与剥削手段的差异决定了两国民族革命走向的不同。英国殖民者对中国的鸦片贸易遭到了中国人民的坚决反对，炮舰之下的强制赔款引发了大范围深层次的民族革命。更为关键的是，西方对中国的经济剥削，由于没有一个西方的殖民当局，因而在深度上难以建立起长效的机制，在区域上也难以深入到广大的中西部农村。但英国殖民者对印度的劫掠与剥削不同。1757—1813 年的半个多世纪中，英国殖民者对印度的侵略以商业资产阶级为主力，以东印度公司为主要工具，经济榨取的目标首先是印度最富庶的省份——孟加拉，采取的手段除了商业掠夺以外还兼用公开抢掠和勒索赔款等直接方式。这同英国殖民者后来在中国的作为并无二致。然而有一点在印度与中国是不同的。那就是英国殖民者成为孟加拉的统治者后，马上将经济榨取的主要手段转变为征课田赋，而且从殖民利益出发逐步进行了深入的税制改革并推广到全印度各地。征收田赋是英国殖民者用武力征服孟加拉后得到的最大好处。它在停止了东印度公司这一赤裸裸的剥削工具之后，代之以英王下的印度总督控制，并在殖民政府的主持之下阴险地进行了田赋“改革”，以不见血的手段建立了剥削印度农村的长效机制。更为关键的是，英国殖民者在农村建立田赋制度这一经济基础之后，又通过西化教育在印度上层培植了一大批从心灵深处崇尚西方的“精英”。由此从印度的经济基础到上层建筑都有效建构起了长期的殖民统治，其经济剥削扩大到印度全境。它在深度上则吸干了印度人民的膏血，从而使印度人民无法建立起有效的反抗。

第二，两国的传统农业都遭受了西方近代农业的改造，但其影响的范围不同。就农业方式而言，中国和印度的古代传统农业都以精耕细作著称于世，西方文化进入后，两国都接受了西方近代农业的改造。由于殖民化农业方式的差异，这种改造路径有很大的不同。1840 年鸦片战争后，西方列强完成了中国的区域性瓜分，西方近代农业对中国农业的改造也随之而兴。西方一些主要国家在实现了中国的势力划分后，都在各自的势力范围内进行了各自农业新技术的输入与经营。如美国对长江流域、日本对东北地区和台湾地区、法国对西南地区、德国对山东等。西方近代农业对这些地区的进入具有较强的竞争性，也对这些地区农业的改造产生了较大的作用。英国与其他西方列强不同，由于它在印度有较好的农业效益，在农业方式上也有很重的任务，而它在中国则具有较大的贸易优势，所以尽管英国势力范围遍及中国的西藏、云南、贵州、四川、河南、湖北、湖南、江西、安徽、江苏和浙江等地区，在列强中位居首位，但对中国地区重在贸易剥削而没有进行较大的近代农业改造，这导致在西方列强中英国农业方式对中国农业的影响是最小的。但是英国对印度不同，印度是英国的完全殖民地，英国对印度农业进行了商品化农业、行政命令和强迫贸易等方面强制的改造。印度这种由英国人独断强制性的负盈不负亏的一元化改造，较中国多国农业竞争性进入的多元化改造，其破坏性力量要更大，印度人民所受的苦难也更深。

第三，中国分治化农政先期实践的失败决定了它必然要选择一条不同于印度分治的农政道路。1927 年南京国民政府成立，它在政策选择上和独立后的尼赫鲁政府如出一辙。它首先借用外国资本的力量，将全国的资本和主要制造业都集聚到官僚资本手中。利用外国资本发展本国经济是其主要的选择，但在农政道路的走向上却未能遵循这一原则。①按照孙中山先生的“耕者有其田”思想公布了政府的土地政策，但政策由于得不到国家政权的体制保障而根本无法实施。②按照西方农业方式在全国重要的农区，特别是长江三角洲农区进行了相关改造。但这种改造由于得不到政府的有效服务，农民难以享受其经济收益而很难实现农业方式的革命性变革。③政府重点培植的是极少数人的地主资产阶级，尤其是大地主和大资产阶级，其利益在这些阶层的集聚中，难以为大多数农民创造服务其利益的产品直接市场，从而缩小了民族资本形成和民族市场形成的条件。④地方割据的农村分治结构使政府无法集聚被大地主占据的农村资源，而政府借用的外国资本和集聚的官僚资本的投向主要在轻工业。因此，当帝国主义再一次瓜分中国时，因其政府没有集聚资源发展立足重工业之上的军事工业而根本无法组织起有力的武装反抗，依靠外国的武器进行的战争也就不得不受制于人；当国内爆发革命时，由于没有代表大多数人民的利益而被代表中国最广大人民的根本利益的中国共产党所推翻。由此可见，国民党政府在国内通过牺牲工农利益、在国际通过向资本强国让渡国家利益来换取中国经济快速发展的模式，与日本明治维新后的国家发展道路截然相反。南京国民政府时期的中国是亚洲地区较早选择拉美发展道路的主权国家，但其结果是民族资本大规模衰落，财政赤字持续飙升，农民、工人和中小资产阶级大规模破产。因此，当中国共产党推翻南京国民政府之后也就不得不选择以集聚农业资源、有效控制农村的办法来实现民族振兴，使中国人民更为坚定地选择了代表中国最广大人民的根本利益的中国共产党。只有有了代表最广大人民的根本利益的政权，中国才能进行比较彻底的土地改革，并由此形成统一的国家经济和民族市场。

第四，英国殖民化农政在印度的深入扩张，决定了印度难以走向中国式的农政一元化。①殖民化农政在印度农村造就的封建地主，在英国进行的田赋改革中成为既没有有效产权，又难以形成向产业资本家转化的社会阶层。印度社会的中间力量是那些接受了英国西化教育的婆罗门精英，他们不可能代表广大农村贫困阶层，更难以集聚起国家的有效农业资源来为广大农民的利益服务。其仍然保留了“租赋合一”的特点。如前所述，莫卧儿帝国向农民征收的不仅是土地税，还有一大部分是地租，两者是合并征课的。而在中国封建社会里，农民在名义上向国家交纳的土地税与向地主交纳的地租相比，历来只占很小的比例。在 18 世纪末至 19 世纪初的英国，地税一般也只占地租的 5%～20%。而英印殖民当局规定孟加拉的柴明达尔要把地租的 10/11 作为地税上交，莱特瓦尔制地区农民上缴政府的田赋也超过实际收成的 50%，英印殖民政府实际上取代了莫卧儿帝国成为土地的最高所有者。②英国对印度完全的和强有力的控制不仅使印度的工农运动没有形成独立的和强大的政治力量，而且使印度的民族资产阶级——在英国殖民统治和当地封建力量的双重压力下——变得更加软弱，以至“非暴力不合作”成了印度人民争取独立的最高形式。③英国在印度广大农村广泛而深入推行的土地田赋改革，在农村中培植了大量的食利者阶层，这就使英国人和印度一部分人合力通过垄断生产资料形成对农民劳动成果的无偿占有以及对农民的政治统治，使生产资料与劳动力的结合由人类早期绝对的自然结合变为相对的人为强力结合，并由此形成农业生产者与土地占有者之间以及不同的土地占有者之间复杂的财富占有关系。这进一步使印度农业陷入了慢性的危机，形成了国家与农民较为间接的治理关系，增加了一层外围的力量使得对农民的治理更为间接，农民的武装反抗变得更为困难。

第五，英国对印度长期的政治分治政策使印度难以走向集聚。在英国长达近 200 年的统治中，罗马的“分而治之”是英国统治印度的重要准则。英国官员已宣称“分而治之”是英国政府的“座右铭”。这种“分而治之”的政策是多方面的。①把印度人为地划分为英属印度和 560 个土邦。这样就使得英属各省和大大小小的土邦犬牙交错，使印度国土支离破碎。土邦及其王公是英国专制制度的工具，是英国统治制度的支柱。英国正是利用这个工具和支柱来遏制印度人民的反英斗争，使其成为统治印度社会的基础。②将不同语种的民族划在一邦之中，或将同一语言的民族分割在几个省邦之中。如在辽阔的南部地区只建立了孟买和马德拉斯两个管区，把南部多种民族强制地分在这两个省邦之内，但同时又把古吉拉特族地区划分为若干土邦，使一个民族又分散在若干土邦之内，而且各邦统治者与被统治者又往往是信仰不同的宗教和不同的民族。如查漠、克什米尔邦的封建王公是印度教徒，下层群众则信仰伊斯兰教；海施拉巴土邦的王公信仰伊斯兰教，百姓则多是印度教徒。③煽动印度教和伊斯兰教的冲突。印度教和伊斯兰教在印度历史上虽曾发生过冲突，但为数并不多。英国殖民者为便利其统治，不断挑动教派冲突，其规模一次比一次大，时间一次比一次长。在英国殖民者的离间下印度成立了穆斯林联盟、印度教大会等教派组织，并在 1947 年制造了印巴分治和印巴在克什米尔地区的长期纠葛。④利用政府机关招收职员以及招募士兵、警察等机会，挑动各民族的对立。文官多在孟加拉人中招收，士兵、警察则从锡克、印度斯坦族招募。总之，英国殖民统治者就是靠这种“分而治之”的政策，在统一的英印殖民政府之下实行印度民族分离，因而印度在英国统治下充其量只是相对的统一。

第二章
印度农政分治的思想来源

印度古代历史上的治理经济化的种姓制度、社会内治化的村社形态、矛盾分散化的土地结构以及近代英国殖民化，只是印度走向分治的历史条件。而农政分治的政治体制和经济政策的建立，仍受3个方面的重要因素的影响，分别是独立印度农政思想的博弈、新印度国家确立的政治体制、新印度宪法对国家农业和农民地位的确认。这3个方面决定了印度不得不沿着古代和近代印度的历史足迹，建立起了世界大国中独有的分治农政。然而这条道路不是自发产生的结果，而是经历了印度思想家一系列的探索与理论斗争，最终成为其思想集大成者——尼赫鲁的主导思想而决定了这一道路在印度的形成。在长达一个多世纪中，印度著名的思想家和政治家都为此做出了贡献，其中较为突出的有：印度最早的启蒙活动家罗易（1772—1833年），国大党奠基人瑙罗吉（1825—1917年），印度民族解放运动的早期领导人伦纳德（1842—1901年），国大党早期领导人杜特（1848—1909年），印度民族革命运动的奠基人提拉克（1856—1920年），甘地（1869—1948年）和尼赫鲁（1889—1964年）。

第一节　对英国殖民化农政的批判

对英国殖民化农政的批判，是印度建立独立的农政分治的思想起点，这种批判形成了较为完整的思想体系，它从阐述英国统治造成印度的贫困现状开始，随后对造成印度的贫困的原因进行了分析，最后对印度变成英国农业附属国的贫困运行机制进行了论证。也正是在这种批判的升华中，印度建立起了高于英国殖民统治者确立的农政分治形态，从而使独立后的印度认清了英国殖民统治造成贫困的现实，明确了印度发展的方向，并在批判性继承英国分治农政遗产的进程中，走出了一条具有自身特色的印度农政分治道路。

一、英国统治造成印度的贫困

英国殖民化统治对印度整个社会经济发展的利弊得失一直是印度学界争论不休的话题。当那些久居西方的接受了西化教育的印度学者仍在不断制造学术产品来肯定英国的统治与改造时，我们却发现早在独立前印度的思想家们就对英国统治造成印度的贫困及其原因进行了深刻的分析，并在这种分析性批判中提出了他们的一系列改造印度的主张。其思想的真理性光辉令当今的印度西化学术“精品”黯然失色，其对外国殖民者经济剥削的认知不仅早了近代中国100年左右，而且其思想的深刻程度也高于19世纪的近代中国。我们先来看独立前印度思想家们的认知。

印度知识分子当年也是肯定英国对印度的统治的。他们认为英国的到来与统治是神赐福于印度，促进了印度社会的进步。然而从19世纪20—30年代开始，他们放眼看世界，却发现印度已经落后于西方，成了一个贫困的国家。他们在看到东西方巨大的发展差距时，认识到贫困已成了印度这样一个殖民地国家经济的基本特征。他们在从希望到失望的转变中，对英国造成的印度贫困予以了揭露与批判。

第一，对英国殖民统治政策的批判。罗易认为，英国人在印度实行的永久租佃法案和1813年后推行的贸易自由政策，制造了虚假的繁荣，“在全国范围内存在广泛而严重的贫困（除去城市和近郊），众所周知在全国任何100英里[①]范围之内，都只看到非常少的富足、自立甚至生活舒适的假象（除去土地所有者）。”[②] 除地主和商业经纪人发了财，政府从征收和出口土地产品中获取了巨额的税收，从而也成为财富增长的分享者之外，广大印度人民则陷入普遍的贫困状态之中。

第二，对印度一般贫困到农村极度贫困的批判。①生产增长率低、人均国民收入低，社会两极分化悬殊，人民生活贫困。瑙罗吉在1881年指出，印度悲惨的、心力交瘁的、血液耗干的状况，使谈论东方的财富只是空谈和梦幻[③]。杜特在《英属印度经济史》中深刻剖析印度贫困和饥饿的现状，指出印度人民的贫困是全世界文明国家中绝无仅有的，也是整个世界经济史上最悲惨的。②英国统治带来印度农村的衰败和农民的极度贫困。伦纳德揭露说，英国殖民者在印度贫瘠和规模狭小的农民土地产出中，其“国家税收则达净收入的1/3，一户至多收入50卢比，仅限于糊口的生活，被迫向一大批小贷主借沉重

---

① 英里为非法定国际单位，1英里＝1 609.344米。——编者注

② 罗姆·罗罕·罗易：《就印度税收制度的问题和解答》，伦敦，1831年。

③ 帕瓦特：《作为经济学家的提拉克》，孟买，1985年，第21页。

的债，债主大多不是本地住户，不用自己耕地。”[①] 由此带来了印度广大农村的极度贫困。

第三，对英国粮食强制输出带来饥荒的批判。随着印度手工业被破坏，其他经济出路被阻塞，人民被驱入农村，依赖农业的人口百分比逐年增加，从1891年的61.1%提高到1921年的73.0%。在这种背景下，英国殖民者强令印度人民片面种植经济作物，造成印度水利工程失修，粮食生产不足，农业总产出在1893—1894年到1945—1946年的52年间只增长了10%，人均粮食产出在同期从266千克降至181千克。在这种情况下，英国还强制大量输出粮食，结果造成一片饥荒现象。据估计，在英国统治印度的整个时期，大规模饥荒就有55次。杜特揭露道：“在19世纪最末的25年内，印度发生了多次饥荒。其为害之烈，受灾之广，为古今所未有。从低估计，1877—1878年、1889—1892年、1897—1900年的饥荒，死亡人数共计1 500万人。这就是说，在25年内，印度的死亡人口相当于欧洲一个中等国家的人口。也就是说，相当于英国人口的一半在印度被毁灭了。”[②]

第四，对英国强制贸易的批判。英国以其机织产品的廉价优势，通过实行差别关税使英国商品强行进入印度市场，挤垮了当地手工业，大批城镇织工失去生计，印度从制造品输出国成为农业原料的供应国。对此，伦纳德批判说：“由于英国殖民统治，交换无限制的发展和交通设施的进步，从某些方面更加恶化了印度的经济，破坏了印度原有的经济上的平衡；人口增长，农村和城市的人口比例失调，物质生活条件恶化，土壤过度开垦并达到极限，只要雨季雨水变化，成千上万人饿死。现代贸易和商业的发展使本地生产技术消失，随着商业财富和制造业活动不断增强，政治权力的垄断也增强了。”[③] 这扩大了城市与乡村、工业与农业、沿海与内地之间的差距。

第五，对英国统治造成更为复杂的社会结构的批判。在英国对印度的统治中，英国人成为一个与本地人民脱离的特权阶层。瑙罗吉将其称之为“两个印度”，“第一个印度是繁荣的印度，在印度的英国人作为官员、资本家，以各种途径剥削印度，将大量的财富运至他们的国家，对他们而言，印度当然是富裕和繁荣的，他们拿走得越多，印度就越富有和繁荣；第二个印度是为贫困摧垮的印度，印度人民是贫困的。”[④] 尼赫鲁认为，寄生地主阶层是英国在农村的有力支持者，土邦王公成为英国在印度的第五纵队，政府部门大量服务人员是

① 伦纳德：《土地法令改革和农业银行》，选自《伦纳德经济学著作选》，新德里，1990年。
② 杜特：《英属印度经济史》，上册，生活·读书·新知三联书店，1965年，第6页。
③ 伦纳德：《尼德兰印度和种植园制度》，选自《伦纳德经济学著作选》，新德里，1990年。
④ 瑙罗吉：《印度的贫困和非英国式的统治》，伦敦，1901年，第355页。

其施政的随从。德赛说："旧阶级残余存在下来，以变换的形式与新的阶级并存，印度社会成为一个复杂的结合体，极端差异和对立的社会力量在其中争夺各自的利益，印度人民成为由各种新旧阶级组成的大杂烩。"① 这造成了印度更为复杂的社会结构，形成了印度现代经济畸形发育状况。

二、造成印度贫困原因的分析

那么是什么原因造成了印度的贫困和社会的畸形发展呢？是一个什么样的经济机制导致印度陷入了贫困的恶性循环？

印度最早的启蒙活动家罗易正生活在英国取消垄断贸易、开始允许私人贸易的时代，但这一时期实行的自由政策还不彻底，前一阶段政府经济垄断的恶果还大量存在，因此在他看来，旧有的垄断制是造成经济弊病的一个重要起因。他对当时严重的经济弊病和经济转变过程中的阴暗面给予了不遗余力的批评。他认为由于政府垄断贸易和垄断经济利润，造成印度经济的扭曲，城市中等收入群体发展遇到障碍，印度人民普遍陷入贫困之中。在他看来，由于政府的垄断性特征，使印度新兴的城市中等收入群体的成长困难重重。因此，他积极主张自由贸易，认为印度经济潜力发挥的前提是必须建立在英国人和印度人之间伙伴关系的基础上，而不是殖民屈从和监护。他说："如果印度以自由的方式统治，印度人和欧洲就能有共同的利益，彼此间就能建立起稳固的联系。"②

那么政府垄断贸易使英国与印度之间呈现出不平等经济关系的运作机制是什么呢？印度思想家们普遍关注到了财富外流这一现象。19 世纪 30 年代罗易认为欧洲官员的工资和奖金不在印度投资和花费而输出国外，是造成印度贫困的重要因素。因而他主张为了经济发展的利益，阻止财富外流的一个办法就是允许欧洲人在印度定居。瑙罗吉则更明确地认为印度贫困的根源在于财富外流，这是导致印度贫困的最重要的原因。他将整个国内花费当作外流和贡赋，而且将财富外流与印度的贫困联系起来，认为财富外流的实质是一种复杂的机制，在英国与印度之间存在一个财富由殖民地向母国不断输出的链条，英国通过强大的政治权力将这个不平等的国际经济结构强加给了印度。这样，他就深入了英国与印度经济关系的内部，英属印度只是英国人的印度而不是印度人的印度，英国与印度的关系只是"奴隶持有者"和"奴隶"的关系，因此，印度人不得不在自己的土地和资源上劳动，然后将利润交给外国殖民者。他用"抽

① 德赛：《社会背景和印度社会主义》，孟买，1966 年。

② 甘古利：《印度经济思想，19 世纪回顾》，新德里，1978 年。

血式的外流”“物质和精神的外流”“资源的剥夺”来描述这一过程①。

那么财富外流又是如何导致了印度的贫困呢？瑙罗吉进行了较为全面的分析，提出了财富外流理论，具体内容如下。

第一，外流的形式多种多样，数额巨大。英国人在印度每年担任官员所得的薪金、津贴，经营工商业者所得的利润、利息，以及英印殖民政府的各种行政、军事花费，大部分由英国人（官员、企业家和商人）汇回了英国，再加上以印度政府名义在英国支付的“国内花费”（包括外债利息），这些共同构成了印度外流的财富。关于外流的数量，瑙罗吉认为英国在印度收取的税收中，几乎 1/4 完全流失出去成为英国的资源，结果是印度在持续地“流血”②。他估计 1788 年前印度外流的财富大约为 15 亿英镑，1857 年估计为 800 万英镑，1870 年估计为 1 200 万英镑，1883—1892 年估计平均每年为 3.59 亿卢比，1905 年则估计达 5.15 亿卢比。如此多的财富年年流向国外，印度如同被大量“抽血”，这就是印度贫困和遭受各种痛苦不幸的根源。

第二，印度贸易出超的增长导致贫困的增长。瑙罗吉分析，当一个国家人民丰衣足食，将消费不完的剩余产品输出，换回更有价值的东西时，这个国家会变得富有和快乐。但印度贸易出超并不意味着国内消费就有剩余，实际上印度毫无剩余产品可言，英国使用强迫手段从印度获取农产品和原料。瑙罗吉认为印度外贸是为英国掠夺印度财富服务的：①贸易出超没有带来相应的回报，因而失去了与进口平衡的手段的作用；②出超只是为了输出印度产品，而不是为了满足印度国内的需要；③进口不是为了满足印度本地人消费的需要，而是为了满足欧洲人和上层统治阶层奢侈消费的需要；④许多产品的进口从英国利益出发，而这些产品其实是印度本地可以很容易生产的，这种进口不利于印度本地的工业和生产。因此，印度进出口贸易结构服务于经济外流这一目的。当印度进口产品时，由于一般民众的人均收入低，大部分进口产品供在印度的有钱阶层消费；而当印度输出产品时，则不考虑印度民众基本生活的需要，尽可能多地输出包括劳动者口粮在内的各种产品。这样的贸易政策必然置广大印度人民于贫困和饥饿的境地。因此瑙罗吉认为，由于印度经济落后，印度比英国的进出口平衡程度更低，印度进出口极端不平衡导致了印度的贫困。

第三，外国资本在印度主要起促进财富外流的作用。瑙罗吉认为，资本输入作为生产性投资，在铁路、灌溉投资等方面发挥了积极作用，对印度经济发展和资源开发大有益处，但人均生产力与获得资本的高代价相比并不相称。而

① 瑙罗吉：《印度精神的贫困和对目前英国政策的本地人看法》，选自《现代印度政治思想汇编》，孟买，1973 年。

② 瑙罗吉：《英国对印度的责任》，选自《现代印度政治思想汇编》，孟买，1973 年。

且英国很大部分的资本用于非生产性投资，由于其寄生性作用，随着英国资本流入和再投资，印度支付的利息和偿还的债务像滚雪球似的增多，使外流一年比一年严重，形成恶性循环。英国投资并没有增加印度本地人的就业和收入，铁路就是一个例证，一方面指导、监督修建铁路人员的英国官员享受很高的待遇，另一方面铁路系统的雇员大多数是欧洲雇员，印度人从中收益甚少。因此，瑙罗吉很不满印度铁路发展的"利润保证制度"，政府保证私人修铁路能获得最少5%的利润，不考虑经济效益，造成大量浪费。就英国资本投入在印度工业和种植业中的增长而言，瑙罗吉认为这是"不在资本主义"（如不在地主制一样），不会带来印度的发展，相反是导致印度财富外流的一个重要因素。

第四，英印殖民政府实行货币兑换体系的改革是为了维持财富外流制度，损害了印度人民的利益，造成印度民众的经济困境。19 世纪 70 年代以后，世界白银价格不断下降。这对于增强印度棉纺织品在国外市场上的竞争能力原本是有利的，但是卢比汇率下降意味着英国资本家在印度赚得的卢比折成英镑时受到损失，于是英国资本家急切地要求英印殖民政府解决这个问题。因此为了保障英国商人和投资者的利益，英印殖民政府于 1893—1899 年实行了货币制度改革，强制切断卢比同白银市场的联系，造成货币相对增值，卢比失去银本位而依附于英镑，变成了汇兑金本位制。瑙罗吉就此指出："使用银本位的国家的兑换率相对于使用金本位的国家而言有暂时的优势，但在英属印度，这一点优势对贫困的人民并没多少好处，从长远来看是有损害的。"瑙罗吉反对英印殖民政府人为地采用汇兑金制，关闭印度制币厂，不允许自由铸造银币。这造成印度大多数普通民众因拥有银币和银储藏而大受损害，银子被抛售到市场，银价随之下跌，这同时意味着无数小财产拥有者可悲的破产。"银贱金贵带来的损失会将贫困、悲惨、饥饿的印度农民压榨尽。"[①]

第五，印度成为金银输入国并不是财富内流的表现。关于印度是否成为金银输入国的争论，是财富外流中的一个敏感之处。瑙罗吉的批评者认为印度出口有利可图，金银的进口就是利润的实际表现形式，谁能说外流实际上不是向内流呢？瑙罗吉有力地驳斥了这一观点。他分析说，在东印度公司时期英国就从印度攫取了大量的金块，耗竭了印度的财富，1801 年后返回的金块在数量上并不多，而且主要是因金融和商业需要进口的，并不是作为出口的利润。1864—1869 年虽然因美国内战，印度棉花出口利润颇丰，确实进口了很多金块，但这是暂时的。同时，因修建铁路等也有银的支出，而且不能忽视的是由于经济的货币化和用现金征税，对银货币的需求增长了。因此，进口的大部分金银仅是用于造币，进口金银不是财富积累的标志。瑙罗吉作了一个用于非货

① 甘古利：《印度经济思想，19 世纪回顾》，新德里，1978 年。

币用途的金银价值的估算，结果是印度远低于英国[①]。

瑙罗吉不仅全面阐述和公开发表了财富外流理论，而且给予它一个正确的形式，将财富外流赋予确凿的内容和定位，显示财富外流与印度贫困、落后直接相关，许多印度困惑的经济问题都能从中找到答案。瑙罗吉深刻认识到英国与印度之间不平等的经济关系是殖民地经济结构的突出特征，外流造成了资本的流失，而这正是印度经济发展的最大障碍。印度外流入英国的财富不能为印度经济发展所用，印度本地民众无法积累财富却使英国受惠，导致印度生产能力消退，不得不在贫困生活中挣扎。“英国统治者站在印度的大门口，让世界相信，他们在保卫印度免受外来人的侵犯，而实际上，却通过后门陆续地把他们在前门所守卫着的珍宝尽数偷走。”[②] 大量财富的外流给印度社会发展带来极为严重的后果，它破坏了印度资本的正常积累，阻碍了印度民族资本的成长，使英国资本得以轻而易举地垄断印度几乎所有经济部门，而且输往英国的大量财富又被大部分转化为资本重新投放到印度，进而形成了恶性循环。瑙罗吉指出了财富外流理论所要阐明的中心问题，即财富外流导致印度的贫困，只有除掉这一大弊病，才能使印度“新生”。

财富外流理论的提出在英国和印度产生强烈反响，为印度民族主义经济思想找到了一个恰当的理论结构，印度民族主义者深受启发，思路因之而开阔。正如尼赫鲁后来所说，瑙罗吉的《印度的贫困和非英国式统治》一书“在我国民族思想的发展中起了革命的作用”，“给我们的民族主义提供了政治经济基础”。瑙罗吉由此成为全印度民族主义公认的领袖之一。

三、印度成为英国的农业附属国

财富外流理论是从英国与印度不平等的经济关系中去寻找印度贫困的原因。那么又是什么原因造成了这种不平等的国际经济关系，使英国在国际经济秩序中占据优越的地位呢？印度思想家逐渐认识到，这不仅是因为英国掌握了殖民统治权，控制了商业贸易，而且是因为英国的制造业在背后作支撑。英国是作为世界工业文明的中心而凌驾于印度这个农业附属国之上的。伦纳德与瑙罗吉一样，认为英国殖民剥削是造成印度贫困的根本原因，但他不认为财富外流是关键，而认为关键是英国压制印度工业发展，把印度变成它的农业附属国。后来杜特也认同伦纳德的看法。

他们的新认识首先来自对英国古典经济学理论的理解。伦纳德说：“正统的经济学家划归给落后的亚洲热带地区生产原材料的任务，宣布给先进的欧洲

① 帕瓦特：《作为经济学家的提拉克》，孟买，1985 年，第 21 页。

② 瑙罗吉：《印度的贫困和非英国式统治》，伦敦，1901 年，第 212 页。

温带地区国家运输和制造业的工作，认为这是一个对大家都有益处的生产劳动分工，并宣称这是一个十分适宜的分配，与之相悖是愚蠢的。”[①] 他从古典经济学理论鼓吹的国际分工理论中看到了其中的意图，工业资本增殖的关键在于把世界广大落后地区变成其市场和原料产地，而这正是这一时期殖民扩张的目的。正是由于这个原因，古典经济学理论才宣传说落后国家通过农业专业化的方式同样可以取得经济进步，以及国际劳动分工是建立在对自然资源获得性不同的基础上的。伦纳德就此反驳道：“第一，工业落后的国家，如果单纯依靠农业会导致收入缩减，国家日益变得贫困落后。第二，如果说国际分工是建立在自然资源不同的基础上的，那为什么自然资源分布没有变化，而在历史上劳动分工有变化？热带地区国家过去是工业发达国家而现在是落后的？”正是基于对英国古典经济学劳动分工理论的认识，伦纳德意识到英国力图将印度变成农业附属国，而印度如果变成纯农业国，它们的经济生活就危险了。

同时，印度思想家还看到，在这一时期，英国殖民统治使印度经历的“非工业化”过程已经完成，印度传统手工业丧失，从制造品出口国变成制造品进口国，使农业的依附性地位更为突出。杜特指出：“前两个世纪向欧亚市场输出丝绸棉布的印度人，现在已经从欧亚市场进口这些货物，印度从一个工业国变为大英帝国制造业的一个原料产地。”[②] 到 19 世纪 50 年代，为了把印度变为英国商品市场而对印度的社会经济结构进行殖民主义改造的工作已经取得相当的进展，印度的农业、手工业、商业、金融业都被转到为英国工业资本剥削服务的轨道。这种转轨既靠经济手段本身，又靠殖民政权的强制。在印度办工业是从英国人开始的。从 19 世纪 70 年代开始，英国开始向印度大规模输出资本，英国资本进入印度，加快了把印度变成英国商品市场和原料产地的过程。

首先是修铁路、架设电报线，之后又建黄麻厂、煤矿、钢铁公司、大型水利工程，开办种植园，开设私人银行。19 世纪 60—80 年代印度民族资本在棉纺织业开始大规模发展。但在这种发展中，相对印度资本来说，无论在哪方面英国资本都占优势，在投资总额中英国资本占绝大部分，所有铁路、港口、电信等近代交通设施以及重大工程都属殖民国家所有。英国资本家同英印殖民政权一起牢牢控制了印度的现代经济部门。在从传统农业社会向现代工业社会过渡的经济转型过程中，印度日益依靠单一和不稳定的农业资源。

伦纳德说，不管印度在其他方面取得了什么进步，印度与外部世界的联系和交换都产生了令人不安的结果，印度变得比过去更依赖单一和不稳定的农业资源，工业和商业从印度手中溜走了。印度日益需要成千上万的工艺工厂提供

---

① 伦纳德：《印度政治经济学》，选自《伦纳德经济学著作选》，新德里，1990 年，第 327 页。

② 杜特：《英属印度经济史》，上册，生活·读书·新知三联书店，1965 年，第 211 页。

在穿衣、取暖、洗涤、照明等各方面的产品，而这些产品由印度制造的份额日益减少[①]。印度变成单一农业国后，成了英国的经济附庸。殖民地实际上被看作种植园，生产原材料输送到宗主国，再制成产品返销殖民地。“到 19 世纪，印度代替了原美洲殖民地的位置。印度成了种植园，生产原材料，英国公司、英国船只把原材料装运到英国，用英国技术和资本生产成织物，由英国商人向附属国的相应英国公司出口。蒸汽动力和机械技术的发展、交通手段的进步，使这一倾向更强。作为这一变化的结果，附属国逐渐农业化，伴随的是附属国本地制造业和商业的迅速衰败。”[②] 杜特说，英国把印度当成一所大庄园或种植场，农业实际上已成为印度唯一的国民生计来源。印度提供的是原料，输入印度的是工业制品，形成的是工业英国、农业印度这种不平等的国际经济结构，使印度成了英国的农业附庸，而印度现代工业未成长起来，传统优势丧失，导致印度处于西方工业中心的农业边缘地位，这应是印度贫困的更深层次的原因。

其次，英国的政策就是使印度农业国的地位永久化。杜特认为，一个以发展民族工业为目的的政府，才会把先进方法介绍给勤劳精巧的人民。可是自私自利的英国商人和敌对的工业生产者，就不可能抱这样的目的。他们实行的是一种相反的政策，目的是尽可能地使英国制造业来替代印度制造业。英国力图使印度朝着生产原料，英国发挥原料加工技术的方向发展。“英国工业取代印度手工业的事实，往往被引作英国技术成就的光辉例证。殊不知这正是英国暴政更有力的例证，这还说明了印度是怎样因那种只考虑宗主国利益的关税制度而贫困的。”[③] 杜特进一步分析说，英国所奉行的坚定不移的政策是使印度为英国工业服务，使印度人只生产英国制造业所需要的原料。在英国殖民政权的帮助下，英国牢牢占据了在印度的工业绝对优势，印度民族工业成长受到英国竞争的极大压力。“印度既是一个农业国，也是一个工业国。谁想把印度降为农业国，就是企图降低它的文明。我不认为印度会变成英国的农场。它是一个工业国，有历史悠久的各种各样的工业。把印度降为农业国，就是损害印度。”[④]

由此可以看到，印度思想家们明确地认识到，英国把印度变成其农业附属国，压制印度民族工业的成长，是印度贫困的更深层次的原因。这种认识比瑙罗吉的认识又深入了一步，抓住了实质。两种认识互为补充，形成了一个解释印度贫困问题的完整的理论体系。正是在这一理论体系引导下，印度思想家们

---

① 伦纳德：《工业会议》，选自《伦纳德经济学著作选》，新德里，1990 年，第 270 页。

② 伦纳德：《目前印度制造业的状况和前景的展望》，选自《现代印度思想家》，第 3 卷，新德里，1990 年。

③④ 杜特：《英属印度经济史》（下册），生活・读书・新知三联书店，1965 年。

为了改变这一局面，提出了印度必须走工业化道路的主张，并为国大党普遍接受，成为制定国大党纲领的依据。

第二节　印度必须走工业化的道路

对印度贫困现状的批判性分析，使印度思想家们认识到要使印度踏入现代化阶段，就要发展有着新的历史内容的生产力，改变农业附属国的地位。这样，他们逐渐把对工业化问题的认识提到了首要地位，这显示印度人对于经济发展有了更加深入和更加全面的认识。罗易主张通过欧洲移民，加强与西方人的联系，引进西方技术、资本、企业以加速传统印度社会的改造；瑙罗吉要求英国给印度投资，帮助印度发展工业；伦纳德则明确提出印度经济问题的中心是工业化，这是消除贫困、振兴印度的根本之途；尼赫鲁则提出在印度建立一个现代工业体系的构想，以工业化带动印度走向现代发达社会。可见，印度思想家们在探索工业化的过程中，逐渐认识到工业化是落后的殖民地农业国家由传统经济形态向现代经济形态转变的关键。

一、对印度工业化的基本认识

罗易对经济现代化具有现代的和长远的眼光。他看到印度贫困落后的症结在于未能改变整个社会和经济结构，实现向现代社会的过渡。因此他极力主张有条件的移民，印度在西方技术、西方资本和西方企业的帮助下发展农业和工业。但当时的殖民政策禁止欧洲人在印度内地持有土地，欧洲人在印度只充当“不在资本家”的角色，开办私人特权豁免公司，唯一目的是在印度“发财”。1827年加尔各答的英国居民向议会陈请，主张开放自由贸易，强调经济的非歧视原则，要求主要集中在两个方面：英国对东印度蔗糖和西印度蔗糖关税的平等，取消对欧洲人移民的限制。这样，19世纪20年代末围绕着移民这一问题引起了印度公众的争论。以罗易为代表的印度“现代化论者”支持在印度有条件的移民，通过欧洲人的帮助实现印度的经济发展，而不是依靠东印度公司作为经济发展的推动力，但遭到支持东印度公司政策的民众及正统印度派民众的强烈反对。针对反对派的意见，罗易等认为：①利用荒地扩大经济作物种植会使群众购买力增强，贫困阶层处境改善；②欧洲人对印度人生活方式的现代化有帮助，外国人在印度开办学校，传播了知识；③通过移民不但可以帮助印度的经济发展，而且可以以此来阻止财富外流，使资金在印度投入和消费，那些反对种植园的人实际上是反对印度发展；④通过西方移民吸收外资，从而加快印度工业的发展①。

伦纳德认为印度的前途不在于挽救旧有的工业，而是奋力地向前走。为此他提出了“工业振兴论”，认为改变印度经济落后状况的根本出路是发展民族工业，实现工业化，增加商业和制造业活动，改变单一依赖农业资源的状况。为此，他主张印度人要有进取精神，敢于投资兴办民族工业和商业，特别是办大机器工厂。他在倡导新兴工业实践与理论的过程中，提出了一系列进行工业化的主张：①引进国外技术，加速国内技术训练，促进资本积累，使之投资于工业；②通过储蓄和金融银行提供低息贷款，为移民提供设施，建立技术学院，购买本地生产的产品等，帮助印度实现工业化；③政府要像建设铁路那样，出钱设立特殊的金融合作方式，使农村和城市企业家能按低息获得政府贷款而发展工业；④解决印度工业化的市场问题，对外贸实行一定的限制和保护，在外贸上给印度以平等的机会，开拓印度国内外市场，实现印度工商农三者的有机结合，使印度国内市场和外贸朝着为印度工业发展需要提供服务的方向发展；⑤印度人要发扬自主精神，增强自身积累资金的能力，努力创办民族工业②。伦纳德将西方经济学理论和印度民族经济发展的实际结合起来，研究工业发展的问题、困难和解决办法。作为印度现代化思想早期的集大成者，他的工业化主张为后来的大多数人所接受。印度经济的发展方向应是从农业国转化为工业国，这一点在他以后成为大多数印度思想家的共识。

二、依靠国家的力量实现工业化

在如何实现国家工业化这一问题上，印度思想家提出两个以国家的力量实现工业化的主张。

（一）国家扶持的工业自主成长

殖民地国家的工业化，是在落后的传统农业社会的基础上起步的。在工业化初期阶段，殖民地国家民族企业为数寥寥且势单力薄，面临资金、市场等一系列问题，外部还面临西方工业发达国家在经济上的强大竞争。在这种情况下，殖民地国家仅靠私人的力量不仅达不到赶上工业先进国发展水平的目标，而且连自身立足都难以保证。这就是印度思想家在解决工业化问题时需要考虑到的印度国情。为此，伦纳德主张英印殖民政权应全面扶持印度工业的成长，他系统阐述了国家与工业化的关系问题。

当时英国古典经济学理论宣扬自由放任，认为国家不应干预经济事务，应采取自由竞争、自由贸易的政策，国家的职能只限于维持社会秩序、保卫国家

① 罗易：《欧洲人移民》，伦敦，1832 年。

② 伦纳德：《工业会议》，选自《伦纳德经济学著作选》，新德里，1990 年。

安全等方面。伦纳德接受了李斯特的国民经济学派的观点，这种观点对古典经济学家关于国家职能的论述提出了有力的挑战。李斯特从德国作为后进的工业国的情况出发，认为制造业和农业是一个国家国力的根本，农业、制造业和商业之间的平衡不是自发形成的，国家必须采取行动促其实现，因而国家在扶植新兴工业成长过程中应起关键作用。正是吸收了李斯特学说的观点和考虑到印度作为落后殖民地国家的国情，伦纳德不同意国家的活动只限于维持社会秩序等方面，而应大大扩大国家的职能。为此他强调国家应给予工业发展特别扶持，主要内容可概括为以下几点。

一是在资金方面。印度在建立新兴工业上存在的主要问题是印度企业家手中缺少足够的资本。因此，国家支持的重要职能之一就是满足这个要求，在国家积极的帮助和介入下，以合股公司的形式将小股资本积累起来。通过国家资助银行和其他信贷机构，将之转化为工业资本。

二是政府引导投资者对新兴工业进行投资，为投资者提供最低限度的利润保障。这种保障对钢铁工业尤为必要。在新工业企业能自我发展壮大前，国家都应给新工业企业以支持，政府也有权从所帮助的企业中分取利润。此外，如果印度能够制造从英国购买的军警装备，供水、煤气系统原料，医院设备、筑路、电报、电话系统商品，将大大推动本地工业的发展。对于现在印度尚没有的一些商品，政府应在国家工厂制造。政府还应收集工商情报，提高技术教育水平，并有必要单独设立工商部以执行这些职能。但伦纳德主张的国家干预经济事务主要在于促进印度私人资本主义的成长，而不是替代私人资本主义。

三是在确定哪些工业需要政府的支持时，应从进口替代、原材料获得和工业进一步发展的需要等因素考虑，应优先发展钢铁和采煤工业，在消费品工业方面应优先发展糖和制油工业。

四是主张政府采取有条件的自由贸易政策，以保护印度新兴工业的成长。伦纳德对国际贸易一定会给所有国家带来好处的观点提出疑问。他认为，只有当贸易国双方经济发展水平相当时才是这样，而当参与国际贸易的一部分是工业先进国家，另一部分是工业落后国家时，对工业落后国家会造成一定损害。他对自由贸易政策进行了批评，指责英国以自由贸易的名义牺牲印度的利益，认为印度工业利润低下应归咎于政府任凭弱小的民族工业与外国竞争而不采取任何保护措施。因此为保护民族的制造能力，应实行一定的保护主义政策，对新兴工业的发展予以保护，直到它强大到能自我成长为止。

（二）建立完整的现代工业体系

在印度建立一个完整的现代工业体系的设想是随着印度工业化的进展而形成的。19 世纪下半叶印度只有轻纺工业，20 世纪初钢铁工业开始起步，到 20 世纪 30、40 年代又开始向重化工业领域推进。于是印度思想家就设想在独立后的印度应建立门类齐全的现代工业体系，其中，重工业、轻工业同时发展，大、中、小型工业相互配合。随着印度工业在第二次世界大战中全面发展起来，建立完整的现代工业体系的思想在尼赫鲁头脑中就成形了。

早在20世纪30年代，尼赫鲁在充分吸取先辈思想家关于工业化的各种主张的基础上，对如何建立起印度自己完整的现代工业体系就曾有一个初步的想法。他说："重工业、消费品工业和乡村工业三者的配合是一国工业的基础，一个包括关键重工业、中型工业和乡村工业发展的计划必须规划出来。"① 他在主持1938年印度国家计划委员会（简称印度计划委员会，指1938年成立的印度国家计划委员会）时将工业分为两大类，一类是基础重工业，另一类是小型和消费品工业，并且强调重工业是一国进行工业化的基础。尼赫鲁认为，要健全印度工业体系，首先就要鼓励重工业的重点发展，以弥补殖民地时期工业化留下的这一部分的空缺；同时，小型和消费品工业要在国民经济中占一定比例，乡村工业也要作为经济的一个有益补充。他还认为，所有这些工业部类都应得到全面发展，以从根本上改变殖民地经济结构畸形化的现象，减少对外国一切工业制成品的依赖，使印度从一个农业依附国变成有着自己完整的工业体系的现代化国家。尼赫鲁关于印度现代工业体系建设的构想，无疑受到了苏联20世纪30年代重工业发展实践带来的影响。关于这个方面的全面阐述，将在尼赫鲁的工业化理论中进行详细介绍。

三、适应工业化的农村变革主张

为了适应印度工业化初期发展需要，早期印度思想家也进行了可贵的探索。其主要思想包括两个方面：一是解决好土地利益问题，为工业发展创造条件；二是发展资本主义农场，以与工业化相配套。

在土地问题上，早期印度思想家主要强调要调动土地所有者的积极性，发展农村经济，为工业化创造条件。一方面，罗易的主张是：①在没有实行地税固定的地区要固定土地税，这是第一位的任务。地税固定了，生产者就能够得到收益，就能鼓励投资、改进生产。除了要固定地税外，政府还应降低地税。②应充分确认土地的所有权，政府不应进行任何政策干预。③政府要像固定地税那样固定地租。另一方面，20世纪国大党提出的解决农村问题的纲领则主要是实行固定土地税，并在特殊情况下提出过减税、免税要求。固定土地税这一要求的矛头是指向殖民政权的，不涉及农民和地主、高利贷者之间的矛盾，地主、高利贷者都能从固定土地税中得到好处。所以，严格来说，这个要求并不是专门为了解决农民问题而提出的。此外，杜特曾主张限制提高地租，在他

① 尼赫鲁：《尼赫鲁选集》，第9卷，新德里，1974年，第368页。

担任国大党1899年年会主席时，国大党通过的决议第一次提出在限制提高地税的同时应同样限制提高地租，这是减轻农民负担的一个必要方面。但这一决议遭到了地主的强烈反对，随后被国大党搁置。总的来说，印度思想家在提到地租问题时是很谨慎的。这既是因为他们很看重封建地主阶级的社会影响，害怕地主退出民族运动，也是由于他们很多人本身就属于大地主有产阶级出身。这导致印度思想家在提出改革建议时更多的是考虑地主的利益而不是农民的利益。只提固定土地税而基本不提地租问题是国大党一直到甘地时期都曾采取的态度。也就是说，在减轻农民负担时，他们只提出了减轻政府剥削的解决办法，却对地主剥削避而不谈，而这是印度农村另一个中心问题。随着英印殖民政权实行了进一步的地税改革，政府基本上已不再作为一个最高地主出现，这时农村问题的关键就转移到地主所有权和剥削上，然而这一时期的思想家都没有明确地强调减轻地租问题，这可能与如下的主张有关。

为了与工业发展相配套，早期印度思想家提出了改变印度农业方式、发展资本主义大农场的问题。为将普通农业耕作者从长期贫困中解放出来，罗易认为应将农业关系和谐化、合理化。如果耕作者作为土地所有者，或有租用权的完全保障和交纳合理的地租，就有可能积累资本；如果耕作者又通过改进技术和设备提高生产，就有大规模经营转变的可能。伦纳德对这一问题进行了更深入的思考，1880—1883年他写了一系列有关农业问题的文章，认为土地问题的解决原则必须和实现国家工业化的总目标一致，也就是说必须促进农村资本主义的发展。为此他主张顺应不可避免的土地资本集中的潮流，政府不采取任何措施加以干预。虽然土地兼并会产生大地主，但只要鼓励和引导他们在农业上投资，改进农业经营条件，就有可能使地主转变为农业资本家，这正是国家工业发展的要求。他还主张把农民从债务网中解脱出来，办法是建立农村信贷网，向农民提供信贷。总之，他发展农业资本主义道路的主张是以发展地主土地所有制为前提，然后逐步向资本主义经营方式转变。不减地租也与此有关。这就是普鲁士农业道路。

面对英国19世纪70年代实行第二次地税改革产生农村土地集中和两极分化的局面，伦纳德认为目前政府的改革只是权宜之计，不利于从根本上解决农村问题。他认为普鲁士改革时的农村情形和19世纪印度面临的情况极为相似，可以借鉴普鲁士解决农民问题的办法。①普鲁士农村为什么要进行一个巨大的变革？伦纳德认为是中世纪传统农业制度下的土地关系阻碍了生产进步。在封建的土地概念里，土地所有权是固定的，不随耕作者或所有者的变更而改变。贵族垄断土地，土地转让权受到严格限制。大庄园主拥有许多特权，给农民强加军事和个人劳役，使农民地位农奴化，农民对土地耕作完全失去兴趣。农民地位卑微，其地位和等级不能上升，贵族则永远不会失去其高等级地位，这就是在普鲁士解放农奴之前农民的悲惨状况。19 世纪印度面临的情况与此类似。印度地主享有的土地私有权不完全，致使土地不能自由买卖，农村状况被固定化；新的有钱、有特权的阶层虽然已经兴起，但其发展受到很大限制；农民附着于土地上，与普鲁士农奴无异，不能从土地上解放出来，成为自由农业劳动者阶层。因此，他认为解决问题的关键是土地关系方面的变革。②普鲁士是如何进行土地关系变革的呢？首先，改革的首要原则是确定个人对土地享有独立的财产所有权，允许绝对的土地自由转让，取消对兼并农民土地财产的限制，使完全向有益于个人所有、自由使用、转让土地的方向发展。其次，所有封建特权均被废除，根据占有土地的能力决定社会经济地位，废除农奴制和个人劳役，加强农民的一般权利，鼓励建立信贷组织。最后，解放农奴给予地主一定补偿金，这成为后来地主改进经营的原始资金。普鲁士土地改革使土地过度分散的危险得以避免，产生了大土地所有者和中等所有者阶层，为后来农业向资本主义大农场方向转变扫清了道路。印度也急需一个类似的改革。

伦纳德就此提出了自己的农村变革方案。必须先确认土地私有权，在触及地主封建特权时，应给予地主足够的赔偿。鼓励土地买卖，使土地尽量集中到地主手中。为提高农村的整体经济水平，应该促使农村产生一个独立的、富有的中等和上等大地主阶层，这一阶层自立、节俭、具有生产性，同时又拥有土地的绝对财产权。解决阶级冲突不应诉诸民事法庭和使用强迫手段，而应使用习惯、契约等社会和经济手段协调各阶级的关系。不要制造新的农民土地所有者，而应使佃农成为完整意义上的农业劳动者，这样农村阶级关系简化，有利于缓和矛盾。这就是伦纳德设想的印度走的普鲁士两极分化的资本主义农场道路。伦纳德还认为在印度发生这一过程是实现农村变革的一个不可避免的阶段。为了经济上的进步，从长远出发，必须忍受农民破产这一暂时的悲惨状况。政府的政策应该是引导这一趋势，而不是以所谓农民利益维护者的姿态来妨碍农村的变革和进步，印度政府现行的政策正是使这一贫困状况固定化。因而他主张政府采取不干涉政策。由此可见，印度思想家关于普鲁士农业道路的分析在时间上要早于列宁对此的分析，他们在如何学习借鉴普鲁士农业道路问题上也提出了相应的主张。

伦纳德还认为印度农村的变革需要两个方面的转变。一方面是农村阶级结构和生产关系发生根本性的变化，土地和财产的私有权得到确认，这样私人的经济活动能得到社会承认和实现自由发展，解放农村的经济动力。另一方面是农业技术手段的现代化问题，改造旧的耕作方式，由过去的粗放型耕作变为集约型耕作。由于交通设施的增加、新市场的开辟、出口贸易的发展，农村经济不再是传统式的自给生产，它的生产不再仅满足于有限的个人需要，而是面对广大市场需求。这样农村就有可能也有必要大大提高劳动生产率，以适应现代化大生产的需要。在第一个方面的问题解决后，为实现第二个方面的转变，农村信贷的重建就有了解决的必要。此外，印度农村负债严重，阻碍生产发展，也需建立农村信贷体系。伦纳德说印度的实际情况是："农民阶层构成人口的80%。农业人口和手工业人口不是工资劳动者，他们拥有土地和房子，从事贸易，开小商店、小工厂，用牛车、马车运输，开支自付，没有储蓄，通常需要借贷。耕作者和手工业阶层得不到信贷，利息一般高达12%～24%，用土地作抵押时利息为12%，其余情况一般利息则为24%，以致只要气候稍微不正常，如降雨量变化，人们就会处于饥饿和失业的状态中。"重新组织信贷不仅对农业阶层很有必要，而且对整个国家的人民都很有必要。

他认为，印度最应该借鉴的是欧洲政府为建立信贷机构而做出的一些实际举措：集中组织信贷机构，官员协助管理、控制和监督信贷，政府提供补助金，给予银行业务上的垄断权，免除所得税和印花税。19世纪印度开始按以上方式开设农业银行，提供低息贷款，同意分期付款的收集工作由村级机构处理，并免除所有税收。这一计划得到地方市政机构的支持，但英印殖民当局仍忽略这一事情。国家应对建立信贷机构给予帮助，国家控制和管理信贷机构对增强信贷机构的信用也是必要的。政府不需要投入太多资金，政府所做的工作应是将印度资本家按区和市政委员会组织起来，使他们有权按固定利息吸收社会资金，再用稍高的利息将资金借贷出去，借贷者以土地或房子作抵押，如果长期贷款就加收额外利息。此类信贷机构还应免除税收。因此，如果政府采取必要措施，信贷就会达到自然和健康的水平，这也是民族获得新生、繁荣富强的必要前提①。通过农村信贷的建立，为农村改变贫困状况、进行生产技术改进和向资本主义大农场方向发展准备了条件。伦纳德关于向资本主义大农场经营转化的主张，忽视了印度当时是一个殖民地国家，根本没有自由发展资本主义的前提，因而实际上是难以实施的。

杜特赞同伦纳德的观点，认为要创造种种条件帮助印度土地关系上的中等阶级成长，但不主张剥夺小地主和小土地所有者的所有权。他认为，把大多数好处给少数人而牺牲其他阶级的利益，对目前情况是无济于事的。尽管有些人现在还很贫困，但所有这些阶级当中，有很多人是有进取精神的，现在真正需要的是那些有才能的、勤劳的、有事业心的人们，使他们有机会运用特长来改变生活条件。解决办法就是限制田赋征额，通过赈济法、破产法等维护农民利益。

在工业化的进程中，如何解决好大工业和乡村工业之间的关系问题呢？在伦纳德时期，这一问题还在他的视野之外。在他看来，工业化就是发展大工

① 伦纳德：《印度农村信贷的重建》，选自《现代印度思想家》，第3卷，新德里，1990年。

业，而传统的手工业是要被消灭的。提拉克在民族运动中接触到印度人民群众，看到印度人民贫困的原因是印度的农村手工业被消灭，因而提出恢复农村手工业。在司瓦德西运动中，他还主张在全国各地因地制宜多办小工业。

第三节　非工业化的甘地农政思想

从对英国殖民化农政的批判开始，深入对印度社会经济的分析，印度思想家在西方种种学说的影响下，结合印度实际，得出了印度必须走工业化发展的道路，从而建立起一个自主自强的印度的结论。然而，英国的殖民化农政是无法为印度工业的扩展提供市场和积累资金的。印度思想家在思考工业化问题时意识到，不对农村进行变革，不仅印度农村的贫困和落后会长期化，而且会给工业化造成困难。如何在这样一个农业落后的国家中实现对农业的改造，未来农村如何发展，如何使农村为本国的工业化服务，构成了印度思想家必须回答的重要问题。然而也正是在解决这些关键问题上，印度国大党的甘地和尼赫鲁这两位领袖型人物提出了不同的农政建设方略，这种分歧直接影响了印度农政分治体制的建立。

在印度早期思想家和国大党早期领导人纷纷提出一系列关于印度必须走工业化道路并进行相应的农村变革主张时，甘地却立足于东方文化，联系印度实际提出了非工业化的乡村建设理论，并提出了一系列的农政建设思想。这一思想尽管未能得到国大党大多数人的认同，但由于它是一种既立足于印度实际又非西方化的理论，因而在印度广大农村有着非常广泛的影响。这一思想形成的印度农村分治理念，不仅影响了独立后国家的政权建设，而且对尼赫鲁追求的工业化道路产生了很大的抑制作用。下面先来看甘地对工业化的批判。

一、甘地对工业化的批判

20 世纪初，甘地作为国大党领导人和思想家对工业化进行了激烈的批判，甘地尽管不代表印度现代化的主流思想，但他的观点在印度民众中有广泛的影响。在殖民地的具体条件下，民族主义与工业主义有时是相互排斥的，甘地就代表着抵制现代工业化的思潮，也反映了在 20 世纪早期西方工业主义已面临着发展危机和困境。

甘地对西方物质文明，特别是对西方城市大工业经济进行了强烈的批判。他认为西方经济秩序建立在工业文明基础之上，这是它的不治之症和罪恶之所在。甘地认为西方的工业化带来了一系列的社会弊病和危害，如劳资之间的日益对立，权势和财富的集中，失业大军的出现，国与国之间为了争夺市场和原料而发生争端，从第一次世界大战开始的 20 世纪是滥用科学成果的大屠杀的世纪。西方工业资本主义的发展还引起了人们精神和道德的堕落，现代文明是“黑暗时代”“魔鬼的文明”[①]。他声明：“确实，西方工业化和剥削过度了。事实上这种文明全是罪恶。我不是同汽船和电报过不去。只要没有工业主义的支持，汽船和电报可以存在。”“我关心的是，不惜任何代价摧毁工业主义，在此之后，适当地使用蒸汽机和电力。”[②] 他认为，不幸的是，近代文明这种可怕的传染病已蔓延到印度，“印度不是压抑在英国人的铁蹄下，而是压抑在近代文明之下”[③]。他指出，农村工业的破坏、大城市的兴起、铁路和大工业的发展、大量失业人口的出现，已经使印度成了西方近代文明的可悲仿制品。

甘地所处的时代，是英国殖民统治者用现代工业社会的文明猛烈冲击印度农业社会的文明，并且向这种古老的文明提出空前严峻挑战的时代。现代西方文明是与殖民压迫一起流入印度的。印度是英国工业发展的受害者，英国工业化是建立在印度小生产劳动者破产的基础上的。甘地多次悲愤地宣布，英国运走了印度的棉花，又用廉价的大工业纺织打碎了印度的手工纺织业，从饥饿的农民和手工业者手中抢走了“最后一碗饭”。在甘地的经济思想中，对机器的仇恨正是同印度的民族灾难和资本主义的罪恶密切相关的。作为一个饱尝西方物质文明苦果的印度民族主义政治家和思想家，甘地对西方物质文明尤其是工业化丧失了信任感。他也现实地对待已有的资本主义大工业，认为无力消灭机器，因而提出有条件地保留机器的主张，主要工业都应由私人转入国有化，机器工业应由集中转向分散化；机器工业生产应改变其经营动机，不是为私人聚敛财富，而应当为社会服务。他认为有一些重工业、大规模基础工业以及公用事业是必要的，假使它们是由国家经营则并不妨碍他所认为重要的某些农村工业。他后来还表示，印度需要工业化，但不是当今的形式，而是有自己独特的含义[④]。那就是他理想中的经济与道德和谐的乡村工业的发展。

二、甘地的农政建设思想

正是在这种对西方工业化的全面批判中，甘地立足于哲学上的真理观和政治上的印度自治论，对未来印度的农政建设提出了自己完整而独特的主张。

第一，以经济正义和平等作为农政建设的主要理论支柱。劳动创造财富，这是甘地农政思想的基础。从这种基础出发，他强调物质生产劳动在人类社会生活中的地位和作用。“人们为了生计而从事农业或其他职业的体力劳动，被

① 甘地：《印度自治》，中译本，1935 年，第 28 页。

② 《青年印度》，1926 年 10 月 17 日。

③ 甘地：《印度自治》，中译本，1935 年，第 35 页。

④ 《哈里真报》，1937 年 2 月 27 日。

甘地奉为经济正义的原则。‘生计劳动’成为甘地特有的经济道德观念和伦理原则。”[①] 不仅如此，甘地还把“生计劳动”思想升华为经济正义的经济道德观念，认为它们是农村治理的基础。在他看来，一个社会不致衰败而能够生存和发展，其根本原因在于人人都在劳动。如果人们不劳而获，就是自我毁灭。他甚至援引《古兰经》条文，指出伊斯兰教义中也有类似观点。甘地还企图通过经济正义原则去劝导富人为善，从而取消剥削，实现农村的和谐治理。为了实现经济正义原则，甘地还把经济平等作为通往他的社会理想的主要途径。这种经济平等是用非暴力方法达到的，它“意味着每个人都有一座适当的住房，有充足而均衡的食物，有足以蔽体的衣服”[②]，能够按人们的自然需要分配生活必需品，其目标是消除贫富差别。经济正义和平等是甘地农政思想的理论基础。

第二，以分散的农村经济来反对集中的城市竞争经济。甘地对印度未来新社会的构想是从对西方物质文明的批判开始的，它是甘地农政经济思想的起点。在坚持经济正义和平等的原则之下，他十分明确地提出：“当今机器时代的目标是把人变成机器，而我的目标正是重新让变成机器的人还原。”[③] 这里强调的是“人”，是把“变成机器的人”复归于“富有人性和道德的人”。按照甘地的观点[④]，每种经济纲领的主要理想，必须是人类幸福、人类智力及道德全面发展的结果。为了达到“重新让变成机器的人还原”的目标，他提出用高度分散的农村经济来反对高度集中的城市竞争经济的主张[⑤]，以此作为建设新印度的重要途径。在他看来，城市集中化经济的主要弊端在于财富集中到少数人手中，少数人有可能利用这种财富权力压迫多数人，并且终将形成阶级对抗。这种城市竞争经济还取消了经济自由，它同集中化经济一样，使少数人发财致富而大多数人忍饥受饿[⑥]。因此，他认为集中化经济和竞争经济是现代工业化的两大祸根，是西方物质文明中的不治之症，必须选择与之相对的分散化的农村经济来对抗。由此他坚信独立的印度只有通过采取一种简朴却高尚的生活，通过发展它的成千上万个村社，通过与世界和平相处，才能履行它对这个呻吟着的世界的责任[⑦]。发展成千上万个分散的村社经济，过简朴而高尚的生活，成为甘地未来社会的重要形式。这一思想也是印度农政分治的思想起点。

---

① 彭树智：《现代民族主义运动史》，西北大学出版社，1987 年。

② 《哈里真报》，1940 年 8 月 25 日。

③④ 《哈里真报》，1942 年 1 月 18 日。

⑤ 达万：《圣雄甘地的政治哲学》，1959 年，第 267 页。

⑥ 《青年印度》，1924 年 12 月 16 日。

⑦ 《现代印度思潮：从 R 罗易到 M N 罗易》，转引自王辉云译：《论甘地的人道主义思想》，见《哲学译丛》，1985 年第 6 期。

第三，恢复和发展村社这一农村组织形式。实现经济正义和平等的理想，建立一个不同于西方的和谐社会，决定了甘地理想社会的基点在农村。他认为村庄是印度社会基本的经济和社会治理单位。为了有效地建立村社这一农村治理形式，甘地在政治体制上的基本设想是，建立以村社为基础的联邦制，各地实行小型组织分治。在甘地这种自治理想国之中：没有政权和军队，使印度成为实际上无国家的非暴力的开明的"无政府状态"；国家中虽设有警察，但只执行非暴力职能；国家中每个人都各自成为自己的主宰，每个人在行使主权时都不妨碍他人。甘地最担心的是怕印度独立后变成寡头政治政府，他尤其不愿意看到建立一党专政或一个新的中央集权的官僚政府。在他看来，国家消灭个性，而个性是人类进步的根源，因而国家是最大的祸害。在这种思想指导下，他渴望在农村村社的基础上建立新的政权，尽量缩小中央权力，实行最大限度的权力分散。一个个乡村成为一个个小共和国的自治实体，在这个实体里，人人参加体力劳动，没有剥削，平等友爱，不分性别、种姓、宗教、职业，一律平等。如果有人违反这些原则，就要对他实行非暴力制裁。1946 年，甘地的弟子纳拉扬·阿加瓦尔草拟了一个甘地式的自由宪法，该宪法是按甘地的设想拟定的。根据这一宪法，社会经济主要由各地方单独进行，每个村社可以独立处理自己的事务。甘地坚决反对模仿英国的国家政治体制。他认为英国议会民主制度具有虚伪性和自私性，甚至说这种制度的母亲"是一个不生育的妓女"。他说："英国议会民主并不是真正民主，而是巧妙伪装的法西斯帝国主义。如果印度未来的国家制度模仿英国，它必将灭亡。加拿大和南非一类的自治领，只是没有英国人的英国经济，而不是自治。"①

第四，改造印度古老的种姓制。在恢复和发展村社这一农村组织形式中，如何建立农村治理秩序呢？甘地主张对印度古老的种姓制进行改造。在他看来，印度教中最有价值的东西除印度哲学外，还有人们赖以生存的原则——种姓原则。为此他曾追溯到了吠陀经典②。他认为种姓是同等重要的所有阶级组成的社会整体，而 4 个大的种姓仅是种姓一种"理论上的划分和社会逻辑观念"③。"它并不是制定严格的或不可变更的、由当局实施的法律，它只记录自然法律运行中产生的倾向——世袭和环境法则。"④ 根据这一对种姓原则的解释，甘地还给这个传统的法则注入了一系列新原则。①他注入的第一个原则是平等原则。首先是没有歧视的社会平等，包括职业平等、等级平等、男女平

① ［印］什里曼·纳拉扬·阿加瓦尔著：《甘地计划的诸原则》，英文版，印度阿拉哈巴德，1960 年。

② 《哈里真》，1934 年 9 月 28 日。

③ 潘尼迦：《印度教社会的十字路口》，印度亚洲出版社，1961 年，第 33 页。

④ 《走向新视野》，第 197 页。

等。其次他强调工资平等。在他看来工资平等有三大好处：人们将不受金钱诱惑而继承他们先辈的职业，工资或利润动机将让位于服务动机，选择职业不是为了赚钱而是为了施展自己特殊的才能。②他注入的第二个原则是合作原则，用“合作经济”“合作制的共和国”[①] 等概念来表达他的经济观点和社会理想。他企图用合作原则来消灭竞争经济和阶级对抗，从而把满足宗教、公众、社会和经济需要作为人类追求的目标。③他注入的第三个原则是道德原则，目的是把种姓制度变成自愿的社会组织形式，扩大道德领域，为自愿接受义务的人提供自由条件[②]。被改造了的种姓制是按照个人品德来划分等级的。甘地说：“双亲是婆罗门，但他们成年的儿子若不具备婆罗门的品德就不能成为婆罗门。”“相反，出身不是婆罗门的人，只要他具备了婆罗门的品德，即使本人不愿做婆罗门，仍可称之为婆罗门。”[③] ④他注入的第四个原则是生计劳动原则。他倡导放弃尊贵的等级身份而从事体力劳动，逐步使社会所有成员都靠自己的双手劳动谋生。这样，世袭特权便不复存在了[④]。经过上述的平等、合作、道德、生计劳动 4 项原则的注入，种姓制的体系发生了变化，从而构成了甘地的农村经济新秩序的构想。

第五，发展乡村工业。甘地在印度思想家中第一个系统地提出了发展乡村工业的设想。这里的乡村工业不完全是传统手工业的恢复，而是与他的理想农政模式联系在一起的。大工业代表着现代经济的发展方向，那乡村工业是不是就是传统的落后的，需要被彻底消灭，为大工业所取代的呢？甘地认为不是这样。发展乡村工业是为了农民的福利和农村的发展，解决普通大众的吃饭和生活问题，它在一定程度上还可采用机器的手段。为此他提倡建设新乡村，发展以手工纺织业为主的多种乡村工业。他在容忍有限度地发展大工业的同时，特别强调手工纺织业的发展。他提醒人们注意印度人口众多和密度大的特点，注意印度手工纺织业发展的历史背景，要求不要只看重大工业而忽视小工业。在他看来，重视小工业比重视大工业更符合印度社会的实际。他从印度经济的实际出发，认为小工业在资金、原料、人力、时间等方面比大工业的存在与发展有更优越的条件，而且在英国统治下，小工业有更优越的自主性。甘地试图通过手纺车运动来消除印度的贫困、保持印度的独立性。英国棉纺织品的倾销几乎把印度的手工纺织业摧毁殆尽，但是，由于甘地的倡导、宣传、组织，手工纺织业又逐渐在印度城乡恢复。英印殖民政府在 1941 年任命了一个委员会，

---

① 拉尔：《圣雄甘地——最后的计划》，第 1 卷，阿麦达巴德，1956 年，第 542 页。

② B S沙尔玛：《作为政治思想家的甘地》，第 124 页。M L沙尔玛：《作为社会主义者的甘地》，1980 年新德里版。

③ 《哈里真》，1934 年 9 月 28 日。

④ 《作为政治思想家的甘地》，第 1 卷，第 355 页。

估计手纺织机每年产布为10亿码，并着重指出，手纺织机使得240万人有了职业，直接养活了1 000万人。

甘地主张在农村普遍建立与农业结合的小工业，以生产必需品，以不同的方式使农村工业化①。早在南非时代，他就在批判西方文明、奠定经济正义的生计劳动原则和非暴力原则的理论基础时，先后创办了两个试验基地："凤凰新村"和"托尔斯泰农场"。以这些试验为起点，他认为家庭工业投资少、发展快，既可以解决就业问题，又能同城市大工业相协调②。为了实现这种协调，甘地还把犁和纺车一起列为印度文明的要素，这实质上解决的是手工劳动与大机器生产的关系问题。的确，甘地是赞成手工劳动而反对机器的，但是他认为无力消灭机器，因而提出有条件地保留机器的主张。他保留机器的条件是：主要机器工业都应由私人转入国有化，机器工业应由集中而转向分散化，机器工业生产不应为私人聚敛财富而应当为社会服务③。早在1926年他就承认机器有减轻体力劳动的作用和创造财富的价值，但是他主张节约劳动力的果实应为全社会所享用。他认为这种节约的动机应当是诚实和理解，而不是贪婪和欺骗；这种节约的目标应当是人体健康的健全和道德的完善，而不是人的衰退和道德的沦丧。

第六，社会主义的财富托管论。甘地在晚年公开宣布自己是"第一流的社会主义者"，甚至说，他在南非时就是一个社会主义者。甘地所提倡的社会主义实际上与19世纪无政府主义的倡导者普鲁东、罗斯金和托尔斯泰思想相近，是人道主义的社会主义。他认为，社会主义就是对穷人的爱以及与穷人同一化，社会主义的目的在于为穷人服务。他认为真正的社会主义者，就是"把自己看成是工人和农民的忠实仆人"④。他强调没有穷人的合作，富人便不能聚敛财富。他认为，工人与资本家应当互相依存和互相帮助，从而构成一个互相合作的社会。他同情工人的遭遇，但同时也认为应尊重资本家的社会地位。他的信条是"不是用非暴力消灭资本家，而是用非暴力消灭资本主义"。为此他提出了社会主义的财富托管论。他认为，地主和资本家必须把自己看作是为了自己利益和工农利益的财富托管人。也就是说，地主和资本家是受天神的委托来管理财产的，地主和资本家分别是农民和工人的监护人，他们应该为监护人的利益管理好全部私有财产，作为受监护的农民和工人则不应当侵犯监护人的财产。他认为，富人应自愿放弃自己的财产，一个富人不应该拥有比他的邻居

① 《哈里真》，1937年2月27日。

② 《哈里真》，1934年9月14日。

③ 文纳：《甘地的政治哲学与萨尔沃达雅》，1959年亚格拉版，第221页。

④ ［印］山卡尔·高希著：《印度的社会主义与共产主义》，英文版，新德里，1975年，第92—95页。

多一卢比的财富。为此他身体力行，将全部财产交出，立誓为贫。他说："我很早以前就有放弃对财富的欲望，以此显示我希望大家也会这样做。但是，我对那些已经富裕的人或者不愿抛弃对财富欲望的人应当作些什么规劝呢？我只能对他们说，他们应把财富用于公共事务。"①

三、非工业化的印度自治论

甘地在批判西方工业化基础上形成的一套完整的农政建设思想，曾经被国外一些学者称为"社会主义乌托邦"。这可以说是既不了解印度国情，更没有深入研究甘地思想及其对印度产生深远影响的意识形态的偏见。在我们看来，政治思想史领域的乌托邦分两种②，一种是在深刻了解自己国情基础上的种种构想，另一种是没有消化好他国思想却对本国进行脱离实际的构想。第二种我们可以将其视作机会主义的绝对空想。然而第一种不能轻易断定为空想。如欧文立足于英国实际的"乌托邦"，以其对英国的深刻把握而难以视作空想。甘地立足于印度的农政建设主张，以及其在印度国大党早期的成功实践表明，这种思想不仅不能视为空想，而且它极深地影响了印度独立后国家管理体制的重建。这种影响主要分为两个大的方面。

第一，印度自治论影响下的印度国家独立。实现印度自治是甘地为真理而奋斗的最终目标。"自治"即"司瓦拉吉"（sara），来自印度教经典的用语。在早期，甘地并不要求立即结束英国的统治，而主要是反对英国的殖民制度。1921 年时，他提出了一个具有伸缩性的自治目标，即：如果可能，便实行在英帝国范围内的自治；如果必要，便在英帝国以外实行自治。但这种自治并非实现印度完全独立。直到尼赫鲁在国大党内正式提出将实现印度完全独立的口号作为政治纲领后，才逐渐明确自治就是实现完全独立。甘地所倡导的自治或自主，不仅是指在政治上脱离英国人的统治，还包括人的精神完善和社会协调。两者互为条件，紧密相关，同时他更看重精神上的自主。他一直认为，印度面临的首要任务不是立即结束英国统治，而是追求自身完善。他说："真正的司瓦拉吉是印度人实行自身完善和精神自主。英国人所以能够统治印度，应怪印度人自己，是印度人自己把印度送给了英国人。当印度人能够作为强者站立起来时，就会有政治上的自由。"而精神完善的途径则是培养自助、自治、自苦精神，加强纪律性，实行宗教团结，取消不可接触者制度等。这种思想实

① ［印］山卡尔·高希著：《印度的社会主义与共产主义》，英文版，新德里，1975 年，第 94 页。

② 本著作者对哲学思辨中的乌托邦始终满怀敬意，它是人类一份纯真的精神遗产。然而政治学非要把它从思想的天国请回功利的现实，于是也把精灵变成了魔鬼。无奈，我们只得与魔鬼共舞，尽管很危险，也不得不作出我们的评判。

际上就是他在 1921 年提出的建设性纲领的思想基础。同时，这种思想对今天印度的成长也不无启示性意义。

甘地自治论的另一重要思想是关于自治后印度社会制度的设想。这种设想的蓝图早在 1909 年甘地所著《印度自治》一书中就已作了较全面的勾画，后来又在一些文章中不断加以补充与完善。甘地所要建立的社会是一个他自己宣称的“真理和非暴力社会”，即以印度文明的真谛——精神为基础的社会。这个社会与西方近代文明社会根本不同。他认为，近代文明的发展是近代西方社会一切弊端的总根源，是世界动乱、侵略、压迫和战争的温床。近代文明是一种建立在物质主义基础上的反真理的罪恶的文明，是魔鬼的文明，是黑暗时代。因此，他认为印度争取司瓦拉吉斗争的实质就是重建以精神为基础的社会。在这个社会里，不再有大工业的发展，至多是允许有限度的、以服务社会为目的的很少大工业的发展。为了实现他的印度自治的理想，他提出了非暴力学说、坚持真理及不合作的斗争策略，这一策略对印度独立产生了重要影响。它武装了处在彷徨中的国大党，为国大党和印度民族独立运动提供了新的理论武器，从而使国大党获得了新的生命力；它使工农大众投入民族独立运动之中，成为宣传、组织、吸引群众参加独立运动的巨大力量；它武装了印度人民，激励全体人民开展了一次又一次的不合作运动，同强大武装的英国殖民统治者进行了赤手空拳的非暴力斗争。

第二，乡村建设论影响下的印度农村独立治理。1934 年后，甘地提出了一套乡村建设纲领。在他的理想中，未来社会是以新型乡村为基础的社会，农村代表真正的印度，城市只是为乡村服务而存在。无论从人的精神完善和社会协调考虑，还是从改变印度农民的贫困落后状况和实现经济上自力更生的原则考虑，都要使乡村的面貌有很大改变。如何建设新乡村？甘地这一时期强调的重点是将村社作为未来社会的基础，恢复村社自治体和乡村经济，着重恢复传统的农业与手工业相结合的自然经济，以恢复手工纺织业为中心，以此来解决众多印度民众的吃饭和生存问题。在呼吁发展传统农村经济时，他提出要改良技术、讲究效益，还提倡组织生产合作。除了复兴农村工业外，甘地的乡村建设活动还包括普及教育、消除种姓歧视和“贱民”制、加强团结、讲究卫生等精神方面的内容。对于普及教育，他提出了著名的瓦尔达教育计划，即以传授基础知识和手工艺为中心，贯彻理论实践相结合、学以致用的原则。他对中国著名教育家陶行知的“大众教育运动”极为重视，希望印度借鉴中国在教育上的有益做法。

1937 年，甘地在《哈里真》上撰文，描绘了他憧憬的新型乡村的蓝图。他写道：“我初步设想的理想乡村应该是具有完善的卫生设备，所有住宅空气流通，阳光充足，而且所用材料都是周围 5 英里之内能供应的，家家应有菜园、庭院和畜栏。乡村中的道路与市集必须保持洁净。同时设置有公共祈祷场所。有合作制酪场，有初级与中等学校，有人员讲习工艺技术。另外，设有潘查亚特排忧解难，每一乡村均能生产所需的谷物、蔬菜、水果与粗布。”① 他的经济构思的基点在农村。他主张农村要自治、自给、自足，农民自足之后，再去满足城市居民的需要，农村的消费形式根据该区的地理环境、传统的道德规范、居民的文化教育程度和经济情况而定。他设想的自治、自给、自足的农村经济中，农民不离乡土，实行分工合作，讲究科学，改进技术，保留或适当发展大工业。甘地倡导的乡村经济是一种小生产劳动者的理想经济模式，同时决不是“东方田园”经济的简单复归。

甘地身体力行，办实验点，乡村建设活动在一些地区由点到面逐渐展开，各种小工业得到发展。1934 年，他建立了印度乡村工业协会，具体从事全面恢复农村工业的工作。1936—1938 年国大党每年举行年会时，他都去举办乡村工业展览会，以实际成就开展宣传，扩大影响。随后教育计划在更多地区推行。这吸引了一大批志愿者积极追随甘地，在农村开展工作。与印度民族解放运动中的资产阶级代表人物不同，甘地改造印度的理想不是发展资本主义，而是实现小生产者心目中的理想王国，亦耕亦织，丰衣足食，他悉心考虑的是使农民小生产者摆脱饥饿和贫困。甘地始终不渝地为农民小生产者的利益而奔走奋斗，他在农民中享有巨大的威望。尼赫鲁说：“1919 年时甘地的名字在农村的人看来是神咒。”②

由甘地首倡的乡村经济发展模式成为印度经济思想中影响很大的一派，这一思想体系并非反现代化的退步，而是强调经济进步的实质是消灭过度的财富集中、消灭贫困及消灭人与人、城市与农村的分离，寻求一个现代发展的可行的农村基础。这一思想体系具有强大的生命力，进而提出了一个关系印度农村独立自主发展并建立相应的国家治理的分治结构的大问题。由此国大党在国家建设问题上出现了两大体系。一是以城市为中心的现代工业化建设及与此相关的国家管理体系，它要求资源的集聚和力量的集中。这是印度现代化论者的主流。二是甘地以乡村为中心的乡村建设以及与此相关的国家之下各邦的管理体系。因为甘地提出的经济上的农业和乡村工业发展不可能由国家集中统一推进，政治上的由民众直接参与的民主制度也不可能在全国统一推行，所以只能将重点放在村社，村社成为印度的全部政治制度的基础。在甘地看来，地方自治在乡村一级民主选举、民主参与的同时，需要发展地方自己的经济系统，使生活上的一些必需品可以在本地生产、消费。这样以乡村为中心和基础，一个

① 《圣雄甘地传》，第 4 卷，第 118 页。

② 尼赫鲁：《尼赫鲁自传》，世界知识出版社，1956 年，第 216 页。

村一个村的延伸出去，这种延伸可以是和谐而和平的。1945年，甘地写信给尼赫鲁说，他认为没有任何社会制度可以去除一个集中化的制度本身产生的负面的东西。他的基本的提法是：我并不反对各种科技的发展，但最主要的方面——生活必需品，一定要能在本地生产，满足本地人的需要。

甘地思想体系必须由体制来保证，这就提出了独立之后印度不可能建立以城市为中心的国家工业化为一统的国家管理体制，而必须以邦为单位进行印度农村变革和建立农业发展体制的必要性问题。随后印度政治体制和农村建设的历程表明，甘地的农政建设思想，不仅影响了印度农政的分治体制的建设，而且在这种体制作用下迄今仍在影响印度农村社会的发展，成为一些政党制定竞选纲领的重要依据。

第四节　尼赫鲁的农政建设思想

尼赫鲁不仅是印度伟大的思想家，更是伟大的政治家。他把早期印度思想家关于建设一个现代化工业国家的伟大理想，与甘地立足农村实际的乡村建设理论联系在一起，建立了适应国家工业建设的国家统一管理和适宜乡村建设的各邦治理的构想。尽管这种体制在运行初期存在各种矛盾，印度的工业化也受到了较大的影响，但它却保证了国家的稳定和民主印度的推进。

一、尼赫鲁的工业化理论

作为印度工业化主张的集大成者，尼赫鲁的工业化理论包括3个大的方面。一是积极主张工业化，通过工业化来改变印度社会现状；二是处理好大工业与乡村工业的关系，建立完整的印度工业体系；三是强调农业积累的中间道路。而所有这些思想都是以甘地为对照的。

第一，尼赫鲁不同意甘地的非工业化主张。他认为工业化是发展中国家经济发展的必由之路。那么怎样才能使发展中国家摆脱传统经济形态的羁绊，步入现代经济增长的轨道呢？换句话说，靠什么力量来完成从传统经济向现代经济的革命性转变呢？那就是工业化。尼赫鲁明确提出要以大规模工业化结束印度的贫困和落后，未来的印度社会应是一个理性的、有教育的和向前看的社会，应建立在现代化、工业化和科学气氛的基础上①。工业化成为时代的精神和现代生活的主导因素，印度能在其帮助下解决生产分配和失业问题，消除饥饿和贫困、不卫生和文盲，去除迷信等陋习，解决资源浪费等问题。他还主张，国家应组织科学研究，送印度学生去国外留学，让他们接受科学和技术训

① 帕尼卡尔：《印度民族主义和左翼运动》，新德里，1980年，第13页。

练，将印度经济建立在科学的基础上，发展工业，改变土地的封建特征，改造农业耕作方式，发展社会服务[①]。

正是立足于以上思想，尼赫鲁对甘地的未来社会主张提出了批评。他认为，一个国家拒绝工业化就只能成为工业化国家的猎物。他说，我们曾长时期固执于旧时的各式各样的思想与行动，所以用新的体验、新的方法来导致新的概念和新的眼界尤为必要，由于现代工业的发展，自信力和合作的精神将油然而生，减少因过去时代的毒害而产生的挫败情绪。以机械技术为基础的现代文明和旧式的文明相比是一种显著的变化，几乎是突变，不可避免地会产生一些新问题、新困难，但是它也指出了克服这些问题、困难的方法。因此，问题不在于发展工业，而在于以何种方式能更迅速地实现印度的工业化。尼赫鲁继承了印度现代化先驱对工业化的看法，并成为独立后推动印度工业化实践的关键人物。

由此，我们看到印度思想家对工业化的认识有一个发展的过程。在罗易和瑙罗吉的时代，给他们印象最深刻的是英国掠夺式垄断贸易的影响，而英国尚未向印度输出资本、在印度开办工厂，印度新兴的民族工业也没有成长起来，因而工业在国民经济生活中的重要性还没被人们切实感受到。而在伦纳德的时代，英国开始在印度投资办厂，印度民族工业也开始成长，工业对整个经济的改造和影响作用立即显现出来了。伦纳德凭借对经济现象的敏锐洞察力，立即抓住了经济现代化的核心是工业化这个问题。对工业化的认识到尼赫鲁时又得到深化，他主张将计划与工业化联系在一起，用计划来推进工业化。

第二，在甘地发展乡村工业主张的基础上，提出了解决和处理好大工业与乡村小工业关系问题。尼赫鲁认为，在未来的工业体系中存在着两种不同的经济，一种以大型机器为基础，另一种以农村工业为基础。它们之间不只是两种类型的生产和经济如何配合的问题，而是其中一种必定要居于领导和首要地位，另一种作为补充、起辅助作用，而以今日最新的技术成就为基础的大型机器一定是居于领导地位。尼赫鲁在特别强调现代大工业的同时，也接受分散的乡村工业。他在 1938 年的一次讲话中强调，印度计划委员会必须认识到在乡村工业和大工业之间没有冲突。乡村工业在一国经济生活中有自己的重要性，对印度是必不可少的。如果不复兴乡村工业，则不能消除印度的贫困。大规模工业不应摧毁乡村工业，乡村工业能更充分地利用人力资源，有助于促进更公平的分配，解决贫困和失业问题。因此，要广泛发展乡村工业[②]。

尼赫鲁还认为，印度的所有进步必须以印度大众的生活水平提高为尺度。

① 尼赫鲁：《尼赫鲁选集》，第 8 卷，新德里，1974 年，第 806 页。
② 尼赫鲁：《尼赫鲁选集》，第 14 卷，新德里，1974 年，第 556 页。

大规模发展乡村工业对印度大众的幸福是必要的，同样清楚的是，迅速发展大型机器工业对这个国家也是迫切必要的。没有工业化，任何国家都不会有政治或经济自由，如果经济自由缺乏的话，甚至乡村工业都不能在大的范围内发展起来。没有工业化，人民生活水平迅速有效提高是不可能的。关键工业、防御工业和公共设施必须大规模发展。乡村工业也会从中受益，得到廉价能源和合适机器的帮助。在一定程度上手工业和大型工业是彼此互为补充的。尼赫鲁强调乡村工业主要是为了有一个更平等的分配体系，避免无控制工业化的害处，但他始终是把乡村工业放在非常有限的范围内，将乡村工业作为国家经济的辅助部分。这样，从伦纳德提出工业化的主题到尼赫鲁形成建立现代工业体系的设想，印度如何进行工业化的思路已经明确。

第三，农业积累的中间道路。1936 年尼赫鲁在国大党年会主席讲话中指出，必须在取消地主所有制后，接着实行合作或集体耕种。他这时决心对土地制度进行激进的变革，用大规模合作和集体耕作的方式，结束印度的柴明达尔地主制。他说："任何激进的变革不可避免地应包括土地制度本身的变革"，"农民问题也应沿着社会主义路线解决，农业应建立在大规模合作和集体耕作的基础上。"① 他在 1940 年进一步强调说："对土地，由于我们没有去除农民所有权形式的私人企业，所以我们应引入合作原则，组织更大范围的土地集体合作。"② 这个变革要用有补偿的、和平的方式来进行，不要造成地主与农民之间尖锐的冲突。但他认为给予完全补偿是不可能的，尤其是对大地主而言，否则就会给农民加上另一种形式的沉重负担。

尼赫鲁认为在取消地主制后，实行农民所有权形式是不够的，不能从根本上改变传统的农村经济结构，以适应现代农业规模经营和大工业的需要。为此要进一步地用合作的方式将它转化为大农场经营。而如何实现向这个方式的转化呢？他说是沿着社会主义路线来实现，但他并没有明确说是由国家来组织合作化，采取集体经济的形式，还是农民自愿合作，集体耕种。"社会主义路线"在尼赫鲁那里的含义往往就是一种折中的办法。在他的设想中，当然不能用资本主义大农场剥削农业劳工的形式，也不能用国家强制搞集体经济的形式，那就只有"合作"了。那时候国大党在自治期间通过了一批租佃法案，初步实现了维护佃农权利、减缓债务负担等基本要求。

1938 年尼赫鲁主持下的印度计划委员会，把农业改造和土地改革作为重要的问题列出来，系统提出了独立前国大党较激进的农村变革和土地改革的方案。当时主管土地、农业劳工和保障委员会的沙阿教授对这两个方面的问题进

① 尼赫鲁：《尼赫鲁选集》，第 7 卷，新德里，1974 年，第 116—117 页。

② 尼赫鲁：《尼赫鲁选集》，第 11 卷，新德里，1974 年，第 311 页。

行了阐述，国大党就此形成如下决议：国家最重要和紧迫的问题就是农民惊人的贫困、失业和负债，且这一问题由于旧有的、压迫性的土地所有和税收制度，以及近年来农业产品价格下跌而加剧了。这个问题的最终解决办法是必须去除英帝国主义剥削，彻底改变土地制度，为农村失业大众提供工作机会。为此提出以下农业政策建议：①所有形式的自然财富，包括土地的所有权在内，必须绝对和集体地归属于和授予印度人民；②所有土地矿山和森林的产品必须绝对和集体地授予印度人民；③所有形式的自然财富（包括土地）应在强制的基础上，通过集体和合作的方式来进行耕作、开发和管理；④土地和其他形式的自然财富的继承权被取消；⑤为通过集体和合作的方式在土地上工作的人民建立一个保障最低生活水准的法律；⑥在满足人民基本需要之后的农业剩余交给国家以满足国家计划的要求；⑦取消所有地主，也就是取消国家和土地实际耕作者之间的“中间寄生阶层”，在印度独立后“国家土地法令”实施时，地主的所有因土地所有权而拥有的传统权力和特权都要取消；⑧适当集中土地成为有效耕作的标准单位，不因继承权和土地抵押而分散；⑨通过“基本土地法”，所有这些对印度传统土地所有制进行改革的方案一定要实行①。

这几点激进建议包括如下政策思想：一是土地最高所有权属国家，由人民集体拥有，取消所有地主和其传统的特权；二是土地尽量集中成较大的单位，用集体和合作的方式来耕种，以发展“现代大农场”经营，避免分散；三是农业发展是为了工业化的需要，应将农业剩余用于国家建设之途。至此，印度工业化道路的探索就略具雏形了，它回答了印度农村未来变革的大方向。然而印度独立后，国大党并没有沿着这样的工业建设之路去进行。

二、尼赫鲁的农政建设思想

尼赫鲁和甘地对工业化的不同认识也影响到了他们关于印度未来社会的农政建设主张。尼赫鲁根据他的民族独立的国家观，通过对英国殖民统治和印度改良派自治领理论的批判，积极主张建立一个完全独立的印度，并把印度经济独立作为民族独立的重要内容，视印度经济独立为印度政治彻底独立的必要条件。尼赫鲁就此明确指出，没有高度工业化，就没有一个国家能够有政治和经济上的独立自主。一个工业落后的国家，即使政治上保持独立，也是有名无实的，经济上的控制权会落入他人之手。“今天，一个国家如果工业不发达，就不会真正独立，也不能抵抗侵略。”有着几千年文化历史的印度却是一个“奴隶”国家，其原因在于“技术的进展上落后”。为了实现建立一个工业化的、

① K T 沙阿：《国大党计划委员会分会有关土地生产、农业劳工和租佃问题的系列报告》，1948年，第48—61页。

在政治和经济上独立的印度这一宏大目标，尼赫鲁提出了自己的农政建设思想。

第一，废除印度农村土邦王公治理的思想。尼赫鲁反对前资本主义的各种制度，其中特别是土邦王公制度和大地主（柴明达尔）土地所有制。他曾对这两种制度给予彻底的否定和揭露。印度独立前有554个封建土邦，分布在印度各个地区，占据印度全部面积的2/5，人口的1/4。它们与英属印度政体不同，各土邦可以自己立法，实行自己的财政特权和行政管理体制，对外可以越过总督，直接与英王联系。尼赫鲁指出，印度土邦“代表着世界上一种极端独裁政治的类型”①。那里的人民极端落后和困苦，同王公宫殿里的豪华成为鲜明的对照，土邦的大部分财富都流入王公手中。那里没有一点民主可言，连报纸都禁止入邦。王公们享受特别法律的保护，不许任何批评，连最轻微的批评也受到严厉的压制。不允许有集会和社交活动，社会贤达被禁止入邦。尼赫鲁认为，这种王公制度是印度未来进步的巨大障碍，并且由于英国殖民统治者的故意助长而导致分裂和宗派主义。因此，为彻底改变这种封建割据状况，巩固全国的统一，以尼赫鲁为首的印度政府在独立初期就采取了一系列措施，1956年基本完成了对各邦的调整，彻底取消了土邦。各土邦基本上按语言归并到新的省邦之中，王公仅靠印度政府的年薪维持生活，他们实际上已名存实亡。

第二，废除殖民化土地制度进行土地改革的思想。尼赫鲁自20世纪20年代以后就逐渐认识到土地问题对印度的重要性。他于1920年亲自去农村考察，认识到柴明达尔实际上是英国政府的“宠儿”，是寄生阶层。由于英国政府给柴明达尔一种特殊的教养，就整个阶层来说，这些人已经成了“完全无用”的人。其他国家的地主至少还替佃户做一些事情，而印度的地主则没有替佃户做过一点事，“完全变成了土地和人民的寄生虫”②。作为一个阶级而言，这些人在身体和知识方面都堕落了，可以说早就应该灭亡了。只是由于英国政府的扶持，他们才能继续存在。他进一步指出：“印度的土地制度正在我们面前宣告垮台，它阻碍着生产、分配以及大规模的合理操作。”因此，“必须彻底改革这个制度”。对于农村各个阶级，民族主义自主就意味着土地制度的根本改革，这种改革将会解除或减轻他们的负担，并会使无地的农民获得土地。尼赫鲁认为：“土地问题是印度最突出的、压倒一切的问题。我们讨论的所有政治问题，只不过是土地问题的社会和政治背景。”③ 因此，尼赫鲁认为，“印度急需进行土地改革，包括废除农民和政府之间的中间人，应以适当的款额赎买这些中间

①② ［印］尼赫鲁著：《尼赫鲁自传》，中译本，世界知识出版社，1956年，第65页。

③ ［英］迪利普·希罗著：《今日印度内幕》，中译本，天津人民出版社，1982年。

人的权利。”[1] 在尼赫鲁领导下，印度在独立后逐步实施以废除柴明达尔所有制和规定土地持有最高限额为内容的土地改革，其中以废除柴明达尔土地所有制最有成效。

第三，利用种姓制度对国家的治理。尼赫鲁对种姓制度的态度经历了独立前和独立后两个时期。独立前的主要思想是利用种姓制度来完善对农村的治理。①肯定种姓制度中的民主性及其作用。古代印度没有采用欧洲的奴隶制，而是发展起来了种姓制。“在必须遵守一般通则的条件之下，每一个集团根据自己的风俗和愿望，有选择职业和享受自己生活的自由。唯一真正的限制是它不得干涉另一个集团，或与另一个集团发生冲突。这是一种富有伸缩性和发展性的制度，因为新的集团总是可以由新来的人们或旧集团中意见不同的人们组成，但以他们有足够的人数为条件。在每个集团之内都是平等和民主的，并且由选举产生的领袖们来指导，无论何时产生重要问题，领袖们常常与整个集团磋商。”②肯定种姓制度在民族团结中的作用。在尼赫鲁看来，种姓制使“每个集团之内都具有强烈的团结意识，不仅保障团体，而且对于陷入困难或经济上遭受痛苦的个别成员给予庇护和帮助”。③肯定种姓制度在社会经济分工中的作用，因为“每一个集团或种姓的职务是与其他集团或种姓的职务有关的”，它使“每一个集团能够在它自己的体制之内成功地发挥作用”，“整个社会能够和谐地进行工作”。④种姓制度创造了印度独有的文化，它在以上的民主、团结和分工中，使“所有集团联合在一起而创造一种共同的全国性的结合”，“用意是在创造一种共同文化，共同传统，共同的英雄与圣哲，以及人民可以到全国四方去瞻仰顶礼的共同国土”。⑤种姓制度的双重作用。“它在政治上是软弱的，而在社会上和文化上却是强有力的”，因而“它就助长了外国的征服，在社会上有力量使得恢复元气和同化新成分都容易实现”。根据以上 5 个方面的论述，尼赫鲁总的结论是：种姓作为一种以服务和职业为根据的集团制度，它意味着一种包含一切在内的社会秩序，而没有任何共同信条，并允许每个集团有最充分的自由[2]。因此，尼赫鲁在这一阶段并没有提出要废除种姓制度，其思想的主流仍是在肯定这一制度的积极进步作用时如何对其加以改造的问题。

第四，恢复国家的农村自治。尼赫鲁的政治思想包括两个层次，一是争取完全独立，二是建立世俗民主共和政体。而关于恢复印度农村自治则是他的民主政体的一部分。在 1944 年《印度的发现》一书中，尼赫鲁全面研究了印度古代的国家组织，比较分析了 2 000 多年印度城市和农村的管理。他在介绍农村的潘查亚特组织时，肯定了这一农村自治形式在古代历史中的功能和作用：

① ［英］迪利普·希罗著：《今日印度内幕》，中译本，天津人民出版社，1982 年。

② 尼赫鲁著：《印度的发现》，中译本，世界知识出版社，1956 年，第 321—322 页。

①对土地的平均分配，在分配中平均收取赋税，并代表村缴付政府所应得的那一份。②通过大的潘查亚特，即会议对皇家官吏们执行监督和干涉，规定议员们的近亲不得派充公职。③规定村会议议员的选举原则，这些原则要求根据村民的意愿每年进行一次选举，而且妇女们能够参加服务。“如果一个议员品行不端，可以解除其职务；如果对于公款账目不清，他可能丧失议员的资格。”④村会议珍爱他们的自由，规定军人在没有皇家的准许证的情况下不准进入村子，百姓可以控诉官吏，国王“不应该袒护官吏而应袒护子民”。⑤当录用一个官员的时候，必须重视他的工作、品德和特长，而不是重视他的种姓和家庭。⑥比较分析了印度与欧洲对农村的不同治理，指出印度并无像西方一样的地主制度，而个别人对于他所有的那一小块田地也并非完全的主人翁。这两种概念很久以后才由英国人带入印度，造成悲惨的后果[①]。

第五，高度肯定了印度古代的农政关系形态。在尼赫鲁看来，古代印度的农政形态是：“居民中绝大多数是农民。当时印度没有地主制度，也没有自耕农。很难说在法律上谁是土地的主人；现在的像所有权演说一样的东西，从前是没有的。耕者有权耕种他自己的土地，而关于分配土地上产品的方法乃是唯一的真正问题所在。主要的一份归于耕者，君主或国家占有一份（通常是1/6)；在乡村中，在任何方面为人民服务过的每一个职业集团都有它的一份——婆罗门僧侣和教师、商人、铁匠、木匠、皮匠、陶工、建筑师、理发匠、清道夫等。这样看来，在某种意义上，从国家起到清道夫为止，每一个集团都是农产品的股东。”[②] 这里明确阐明了古代印度不存在西方化土地所有权概念基础上的封建地主制度。以此立论，他认为古代印度社会组织存在农村自治公社、种姓制度和大家庭制度三大特征，而这三大特征使印度与西方的地主制、封建专制和西方个人主义区别开来。因此，尼赫鲁认为“古代印度的社会组织是具有一些优点的”，因为“如果没有优点也不能够维持这样悠久的时期。在社会组织里面蕴藏着有印度文化的哲学概念——人的完善，注重真、美、善的获得而不注重贪得无厌的追求”，“但是种姓制度和印度社会组织的根本弱点和缺点是他们使一大群人的品格降低，没有给予他们在教育上、文化上和经济上跳出那种环境的机会。那种品格的降低引起全面的沦落，甚至上层各阶级也被纳入它的范围内了，从而造成了那种作为印度的经济上和生活上显著特征的硬化现象。这种社会组织和过去别的地方存在过的那些社会组织间的差别是很大的，但是由于过去几个世纪中全世界发生了一些变化，那些差别就变得更加显著了。在今天，种姓制度及其相关的许多东西是完全不调和的、反动的、拘

① 尼赫鲁著：《印度的发现》，中译本，世界知识出版社，1956年，第317—318页。

② 尼赫鲁著：《印度的发现》，中译本，世界知识出版社，1956年，第324页。

束的，并且是进步的障碍。在它的体制之内是不可能有地位上和机会上的平等的，也不可能有政治上的民主，更不可能有经济上的民主。”[①] 由此可见，当尼赫鲁将村社、种姓制度这些印度古老的传统导入社会秩序中的农政关系时，才对其持批判态度。这也是印度独立后尼赫鲁转变对于种姓制度的看法，主张逐步取消种姓制度以促进社会民主的进步，并为此制定了一系列限制种姓制度政策的思想基础。

第六，民主社会主义的农政思想。尼赫鲁倡导社会主义是“中间和民主的社会主义”。所谓“中间的社会主义”，就是既不走美国道路也不走苏联道路。印度型的社会主义是“在共产主义国家和资本主义国家互相矛盾的实践中所采取的一条中间道路”[②]。这条道路的农政形态是：①农业有计划地发展。在苏联社会主义计划经济实践的鼓舞下，从20世纪20年代末起，尼赫鲁就一直宣传计划经济的优点和印度实行计划的必要性与可行性。在农业方面，他主张农业方面的发展计划主要是建立拖拉机站进行垦荒、改进牲畜、水土保持、兴修水利等技术改良工作。此外实行“乡村建设计划”，改良农业技术、兴修道路、开凿水井、修建学校、卫生站等，还进行土地改革。②在农村建立各种类型的合作社。尼赫鲁早在1936年就提出了在农村建立合作社组织的思想。他认为社会主义和合作化的原理是对付资本主义西方文明的“抗毒素”。在20世纪50年代中后期，他大力倡导在印度建立各种类型的合作社。他对中国的合作化运动颇感兴趣，于1955年底特地派遣一个调查小组到中国了解农业合作社迅速发展的原因，并于1956年7月又派代表团到中国农村进行考察。尼赫鲁一再表示，中国农村合作化的某些经验可以适用于印度。为此，尼赫鲁曾拟订了一套以乡村发展计划和合作社为核心的农业发展战略，然而这些计划在尼赫鲁逝世后实际上已被抛弃。③坚持以大工业为核心，以中小型工业、农村工业和家庭工业为辅助的全面发展原则，要求工农业必须协调发展。因为城市与农村、工业与农业并不对立，而是互相依存的。只有协调发展工业和农业两个部类，整个经济和社会生活的全面现代化基础才能建立。尼赫鲁指出，“农业和工业都需要更大的生产，如果我们想战胜贫困和提高生活水平，必须如此”[③]。

三、工业化农政方略的影响

20世纪30年代中期，是尼赫鲁思想全面形成的阶段。这个阶段既是殖民地印度各种矛盾最为复杂尖锐的时期，同时也是印度思想史上内容最为丰富的

① 尼赫鲁著：《印度的发现》，中译本，世界知识出版社，1956年，第328—329页。

② 尼赫鲁著：《印度的发现》，中译本，世界知识出版社，1956年，第728页。

③ 《贾·尼赫鲁演说集》，第2卷，第104页。

时代。就殖民地印度来看，在英国与印度这一主要矛盾之下，种姓之间、种族之间、城乡之间和地区之间，都是矛盾重重。那么如何来解决这些矛盾？尼赫鲁总体的构想是实现印度的工业化，建立独立完整的现代工业体系，并以此来解决印度各种矛盾。但作为一个殖民地的后发国家，印度应该通过什么途径实现国家的工业化？当时可供印度参照的有美国资本主义和苏联社会主义两种不同方式，还有立足于印度本土的乡村建设论。尼赫鲁在学习借鉴这些经验的基础上，提出了服务于国家独立、民主基础的工业化的农政方略，对独立后的印度经济与社会发展产生了重要影响。

（一）苏联社会主义工业化农政方略的选择与局限

尼赫鲁在 20 世纪 30 年代探索印度工业化道路时，正值西方资本主义陷入世界经济大危机。在这样一个巨大转变时期，斯大林领导苏联人民紧紧抓住资本主义世界经济大危机的机遇，以快速实现国家工业化为目标，按照马克思和列宁的社会主义农业建设思想，在土地国有基础上，以计划经济为手段，通过集体农庄这一有效集聚全国农业资源的组织形式，迅速地实现了国家的工业化，建立了较为完整的工业体系，成为世界反法西斯的中流砥柱而影响了现代世界的格局。苏联工业化的农政方略可以归纳为“土地国有＋计划体制＋集体农庄”，其基本经验是能够快速有效地将农业资源转化为工业积累。苏联成功的实践，不仅鼓舞了完全主张走苏联道路的印度共产党，而且影响了国大党。1934 年国大党内的社会主义分子在孟买召开成立大会，正式建立了印度国民大会社会党（简称国大社会党）。大会通过的党章规定，党的目标是争取独立和建立社会主义国家。关于未来的设想，规定全部权力交给劳动群众，党对经济生活实行计划与控制，关键是实现工业国有化，逐步实行生产、分配、交换的社会化，国家垄断外贸，取消王公、地主和其他剥削阶级，无偿分配土地给农民，鼓励生产合作，逐渐实行农业集体化，取消工农所欠债务等。国大社会党领导人宣布赞成马克思主义，并号称马克思主义者，赞成阶级斗争学说。但他们认为，社会主义无需通过无产阶级革命，可由国大社会党执政后通过推行社会主义路线实现。国大社会党对现存所有制结构和资本主义道路直接提出了挑战，并且在社会各阶层人民中，尤其是青年知识分子、工人、农民中产生了广泛的吸引力。这对于力图保持现状的殖民统治者、传统上层反动阶级及国大党右翼分子都构成威胁，致使他们力图遏制印度社会向这一方向转变。

正是在这一背景下，尼赫鲁作为青年一代的国大党领导人和国大社会党领袖，在吸收西方人道主义和印度甘地主义的基础上，提出了自己当时的社会主义工业化农政方略，其内容是：①印度必须争取完全的独立，这是走向社会主义的第一步；②实行社会主义的计划经济，这是实现工业化的手段；③实行最高限额的土地改革；④推行农业合作化。由此可见，尼赫鲁的经济主张根本没有把握到苏联社会主义快速工业化的两个最基本的要素，即土地国有化和农业集体化。因为土地国有化可以把地租和地税都转化为国家的工业化投资，而农业集体化则能把农民的全部劳动成果都能快速有效地转化为工业化的积累。但此时的尼赫鲁还根本不可能认识到这一关键环节。

（二）中间道路的工业化农政方略的选择与局限

尼赫鲁宣传的社会主义道路以及在此基础上的工业化农政方略，遭到了印度势力强大的既得利益阶层的反对。大资产阶级和自由派地主都主张走西方资本主义工业化道路，不愿意对现存所有制进行变革。1934 年 5 月孟买的 21 名大商人在报纸上联名发表了《反对尼赫鲁的孟买宣言》，指责尼赫鲁的言论破坏了印度民族主义运动的内部团结，鼓吹消灭私有制是一项“毁灭性的和颠覆性的计划”。他们认为阶级斗争理论违背了甘地的非暴力主义原则，这将妨碍印度民族工业的发展，迫使资本流出印度，并将彻底毁灭印度现有的社会经济结构，把印度引向苏联社会主义方向。尽管尼赫鲁对此进行了反击，但国大党其他高层领导人如甘地、巴特尔、普拉沙德等认为尼赫鲁宣讲社会主义，会使一些人退出国大党，从而损害政治独立的目标。于是印度工商业资产阶级与甘地主义者开始联合起来，反击和限制尼赫鲁，以遏制社会主义思潮在国大党内的蔓延。他们对尼赫鲁既拉拢又打击，甘地推荐尼赫鲁多次担任国大党主席，旨在将他作为中间的制衡力量。尼赫鲁在各个集团利益意识形态的冲突中，被迫从前期的激进立场上往后退，以取得妥协。他也不得不放弃了阶级斗争和改变所有制结构的主张，接受甘地的阶级调和与非暴力论，选择了让社会各阶层都能分享一些经济发展成果的“中间道路”。

（1）不用武力或强制力消灭私有财产和进行阶级斗争，不改变现存的社会制度和所有制结构。尼赫鲁接受了甘地的阶级调和学说，主张社会的变革要在民主的框架下稳步前进。他说：“我是一个忠实的社会主义者和民主的信奉者，同时全心接受甘地在过去 20 年成功实践了的非暴力的和平手段。”[①] 此后他总是力图用经济的快速增长来替代社会所有制结构的变革。他认为国家干预应有节制，不能凭借国家机器强行剥夺私人财产，而应给私人资本以自由活动的余地。

（2）兼顾社会各个阶层的利益。尼赫鲁认为建立国有经济能为更多的人提供就业机会，并替中小企业奠定发展的基础。社会主义在尼赫鲁那里实际上就是一种国家资本主义，或他说的“社会的垄断”“民主式集体主义制度”。尼赫鲁认为，这并不一定意味着财产私有制的废除，但却意味着将一些基本而主要的工业收为公有，这也意味着土地的合作化或集体管理。尤其是在印度，除了

① N B森：《尼赫鲁的伟大思想》，新德里，1964 年，第 271 页。

大企业之外，还必须用合作方式对小型工业和农村工业进行管理。这样的民主式集体主义制度就需要仔细而有步骤的计划，并能适应人民经常变化的各种需要。目的应该是使国民生产力向一切可能的方面去扩展，同时吸收国内所有的劳动力到各式各样的工作中，并实行劳工保障、调节分配等社会福利政策，以消除贫困、减少收入和财富的不平等，解决失业问题。

正是在以上两个方面的基础上，尼赫鲁提出了他的中间道路的工业化农政方略，即“工业化＋计划经济”“国有化＋社会福利”“公平分配＋阶级合作”的民主和平的变革方式。也就是说，自由印度应建立在关键工业的强大基础上，应是“最大量的生产，平等分配，没有失业”。农业、农民与工业化之间的关系问题，即工业化的农政建设方略也在这种中间道路的探索中被忽视了。这也是独立后尼赫鲁主张中央政府管理工业、各邦政府负责农业的最重要的思想基础。然而一个国家的农业和工业是一个整体，将两者的分离可以调和社会各阶层的利益和各阶级之间的矛盾，却不能解决一个后发国家工业化的资金来源和积累问题。

（三）尼赫鲁与甘地农政建设主张的不同选择与影响

甘地和尼赫鲁都是现代印度伟大的民族主义者和各自具有鲜明特色的思想家。尽管尼赫鲁在政治策略思想上深受甘地思想的影响，但是两人对印度未来不同的农政路径选择却对印度农政分治起了重要作用。

（1）两人农政思想的哲学起点不同，决定了甘地思想具有更为深远的意义。甘地关于未来印度农村和农民问题的主张是以经济正义和平等作为出发点的，与西方经济效益和竞争的经济哲学针锋相对，因此，甘地关于印度农业、农民和农村问题的种种设想也都与西方的农政形态相异而具有自己鲜明的东方特色，其农政主张的超深远性、超稳定性都超过了尼赫鲁。它是发源于印度本土的真实的农政构想，迄今仍在影响着印度，并成为各个政党竞争的纲领。然而尼赫鲁与甘地不同。尽管两人都有很强的英国学习背景，但尼赫鲁的种种农政构想的出发点却来自西方，是以西方为合理目标的参照系来规划印度的未来。他提出的服务于国家工业化的农政建设方略，其原理同样来自西方。因此，尼赫鲁关于农业、农民和农村种种治理的主张就有较为强烈的西方色彩。这种立足于西方的各种主张由于与印度现实相距甚远，所以在印度独立后的实施中，遭遇了种种阻力而不得不进行调整和改变。这种改革的步伐迄今都没有停下自己的脚步。尼赫鲁的农政思想具有西方本质特征，因而其在印度的实践过程就变得极不稳定，也不深远。不仅尼赫鲁自己无法实施他的各种农政构想，而且他的承继者在后来的执政中也不得不对其进行调整而改变了方向。总的来说，甘地所持的东方经济正义和平等的哲学基础，决定了他的农政主张虽然有较大的乌托邦成分，在思想史上却能产生永久性的光辉；而尼赫鲁由于其主张的西方色彩，他的农政主张的被否定，对现实的印度来说，其实质就是一种乌托邦主张的破灭，也不可能在东方的农政思想史上留下自己的一页。

（2）对村社认知的不同，决定了未来印度不得不选择农村单独治理的结构。对于村社这一印度长达几千年的农村组织形式，甘地出于对城市经济的反击，立足于实现经济正义和平等，反对英国国家政治制度的经济和政治目标，主张利用和提升村社这一最基层的组织形式。但尼赫鲁不同，他立足于要建立西方式的民主，主张在农村逐步利用村社的进程中，实行国家的农村自治。这种农村自治的本质是西方式的，是试图建立西方民主在农村中的根基。因此，印度独立后尼赫鲁实行的是一种在废除印度农村土邦王公治理的同时，逐步废除村社的政策。但是这并没有那么简单。社会学意义上的村社，在印度不仅没有消失，而且在独立后农村自治的重建中，不管它加入了多少资本主义农业的内容，仍成为维系农村稳定的重要组织形式，分散的农村经济仍是保持印度和谐稳定的基础。这也就是尼赫鲁后来为什么不得不重建村社制度的原因。

（3）对利用和改造种姓制的态度不同，决定了印度整个社会特别是农村必然要构建一种适应甘地种姓论的体制。在恢复和发展村社这一农村组织形式的过程中，如何建立农村治理秩序呢？甘地主张对种姓制度进行利用和改造。他认为人们赖以生存的种姓原则是印度教中最有价值的东西，种姓是同等重要的所有阶级组成的社会整体，它只记录自然法律运行中产生的倾向——世袭和环境法则。甘地还给这个传统的法则注入了平等、合作、道德和生计劳动等一系列新原则，促使种姓制发生变化，以适应印度社会，建立起印度农村经济新秩序。但尼赫鲁则更着重强调利用种姓制度来实现对国家的治理。他肯定种姓制度中的民主性及其作用，肯定种姓制度在民族团结中的作用，肯定种姓制度在社会经济分工中的作用，认为种姓制度创造了印度独有的文化，肯定种姓制度的双重作用。尼赫鲁认为，作为一种以服务和职业为根据的集团制度，种姓意味着一种包含一切在内的社会秩序，而没有任何共同信条，并允许每个集团都有最充分的自由。尼赫鲁思想的主流仍是在肯定种姓制度的积极进步作用时如何对其加以改造的问题。

（4）不同的农政关系建设理念，决定了尼赫鲁必然提出限制种姓制的主张。甘地主张建立乡村小工业与村社和谐相处的没有阶级斗争的农政关系，是要实现农村人体健康的健全和道德的完善，而不是城市与农村分离的人的衰退和道德的沦丧。但尼赫鲁则主要立足于西方的以城市为中心的工业价值观，在肯定印度古代农政关系时，强调其蕴藏着有印度文化的哲学概念——人的完善，注重真、美、善的获得而不注重贪得无厌的追求。但尼赫鲁在全面认同了工业化理想，特别是印度独立后，对建立在种姓制和村社基础上农政关系的态度发生了变化，认为种姓制度改变了古代的真、美、善关系，使一大群人的品格降低，是反动的、拘束的，是进步的障碍。由此可见，当尼赫鲁将村社、种姓制度这些印度古老的传统纳入社会秩序中的农政关系时，才对其持批判态度。

（5）社会主义农政建设主张的不同，决定了两人都没有找到快速实现印度工业化的农政方略。甘地的社会主义农政主张是在印度社会实行财富托管，这就使包括农村在内的印度社会在这种托管中既没有阶级斗争，也没有竞争，只有和谐、和平相处。但尼赫鲁社会主义农政建设主要受到了苏联的影响，要求农业要有计划地发展；要求在农村建立合作社，以大工业为核心，以中小型工业、农村工业和家庭工业为辅助实现全面发展；要求农业服从工业基础上的工农业协调发展。但实际的结果是并没有按照城市与农村、工业与农业协调发展迈进，也没有实现协调发展。因此，甘地农政思想中不能以西方的物质主义为人类的唯一标准而建立的农政关系有其合理性，他主张印度决不能再走西方工业化的老路。1977 年组建的印度人民党及后来又重建的印度人民党均以甘地主义为中心信条，其党章、竞选宣言、政策声明、文件均宣称“对圣雄甘地的政治哲学信守不渝”。印度人民党在经济方面“反对垄断和经济权力集中”，主张着重发展小型企业和乡村工业。该党提出的五项原则（民族主义、民主主义、非教派主义、甘地主义、价值基础上的政治）的核心是甘地主义。在印度颇有影响的印度民众党、印度社会党也大体如此，它们把一切都冠之以甘地的经济原则。

正是由于以上 5 个方面的不同认知，决定了尼赫鲁在印度独立后，不得不选择了适应印度农村历史的村社和种姓，选择了农村近代平等与和谐理论的乡村治理结构。

（四）中间道路的经济体制的选择与局限

在未来经济中，中间道路具体通过什么制度结构来实现呢？1931 年，在尼赫鲁的推动下，卡拉奇决议案规定，国家将拥有关键工业、服务业、矿藏、铁路、航运和其他公共交通工具。决议案还主张对土地所有制和税收制度进行改革，对农民土地负担进行调整，为解放小农应实质性地减轻地租和地税；在小经济的持有地，必要时应完全减免地租和地税，或适当减少地租；在莱特瓦尔制地区，对净收入征收累进税。1938 年印度计划委员会的原则中又首先确定国家应该拥有或控制所有的关键工业和社会服务设施及其他具有垄断性的大型工业，国家要重点发展重工业以实现快速工业化。也就是说，计划中一个最重要的设想就是国家控制的经济与私营经济共同发展，尼赫鲁认为实行这种经济发展是兼采社会主义和资本主义经济体制之所长，形成公、私营经济共同发展的道路，其中国有经济和私营经济都有发展的余地。那么这种混合经济结构通过什么方式来运行呢？那就是由国家运用计划的杠杆对国民经济的公私部门有效地进行组织和调配。

1934年，韦斯维瓦拉雅写了《印度的计划经济》一书，成为印度计划设想的奠基人。他认为计划的主要目标是发展工农商业，减少失业，鼓励自力更生和促进内部经济各部门的相互联系。他列举了：经济上的紧迫要求，初级普及教育，国防训练，以重工业为主的工业化，改变农业现状，由印度控制金融、货币、银行储备以及铁路交通运输、行政商业技术训练等。他特别指出，政府在帮助工业发展中应发挥主导作用。

尼赫鲁的计划经济思想，既从印度学者中找灵感，也从实业资本家的实践中找支持，更从苏联大规模的五年计划中找支撑。因此，他断言只有革命性计划才能解决印度工业和土地这两个问题。他认为农民生活水平的提高，工业进步的取得，交通、通信和公共健康标准的全面改善，都要靠计划的目标和管理计划的机关。对于经济落后的国家来说，生产、运输、分配相关的国家计划都是必要的①。因此，实施计划的目标是实现工业的快速增长、科学的农业和社会服务，使它们在国家的控制引导下为整体人民的利益服务。计划包括经济、政治、社会、文化和精神等国民生活的各个方面。计划不但要考虑生产，还要考虑消费，这样才能使生产和消费统一起来。此外还要考虑分配，如果有平等的分配制度，工业化的害处就能避免，合适的分配计划必须作为国家计划的关键来考虑。以上这些问题都要作为一个整体来规划。在这种思想指导下，1938年省邦自治期间，尼赫鲁主持成立了印度计划委员会，印度计划委员会下设29个分会，掌管不同的部门，其中有重工业、化学、公共金融、交通、劳工、农业市场、分配、消费、投资、贸易、社会服务等各个方面。国家所有和控制关键工业、服务业、矿产、铁路、水运和其他公共交通的原则被接受。尼赫鲁强调，国家所有的原则适用于其他有垄断倾向的大型工业和企业。因此，计划的主要原则是：①确定国家应该拥有或控制所有的关键工业和社会服务设施及其他具有垄断性的大型工业，国家要重点发展重工业以实现快速工业化；②在农业方面，通过给予合理补偿废除柴明达尔中间人制度，土地由私人拥有，但以合作方式进行生产，保护佃农的租佃权和规定合法佃租；③小型和消费品工业由私营部门生产，但必须在政府的严格管理和控制下，国营企业是工业的主要力量，银行和保险业国有化以及国家参与对外贸易管理。

1944年，印度比尔拉、塔塔等八大资本家提出孟买计划，根据这个计划：①强调重工业和基础工业（如重型机器、机械制造、化学等工业）的重要性，这是一国进行工业化的基础，也是改变殖民地农业附属国地位、走上经济自立

---

① 尼赫鲁：《尼赫鲁选集》，第14卷，新德里，1974年，第561页。

的唯一途径；②大规模消费品工业和小型乡村工业在国民经济中起有益的作用，农业中以补偿方式用合作农业取代地主制是必要的；③通过各种计划尤其是提供社会服务以使收入更公平，如教育、公共医药和直接累进税、最低限度工资等，但不主张在所有权形式和制度结构上进行任何激进改革；④基础和大型工业由公营部门承担，消费品工业继续由私营部门经营。这个计划实际上表示赞同国大党计划委员会提出的印度实行混合经济的方案和所规定的公、私营部门各自的经济职能的活动范围。

由此可见，实行经济计划和混合经济体制的原则已为印度各阶层所赞同。土地和农业问题也在这个计划之中。这样的中间道路意味着允许私人经济和国有经济同时发展，而国家在工业化中应扮演主导角色。为了民族经济独立发展的需要，有必要由民族主义政权承担起大工业发展的任务，国家的作用则通过计划的手段来实现。那么农村呢？在印度的思想家、经济学家和政治家当中，受限于当时印度还没有独立、工业化还没有真正起步的现实情境，他们虽然看到了西方大农场和农业合作化等农业方式的优越性，也提出相应的主张，但在他们的理想计划中，只回答了工业化能够解决农业和土地问题，至于工业与农业的关系、如何利用工业服务农业并提供技术条件改变农业、农业如何为工业提供积累来支撑工业化等问题还没有得到很好的解决。因此，印度独立之后，在国家工业化以及相应的经济管理体制建立之后，如何解决国家工业化快速有效积累的途径、农业和农民相关的一些管理体制等并没有得到很好的研究，导致就只能承袭英国殖民化遗产，在农村建立起以邦为单位的分治体制。为了克服各种理论和计划的局限，调和城市与乡村、工业与农业的矛盾，解决因局限和矛盾造成的动荡，尼赫鲁在民主政治的国家管理框架内，在印度独立后也不得不选择了国家管理对农业的分治体制。

第三章

印度农政分治形态的创建

作为国大党的领袖，甘地的思想影响是深远的。他的非工业化思想、以分散的农村经济来反对集中的城市竞争经济、恢复和发展村社这一农村管理形式、改造印度古老的种姓制等，对印度农政建设产生了十分重要的作用，促成了独立后印度农政分治的形成。但是，在甘地思想影响下产生的这种分治体制，是以农村主导城市的总体安排为其原则的，在其成长中，对尼赫鲁推进的工业化产生了抑制作用。自此，这种分治体制在国家发展战略中经历了尼赫鲁的矛盾与冲突、英迪拉的调整与完善、20 世纪 90 年代外向自由化的重建 3 个阶段。国大党在国家的建设问题上由此出现了两大体系。一是甘地以乡村为中心的乡村建设以及与此相关的中央之下各邦的管理体系。由于甘地提出的经济上的农业和乡村工业发展不可能由中央集中统一推进，政治上由民众直接参与的民主制度也不可能在全国统一推行，所以只能将重点放在村社，农村的村社成为印度的全部政治制度的基础。二是以城市为中心的现代工业化建设及与此相关的中央国家管理体系，它要求资源的集聚和力量的集中，这是印度现代化论者的主流。本章对最初形成的农政分治体制作一概述，关于它引起的矛盾、调整以及重建，将在每一个具体时期的演变中进行相应的分析。

第一节　农政分治体制的建立

印度著名的思想家和政治家对印度农政形态的认知，特别是非工业化的甘地农政建设思想和尼赫鲁的农政建设思想对独立后印度的农政建设道路产生了重要影响。而影响最为深远的是按照他们的农政思想建立起了相对稳定的印度农政分治体制，并最终以印度宪法的形式得以巩固，成为印度农政道路成长的支撑架构而直到今天。这些体制分别是聚分结合型的政治体制、混合型的经济管理模式、中央与地方农政管理和农政分治的配套性体制等。这些体制尽管在发展中有所调整，但没有像一些发展中国家那样不得不进行改革而引起一系列政治震荡。为了适应这种分治体制，印度的做法是进行农业政策的调适与改革。这种调适与改革虽然曾引起了国家的暂时动荡，但没有危及国家的政治安全。

一、聚分结合型的政治体制

英国殖民主义者移交政权后，新成立的印度政府为维护和巩固新生的政权作了不懈的努力，对英国统治印度时期的旧国家机器进行了利用、改造，逐步确立了一整套聚分结合的政治体制。它既有分的内涵，又有聚的实质。

（一）分聚结合的议会民主政治

1947年印度独立后，实行了分聚结合的议会制度。这种体制既有与英国议会政治相同的一面，又具有强烈的印度色彩。体现印度议会民主制的印度宪法于1949年11月通过并于1950年1月正式实施。从总的原则上看，印度宪法规定印度为联邦制国家，是主权的、社会主义的、世俗的民主共和国。公民不分种族、性别、出身、宗教信仰和出生地点，在法律面前一律平等。但从宪法体现的治理结构上看，则可以理解为分聚结合。分是立法、行政、司法三权分立，国家政权分别由3个机关独立行使，并相互制衡；在这种大的分的格局下，三者的内部又都具有聚的实质。

从立法来看，印度的立法机构在纵向上分为联邦和邦两个系统，在横向上联邦的立法机构由总统、联邦院和人民院组成。联邦院代表各邦，有240位左右议员，由各邦议会和直辖区分别选举产生，任期六年，每两年改选议员的1/3。人民院则代表印度人民，由选民直接选出，由540名左右议员组成。一般情况下，人民院选举每五年举行一次，任期五年，期满全部改选，这就是印度所称的“大选”。按照印度宪法规定和一般惯例，议会的主要职权是：修改宪法，在联邦职权范围内行使立法权；选举和弹劾总统、副总统，罢免最高法院和高等法院法官、检察长、审计长等，监督政府工作，以总理为首的部长会议集体对人民院负责；政府重大政策措施必须得到议会的批准；议会可以通过财政预算和政府法案或通过不信任案等办法，迫使政府辞职。议会作为联邦的立法机构，其主要职权是制定法律，除此之外，它还拥有财政权、行政监督权和其他一些重要的权力，而所有这些权力的中心都集聚在人民院。

从行政与议会的关系来看，权力又主要集中在以总理为首的部长会议手中。印度宪法规定：“总理由总统任命，部长由总统根据总理建议任命。”但实际上印度总统在总理人选问题上，没有任何自主权。印度总统只能任命人民院中多数党的领袖担任。在人民院中没有一个党能够获得多数的情况下，总统则任命几个政党联合推选的领袖担任总理。除此之外，他别无选择。其实，就连总统本人也是由总理提名的。政府所有的部长都是由总理提名，总统无权干涉。所谓由总统任命，不过是履行一下手续而已。议会的种种权力主要掌握在以总理为首的部长会议手中。议会两院中的绝大部分法案是由政府提出的，议会实际上也不真正拥有财政监督权。虽然印度宪法规定人民院有权拒绝或削减政府财政预算的开支，但是实际上如果没有征得政府的同意，议会只能按政府的要求批准拨款法案。议会监督政府的最重要手段就是“倒阁权”了，但是这种手段也很难使政府倒台，因为只要执政党在人民院拥有多数，对政府的不信任案就不可能获得通过。

从司法权力来看，权力主要集中在最高法院。与美国等联邦制国家不同，印度的司法系统是完整的、统一的，最高法院居于金字塔的顶端，以下依次为高等法院和县法院。最高法院的司法权覆盖印度全境，全国所有法院必须遵照执行它的裁决和指导。最高法院对宪法和法律的解释最具有权威性，它对民事和刑事上诉案件的判决是终审判决。印度宪法规定，最高法院拥有初审管辖权、上诉管辖权、咨询职权和其他重要职权。最高法院是一个记录法院，它的决定具有下级法院毋庸置疑的证据价值，拥有包括惩处藐视法庭罪的权力等法院的一切权力。作为最高一级法院，它的主要作用是：对宪法作最具权威性的解释，对中央政府与联邦单位、联邦单位与联邦单位之间的争执进行仲裁，对某些民事和刑事案件的上诉作出终审判决。印度宪法规定，由充任最高法院法官的人为印度总检察长，其主要职责是就执法事项向政府提供咨询和建议、完成宪法和法律规定的检察权、对宪法和法律的执行情况进行监督等。各邦设有高等法院，县设有县法院。

（二）具有单一制特征的联邦制

在国家政治结构问题上，印度宪法第一条第一款规定印度为联邦制结构。但是印度的联邦是一个单一制特征很突出的联邦。它仿效的是加拿大，而不是美国的联邦制模式。所谓单一制，一般指国家有统一的宪法、统一的最高国家权力机关、统一的行政体系和统一的国籍或公民资格。所谓联邦制，是指国家不仅有全国共同的最高国家权力机关和行政机关，联邦各组成单位也有在本单位领域内活动的最高权力机关和行政机关；中央政府和地方政府的职权范围由联邦宪法加以规定；联邦组成单位有权在不违反联邦宪法的条件下，制定自己的宪法和法律，在一定范围内管辖本单位的事务。印度联邦的公民资格是统一的，宪法是统一的，联邦议会有权增设、撤销邦的建制或改变邦的边界。印度联邦议会、联邦行政机关虽然同各组成单位的议会和行政机关在宪法规定的各自职权范围内行使权力，互不干涉，但中央权力较大，各组成单位权力较小。印度联邦是一种新型的联邦。它不同于自由放任型联邦，联邦中央和各组成单位在各自的权力范围内互不干涉，相互独立。它类似于合作型联邦，联邦中央和各邦政府在行政管理上相互合作，相得益彰。印度联邦还可以称为管理型联邦，联邦中央对地方有很多控制渠道，在必要时，还可以将联邦制转化为单一体制。印度宪法的这一特征是符合印度全民发展要求的，因为没有国家的统一、没有强有力的中央国家政权，便难以调动全国的资源、技术和劳动力，难以形成全国畅通无阻的市场，便势必阻碍民族统一独立国家的迅速形成。

二、指导性的计划经济体制

（一）印度五年计划经济的起源

1927 年尼赫鲁去苏联参观后，对苏联的社会主义计划经济倍加赞赏，说苏联帮助他找到了解决经济建设的办法，由此形成了尼赫鲁一系列计划经济的发展思想。1931 年国大党卡拉奇年会上，通过了“基本权利和经济规划”决议。1933 年正值世界经济危机，韦斯维瓦拉雅在他的《印度的计划经济》一书中指出，资本主义经济体制和社会生产的无政府状态，是世界性经济萧条的原因。要摆脱经济困境，国家必须干预经济，制定计划。虽然这是印度第一次从理论上公开提出计划经济思想，但统治印度的英国殖民者不予理睬，直到 1937 年国大党省执政时，这种计划经济思想才被接受。1938 年 10 月国大党召开了 7 省工业部长会议，通过决议指出：“印度不实现工业化，就解决不了贫困和失业、国防和经济复兴等问题。作为走向工业化的一个步骤，应制定一项全面的国家计划。”会后成立了以尼赫鲁为主席的印度计划委员会，并立即着手制定一个以消除贫困、提高人民生活水平为主要内容的“十年计划”。1939 年英国参与第二次世界大战后，国大党省政府解散，尼赫鲁被关进监狱，这项“纸上的计划”也就束之高阁了。但是，这个时期建立印度计划委员会的事实，说明国大党已确认“计划经济是印度经济发展模式”，实际上就是 1950 年 3 月成立的以尼赫鲁为主席的“印度国家计划委员会”（简称国家计划委员会）的前身。

第二次世界大战期间，英国殖民当局为了摆脱困境，建立了一个“高级计划委员会”，该委员会于 1943 年被成立的建设委员会所代替，不久建设委员会又被殖民政府的计划发展部所取代，这个政府部门是专门为制定战后印度建设计划而设立的。到英国撤出印度前夕，计划发展部被撤销，所制定的计划也被打入“冷宫”。1946 年 9 月印度临时政府成立，具有计划经济思想的尼赫鲁出任政府总理，他首先建立了一个“计划咨询局”，进行一系列调查研究工作。他强调，不要花费更多时间去制定计划，而是要采取有计划的行动。在印度独立之初政治经济混乱的情况下，政府也来不及制定任何计划，所以殖民地时代计划发展部制定的“建设计划”就从“冷宫”中被搬出来，被用来指导新印度的经济发展。然而这个计划是不协调和不完善的，它只是几个工程项目的计划草案，该计划实施过程中造成了巨大混乱和人力财力的浪费。实践证明，国家要合理利用资源，有效地发展经济，必须重新进行各个方面的平衡和协调。这样，1950 年 3 月印度政府成立由 5 人组成的国家计划委员会，着手编制印度经济建设的第一个五年计划，并把它作为英联邦各国财政部长制定的协调南亚各国经济发展的“科伦坡计划”的一部分。当时国家计划委员会面临着严峻的国内经济形势，物价上涨指数达到第二次世界大战以来的最高值，而人均口粮则是最低的，国内还有 700 万难民急需救济和安置。因此国家计划委员会面临的主要任务就是，解决粮食和工业原料的短缺，应对通货膨胀，医治印巴分治和教派冲突所造成的经济创伤，为此后的发展作准备。为此，“一五”计划草案没有规定明确的发展战略，这个计划可以说是独立前计划发展部和后来计划咨询局拟定的几个特别工程项目的混合物。但它的独到之处在于把这些工程项目统一到一个合理的计划体制里，分出主次，安排投资，指导实施。连尼赫鲁本人也认为“一五”计划仅是应付当时形势需要的一种“简单凑合”。1951 年 7 月在印度第一届大选前夕“一五”计划草案发表，引起了各党派的批评和指责，而国大党在竞选宣言中则高度赞扬计划经济，并表示决心坚持到底。这样，国民经济计划就变成了国大党的计划。1952 年 11 月选举产生的第一届印度政府召开有国家计划委员会成员、联邦内阁部长和各邦首席部长参加的国家发展会议，批准了印度第一个五年计划草案，所规定的纲领目标是号召全国人民为完成计划任务而奋斗。1952 年 12 月 16 日草案提交人民院讨论通过，并付诸实施。

（二）指导性的计划经济体制的形成

“一五”计划属于恢复性质的计划，其主要功能是完善独立后的经济结构，不带有强烈的指导性质。它立足于印度农业国的地位，将恢复性重点放在农业和乡村上。农业投资占总计划的 42.1%，其中农业和乡村发展占 14.9%，灌溉和电力建设水利工程占 27.2%。实际执行结果的占比略超计划，农业和乡村发展投资 29.9 亿卢比，占 14.8%，其中农业 22.7 亿卢比、乡村 5.7 亿卢比、地方发展工作 1.5 亿卢比；灌溉和电力建设水利工程 58.5 亿卢比，占 29.1%，其中综合水利工程 24.1 亿卢比、灌溉工程 19.1 亿卢比、电力工程 15.3 亿卢比①。这种不改变国家经济结构的恢复性计划完成了它的任务。从 1951 年 4 月到 1956 年 3 月，基本上完成了计划规定的指标。国民收入按 1952—1953 年价格计算，从 1951 年的 910 亿卢比增加到 1956 年的 1 042 亿卢比，5 年间国民经济年增长率正好达到计划规定的 3.6%的指标。粮食产量由 1950—1951 年的 5 500 万吨增加到 1955—1956 年的 6 700 万吨，增长了约 22.7%。在工业方面，5 年内工业生产增长 25%，私营工业比公营工业增长更

① 迪安达亚尔·乌帕德亚亚：《两个计划》，勒克瑙，1958 年，第 48 页。

快，工业生产增长指数1950年为105、1955年为166.5（如果以1946年标准为100），这说明“一五”计划期间印度工业生产有较快的恢复和发展。

在印度经济发展史上，人们因“一五”计划完成了计划任务而给予了其众多肯定和认同。然而以对国家经济活动的调控力度而言，我们认为它并不具有严格意义上的国家计划性质。印度真正的五年计划始于“二五”计划。关于“二五”计划的内容在下一节“服务工业化的农政方略”中作介绍，这里仅就其计划的指导性功能作强调，因为它是尼赫鲁承继者进行五年计划完善的起点。这种指导性功能表现在以下4个方面。

第一，强烈的社会思想的指导功能。“二五”计划明确提出要以建设“社会主义类型社会”为发展目标，计划草案指出：“发展中国家当前的任务不仅是在现存的经济和社会体制内取得更好的成果，而且是要改造和更新它们，以便使它们在实现更广泛、更深一层的社会价值过程中发挥有效的作用，这些价值和基本目标最近被归结在‘社会主义类型社会’的口号里。”提出这个计划只是为建设“社会主义类型社会”迈出的第一步。可以看到，印度的宪法和“二五”计划是将建设“社会主义类型社会”作为指导性目标的。

第二，强烈的改变经济结构的指导功能。“一五”计划是一个“职能计划”，它不改变基本经济结构，只是修补它。在规定计划指标和投资标准时，是根据各工业部门现有能力和5年中对需要多少的估计而进行的。而“二五”计划则是一个“结构计划”，它的目的不仅在于规定生产指标数量上的增长，而且要改变现存的经济结构。其具体表现就是将发展的重点从农业移到工业上，增加对基础工业和重工业的投资，加速国营经济成分的发展。

第三，强烈的推动投资的指导功能。“一五”计划主要是立足现有资本资源进行相应的投资，推动投资的功能不强。“二五”计划不同，计划投资由“一五”计划期间的年均85亿卢比增加到“二五”计划期间的年均160亿卢比，将近翻了一番。“二五”计划期间对国营部分的投资达460亿卢比，比“一五”计划期间的196亿卢比增加了约1.35倍。其中，对国营工矿业的开支由“一五”计划期间的7.4亿卢比增至“二五”计划期间的90亿卢比，增加了10多倍。这样的投资强度在规模上超出了国家的能力，不仅需要从国内吸纳所有能够可利用的资金，而且必须寻求外国资本，“二五”计划推动功能的作用是“一五”计划不具备的。

第四，强烈的不同区域调节的指导功能。“二五”计划的计划指向是工业化，因此，在推进“二五”计划过程中，对于那些重工业条件好、原材料丰富的邦就有相对较多的计划性投入，这种对不同区域性的投入具有较强的影响区域发展的指导功能。它有可能根据国家的需要分轻重缓急进行不同区域的建设。这种计划的指导功能尽管在建设初期造成区域的发展不平衡，但这种机制在长期的运用中，既能引起中央与各邦之间的投资博弈，又能产生各邦之间不同集团的经济竞争，这种状况对于促进国家区域均衡发展是有一定推动作用的。

三、中央与地方的分治农政

独立之后，印度逐步建立混合型的经济体制，但这种体制只涉及工业领域，因为农业领域不存在土地公有基础上的国家经营问题。因此，印度经济的"第三条道路"主要指的是工业，农业生产方式相对于英国殖民时期而言并没有发生质的变化，只存在对全国农业的管理和农村治理，而这种管理和治理也都是在农政分治体制下进行的。

（一）中央对农业和农村的管理

在印度聚分结合型政治体制下，尼赫鲁建立起了以总理为核心的对中央的农业和农村管理体系，其管理体制明显不同于美国和其他联邦制国家。

第一，总理对国家农业发展有着较强的调控作用。尽管印度宪法最初规定，农业的事权和财权均由各邦负责，但实际上在运作中并非如此。自尼赫鲁任总理开始，即建立起了对农业和农村发展有着较强调控作用的机制。这与美国建国初期不调控农业有着很大的不同。在印度的政治结构中，内阁是印度国家机器的轴心，而总理又是内阁的主宰，内阁的一切活动都是在总理领导下进行的。总理是印度政府的首脑，由总统任命人民院多数党议会党团领袖担任，任期五年，可连选连任。按照印度宪法规定，总理拥有组织和领导政府的权力。部长会议的全部成员都是经总理提名后由总统任命的，且总理有权提请总统随时免去某个（或某些）部长的职务甚至彻底改组政府。部长会议的一切重大决策都是在总理的领导下作出的。总理既是议会中的多数党领袖，又是部长会议的首脑，这种特殊地位使其成为这个国家政治生活中的中心人物。因此，我们在进行印度农政分治的研究中，一般以总理决策为依据进行具体的比较分析。总理作为中央政府的首脑人物，不设副总理，导致他更能够大权独揽，他所统领的内阁部长通常掌握政府中的一些要害部门，如外交、内政、国防、财政、交通、商业、铁道等，因此，他在很大程度上决定着国家的大政方针和政府的政策走向，也在中央政府对农业和农村资源的分配上具有较大的支配作用。

第二，创建了调控、管理农业和农村的职能机构。殖民地时期印度也成立了农业部，但它类似于英国的农业咨询机构。1952 年建立的尼赫鲁第一届政府中，合并原来的农业部与粮食部，成立粮食与农业部。粮食与农业部即是 21 个部中最重要的部，其部长也是影响重大决策的内部部长之一。尽管随后其职能有过一些调整，但仍是政府重要的部门。1956 年 10 月又分成两个部；

1957年再次合并，成立农业部，下设粮食局和农业局。农业部承担的职能有：农业生产，农业研究、教育和发展，畜牧业、渔业和林业，果蔬生产工业，农业经济与统计，农业发展，与联合国粮食及农业组织（FAO）、其他国际机构建立联系，发展农业领域内的技术与经济，肥料的获取与分发，农业市场，土地改造，合作，精细管道灌溉，土地垦荒，土壤保护等。1958年12月，合作方面的职能部分从农业部的农业局中分出，成立合作局，隶属社会发展合作部；与中央和邦仓储公司有关的工作并入粮食局。1962年，有关渔业、果蔬的一些职能从农业局转到粮食局。1963年，勒克瑙的印度糖蔗研究所、哥印拜陀的糖蔗播种研究所和新德里的印度中央糖蔗委员会的有关“蔗糖”工作从农业局转入粮食局。在这些职能的分合中，农业部的职能是不断增强的。它由原来的纯服务与咨询机构成为一个行使管理权的职能机构，对全国农业起着越来越强的调控作用。一方面，农业部的权限不断扩大。联邦政府①各部是主管政府某一方面事务的行政管理机构，各有其明确的职权。农业部作为管理全国农业和农村的职能部门，其权限是不断扩大的。它从最初进行农业和农村的科技咨询逐渐扩大到对农业的财政分配，从一般的农业与非农部门的协调扩大到土地改革等农村生产关系的调整等。农业部的权限随着形势的发展而不断扩充。有时将农业部的部分职能分出成立其他部，也是其职能不断增强的结果。另一方面，农业部逐步向代表农业和农民利益的机构转变。随着农业部职能的逐步增强，权限的不断扩大，它并没有形成一个特定的部门集团而试图维护自身的利益，而是逐步演变为代表农业和农村利益的职能部门，成为联邦政府实施农业政策的重要参谋部。特别是印度工业化战略启动之后，熟悉农业和农村的农业部与只管工业化推进的国家计划委员会形成的一系列矛盾斗争就是这种职能的体现。

（二）中央与地方的法定权限与农政分治

如前所述，印度作为联邦制国家，各邦在一定程度上享有自治权。那么联邦政府与邦政府的权力如何分配？各邦在什么范围内、什么程度上享有自治权？印度有着自己的特点。虽然印度是一个联邦制国家，但在许多方面却更接近于典型的中央集权制国家，各邦只享有有限的自治权力。而这又在一定程度上影响了农业的发展和农村面貌的变化。那么在联邦政府与邦政府的分治结构中，又有哪些因素影响了农政关系的演变？尼赫鲁确定的方向如下。

第一，从立法关系上看，联邦的法律和政策居优先和主导地位。印度宪法规定，印度各邦单独享有66项立法权，包括农业、林业、渔业、地方工业、

① 本书中，为便于读者理解，印度联邦政府与印度中央政府表示的含义相同，根据不同的语境使用不同的表述。

土地立法、土地建筑税、公共秩序、警察、地方自治、公共卫生、教育奢侈税等。印度宪法还规定了47项联邦与省邦共同享有的立法权，包括刑法、刑事诉讼法、婚姻法、财产转让、民事诉讼、契约、工会、劳工福利、劳资纠纷、经济计划和社会计划、报纸、物价管理、电力、印花税等。但是，各邦的这种自治权是很有限的。这表现在：①各邦的立法权除警察和土地立法权外，关系到国计民生的一切重大立法权力全部集中在中央。根据印度宪法规定，印度联邦单独享有多项最重要事务的立法权，包括国防、武装部队、军事、外交、战争与和平、航空、铁路、邮电、对外贸易和外汇、货币和银行、保险等重要权力，共97项。②印度宪法虽然规定各邦拥有设立警察的权力，但警察都是由联邦内政部按照"全印警官制度"统一培训后派遣到各邦去的，警察个人的晋升也要通过内政部，因此实际上警察是受内政部控制。印度宪法第42号修正案还规定，联邦政府有权派武装部队或其他部队到任何邦处理该邦社会动乱和法制恶化等严重问题。这些部队在邦内驻扎期间，根据联邦政府指示行事而不受邦政府控制。③印度宪法虽然规定若干个邦的自治权限，但又规定各邦行使的行政权不得妨碍或损及联邦之行政权，也不得妨碍或损及联邦对各邦给予指令的行政权。④联邦政府有权征收除农业税以外的一切所得税、附加税、关税、资本和财产税、公司企业税、铁路客运和货运税等作为印度的"统一基金"，再将其中一部分分配或以补助金形式拨发给各邦。中央控制了各邦的财政金融大权。

第二，从行政关系上看，则存在联邦和邦双轨政府。如何处理好两者关系，使两者既相互协调又各自行使宪法赋予的权力，解决可能出现的矛盾和冲突，是巩固国家政治体制的最重要任务。印度宪法如同其他联邦制国家宪法一样，先要保证联邦政府的政令得到贯彻执行，以保证国家的团结、安宁和经济生活的正常运行，因此印度宪法包括一系列联邦政府对邦政府应当在什么范围内和在什么程度上行使职权的原则规定。这点与美国、澳大利亚等联邦制国家不同，它们只在立法权力上作了划分，导致联邦政府和各州政府在行政权限上可能发生冲突。印度宪法为了避免这类事情发生，对联邦和各邦的行政关系作了明确的规定。邦长作为邦的首脑由总统任命，高等法院法官由总统任命和调动，邦议会选举在总统任命的选举委员会的监督、指导和控制下进行等。各邦在行使行政权力时，应遵守联邦议会通过的法律和适用于该邦的现行法令，联邦在行使行政权力时应向各邦下达在它看来必要的指示。如果邦政府违反上述法律和指示，联邦政府可以宣布该邦处于紧急状态，也可以派遣中央后备警察部队进入该邦强行实施这些法律。联邦政府可以在某些情况下对各邦实施行政管理，包括就它认为具有全国意义或军事意义的交通线的建设和维护问题向各邦下达指示。同时，总统在征得邦政府同意后，可以有条件或无条件地委托该邦政府及其官员对联邦行政权限内的事项行使职权。联邦议会制定的适用于各邦的法律可以对邦及其官员和机构授予权力和规定职责，或准许他们授予权力或规定职责，即使邦议会对该法律涉及的事项并无立法权。此外，邦长在征得联邦政府同意后，同样可以有条件或无条件地委托联邦政府及其官员对本邦行政权限内的事项行使职权。如果各邦之间在邦际河流或河谷水源的利用、分配及管制方面发生纠纷与起诉，联邦议会有权作出裁决。

第三，从财政关系上看，联邦政府和邦政府财政独立，开支分别核算。印度宪法对联邦和各邦的主要收入来源、税收的项目和分配作了较详细的规定。列入联邦政府税收的主要是一些重要税收项目，如农业收入以外的所得税、关税、烟草等的货物税、公司税、公司资本税、房地产税、财产继承税、证券交易所和期货市场的税收、报纸购销税和广告税等。列入邦政府税收的主要项目有土地税、农业所得税、农用土地继承税、房地产税、进入本邦的消费品的入境税、电力销售税、对公路或内河航运的货物和旅客的征税、公路车辆税、通行税、人头税、奢侈品税等。从税收来源可以看出，联邦政府控制和掌握财政收入的最主要部分，而邦政府单靠所分配的税收难以支持其日常开支和发展支出。因此邦政府在财政方面必须依靠联邦政府的支持和帮助，这就为联邦政府干预邦的事务创造了条件。为了弥补各邦经费的不足，印度联邦政府采取了一项重要政策，就是将部分中央税收转移给邦政府。例如，联邦政府把对铁路、海运、航空所载运的货物或旅客征收的终点税，铁路车票和运费税，报纸购销税和报纸广告税，农业用地以外的财产继承税等本来由它们征收的赋税转拨给各邦。农业收入以外的所得税则由联邦政府征收，归联邦和邦共同使用。另外，除药用和化妆用配制品以外的货物税，由联邦政府征收，其中一部分要依据议会以法律确定的原则分配给各邦。印度宪法还规定，对某些邦实行补助拨款，以弥补其资金不足。对西孟加拉、比哈尔、阿萨姆、奥里萨等邦，联邦政府从印度统一基金中拨付税收补贴，以代替本应划归这些邦的黄麻及黄麻制品的出口税留成。对于联邦议会认为需要帮助的邦，联邦政府每年从印度统一基金中拨付一定款项作为补助拨款，其数目由议会以法律加以规定，各邦可以不同。对“表列部族”聚居的地区，这种补助拨款给予特别照顾，以增进它们的福利，提高这些地区的经济发展水平。

（三）地方的农业和农村治理

印度是一个由邦和中央直辖区组成的联邦制国家。邦以下是地方政府，各邦区域内的各级地方政府附属于邦政府。各级地方政府实行自治，政府由当地居民选举产生，具有相对独立的法律地位，在邦政府的监督下依法自主管理辖区内的地方事务。邦政府除了对地方政府依法行使监督权，还通过各种途径行使行政上的指挥权。地方政府除对本地居民负责以外，还要对邦政府负责。在聚分结合型的政治体制下，从分的意义上看，形式上地方的自治权大；但从聚的实质上看，地方自治权有限，它是介于集权与分权之间的更倾向于集权的一种中间形态。

印度地方的农业和农村治理就是在这种政府管理结构下，按照民主、分权、效率的原则，以县、区和村三级地方的有限自治来实现的。1947 年独立后，印度在行政体制方面面临着整顿、统一和改组地方行政机构，以促进经济发展的任务。1952 年推行的村社发展计划在这方面开了先河。根据这项计划，原有的县和县以下的行政机构进行了改组，建立了新的行政机构网络，把全国 50 万个村庄以村社发展区的形式重新加以组织。每个村社发展区的范围大约包括 100 个村庄、8 万人口，其机构设发展区发展官员、推广服务官员和村级工作人员，在此基础上推行村社发展计划。其目的是要增强农村群众参与国家建设计划的意识，加速农村经济的发展。该项计划被尼赫鲁称为“推动印度农村发展的一场悄悄的革命”。经过几年的实践，村社发展计划未能取得令人满意的结果。到 1956 年，印度政府任命了一个以巴尔旺特拉伊·梅赫塔为首的委员会（简称梅赫塔委员会），对村社发展工作进行广泛深入的调查。梅赫塔委员会发现，在实施村社发展计划的过程中采取高度“官僚主义”和“集中化”的方式，未能调动人民参加社会经济发展计划的主动性。因此它建议恢复乡村评议会制度，以便使民主制度下放到地方，在地方建立一套新的自治机构。

乡村评议会，又称潘查亚特或五人长老会，是古代印度村社中种姓制度的最重要的裁决和批准机构。英国殖民主义统治时期，村社组织遭到破坏，乡村评议会逐渐消亡。梅赫塔委员会在寻求解决民主权力下放、动员尽可能多的乡村群众参加国家发展事业的途径时，发现乡村评议会是一个便捷的选择，只要对乡村评议会加以改造，注入现代意识，便可以使其成为乡村自治机构。这种设想并非凭空臆造。甘地就曾设想以乡村评议会制度为模式建立乡村自治组织。他曾说过，乡村自治组织应当成为一个“完整的共和国”。1950 年印度宪法可能就是遵循甘地的上述思想，将乡村评议会规定为国家政策的一项指导原则。“国家应采取步骤组织乡村评议会，并赋予必要的权力和权威，使之具有自治单位之职能。”梅赫塔委员会建议，以乡村评议会为基本模式，建立三级地方自治机构，即县委员会、乡委员会和村评议会。1958 年印度政府批准了梅赫塔委员会关于民主权力下放的建议，从 1959 年开始，印度各邦陆续实施了乡村评议会制度。

（1）县委员会。县委员会是乡村评议会制度三级结构中的最高一级机构。印度绝大多数邦设立县委员会，只有个别邦为两级结构，没有县委员会。县委员会由选举产生的委员、当然委员和由当然委员增选的委员组成。选举委员的办法各邦不尽相同，有的由乡委员会委员间接选举，有的由村民大会所有成员直接选举。当然委员一般包括：县长（收税官），所有由本县选出的联邦议会和邦议会议员，乡委员会主席，县合作中央银行行长，县合作供销社主任等。由当然委员增选的委员包括：妇女代表，表列种姓代表，表列部族代表和热心于乡村发展事业的人员。委员会全体会议每3个月召开一次，由主席主持。会议对乡村评议会进行审议。县负责发展工作的官员须向全体会议提供必要的信息并参加讨论，但没有提出动议和表决的权力。县委员会建立若干常设委员会，大多由县长兼任主席，其成员由县委员会全体会议选举产生。这些常设委员会涉及县发展工作的各个领域，如农业、教育、工程、社会福利、计划和财政金融等。

（2）乡委员会。乡委员会是乡村评议会制度三级结构中的中间一级，绝大多数邦所管辖的地区与独立初期实行的村社发展计划中的村社发展区相一致，只有3个邦与原来的行政区相重合。乡委员会委员包括：由村民大会直接选举或由村评议会委员间接选举产生的委员，由选区在本地的邦立法院和参议院议员组成的当然委员，由当然委员增选的妇女、表列种姓和表列部族、少数语言和宗教集团等“弱小社会阶层”的代表及具有特殊专业经验和技能的代表。当然委员还包括本区初级合作农业开发银行行长、代表本区的县合作中央银行董事和初级合作供销社主任等。乡委员会的机构设置与县委员会相类似，但它有一名主席和一名副主席。乡委员会的大部分重要事务由其依法设立的数个常设委员会处理。每一项重要工作，如规划、农业、教育、社会福利、工业和金融等，都有一个相关的常设委员会负责。每个常设委员会的成员人数相等，等于乡委员会成员的总数除以常设委员会的数目。乡委员会主席是金融委员会的当然主任，副主席是开发委员会的当然主任，其他委员会的主任由各委员会成员选出。常设委员会的会议很频繁，负责对行政工作进行审议和复查。

（3）村评议会。村评议会是乡村评议会制度三级结构的最基层单位，所辖范围为一个或几个自然村。它作为村民会议的执行机构，是评议会制度的基础。村评议会委员人数从5人到30多人不等，一般由选民按行政区以秘密投票的方式选举，大多数邦还为妇女、表列种姓和表列部族保留代表名额。村评议会委员的资格是：必须是评议会的选民，不得在政府部门担任有收益的职务，不得是被法院判定犯有刑事罪行的人。村评议会任期五年，可以由邦政府延长，但每次延长不得超过一年。

村评议会负责村级社会的行政管理，在广大农村经济发展和社会生活中起巨大的作用，其职能有服务性职能和开发性职能之分。服务性职能包括：建筑和修建房屋、道路、下水道，维护环境卫生，负责街道和公共场所的照明，保管村民的出生和死亡记录，开放和管理墓地，处理无人认领的人和动物的尸体，向居民提供清洁的饮用水，调处轻微的民间纠纷等。开发性职能包括：实行土地改革，发展农村灌溉业、畜牧业和小型工业，组织集体耕作，开展初等教育、社会教育和健康教育，举办农村诊所和娱乐中心等。为了履行上述职能，承担相应职责，支持发展活动，村评议会有权在其辖区内征收赋税，包括房屋税、财产税、土地税、农业税、职业税、车辆税、牲畜税、商店税、货物入市税、财产转移税、土地闲置税、水电费等。

村评议会的最高机关是村民大会，由村评议会领域内全体有选举权的成年人组成。其职权是：审议每年村评议会的账目报表和审计报告，审议上一年的行政管理报告，提出开征新税和增加旧税的议案，审议本村的其他重大事务。法律规定，村民大会每年至少举行两次，但实际运行情况不尽如人意。村评议会设主任和副主任，主任是村评议会的政治首长，副主任是其副手，在主任因故缺位或不能履行职责时副主任代行其职务。主任和副主任均由村内 18 岁以上的成年选民直接选举产生。任期与村评议会其他成员的任期相同。

四、初创国家农业服务体系

（一）初建农村金融服务的分层体系

独立后，农村金融市场的建设得到了中央政府的高度关注。政府制定的农村金融政策是：为农业和农村发展计划提供充足而及时的信贷，使信贷流向贫弱部门和欠发达地区。该政策的基本目标是，确保向农业部门提供及时而不断增加的信贷流量，减少和逐步消灭农村高利贷者，在全国各地创立有效的信贷设施以减少地区不平衡，对实行特殊计划的地区提供大量信贷支持等。为此，印度农村设立了诸多资金提供机构，如合作银行、土地开发银行、国家农业农村发展银行等，从而逐渐把一个完全由无组织信贷提供者控制的农村金融市场发展成为一个由有组织信贷机构占支配地位的农村金融市场，形成了一个层次鲜明、分工明确、覆盖率高、从总到分的完整的农村金融体系。

（1）印度国家银行。印度农村金融的主渠道是商业银行，印度最大的商业银行是通过 1955 印度国家法案合并而成的印度国家银行。印度有着很早的国家支持农业和农村的历史传统。印度独立初期的 20 世纪 50 年代和 60 年代初期，银行重点致力于农村发展和公营部门工业的发展。

（2）农村合作银行，即信贷合作社，分为 3 个层次。一是由每个村庄农民自愿入股形成初级农业信贷合作社，主要向农民提供中短期贷款。二是在初级农业信贷合作社的基础上，各县初级农业信贷合作社联合起来，成立中心合作银行，通过吸收存款向初级农业信贷合作社发放贷款。三是各邦还成立邦合作银行，通过吸收存款和从印度储备银行获得资金融通，向中心合作银行提供资金支持。

（3）土地开发银行。向农民发放中长期贷款，包括小型灌溉设施、土壤改良、林果业种植等贷款。其贷款期限长且利率低，期限可延长到15～20年。

（二）重建农业高等教育体系

（1）在英国殖民地时期农业教育体系的基础上进行了重建。独立前，1878年在哥印拜托建立了一所农业学校，开始进行农业教育，并在1909年开始向学生提供农业方面的学位课程。1879年又在浦那建立了农业学院。之后在普通大学里也开始进行农业科学学位课程教育，1940年在阿拉阿巴德农学院开设农业工程课程。1923年在普萨帝国农业研究所开设两年制的研究生课程。根据皇家农业委员会的建议，于1929年建立帝国农业研究委员会以进一步支持农业研究机构。20世纪30年代开始，设立农业硕士和博士学位。1936年在马德拉斯大学的帮助下，马德拉斯兽医学院开始设立四年制的兽医学士学位。1946—1948年又相继建立5所兽医学院。1947年印度独立时，共有17所农学院，每年入学的学生有1 000多人。当时的农业科学研究和推广工作是由联邦政府农业部负责，学校只开展教学工作。

（2）独立后，印度现代农业教育有了重要发展。1949年印度大学教育委员会建议以美国赠地学院的方式在每个邦建立“农村大学”。这种大学的校本部应拥有专门的大学设备并成为农村的文化教育中心。农学院要理论联系实际，学习与实践相结合，培养学生在某一专业方面成为技术熟练的人，或者进一步深造。1955年通过了第一个印美联合组支持大学委员会的建议，并提出在若干经过选择的邦，采取美国赠地学院和印度农学院相结合的形式，以现有的农业教育和科研机构为基础建立农业大学。第一所农业大学于1960年在北方邦的潘特那加建立，现改名为农业技术大学。随后分别建立了马拉特瓦达农业大学、奥里萨农业和技术大学、旁加比农业大学、安得拉邦农业大学等。

（3）重建农科研究生教育。独立前，印度只有农学院而没有农业大学，20世纪30年代开始设置研究生学位，但研究生教育十分薄弱。独立后，印度政府开始重视农业教育和农业研究，主要是在一些著名的农业研究所中培养研究生。例如新德里印度农业研究所，自1920年以来它就一直在农业的主要学科中开设两年制的研究生课程，课程学完后授予印度政府认可的印度农业研究学会的预备会员资格，等同于理学硕士学位。根据大学补助金委员会法，它在1958年被确认为一种大学。自此，它开始在农业科学的各学科中开设正式农业研究生课程，招收农业理学学位硕士和农业学位博士研究生。

（三）承继英国的农业科研体系

（1）现代农业科学技术研究的开始。印度现代农业科学技术的研究是从对土壤进行的调查研究开始的。1877年印度农业科学家认为，印度人民贫困的最明显和最基本的原因是土地已经消耗了肥力，故要求政府注意解决此问题。

于是英印殖民政府邀请英国皇家农业学会的沃尔克博士对印度的农业条件进行研究。1893 年他在伦敦发表了“改进印度农业的报告”。同时，阿拉哈巴德米尔中央学院的希尔教授也对土壤进行了抽样分析，结果显示印度土壤中的含氮量和含碳量都较低。莱瑟博士还对阿利加尔地区的碱性土壤进行了分析，并提出使用石膏改造这种土壤的方法；拉普尔政府农业学院的克拉克等人也对一些地区的土壤进行了分析研究，并研制了一种可用于此类土壤的绿肥。达尔博士也献身于土壤肥力的研究，并提出利用廉价原料和工业副产品来提高土壤中的含氮量，从而改造碱性地的方法。因此他坚决主张，只要每年向土壤中增加半纤维素用于阳光下固氮，则利用光吸附作用固定的氯就会比全世界用工业生产的氮还要多 10 倍。20 世纪初期，因莆瑞尔农业研究所和拉贾斯坦邦等还开展了小麦育种研究，并培育出 NP4 号、NP6 号、NP12 号、RS31　1 号和 C13 号等多种小麦新品种。20 世纪 20 年代，印度农业科学家还开展抗水稻瘟病的研究，并通过纯系选择获得 C04 号抗稻瘟病新品种。同期，加尔各答大学研究中心中从事细胞和染色体研究的库马里、普恩和米拉等人，通过对茶叶的研究，把从成熟的茶叶植株小枝及其苗木上取下的茶叶组织，运用组织培养法，在试管里培育出茶叶植株。

独立后，印度的农业科学技术研究与开发机构进行了卓有成效的研究工作，较为突出的是德里印度农业研究所。它与美国洛克菲勒基金会、印美技术合作机构、美国国际开发署、FAO、美国农业部、美国福特基金会、国际原子能机构等机构合作开展科学技术研究，对小麦、油菜、棉花、农作物种子、农作物病毒、植物保护等方面的研究做出了重要贡献。

(2) 现代农业科学技术研究机构的创建。独立前，农业学院不仅培养学生，而且开展了一些农业科学技术的研究与开发活动，但由于农业学院的主要活动依然是教学活动，所以为了加强农业科学研究和技术开发，印度还是建立了一大批农业科学研究机构。1889 年在浦那建立印度兽医研究所，1906 年成立台拉登森林研究所，1911 年成立阿萨姆邦乔哈特茶叶协会，1912 年成立哥印拜托甘蔗培育研究所，1916 年在喀拉拉邦卡萨尔戈德建立中央椰子研究所，1921 年在孟买建立棉花技术研究实验所，1925 年在兰契建立印度虫胶研究所，1930 年在德里建立农业统计研究所，1933 年在西姆拉建立印度农业研究所小麦培育分所，1934 年在卡纳尔建立印度农业研究所分所，1936 年在坎普尔建立印度国立糖业研究所及在比哈尔邦建立普萨植物学研究分所，1938 年在加尔各答建立黄麻技术研究实验所，1939 年在西孟加拉的尼尔甘格建立黄麻农业研究所，1945 年在利阿尔普尔（现在巴基斯坦境内）建立印度水果研究所，1946 年在库塔克建立中央水稻研究所和在孟买建立深海渔业组织研究所等。

独立后，除了在农业大学和农业高等学院中建立了众多的农业科学技术研究与开发机构外，为了加速农业科学技术发展，印度还建立了一些专门的农业科学技术研究与开发机构和农业科学技术研究方面的委员会，如德里的印度农业研究所、中央水稻研究所、印度甘蔗研究所、印度兽医研究所、印度森林研究所、印度家禽研究所、中央棉花委员会、印度油料委员会、中央甘蔗委员会和中央椰子委员会等，从而使印度拥有发展中国家里较为完善的政府农业研究开发机构网络。这些农业科学技术研究开发机构，培育了大批技术优良的农业科学技术人员，从而也在一段时期里使国际农业研究顾问团中所有主要的植物培育专家几乎全都是印度人。

第二节　农政分治化的土地改革

独立后进行了土地改革。这次改革有两个世界土地改革史上独有的特点。一是在农政分治的体制下进行，即改革在国大党中央确定方针、国家计划委员会制定规划、各邦政府立法的基础上展开。为了与其他国家土地改革方式进行差别性分析，我们将印度中央政府关于土地改革的相关意见称为土地总纲，它是指印度国大党及其领导下的中央政府关于土地变革的任务而规定的奋斗目标和行动步骤；而地方关于土地改革的意见称为土地政策，它是指地方政府按照中央土地总纲的要求采取的一般步骤和具体措施。二是土地改革的长期性。土地改革是在分治的体制下进行的，尽管改革尊重了地方利益，保护了农村部分先进的生产力，但中央与地方利益博弈、地方农村内部各阶层的利益博弈都在土地改革中进行，就决定了由于不能权力集中而导致改革遥遥无期，直到今天仍未完成。由于以上两个方面的特点，我们认为，印度在农政分治体制下进行的土地改革，不能作为农业政策来进行分析，因为它不仅涉及农业问题，而且在随后的城市化进程中，还涉及农民的土地非农化中的利益等其他方面的问题。因此，我们只有在土地改革涉及农业的内容时，才将其纳入农业政策的范畴。

一、中央的土地改革总纲

独立前国大党就有了较为明确的土地纲领，大致可分为两个阶段。

1885—1917 年为第一阶段，即保护地主利益政策纲领阶段。这一时期，国大党要求英印殖民当局推广田赋额永久不变的地税制度，这实质上是要保护地主的利益，因为大量土地在地主手中，1889 年国大党年会通过了包含这样内容的决议。1890 年出任印度国大党主席的罗梅什·钱德拉·杜德则要求英印殖民当局在印度推行孟加拉型的固定地税制，这显然也代表了地主阶级的利益。但自从 1917 年甘地领导了比哈尔和古吉拉特凯拉农民对英国统治者进行非暴力抵抗运动以后，这种保护地主利益的政策主张就被停止了。

1918—1947 年为第二阶段，即从保护地主阶级利益转变为保护农民的利益。第一次世界大战后，为了争取农民群众反对英国统治，国大党变更了原来的土地政策纲领，提出了保护农民利益的政策。这一政策经历了由限制地主对农民进行封建剥削到有条件地废除国家与直接耕种者之间存在的中间人制度的演变。这一主张首先由尼赫鲁提出，然后在 20 世纪 30—40 年代国大党有关农村和农业问题的决议中得到体现，并逐步完善和具体化。1936 年国大党成立以尼赫鲁为首的印度计划委员会，下设土地政策、农业劳动和保险委员会。1937 年 7 月国大党在孟买、马德拉斯、联合省、比哈尔、中央省、奥里萨和西北边省单独组成政府后，开始实施保护农民利益的土地政策。比哈尔政府豁免了 1911—1936 年所增加的税额，并且按照农产品价格的跌落减低了租额，同时禁止地主的非法征敛，允许佃农连续耕种 12 年以上者取得永佃权。在联合省禁止地主驱逐佃农，也允许佃农取得永佃权。这应当是国大党最早的农政分治实践。1945 年 9 月和 11 月，国大党国家计划委员会先后开会讨论土地问题，并在 11 月的会上就土地问题作出决议，其主要内容为：必须组织合作社来耕种开垦的荒地和由国家征收的其他土地，并在各地鼓励组织其他形式的合作农业；不承认国家和耕种者之间的各种中间人地主，他们的各种权利以及土地财产所有权在付于其必要的令其满意的偿金以后由国家征收；在现有田赋制度不变的情况下，对来自土地的高收入征收累进税，对实际的小耕种者适当减轻田赋负担[①]。此后，取消中间人地主便成了国大党土地纲领中的一项重要内容。

独立后，国大党按照独立前的土地纲领思路，进行了土地改革。1949 年 7 月国大党土地改革委员会提出了关于土地改革的各项建议，通称 1949 年《国大党土改委员会报告》，对独立后国大党土地改革政策的形成起了决定性的作用。该报告总的思想是：取消国家和实际耕种者之间的各类中间人，调整租佃关系，实行土地占有最高限额。同时还对指导国家农业政策的主要原则和农村土地的经营方式作了规定。指导国家农业政策的主要原则是：农业经济必须为农场主个性的发展提供机会，决不为一个阶级剥削另一个阶级提供机会，必须有生产的最高效益，改革计划必须限于实行的可能性范围内。农村土地经营方式分为家庭农场、联户合作耕种、集体农庄和国营农场 4 类[②]。

国大党土地改革委员会关于土地改革的上述建议，成为国大党中央政府制定印度土地改革政策的主要依据。各邦政府正是以《国大党土改委员会报告》

① 印度政府农业水利部：《1976 年国家农业委员会报告》，第 15 卷“土地改革”，新德里，1976 年，第 19—20 页。

② 扎伊迪主编：《一个关于命运的约会——在过去 100 年间印度国大党通过的经济政策决议研究》，印度政治研究所出版部，1985 年，第 96 页。

为准绳，以国大党国家计划委员会和“一五”计划、“二五”计划的规定为指导，制定土地改革法律。各邦土地改革立法的名称、内容、实行的时期，全都不一致。各邦在1956年前通过的土地改革立法，多半是废除中间人的地权；1956年至20世纪60年代末70年代初通过的土地改革立法，多半是关于租佃关系、土地限额、税务管理和合作农场等方面。但就全印度而言，与农业相关的全部改革内容主要包括9个方面：①废除包税制和赏赐地地主制；②降低地租额；③保障租佃权和防止逐佃；④规定地主在五年内有收回佃农耕地自己经营的权利；⑤给予耕种者获得地权的机会；⑥规定持有耕地的最高限额；⑦规定不受限额限制的耕地；⑧分配土地给农民，要他们组织合作社去耕种；⑨合并零星的耕地[①]。概括起来可以分为5项：①废除柴明达尔等中间人地权制度；②规范租佃制度（进行租佃制改革）；③实行土地所有最高限额；④创办农业生产合作社；⑤在农村中建立新的行政机构来管理乡村事务（包括土地）。在这5项内容中，前3项是严格意义上的土地改革，后两项涉及的是农业方式的变革。

废除柴明达尔包税制的具体做法是：①采用给柴明达尔大量补偿金的办法，取消柴明达尔的征收权及其统治权，征用他们的多余土地；②允许柴明达尔保留自有地，并以“自耕”的名义收回出租地，扩大自有地而成为新地主；③使永佃户获得土地所有权，成为名副其实的新地主。

进行租佃制改革的主要目的是确保佃农的利益，这些佃农包括前包税地主自有地上的佃农、前包税地主承包田赋地上的佃农、莱特瓦尔制地区的佃农和不包括在佃农定义之内的分成农。改革的主要内容是调整地租、保障佃农的租佃权和允许佃农购买土地。

在基本完成废除中间人制度和租佃制改革以后，国大党政府把土地改革的重点转移到实行土地所有最高限额上来。采取这项措施的目的是改善土地关系以促进农业经济增长及社会公正的措施，主要包括两点：一是降低大土地所有者的持有规模；二是把超过限额的土地分给无地农业工人或小农，在较贫苦的农民中间进行重新分配。

二、各邦实施的土地改革

印度的土地改革是在农政分治体制下进行的，尽管国大党中央确定了土地改革的总纲，但由于土地改革除涉及中央与地方利益的分割外，更涉及地方各阶层内部群体之间利益的重新调整，所以各邦政府制定的土改立法虽然大的原则相同，具体规定却往往差异很大，实施的进程和力度也有很大差别。在此以

① 印度政府计划委员会：《土地改革的进展》，新德里，1963年，第262—272页。

印度两个较大的、较有代表性的北部北方邦、南部卡纳塔克邦的土地改革为例作相关的介绍。

（一）北部北方邦的土地改革

北方邦位于印度的最北部，历史上先后有“印度斯坦”“联合省”等不同名称。1950 年 1 月 26 日之后由“联合省”正式改名为“北方邦”，此后“北方邦”名称沿用至今。北方邦的北部边境与尼泊尔相连，北邻北安查尔邦，东接比哈尔邦，南连中央邦，西临旁遮普，西北是喜马偕尔邦，西南是拉贾斯坦邦，其面积为 29.4 万多平方千米，它是继中央邦和拉贾斯坦邦之后的第三大邦。人口占全印度人口的 1/6，有 13 911 万人（1991 年），是人口最多的一个邦。北方邦是印度的两大圣河——恒河和朱木拿河流经地区，它在印度宗教文化上占有重要地位，是印度教、佛教和伊斯兰教的活动中心。北方邦绝大多数居民信仰印度教，印度教的圣地遍布全邦。释迦牟尼成道以后，首先在北方邦的鹿野苑传道，并以北方邦为中心开展传教活动。穆斯林的基地也在北方邦。总之，北方邦在印度的政治、宗教、文化生活中一向处于重要地位。

在历史上，北方邦属于柴明达尔制地区，但由于种种原因，东部和西部的情况有较大差异。东部曾是莫卧儿王公统治下的奥德王国，许多穆斯林小统治者曾被允许包缴一定的税额，获得了塔鲁克达尔的称号。他们拥有大量领地，是地方统治者。英国曾于 1860—1878 年将永久性土地整理（赋额长期不变，故称为永久性土地整理）扩大到奥德，承认了塔鲁克达尔的土地所有权，让他们缴纳田赋。西部的柴明达尔多属于过去印度教徒国王的后裔，有的是阿富汗、莫卧儿、贾特和锡克军事首领或贵族的后裔，有的出身于征服者的民族或农业部落的移民，有的是军功或其他功勋者的后裔，他们声称对村庄土地拥有所有权。英国统治者承认了这些人的土地所有权，规定他们单独或联合缴纳田赋，税额在 20 年内不变，这叫作临时性土地整理。

在英国统治下的北方邦，柴明达尔有了更大的发展，他们掌握了大量土地，柴明达尔的层次也日益增多。他们拥有的土地辗转多人之手到了佃农手里。这些中间人，如小柴明达尔、次柴明达尔、“特加达”和永佃户等，他们虽然从柴明达尔那里获得土地，但对土地有世袭和转让权，也可把土地转租出去，因此和一般意义上的“二地主”不完全相同。

土地改革前，北方邦作为统治者的政权主体是柴明达尔，他们拥有大量土地，通过层次众多的中间人，将土地出租给佃农耕种，收取地租；大多数农民群体是佃农，他们也是多层次的，特别是那些租佃权得不到保障的普通佃农遭受的压迫和剥削更大。除了缴纳高额地租外，他们还受各种勒索，有的还要服劳役。因此，北方邦农村是封建剥削方式占统治地位的社会。当然，还有一些迹象表明，资本主义因素开始产生，一些柴明达尔雇工耕种土地，种植经济作物，发展商品生产。不过，他们中采取这种方式经营的还不多，并且大多是既出租土地又雇工耕种土地。

印度独立后，北方邦和其他邦一样进行了土地改革。在印度土地改革中，北方邦是最先废除柴明达尔制的一个邦。1950 年北方邦政府通过了《北方邦废除柴明达尔法和土改法》。这个法令于 1952 年 7 月 1 日开始实施。该法令规定，除土地限额内的“自耕地”和小丛林以外，一切地产由政府征收；废除柴明达尔的一切权力、头衔和利益，但要给予补偿；对土地的占有规定最高限额。土地持有最高限额最初定为 40～80 英亩，1972 年修订案改为 40 英亩，1974 和 1975 年又作了修订。第一阶段（1972 年前）共计征收土地 24 万英亩，重新分配的土地约为 12 万英亩，应支付 11.9 亿卢比补偿金。

北方邦的土地改革成效主要表现在柴明达尔制被废除，改革后产生了布密达尔、西尔达尔和阿萨米 3 种“耕种者”。其中，布密达尔占有的土地数为 15 118 697英亩，占总面积的 33.28%[①]。布密达尔分为耕种者和农场主两部分，农场主耕种的平均土地面积一般比自耕者耕种的平均土地面积（6.59 英亩）多 2.5 倍。西尔达尔是另一类型的耕种者，他们不同于布密达尔，自有土地只占他们耕种面积的一部分。全邦总面积的 2/3 是由西尔达尔耕种的，全邦西尔达尔耕种的土地为 29 952 635 英亩，占总数的 65.92%。西尔达尔耕种土地平均规模为 6.1 英亩。阿萨米也称为耕种者，他们耕种的土地比西尔达尔还要少，自有土地的比例更少。他们耕种面积共有 362 961 英亩，不到全部耕地的 1%，他们耕种土地的平均亩数为 5.39 英亩，自有土地仅为 0.77 英亩，因此需要租入较多土地耕种。

北方邦推行的土地改革有利于资本主义农业经济的发展。在随后的“英迪拉农政”时代，北方邦政府发展农业的政策主要体现在促进农业生产力上，其主要内容包括：实行集约农业发展纲领，引进新技术，实行集约农村发展纲领。前两项的目的是在农业中引进新技术，第三项的目的是发展农村经济，尤其是实行农产品多样化和采取联合行动。这些办法的实施推动了农业的发展。1950—1951 年至 1975—1976 年，粮食产量增长了 65%，农业产量年增长率接近 2%。每人平均粮食产量从 1950—1951 年的 186 千克增加到 1971 年的 211 千克。其后一段时期基本保持在这个水平上[②]。

（二）南部卡纳塔克邦的土地改革

卡纳塔克邦是印度西南部的一个邦，旧名“迈索尔邦”，1973 年改为卡纳

① 巴尔吉特·辛格，什里达尔：《北方邦土地改革研究》，英文版，1964 年第 122 页。以下相关数据均参考该书。

② ［印］《主流》，1982 年 7 月 3 日，第 19 页。

塔克邦。它东接安得拉邦，南邻泰米尔纳德邦和喀拉拉邦，西濒阿拉伯海，北靠马哈拉施特拉邦。面积 19.2 万平方千米，人口 4 480.6 万人（1991 年）。卡纳塔克邦首府为班加罗尔。

卡纳塔克邦与北方邦的土地改革有所不同，它更为注重取消租佃权、确定家庭土地的最高限额两项改革。因为在卡纳塔克邦的大多数地区，并没有像其他邦那样多的柴明达尔中间人。在前孟买与马德拉斯地区，莱特瓦尔制度盛行，其耕种者在无任何中间人的情形下直接向邦政府支付土地税，其税率在特定的时间内是确定的，也会周期性地重新确定。在前迈索尔王邦地区，所有的土地直接给予耕种者；作为享有免交赋税特权的高等种姓伊纳姆，其任务在于控制农村社会，他们并不亲自耕种而是将土地出租给最终的生产者。这里没有北方邦那样的柴明达尔要废除。因此，1961 年的迈索尔土地改革法也就只由取消租佃权和确定家庭土地的最高限额两个基本部分组成，改革的主要目的是确保佃农的利益。其主要内容是：①任何土地的租佃权不能仅因为租佃期满而被终止。②租金逐年支付，其最大值确定为土地税的 10 倍，再加上 10 倍的灌溉费。③从佃农手中收回土地的 15 年中，土地仅能出售给被收回土地的佃农，否则它不能被转租或转卖。如果收回土地的地主并没有耕种土地，它必须交予政府，并由辅助委员会予以出租。④除了在佃户死亡，其家庭成员被允许分割土地的情形之外，再分配与再出租是被禁止的。⑤从佃户手中收回土地变得更加困难，只有在连续两年不支付地租，土地在被分割、被错误使用的情况下，才允许收回佃农的土地。⑥如果地主出售土地，佃农有第一的选择权。⑦在每一个地区建立一个土地法庭，处理取消租佃权而授予占有权以及确定超出最高限额的土地等案件。⑧土地持有的最高限额定为每人 10 单位，或是一个 5 口之家持有的土地最高额为 10 单位，但每增加一个家庭成员可增加 2 单位的土地，直到其最高额达到 20 单位，这也适应于所有的教育、宗教和慈善机构。⑨地主必须公布他所多余的土地，如果不这样做，要受到处罚。⑩多余的土地根据团体的优先权而被分配，顺序是 50%的土地授予表列种姓及表列部族的成员、被剥夺了土地而不作为土地占有者登记的佃农、没有土地而被取代的佃农、无地的农业工人、年总收入在 2 000 卢比之下的无土地者和从事服务业者、被释放的契约劳工、在同一潘查亚特之下年收入在 2 000 卢比下的其他村民。⑪除了联合家庭及农村合作社外，没有其他机构和公司被允许拥有土地，将土地转变为非农土地是被禁止的。种植园、政府土地、给予大学和农研所的土地、为咖啡栽种的研究土地不受法律的限制。

为了改变各邦土地改革中持续不断的逐佃情况，印度第四个五年计划建议必须宣布所有的租佃制为永不收回的租佃制。卡纳塔克邦根据这一精神进行了比较激进的土地改革立法。1974 年 3 月 1 日生效的《卡纳塔克土改法》规定：

“绝对禁止地主收回出租的土地；废除租佃制，战士和水手除外；土地持有最高限额降低到10标准英亩，以区为单位组成土地法庭，负责裁决谁是耕种土地的佃农。”[①] 并规定从1974年3月1日起，佃农持有的所有土地归政府，然后以相当于地租20倍的价格向政府购买土地[②]。一般来说，只有富裕的上层佃农才能向政府购买土地，至于广大贫苦佃农和分成农根本不可能买地，他们的租佃权依然得不到保障。

三、土地改革的基本作用

由中央制定总纲、地方确定政策进行的土地改革模式，是印度国大党的独创。这一改革主要集中在20世纪50年代到60年代，70年代初成定局。虽然一些学者给予这项改革批评，但是它的目的是达到了。

第一，基本上废除了中间人制度，与此有关的田赋收入大幅度上升。印度土地改革废除了柴明达尔中间人地权制，从而限制和削弱了封建大土地所有制的势力，为印度资本主义农业的发展奠定了基础。柴明达尔制度是英国在印度培植的极端腐朽落后的封建土地制度，这种制度的覆盖范围在土地改革前占印度全国土地的一半，柴明达尔构成印度农村最大的封建势力。由于在约92.4%的柴明达尔地区实行土地改革立法，取消了259万柴明达尔中间人的征收地租权，接管了3 700万公顷土地，有800万佃农获得土地所有权[③]。土地改革后，土地所有制有局部的变化。独立初期，不到农村人口15%的地主、富农占有全部土地的85%，其中不到2%的大地主占全部土地的70%，而占农村人口85%的贫苦农民仅占土地的15%。经土地改革后，1970—1971年有近50%的人拥有80%的土地。其中，大多数是有5～10公顷的中小地主阶级，而拥有20～50公顷甚至更多土地的大地主仅占农村的1%，只占有土地的13%。可见，柴明达尔大地主势力已受到严重打击而日趋衰弱，地权已经分散到中小地主阶级手中。这也表明，经过土地改革进行了某种程度的土地再分配，土地集中程度有所下降。新兴中小地主阶级已经兴起，他们容易接受新的农业技术，并开始逐渐经营资本主义农场。此外，由于土地改革立法，允许地主收回土地“自营”，从而引起夺佃高潮。不少佃农失去土地而成为无地佃农，他们的数量急剧增加，他们中有相当一部分变为带有资本主义性质的农业工人，这无疑为发展农业资本主义创造了另一个必要的条件。经过土地改革，长

① G蒂万阿赫，阿卜杜尔·阿齐兹：《印度南部卡纳塔克邦的土地改革》，《南亚译丛》1985年第3期，第23页。

② 印度政府农业水利部：《1976年国家农业委员会报告》，第15卷“土地改革”，新德里，1976年，第121页。

③ 印度新闻与广播部编：《印度——参考年鉴》（1985年），新德里，1985年，第333页。

期存在的包税制终于废除。全国实行了直接征税制，政府向农民直接征收高额田赋，有助于加速资本积累，为进行经济建设计划创造了条件。废除中间人后，政府田赋收入成倍增长。比哈尔邦的田赋收入从 1 090 万卢比增至 16 050 万卢比，北方邦的田赋收入从 7 840 万卢比增至 19 500 万卢比，西孟加拉邦的田赋收入从 1 540 万卢比增至5 230万卢比，奥里萨邦的田赋收入从 520 万卢比增至 1 440 万卢比。如果没有这一点作保证，尼赫鲁推进的国家工业化可能根本就无法进行。

第二，传统的农村社会结构发生了变化。印度土地改革的目的之一就是废除包税地主的征税权和行政权、司法权，培植一个新型地主和富农阶层作为其统治农村的支柱。新型地主是指那些不享有包税地主权力的地主，他们多数从永佃农演变而来。按照过去的法律规定，他们对占有的土地只具有永佃权，因而他们本人也只具有永佃户资格。他们直接剥削农民，收取地租，但是，他们还没有法律上的土地所有权。土地改革立法规定永佃户成为土地所有者，按原先的租额向政府纳税。在北方邦，政府让原有的包税地主、缴租地主变成新型地主，而对人数较多的永佃农则区别对待，让 100 万高级佃户成为新地主。他们日益控制了农村政治和经济，变成了农村统治者。在直接征税制地区，农村社会结构没有多大变化，那里的地主属新型地主。通过土地改革，印度以国家支付 67 亿卢比的代价，取消了柴明达尔 1.6 亿英亩土地上的征收权和统治权①。从此，原处于农村最高层的拥有上万英亩土地的大地主没有了；前中间人柴明达尔不仅获得了大量补偿金，而且以“自耕”或“自营”的名义保留了大量好地，成为名副其实的土地所有者；高级永佃户也获得了地权（各种材料都说明这种高级永佃户有 2 000 万户左右），成为农村的富农；中小佃农地位恶化，无地雇农人数增加。所有这些都为农业资本主义的发展创造了前提。

第三，有限地促进了农业资本主义的发展。土地改革的一个重要目的是发展农业资本主义。印度要实现工业化，而落后的农业既不适应工业迅速发展的需要，也不符合工业资产阶级的长远利益。农业的根本出路在于现代化，在印度只能走发展农业资本主义的道路。土地改革立法不少规定是为了实现这一目的。比如，政府试图采取一些措施，让获得大笔补偿金的柴明达尔投资于农业，促进农业现代化；鼓励地主经营大农场，为此，规定他们有权收回租出的土地；土地限额法放宽各种农场持有土地的数量等。上述措施对农业资本主义的发展产生了一些积极作用。包税地主放弃他们的征税权后有少数人购买了拖拉机，兴办农场；一些富农也更新设备，购买拖拉机，使用化肥。这些资本主义的或者说资本主义性质的农场主有多大比例，因资料不足无法说明。如果从

① 印度国家计划委员会：《土改小组委员会报告书》，新德里，1959 年，第 11 页。

当年使用拖拉机和化肥情况加以分析，可以看出，资本主义农场有发展，但比例不大。1951 年拖拉机数为 8 400 台，其中政府拥有 1 500 台、私人拥有 6 900台；到 1956 年，拖拉机增至 2.1 万台，除去政府的 0.3 万台，私人拥有 1.8 万台，其中还有不少是种植园的[①]；在 1960 年，印度也只有 4 万台拖拉机。1956 年，每 15 000 英亩土地和 28 个村庄才有一台拖拉机。化肥使用不普遍，1960 年硫酸铵使用量为 1 184 000 吨，过磷酸钙使用量为 34 000 吨[②]。现代农业生产资料价格高，1955 年每台拖拉机价格是 1 万卢比，1954 年每吨硫酸铵零售价为 345 卢比。如果使用拖拉机、化肥等现代农业投入，高成本会影响经营者的收益，因此未能大量使用。使用现代农业投入会大大加强农场经营者和市场的联系，他们为了购买机械、燃料、化肥就会出卖农产品，这在一定程度上能促进农业资本主义发展。

四、印度土地改革的比较分析

印度的土地改革取得了它应有的历史功绩，也达到了它的基本目的。然而部分学者对它的否定评价多，肯定评价少。在持否定评价态度的学者中，有两大参照系作为他们评判的标准。一是美国占领军主持下的日本土地改革，这是绝大多数美国、日本学者的思维。在我们看来，这种来自外部强制的历史条件不仅在印度不具备，而且试图以一个岛国（或地区）个案来作为一个人口众多、民族复杂、区域辽阔大国的评判标准则未必是科学的，甚至是极为荒谬的。二是一些学者群体以阶级斗争学说和新中国的土地改革来证明印度的失败。这两种评判印度土地改革成败得失的标准既不是源自印度历史的认知，也未能根据印度社会的实际。更为关键的是，这两类学者带着既定的思维方式去观察和研究印度的土地改革，不仅难以让人信服，而且得出的一些看似合理的结论更具有挑拨印度民族、阶级矛盾之嫌，是不怀善意的学术研究路径。

那么在世界土地改革历程上，与印度具有相同历史条件、相同广袤区域和民族复杂性的只有新中国的土地改革可以进行一些启示性比较。

第一，土地改革都是在一个具有绝对影响力的政党领导下进行的，但农民历史和革命动力的不同决定了土地改革的不同结果。印度的土地改革是在具有绝对影响力的印度国大党的领导和指导下进行的，新中国的土地改革是在具有绝对影响力的中国共产党的领导和指导下进行的。政党性质决定了两国的土地改革不同于历史上任何一次土地改革，通过思想、纲领和政策等多重工具影响了这次改革，改革的结果不是由哪一个人决定的，而是两国历史发展的必然演

---

① 参阅《全印第 81 次牲畜调查》，1958 年，第 3 页。

② 格里戈利·科托弗斯基：《印度土地改革》，1964 年英文版，第 162 页。

进。和印度国大党一样，中国共产党在新中国成立前就开始了土地改革。中国共产党在领导中国革命的进程中，紧紧抓住了当时世界革命必备的三大要素：在思想形态上抓住了马克思主义，阶级斗争的理论成为摧毁富有阶级最强大的精神武器；在革命策略的把握上抓住了国民党的“耕者有其田”理念，用对方的政策来战胜敌人；在革命动力的问题上抓住了贫苦农民，使他们成为革命的先锋而构成了革命战争的绝对主体。因此，当中国共产党领导中国革命成功后，它要实现对农民的承诺，将土地均分给参加了革命的贫苦农民。然而这三大条件在印度国大党那里却一个也不具备。在思想形态上马克思主义不具备在印度传播的条件，包含着浓厚印度文化哲理的甘地主义成为抵抗阶级斗争理论的最重要的精神力量；在革命策略问题上则是废除柴明达尔中间人来建立新印度的经济基础，而这个基础必须是国大党的同路人；在革命动力问题上它依靠的是有产和有地阶级。因此，当国大党开始自己的革命时，难以动员贫苦农民，在这样的背景下，它选择了历史上曾采用的以上层的变动来取得权力的传统做法。它不仅动员了国内的富有阶层，而且动员了英国统治集团，并最终通过和平的方式从殖民者手中接过了政权。因此，从印度近代史来看，贫苦的农民不是革命的动力，它为革命成功作出的贡献很小。国大党提出的各种保护贫苦农民利益、分给贫苦农民土地的各种主张，并不是农民革命导致的必然结果。

第二，土地改革都受到了社会主义农政思想的影响，但国情条件的差距决定了两国改革模式的不同。社会主义不是哪一个政党的专利产品，而是人类共同的财富和发展的方向。20 世纪是社会主义革命的时代，中国和印度的所有政党都受到了十月革命的影响，共产国际关于土地问题的纲领也影响了两国的土地改革。在两国的土地改革纲领中，都贯彻了保护弱势群体、保障贫苦农民利益、实现人民共同富裕这一社会主义核心精神。但在具体实施的进程中，两国都结合国情实施了具有各自特色的土地改革。印度不是在一党独政的背景下强行实施绝大多数人民并不认同的社会主义土地革命主张，而是在民主政体的建设中，由国大党中央政府提出土地改革总纲，各邦制定各自的土地政策，从而使印度共产党能够在与国大党的政治博弈中掌握地方一些邦的权力来实施一些社会主义土地建设主张。中国则是在中国共产党领导下的多党合作中实践着社会主义土地改革主张，它实行的是从中央到地方的一体化土地改革模式，全国同时进行的土地改革运动是它的主要形式。这种改革的目的和任务就是，消灭封建剥削制度，没收地主的土地和其他生产资料，统一、公平、无偿地分配给无地和少地的农民，实行农民的土地所有制；改革的总路线是，依靠贫农，团结中农，有步骤、有分别地消灭封建剥削制度，发展农业生产。

第三，土地改革当初的动机都是为了符合重建农业经济基础的需要，但由于都没有解决好工业化启动后的资金供给问题而不得不放弃了原有的改革路径。中国和印度是在第二次世界大战之后开始自己的土地改革的。无论是印度的农政分治体制，还是中国的“耕者有其田”政策，其目的都在于重建农村的经济基础，重构政权主体与农民群体的新关系。但是当完成这一阶段性任务，在遭遇了种种国家政治危机而不得不启动自己的强国之路的时候，却都发现原来的土地改革给各自工业化的推进带来了障碍。尼赫鲁为民主印度设计的农政分治体制根本无助于这一目标的实现，于是有了土地改革后印度中央政府与各邦政府的财政关系的重新构建，而这个任务则是由他的女儿——伟大的英迪拉实现的。中国和印度土地改革后的这一系列转变，表明农业生产关系的变革既不能解决国家工业化的人才、资金和制度供给问题，也不能解决在人口快速增长情况下的粮食问题。因此，它们都需要在这一大的历史任务面前另寻道路。

第三节　服务工业化的农政方略

独立后，尼赫鲁在进行农政分治体制的构建和土地改革的同时，启动了国家的工业化。和所有发展中国家一样，印度也存在如何处理和解决好工业化进程中与农民的关系问题。但按照甘地思想建立起来的农政分治体制，以及在这一体制下进行的土地改革，却无法供给农业的原始积累以支撑尼赫鲁的重工业优先的工业化政策。尽管这对尼赫鲁推进的快速工业化带来很大的抑制作用，产生了一系列的工农矛盾，但在农政分治体制下，却也未能形成城市有效剥削农村的机制，这就使他的承继者不得不从另外的途径寻找工业化的新道路。

一、新印度农业政策的起源

印度的农业政策源起于尼赫鲁对计划管理的推动。在 1938 年国大党省自治政府执政期间，以尼赫鲁为主席的印度计划委员会制定的发展国家经济纲领性计划中包括农业发展和农村变革的计划。它尽管没有完成历史使命，但制定的长远的经济计划，促使经济起飞的信念已深入许多国大党领导人的内心，为独立后有计划地发展印度经济准备了前提条件。但是国大党从执政那天起，就面临一场可怕的政治动乱和严重经济困难的威胁。独立后的印巴分治不仅造成印度教徒和穆斯林之间的大仇杀，而且打乱了本来就不平衡的国民经济，造成了工农业的严重失衡。分治后大城市和大工业均分布在印度境内，而原料产地和粮食产区却大多分布在巴基斯坦。据统计，91％的大工业如钢铁、黄麻、造纸等工业几乎全部留在印度，而巴基斯坦却生产 38％的棉花和 80％的黄麻。

工业原料的严重短缺使得印度不得不花费巨额外汇进口黄麻和棉花。在粮食供给方面，印度获得英属印度总人口的82%，然而却仅占有谷物种植面积的75%，小麦种植面积的69%，盛产小麦的旁遮普省西部和信德省都分属于巴基斯坦。印巴分治及其造成的人口大迁徙，引发了印度严重的粮食危机。为了解决这一系列问题，尼赫鲁政府于1947—1951年开展了农业增产运动，其核心仍是粮食增产。以此为起点，开始了印度农业政策的不断演进与进步的历程。

第一，建立机构指导农业增产运动。为了指导农业增产运动，1947年9月印度政府任命了粮食委员会，它提出的政策性意见是：①注重修建小型水利工程，发展农家肥和推广改良种子；②制订化肥增产计划；③调查地下水资源，同时修建管井；④建立一个中央机构从事开荒和农垦活动等。但是粮食增产运动进展缓慢。1948年底印度政府又提出粮食增产运动必须置于紧急状态，为此要清除一切障碍，并要求中央和各部有关机构密切配合，以期在1952年3月以前达到粮食自给的目标。1949年7月印度政府指定一位粮食生产专员，并赋予其贯彻这项政策的广泛权力。各邦政府也指定了相应的官员进行配合。但是，这一系列依靠机构和官员指导而没有实质政策内容的行政措施并没有达到预期效果，增产效果仍然不明显。

第二，无投资内容的行政计划引导。在上述机构和官员的各项行动没有达到预期目标的情况下，1950年印度政府决定改变做法，把原来在全国普遍推广的办法改为集中力量建设"农业精耕区"。为此，印度政府于1950年6月正式提出了一项"统一增产计划"，该计划的近期目标是"摆脱对外国面包的依赖和逐步实现自给"，最终目标则是"改造农田"，以达到"地尽其用"。该计划把原来提出的在1952年3月以前达到粮食自给的目标改为"相对自给"，并计划在土地肥沃的农业精耕区给予水利灌溉的保证。为了解决当时原棉和黄麻严重短缺的困难，该计划把粮食增产运动扩大到棉、麻两种作物。然而这种没有具体投资内容的空洞计划，也没有达到预期增产的效果。

第三，不断扩大粮食播种面积。在独立初期农业生产率较低的情况下，当时实施的最重要措施就是扩大播种面积。针对印度还存在大量荒地的情况，独立后印度政府大力开展开垦荒地的运动，1952—1964年印度共开垦荒地1 416万公顷，使印度的粮食播种面积从1949—1950年的9 900万公顷增加到1964—1965年的12 800万公顷，约增加30%。但1952年启动的开荒运动要实现粮食增产仍需要一个过程，它在初期阶段也很难起到有效增加全国粮食产量的作用。

第四，把农业作为计划发展的重点予以投资扶持。上述以扩大粮食播种面积为主要政策的3项政策措施，要求1947—1951年增产粮食448万吨，到

1952 年实现粮食自给。但 4 年内实际增产粮食仅 270 万吨，只有原定增产指标的 60.27%。由于 1950—1951 年粮食减产，1951 年的粮食进口量达到 480 万吨的空前纪录。正是在这一背景下，就有了第一个五年计划（1951—1956）把农业投资放在“优先”地位的考虑。在第一个五年计划期间，发展农业方面的目标是改善因分治引起的粮食和经济作物（特别是棉、麻）供需失调情况，改进基础设施。农业和水利成为第一个五年计划投资的重点。在“一五”计划开支的 196 亿卢比中，农业占 36.9%；而在该计划期间，工业占计划费用总额的比例仅为 4%。

第五，推行以综合发展农村经济为主要内容的乡村发展计划。乡村发展计划是尼赫鲁政府用于发展农业生产、进行农村基础设施建设的另一项政策。乡村发展的基本含义是以乡村发展区为单位，以综合发展为内容，把人民的努力同政府的努力结合起来，以改进乡村的经济、社会和文化条件，同时改变人们的传统观念。乡村发展的具体目标有 4 个：①把农村居民从长期贫困和不开发引导到充分就业；②把农村居民从长期的农业低产引导到使用科学知识的充分生产；③通过使农村家庭建立信心的方法尽可能在农村推广合作原则；④通过全体居民的努力兴办全村的公益事业，如乡村道路、蓄水池、水井、学校、社团中心、儿童乐园等[①]。这项计划从 1952 年开始执行，要求在 10 年内完成。它将全印度的农村分成 5 265 个发展区。每个发展区拥有 8 万～10 万人口，由将近 100 个村庄组成。每个发展区有一个负责发展工作的官员和十个村一级的工作人员。村一级的工作得到各个发展领域如农业、畜牧业、工业、社会教育等专家的支持。每个发展区都制定一个综合发展计划。这个计划的核心是建立一套合作社和村评议会制度，使发展区成为农村基本的经济和行政单位。到 1965—1966 年，印度 99.6%以上的农村地区已纳入乡村发展区[②]。

二、服务工业化的农业政策

（一）重工业优先的工业化战略

独立后，印度按照尼赫鲁的工业化思想启动了国家的工业化。在独立后不到 8 个月的时间，印度新政府即颁布了它的第一项工业政策——《1948 年工业政策决议》。该决议确定了政府应当干预国家工业的原则，将整个印度工业领域划分为四大类，并确定了各自的活动范围，以期建立一个公私经济共同发展的混合经济体制。为了强调公营经济的主导地位，该决议规定将重工业和基

① A N 沙尔马：《印度农业经济结构》，孟买，1984 年，第 367 页。

② 印度国家计划委员会统计调查处：《1950—1951 年至 1969—1970 年印度经济的基本统计资料》，新德里，1972 年，第 54 页。

础工业划归国家经营，而私营经济则主要限制在轻纺和消费品生产领域。不过，考虑到政权更替之初国内外企业家普遍存在的恐慌、观望心理，决议中又提出10年内不对私营企业实行国有化的问题，同时对外国企业也做了一视同仁的承诺①。重工业国家经营方针的确定启动了印度重工业优先发展的历史进程。

第一，建立工业许可证制度，限定私营企业进入重工业。继《1948年工业政策决议》颁布之后，1950年印度政府又成立了由尼赫鲁任主席的国家计划委员会。1951年4月，开始执行发展经济的第一个五年计划。同年10月，为了加强对工业的管理，印度政府又颁布了《工业发展与管理法》，它深化了《1948年工业政策决议》，决定对印度的工业发展实行许可证制度，成为政府控制工业发展的法律依据。为确保该法的顺利执行，1952年尼赫鲁又设立部际许可证委员会，从而使新企业的创建、新产品的生产以及现有企业的扩建都置于政府的严格控制之下。这一制度的实行，既保障了国家对重工业的控制，又为重工业的优先发展提供了一系列民营的排斥性条件。

第二，社会主义类型社会的确定，为重工业优先发展找到了社会形态和理论支撑。在近代资本主义的发展进程中，一般是通过轻工业的积累后自然地进入重工业的发展。而后发的社会主义国家苏联则走的是重工业优先发展带动轻工业和农业的战略，这一战略在推动苏联的发展中起着决定性作用。而这一战略的理论依据是马克思的社会主义生产资料的国有化和国家经营原理，这一理论认为，生产资料的全国性的集中将成为由自由平等的生产者的联合体所构成的社会的全国性基础，这些生产者将按照共同的合理的计划自觉地从事社会劳动②。在如何处理农业等消费资料生产与生产资料生产的关系问题上，马克思在《资本论》中从资本有机构成提高的规律中引出了生产资料必须优先增长的原理。他认为，资本主义社会和原始社会未开化人的区别在于："资本主义社会把它所支配的年劳动大部分用于生产资料生产（即不变资本），而生产资料既不能以工资形式也不能以剩余价值形式分解为收入，只能作为资本执行职能。"③ 马克思在这里所论及的正是生产资料生产占优势，即生产资料生产优先增长的问题。尽管马克思也提出了生产资料生产优先增长并不意味着生产资料生产的发展可以完全脱离消费资料生产的发展，但后来经列宁和斯大林的发展，逐步演变成重工业优先发展的重要理论依据。社会主义重工业优先发展应是当时尼赫鲁确定印度要建设社会主义社会的主要原因之一。1954年12月，

① 鲁达尔·达特：《印度经济》，上册，四川大学出版社，1994年，第273页。

② 《马克思恩格斯全集》，第18卷，第67页。

③ 《马克思恩格斯全集》，第24卷，第489页。

印度议会正式通过决议，把尼赫鲁建设“社会主义类型社会”的设想作为印度经济、社会发展的总目标。

第三，重工业和基础工业经营的国家垄断。在完成了以上制度和社会形态的建构之后，1956年颁布的工业政策决议扩大了重工业和基础工业的范围，并规定了国家对其经营的垄断权。《1956年工业政策决议》将工业领域由《1948年工业政策决议》划分的四大类调整为三大类。第一类除先前的军火武器、原子能、铁路运输等6种工业外，又增列了航空、钢铁、能源、重型机械、通信、电力等17种工业；第二类包括未列入第一类的其他采矿业和其他非铁金属、机床、合金钢、化工、药品、公路和海洋运输等12种工业；第三类为除上述以外的其他工业领域。《1956年工业政策决议》同时规定第一类工业前4种只能由国家垄断经营，其余也只能由国家兴建；第二类工业由政府承担兴建，但允许私人参与；第三类则完全向私人开放，不过国家仍有权在此类工业中兴建企业，并通过财政金融等措施影响其发展①。由此可见，1956年的工业政策进一步扩大了国营工业所包括的项目，更加强调政府在工业发展中的作用，从而使国家对重工业和相关的基础工业经营垄断权得到强化。

第四，重工业优先战略计划的全面实施。在1956年工业政策颁布的同时，印度开始了第二个五年计划（1956—1961年）。“二五”计划是尼赫鲁责成国家计划委员会委员、内阁首席经济顾问马哈拉诺比斯教授草拟的，故亦称“马哈拉诺比斯发展模型”。其要点是：①重点发展公营部门的经济，国家通过计划调节控制私营部门的投资与生产；②根据哈罗德-多马增长模型中提出的经济发展依赖于一定的投资率（即投资占国内生产总值的百分比）的理论，指出印度应该提高投资率；③经济增长的速度取决于资本品工业（即生产资料生产）的投资与消费品工业（即生活资料生产）的投资之间的比例。马哈拉诺比斯认为，资本品工业的发展能够增加社会购买力，从而刺激消费品工业的发展。所以，他主张在一定时期内投资的重点应是生产资本品的工业，而印度正处于这个时期。他还进一步列出数学公式证明，对资本品工业投资高，在近期内虽然会减慢经济增长速度，但在长时期里将维持一个较高的发展速度。因此，如企求长时期内有较高的消费增长率，最佳政策应是优先发展资本品工业②。可见，该模型着重借鉴了苏联经验，强调对重工业投资以实现工业化。它也是尼赫鲁工业化思想的翻版，因为在尼赫鲁看来，发展重工业和实现工业化是同义语。他认为：“如果我们要搞工业化，头等重要的就是我们必须有制

① 鲁达尔·达特：《印度经济》，上册，四川大学出版社，1994年，第273页。

② 《经济大辞典》（计划卷），上海辞书出版社，1989年，第686-696页。

造机器的重工业。”[①] 他又说：“当然，我们也必须要有轻工业，但是，不集中精力于生产工业发展中使用工业机器的基础工业，就不可能迅速使国家工业化。”[②] 尼赫鲁的“工业化就是发展重工业”的观点在“二五”计划纲要中也有明确阐述：“从长远看来，工业化的速度和国民经济的增长有赖于不断增加煤炭、电力、钢铁、重型机器、重型化工的生产，概言之，重工业的生产将增强资本形成的能力。一个重要的目的就是要尽快使印度摆脱对外国进口产品的依赖，以使资本积累不会受到在确保国家其他基本产品供应方面的困难和妨碍。因此，必须以最快的速度扩大重工业。”[③] 这样，从 1956 年“二五”计划开始直到尼赫鲁离世，优先发展重工业、快速实现国家的工业化就成为这一时期的重点。

第五，在推进重工业优先的国营工业化战略的同时，有限发展农村民营工业。独立前，甘地就非常强调家庭手工业在发展农村经济中的作用；但独立后，农村小工业在国家政策中一直处于辅助性的从属地位。1948 年发表的工业政策明确规定“小工业是大工业的补充”，1956 年的工业政策则宣布“国家政策的目的是要保证分散部门获得充分自力更生的能力，保证它同大工业一道发展”。然而在尼赫鲁时期的五年计划中，国家对小工业的投资极其有限。“一五”计划对小工业投资 4.2 亿卢比，占计划总支出的 2.1%；“二五”计划对小工业投资上升到 18.7 亿卢比，为计划总支出的 4%；“三五”计划对小工业投资总额 24.1 亿卢比，占总支出比例下降到 2.8%。

（二）农业政策和措施的跟进

一个后发大国重工业优先战略的确定和实施，必然要求各项农业政策和措施的跟进。然而印度在粮食增产运动没有达到自给目标的前提下，这一优先战略的启动也给整个国民经济的发展带来一系列挑战。

第一，赋予土地改革以服务型的意义。“二五”计划时期，尼赫鲁改变了仅从社会公平以解决财富和收入巨大差距角度来认识土地改革的目标性意义，赋予了土地改革在支持工业、促进农业生产方面所起作用的新功能。“二五”计划认为，土地改革的目的主要是：消除土地所有制结构中阻碍农业生产的因素，创造条件使农业经济实现高效和高产。而这两个目的最终要服务于国家的工业化，因为工业化必须有足够的粮食供应做后盾。一方面，它必须足以养活日益增加的工业人口；另一方面，由于外汇储备有限，必须尽量减少粮食进口。同样的，由于发展重工业必须有大量的投资做支撑，所以发展农业就只能在投资较小的情况下实现。“二五”计划期间对农业和灌溉的投资占比从“一

① 见 1960 年 8 月 22 日尼赫鲁就《第二个八年计划大纲草案》在议会的发言。

②③ 鲁达尔·达特：《印度经济》，上册，四川大学出版社，1994 年。

五”计划期间的 34.6%下降到 17.5%，尽管对农业的绝对投资水平没有下降，但是用于发展灌溉工程的支出大大减少。另外，农业科研、农业技术推广、修建农村道路等都需要大量资金。这样在要求农业为工业化做贡献的同时，政府却不能投入足够的资金给农业，反而要求农业以最小的投资获得最大的经济效益。正是在这一背景下，尼赫鲁政府提出了包括增加劳动力投入程度、发展合作社和重构农业组织等措施在内的改革战略来实现农业增值。因为尼赫鲁和他领导的国家计划委员会相信：通过增加劳动力投入程度的方法可以增加农业产量，投资于工业较投资于农业会带来更大的回报。

第二，建立合作社以更好地服务于工业化。印度农村的合作运动早在独立前就已经开始。1904 年英印殖民政府通过了《信贷合作社法》，目的是促进农民以合作、自助的形式提供生产资金，并使他们摆脱高利贷商人的残酷剥削。1912 年颁布了合作社法，在法律框架下把合作社的范围扩展到非信贷合作社领域，并建立了联邦合作社总社；1915 年随着麦克拉真委员会报告的实施，合作社的范围，特别是农业合作社的范围又进一步扩展到销售合作社、耕牛保险合作社等。1921 年英印殖民政府又通过了第二个合作社法，把合作运动扩展到其他经济领域。自此以后，各种类型的农业合作社，如农产品销售合作社、牲畜保险合作社、牛奶供应合作社和农机具零售合作社等都开始涌现。到独立前夕，印度共有各种类型的农业合作社 17.2 万个，社员人数 916 万人，周转资金 16.4 亿卢比。独立后的国民经济恢复和“一五”计划时期，印度合作社仍保持独立前的发展方向。然而自“二五”计划重工业优先战略启动后，合作社的方向发生变化。1956 年国大党那格浦尔会议通过了关于农业合作化的决议，将为工业提供更多的粮食和原料作为建立农业合作社的重要依据。受新中国农业合作化运动的影响，尼赫鲁认为通过加速合作化运动，可以调动农村资金以增加农业生产，也可以更好地服务于印度已经启动的工业化，于是他在 1955 年底和 1956 年 7 月两次派代表团到中国来考察农业合作化运动。随后印度合作社的目标指向发生变化，即由解决贫困农民问题变成了支持国家工业化和稳定农村。这一目标决定了农业合作社难以得到健康的发展。除了具有政府扶持背景的初级农业信贷合作社、中心合作银行和邦合作银行得到发展外，其他合作社都面临种种困难而难以有效开展活动。例如 1958 年成立的全国销售合作协会，尽管联邦政府规定它具有的职能包括促进各邦合作社在农产品销售、加工和储存等方面的业务活动，向会员合作社提供贷款和农用物资，从事各邦之间和国际上的进出口贸易等，但基层并没有如期完成这些职能目标。至于农业生产合作社、农村服务合作社，尽管联邦政府给予的预期很高，也确定了一系列扶持政策，但由于分治体制导致各邦的积极性不高而无法有效推进。

第三，实施农业精耕县计划以解决粮食自给问题。伴随着重工业优先战略的实施，国家的主要精力和财力用于发展重工业，对农业投资比重相对减少，而试图依靠土地改革和农业合作化对农民产生刺激作用的现象并没有出现。全国的粮食生产从“一五”计划时期1953年、1954年的巅峰状态下跌，“二五”计划后半个时期持续停滞。由于人均收入和人口的增加，导致对粮食的需求增加，粮价攀升。“二五”计划为了实现工业化而制定的庞大的进口计划导致外汇短缺，更加剧了形势的恶化，结果是剩余的用于支付粮食进口的外汇寥寥无几。在这种情况下，由美国福特基金会提议，印度政府于“二五”计划后半期邀请了一个专家组就印度增加农业生产和农业生产率的方法和途径提出建议。该专家组于1959年4月提交了一份名为《印度的粮食危机和应对办法》的报告。这份报告建议在全国选取部分地区进行集中的现代投入，尤其是化肥、信贷和销售设施等，以提高农业生产和农业生产率。根据该专家组的建议，印度政府于1960年从7个邦中选出了7个县作为实施集约发展计划的试点，并冠以农业精耕县计划之名。试点县要求能保证水资源供应、自然灾害最少、村庄组织制度完善以及有在很短的时间里开发出最大的农业生产潜力的能力。选出的7个县是安德拉邦的西哥达瓦里县、比哈尔邦的夏哈巴德县、中央邦的来普尔县、泰米尔纳德邦的坦焦浦尔县、旁遮普邦的卢迪亚那县、北方邦的阿里加尔县及拉贾斯坦邦的帕里县。前4个县是稻米生产县，后2个县是小麦生产县，最后1个县则是小米生产县。这一计划后来扩展到余下的邦，每个邦都选出1个县。到1965年10月更扩展到114个县，计划的名称因此改为农业精耕区域计划。选出这些条件好的县之后的工作是供应一揽子投入以增加土地的生产率。许多研究都对上述计划的实施结果做了评估，结果显示，上述两个计划对农业产量的提高并没有很大贡献。主要原因在于，在没有技术变化的情况下（仍采用传统品种），靠大量施用化肥和其他投入所得的成果毕竟是有限的。

第四，通过粮食国营贸易计划稳定一般粮价以减轻国家的财政赤字。为解决“二五”计划时期因重工业投资引发的财政赤字，尼赫鲁建议国家发展委员会在批准提高组织农业合作社的指标的同时，还批准粮食调查委员会关于粮食贸易社会化的建议。与此相配套，决定立即实行粮食国营贸易（从小麦和大米开始）。粮食部奉命制订一个分两阶段执行的计划：在第一年或更长的时期内，所有粮食批发商人都要领取执照并受严格管理，他们必须按政府规定的价格购买粮食，并把他们购买的部分或全部粮食按管制价格卖给国家；第二阶段在政府训练了足够的人员并修建了足够的仓库之后，国家主办的贸易公司就直接收购市场多余的粮食。1958年10月，为了满足“二五”计划工业化的需要，决定实施新的土地改革计划。在尼赫鲁批准和编纂的《关于农业组织类型的决议》中，要求把土地改革和建立合作农场联系起来，建议将多余的土地交给村评议会和供销合作社，而不是交给个人，并规定要由无地雇工组织的合作社来经营这些土地。这一政策要求剩余农产品“由各级供销合作社收购并由零售商和消费合作社配售”，以便在批发贸易中把私人商贸排除在外。其措施的核心是缩小国家粮食贸易与农民的交易单位，以提高国家对粮食的控制能力。为此决定实行粮食国营贸易，重点是规定直接出售给政府的最低粮食价格，以保证农民得到公平合理的收益和国家粮食的供给。然而这项政策在一开始就经受了挑战。因为粮食的国家经营在排除私人商贸的情况下，关键取决于各邦组织供销合作社、消费合作社以及建造仓库的速度，但是各个邦政府对此毫无热情。许多邦的首席部长，尤其是余粮邦（安得拉邦、马德拉斯邦、旁遮普邦和奥里萨邦）的首席部长不愿执行这项新政策。他们迟迟不对大生产者、碾磨厂厂主和商人采取任何行动，而这些人不是邦国大党委员会委员就是邦议会议员，且往往是国大党的大捐助者。在这种普遍不愿执行新政策的情况下，这些首席部长得到了当时的粮食和农业部长、前北方邦国大党委员会主席贾因的支持，直到 1958 年 8 月贾因辞职时为止的整个任期内，他几乎没有做出任何努力去建立粮食国营贸易和稳定价格的机构，也没有做出任何努力去建立储存大量储备粮的仓库。当 1958—1959 年印度粮食获得创纪录的丰收时，市场上的粮食仍然短缺，粮价不断上涨。尽管国家计划委员会私下指责粮食部和各邦政府未能有效地实行粮食国营贸易，但尼赫鲁由于各邦大生产者和大商人在政治上的不满日益加强而中止了这项计划。虽然贾因终于被迫辞去粮食部长的职务，但接任的孟买国大党组织领导人帕蒂尔一上任就立即明确表示，除非万不得已，他不会实行粮食国营贸易。帕蒂尔上任不久，迈索尔邦、马德拉斯邦、比哈尔邦和西孟加拉邦等就撤销了有关大米价格管制和强迫征购大米的命令，政府收购大米的一切活动也就停止了。旁遮普邦、中央邦和奥里萨邦的政府继续采取按竞争价格自愿出售的办法收购粮食。安得拉邦和北方邦有时仍在余粮县实行价格管制和征购的办法。阿萨姆邦则是由该邦最高供销合作社进行垄断收购的唯一产米邦。在随后的整个“二五”计划时期，帕蒂尔领导下的粮食部完全放弃了实行粮食国营贸易的尝试，转而主要依靠美国《1954 年农产品贸易发展与援助法》（简称《480 号公法》）进口小麦和通过商业途径进口一些大米来建立中央储备，并以此稳定粮价。1960 年 5 月，印度与美国签订了一项新的协定，根据该协定美国要在 4 年内向印度提供 1 600 万吨小麦和 100 万吨大米。“三五”计划中，印度政府没有提出粮食国营贸易，只设想“建立起一个联系农民的合作社和政府代理机构的销售网；对批发贸易实行许可证管理，以适宜的方式扩大国营贸易；大大增加政府和合作社在零售贸易中的比例”。尽管提出了在每个集市或市镇建立基层销售合作社和仓库设备的建议，但合作社经营的农产品交易总额即使加上粮食收购，也只能占剩余农产品上市量的20%，以至无法保障价格的控制和工业所需粮食的有效供给。

第五，实施国有林发展计划以服务于工业化。独立前，许多皇族显贵和王公地主拥有森林，私有林占25%。独立后，印度政府开始将森林全部收归国有，使国有林在国家林业中处于主导地位。从1951年起，按照国家的五年计划制定并实施国有林发展规划。“一五”计划时期，政府制定了国家林业发展的长远目标：巩固、保护和扩大森林资源。1952年5月12日印度颁布了《国家林业政策》。“一五”计划时期国有林的主要任务是巩固原有的森林资源，同时发展人工造林、改善林区通信设备、提高立木蓄积量和完善林业行政管理。“二五”计划时期私有林的接管工作已基本完成，国有林所占比例上升到92.3%，而私有林则下降到2.3%，这为服务于国家工业化创造了一定条件。“二五”计划和“三五”计划（1961—1966年）时期的以重工业为主的国民经济发展总方针，要求林业必须提供大量的工业用材和其他林产品，从而迫使保护森林资源的林业政策在实现国家工业化这一战略方针的指导下发生了转变。从此，印度国有林从巩固和保护森林阶段进入商业性经营森林阶段，林业开始转向侧重支持工业。这一阶段的林业发展目标是：增加木材的采伐量，加强森林资源的开发利用，以满足国民经济的发展对木材和其他林产品的需求，努力实现工业用材、薪炭材和其他林产品自给；与此同时，扩大森林资源，大力营造用材林。但是，由于林业生产的特殊性，使得林业为国家工业化战略服务的转移在“二五”计划期间出现了几年时间的滞后。因此，这一阶段林业发展目标的具体落实主要是在“三五”计划至“四五”计划（1969—1974年）的前半期。

三、农业分治政策的内在矛盾

尼赫鲁推进的国家工业化战略，是在印度宪法明确确定的农政分治体制下进行的。但这一初创的分治体制还处在成长之中，地方各级政府还无法提供工业化所需的政治资源，因此，这种工业化仍是中央政府主导的、以全国资源集聚为特征的工业化。从经济上看，它以中央重工业优先发展为其总体特征，城市和农村的私营小工业是其补充，在农政分治体制下这种工业化未能得到来自农业的有效支持。这种工业内生型的工业化，尽管没有形成工业有效剥削农村、城市剥削农村的机制，但也产生了工业内生型的一系列矛盾。

第一，其重工业的高增长是靠政府人为的力量实现的，即通过国家优先投资、举借外债和赤字财政3个手段加以推动的结果。众所周知，重工业是一项资本与技术密集程度高、建设周期与投资回报期长的产业。而印度在实施此战略初期还是一个传统的农业国，工业基础薄弱，且大多数农村人口处于贫困状态。尽管独立后其拥有从英印殖民政权接管来的72亿卢比的外汇储备，但其经济发展水平总体上还不足以积累和动员起可用于重工业发展所需的大量资本。资本的稀缺必然导致由市场形成的资本价格或利率的高昂化，如果仅凭市场机制来配置资源，是不可能把投入导向重工业部门的，相反，倒可能诱使投资少、见效快的轻工产业为主导的发展。于是，要优先发展起重工业并解决其资本稀缺的难题只有一种选择：一方面，对内依靠政府的强行介入，借助政策的限制与宏观引导，人为地压低利率、汇率、能源和原材料价格及工资、生活必需品价格，以降低重工业发展所需的成本，并在此基础上把有限的资本优先投入其中，这就既造成了积累的非市场化要素，又导致了价格等要素的政策扭曲；另一方面，对外则只有大量依赖外援，加大外债额度，而这又极易引发和加重外汇危机。事实上，印度外汇储备到尼赫鲁去世时曾降到了独立以来的最低点，仅为 24.97 亿卢比[①]。由外汇引发的居高不下的国际收支赤字使印度政府长期背上了沉重的债务负担。

由于人为扭曲了产品和要素的价格，这就意味着要限制或压抑市场机制的作用，排斥竞争，就需要以各种管制、歧视和保护来代替被压抑或限制的市场和价格的作用。而这又要求形成一套与扭曲政策相适应的高度统制的政府干预型管理体制。它在印度大体表现为以下 3 点：①为控制经济命脉而有意识地增大公营经济成分的比例，“二五”计划时期后印度大力发展公营企业，使其在工业经济部门中占据制高点即表明了这一点；②政府参与稀缺资源的配置和实行贸易垄断，为扶持幼稚工业而建立产业保护制度并设置进入障碍，在相当程度上扼制了私营经济的健康发展，束缚了经济发展的活力；③为强调工业发展而实行向城市倾斜的社会福利政策，重视重工业和基础工业，自然使其经济发展的重点仍主要集中在城市地区，于是原本经济基础较好的地区更是锦上添花，而其他许多地区则风景依旧、发展缓慢，这就人为地拉大了城乡差别和地区差别。正是由于印度政府依靠上述行政手段的保护与倾斜来管理经营公营企业，而不是凭借税收、汇率和利率等经济杠杆及市场机制来加以引导，加上对其长期统负盈亏，所以在这种半封闭环境中成长起来的公营企业因没有竞争的压力、缺乏改善经营的积极性而普遍存在管理体制僵化、社会负担沉重、生产效率低下等问题，严重影响了企业的经济效益。

第二，由于缺乏国力基础和实施内向型战略所内生出的诸多不利因素的制约，使得印度形成的重工业化积累体制具有以下 3 个特点：小规模、高费用的生产结构，技术改良过程缓慢，资本主义外延式的低速发展。资本的稀缺和资源动员能力弱的矛盾，使重工业项目建设的规模与生产规模自然受到限制，只能起填补作用，无法实现高起点，而强行推动的代价则无疑是高费用的投入，

① 《印度储备银行公报》，1971 年 1 月，第 121 页。

所以印度重工业的发展历程是以高投入、高消耗为特征的高成本经济。其中，技术与设备的不足是其建立和发展重工业的又一困难。为此，印度政府采取了借助外资合作企业输入设备和实现零部件分阶段国产化计划的措施，贯彻只允许进口“必要的不可缺少的而国内又无法解决的”产品这一输入原则，从而使其面向国内市场的输入替代工业化过程得到发展，其工业品自给率到 20 世纪 80 年代时已达 80%。但在此过程中，由于片面追求自力更生，把本应引进的外国先进技术在没有完全消化吸收的情况下匆匆国产化，导致虽自给能力有所提高，但起点较低，缺乏质的飞跃。加上印度政府对本国工业所采取的一系列内向型保护措施，受到对外竞争保护的印度国内市场基本上成了一个技术改造过程缓慢、产品无需竞争的垄断的卖方市场。在此情况下，仍强调发展或增建新企业、新产品而不注重技术更新、不提高生产能力的外延式生产方式，又必然会带来发展先进技术后劲不足和经济在初具规模后增长势头减缓的后果。另外，对小工业的扶持政策，如开发落后地区（工业向地方分散）、保护和振兴传统的劳动密集型产业等与农村开发计划相结合以缓解严重的失业和贫困的尝试，只考虑到“社会公正”的政治影响而忽视了经济效率的内容。其结果是虽在形式上促进了小工业的某种发展，但对采用先进技术后劲不足、高费用的生产结构、有组织的工业部门来说，又形成了来自“分散部门”的竞争压力，使有组织的工业部门更面临生产规模不经济、利润下降、经营不振的局面。印度纺织业的不景气及滑坡即根源于此。

第三，重视重工业是建立在轻视农业和牺牲人民生活水平的基础上的，其结果是工农业发展的比例失调和工业内部的结构失衡。由于强调优先发展重工业，印度政府把工矿业占国家公共费用总额的比重从“一五”计划的 4%提高到“二五”计划的 19.1%和“三五”计划的 20.7%；而同期，农业的这一比例却由“一五”计划的 31%降为“二五”计划的 21.3%和“三五”计划的 23.1%①。这样，农业生产在实施“绿色革命”之前因投资削减而长期停滞不前，进口粮食不断增加，仅“三五”计划期间粮食进口就达 2 900 多万吨②。粮食危机的加重又进一步制约了工业的进一步发展。从 1966 年起，印度政府不得不暂停五年计划，代之以滚动年计划，进行了三年的调整。这三年（1966—1968 年）的年均增长率远低于前三个五年计划，只有 2.5%③。至于工业结构的失衡，则主要表现为资本品工业的快速增长，以及与之相对的原材料生产的严重短缺、涉及人民日常需要的消费品工业的发展滞缓。因此，印度人民的生活水平长期得不到应有的改善。

①② 印度国家计划委员会：《印度经济基本统计 1950—1951 年至 1966—1967 年》，第 101 页。
③ 转引自《南亚研究季刊》，1989 年第 4 期，第 111 页。

第四节　尼赫鲁农政建设的总体分析

尼赫鲁立足于印度分治的历史传统和甘地农政建设思想，创建了印度农政分治体制，在初步完成这一体制创建后，又按照自己的思想启动了印度的工业化，并相应跟进了服务于工业化的农政建设方略。而所有这些行动的组织实施都是在社会主义大目标下进行的。但长期以来，在西方、苏联和中国的学术市场上，尼赫鲁主导的社会主义未能得到认同。西方学者不愿进行印度社会主义研究，只在那里寻求尼赫鲁失误的细节；苏联和中国的部分学者则是在坚持科学社会主义原则前提下，认定印度是资本主义社会，于是更多地用阶级分析的方法寻求尼赫鲁大资产阶级和大地主的本质以及印度社会的不平等。这种农业经济思维和意识形态思维无助于我们全面认知印度现代化。我们的研究表明，如果不从世界社会主义建设理论和建设实践去分析和把握印度农政建设实践，将既看不到尼赫鲁为印度的现代化社会做出的伟大贡献和失误的真正原因，也难以分析和把握尼赫鲁的承继者进行政策调整与改革的深远背景，更无法理解在印度这块土地上还存在共产党主导的土地改革和农业建设。因此，我们必须在世界社会主义农政建设的理论和实践的基础上去进行尼赫鲁农政建设的总体分析。

一、苏联社会主义农政建设方略

在世界现代史上，依靠自己的力量通过农业的积累在短期内实现了工业化，并走向强国历程的国家只有斯大林领导下的苏联。正是在斯大林的实践影响下，资本主义世界最先吸收苏联计划农业政策成果的是美国，罗斯福在20世纪30年代经济大危机之后，开始依靠农业政策对美国农业进行全面调控，使美国农业与其他产业紧密结合，为美国的强国历程作出了卓越的贡献。同时美国的政权主体依靠农业政策的力量，选择了“农”与“战”的结合，使农业成为美国发展的重要物质力量①。

尼赫鲁作为一个具有世界眼光的政治家，在印度较早地看到了苏联的伟大成就，他的工业化理论无疑受到了苏联的启示。早在20世纪30年代末期他最初执政时，他就做好了向苏联学习的准备，而在20世纪50年代启动工业化时他又受到了学习苏联的中国的影响。尼赫鲁工业化农政方略是以苏联和中国为参照系的，但中国当时实践的理论和主要资金项目都来自苏联。因此，弄清了

---

① 关于这两个方面的阐述，参见：《美国农政道路研究》，中国农业出版社，2004年；《苏联农政模式研究》，中国农业出版社，2007年。

苏联社会主义农政建设模式就理解了中国的农政建设形态，也才能对尼赫鲁的选择做出总体分析，把握他选择的深远意义和印度农政建设的实质。

苏联的工业化农政方略的推进是以马克思农业思想和列宁农政思想为其理论依据的。马克思关于社会主义农业方式的设想是[①]：①生产资料要优先增长；②土地的社会主义国家经营，这是马克思所论及资本主义基础上的社会主义土地国有化，这里的社会主义土地国有化指土地是社会主义国家所有，也指土地是社会主义国家经营；③有计划地进行农业生产，对于实行土地国有化以后的土地生产经营问题，马克思认为应当在国有化的前提下进行有计划的生产；④反对土地公有前提下的集体所有制，为了强调土地国有化、保障农业的有计划发展，马克思不赞成土地集体所有前提下的合作论；⑤组织工人农场与工人合作社，在国有土地上建立工人农场和工人合作社进行农业生产；⑥社会主义的城乡和工农一体化发展，在此前提下消除工农差别、脑力劳动和体力劳动的差别，使每个人得到自由的全面发展。对于小农经济占优势的国家，恩格斯提出了向社会主义过渡阶段的设想，在这个过渡阶段允许建立土地集体所有基础上的农民合作社，并通过这种合作社逐步向社会主义农业方式转变。其处理农民问题的原则是：工人阶级代表农民的利益，并领导农民实现向社会主义的转变；实施农民群体的全面改造，也就是以合作社的大生产取代农民的小生产，并且让农民自己通过经济的道路去实现合作社的生产和占有，最后过渡到社会主义农业的大生产。

马克思、恩格斯以上关于社会主义农业方式的设想是以假定资本主义得到充分发展，社会主义在几个先进国家同时胜利之后的无产阶级政党可以进行的选择。然而当列宁在俄国开始社会主义革命和建设时，马克思所确定的前提条件都不存在。为了推进马克思所规划的社会主义农业方式，列宁在早期传播马克思农业思想时，在十月革命后提出了如下理论[②]：①以工人阶级为领导指向的工农联盟论；②以城市优先为指向的城乡共同发展论；③以重工业为指向的农业服务于国家工业化论；④在马克思农民改造论基础上的农民让步与强制论。列宁以城市优先为指向的城乡共同发展、以重工业为指向的农业服务于国家工业化的思想，是以农村的从属地位和农业的服务功能为其特征的，这样的政策导向不可能得到农民的主动认同而顺利实施，于是就有了关于农民的强制与让步的策略思想。

斯大林作为实用主义的政治家，在与布哈林的理论斗争中，确立了工业化理论指导下的强国之路。这条道路必然有相应的农政战略跟进，它要求在

① 以下详论参见拙著：《社会主义农业思想史研究》，中国农业出版社，2003 年。

② 以下详论参见拙著：《国外社会主义农政思想史》，中国农业出版社，2009 年。

推进国家工业化过程中处理和解决好农村问题。为了有效地推进苏联的社会主义工业化，斯大林认为必须从国内积累工业化资金，而这种资金的主要来源只能是农业，为此他领导开展了农业集体化运动，并在所开展的运动中将马克思、恩格斯和列宁的思想提升和发展为一国能够建成社会主义的工业化的农政方略。

斯大林的苏联社会主义工业化的理论是：①实现社会主义工业化是苏联的核心；②苏联必须快速实现工业化；③工业化的核心是优先发展重工业；④必须从国内积累工业化资金。而在论述国内积累工业化资金问题时，斯大林认为，对于资本主义国家来说，工业化的资金一般都来源于国外，是通过掠夺殖民地、获取战败国的赔款、出让经营权等方式而获得的，但对于处在资本主义包围之中的社会主义苏联来说，这些途径基本上都不存在，在快速地优先发展重工业的情况下，工业化资金的来源问题就显得更为严峻。在这一背景下的农政建设方略只能是：在土地国有的基础上，建立集体农庄，通过一系列的体制性保障，为工业化提供有计划的农产品供给和资金积累。

由此可见，斯大林启动的苏联社会主义强国历程，从理论到实践都是一个完整的体系。就理论体系来讲，除一国能够建成社会主义是斯大林的独创外，其他思想都来自马克思列宁主义。其核心是：①以布尔什维克党为核心，并在其领导下建立政权主体的宏观管理，通过民主集中制形成从上到下的控制机制；②以阶级斗争的理论武装全国人民，通过消灭有产阶级的办法让穷苦的人民站起来并成为各项事业的主人，从而实现人民的共同富裕；③依据马克思和列宁关于生产资料优先增长的原理，制定重工业优先发展带动其他产业发展战略，并以党的力量领导人民实现强国目标；④按照马克思、恩格斯的思想超前建立社会主义农业方式，在土地国有的基础上创建国营农场和合作社（集体农庄），有计划地发展农业并为工业提供积累；⑤按照列宁的农政思想，以让步和强制的策略实施国家的农业政策，完成农村农民的社会主义改造。

正是在马克思、恩格斯和列宁以上思想的指导下，斯大林领导苏联人民创造了短期内实现工业化的辉煌。快速推进一个大国的工业化，斯大林所依据的理论和实践是一个完整的整体。它从国家宏观的管理到社会单元的微观控制，都是一种集中化的统一模式；从党的民主决策到国家的政府管理，都是从上到下的一元化领导；从城市的工业经济到农村的农业经济，都是一种计划性的集中配置；从前进的旗帜上看，从中央到每一个工厂和乡村，都有着穷人对富人的革命作鼓舞。尼赫鲁尽管在20世纪30年代末期看到了斯大林创造的苏联辉煌，却未能认知到苏联快速工业化是根据马克思和列宁社会主义理论的一次伟大实践，未能认识到这几个方面的内容都是缺一不可的，农政建设方略仅是其中的一个部分。斯大林正是按照这一理论指导下的农政建设方略，有计划地强制性开展了农业集体化运动，将 2 000 多万农户改造成 10 余万个集体农庄和几百个国营农场，并在 10 余年内快速地实现了苏联的工业化。斯大林的这种选择具有超常规性，不仅快速地转变了苏联的发展战略，而且在真正的意义上实践了马克思主义的计划经济而有效地推进了苏联整个经济的高速发展，使苏联迅速建立起一大批现代化的骨干企业，初步形成了一个独立完整的工业体系，苏联的钢铁、燃料动力、机械、化工、汽车、拖拉机、飞机、造船等工业部门都在这一期间建立起来。在苏联的经济实力和军事实力的壮大中，推动了苏联整个国民经济的迅速发展，1928—1937 年苏联建成并投产的大型企业有6 000多个，1936 年苏联的工业产值已跃居欧洲第一位、世界第二位。苏联也以其强人的物质基础成为第二次世界大战战胜德国法西斯的中流砥柱。

二、尼赫鲁选择的缺陷与重要意义

（一）尼赫鲁选择的缺陷

毫无疑问，苏联成功建设社会主义强国的伟大实践，对于尼赫鲁选择印度的发展道路是产生了重要影响的。对于一心想把印度建设成为独立富强国家的尼赫鲁来说，他看到斯大林的超常规实践取得了显著成效，也就很自然地把学习的目光转向短期内实现了强国目标的苏联。但是他选择的既不是苏联的共产主义，也不是美国的资本主义，而是试图实现两者优点相结合的印度社会主义理想模式，即通称的第三条道路。在快速推进印度建设强国目标的过程中，这种理想模式的发展形态既不是苏联农政模式，也不是民主社会主义者设计的农政形态，其实践和理论都存在重大的矛盾和根本性缺陷。

第一，从实践上看，如果抛开政党、阶级、国家体制等一系列政治性因素，仅就工农业产业关系的配置来看，尼赫鲁的农政道路与苏联有着重大差距而存在无法克服的矛盾。从工业来看，尼赫鲁选择的是苏联社会主义重工业优先发展战略。然而苏联这一战略的选择有两个很大的背景：一是当时苏联处于社会主义“孤岛”而不得不随时面对战争状态；二是沿着马克思列宁主义消灭私有制的总体方向，追求大而公而根本不允许资本主义工业存在。但尼赫鲁做这种选择时，却是在甘地非暴力和平建国的思想基础上，和平取得政权使印度不存在战时之忧，这决定了印度可以选择一条非激进的工业化道路。这种没有战时背景的非激进之路，使得国大党难以形成共识而思想阻力重重。更为关键的是，这种非激进的服务于重工业优先的农政方略，却不具有丝毫的社会主义农业发展的影子。①从土地改革来看，它没有像一些社会主义国家那样没收地主土地，从中央到地方统一将土地均分给农民，并在此后逐步走向土地国有或公有，而是采取了中央制定土地改革总纲、交由各邦实施土地改革的策略，在具体内容上则是废除中间人制度、进行租佃制改革和实行土地持有最高限额制度等。但这些都是资本主义在反对封建土地占有制度时所采取的内容。由于实现的是农民的土地私有，就使得农业原始积累的私有产权性质与国营工业的公有性质产生对立，从而使工业的地租形态需要通过农民土地的购买而无法很快形成工业积累。②从农政体制的建设来看，苏联为了确保工业化所需农业资金的获取，在宣布土地国有或公有的基础上，建立了能够集中管理农业的集体农庄和国营农场。这种组织形式在理论上遵循了大农业高效论，且最主要的是这种管理成百上千农业人口的农业微观组织可以很顺利地将农业形成的积累（不管是农业的税收、地租、利润，还是工农剪刀差产生的对农民的剥削收入）一并转向国家的工业原始积累。然而，尼赫鲁在印度建立起的农政分治结构，使各邦成为维护各邦农民群体利益的政治代表，特别是在各邦阶级结构没有改变的情况下，各邦实际上就成为维护各邦地主以及大农利益的集团，这导致在政治上很难保证农业产生的收益很快转化为国家的工业积累。③从农业政策来看，尼赫鲁服务于工业化的农业政策主要包括粮食增产运动、赋予土地改革以服务型的意义、建立合作社以更好地服务于工业化、实施农业精耕县计划以解决粮食自给、通过粮食国营贸易计划稳定一般粮价以减轻国家的财政赤字、实施国有林发展计划以服务于工业化等。对于有效解决工业的原始积累问题而言，这些政策的希望意义大于实际意义。特别是尼赫鲁寄予很大希望的农业合作化，更是没有实现其目标。尼赫鲁没有看到农业合作化是通过将土地交给集体，最终建立集体农庄一类的从上到下的集中式管理的农村组织。由此可以看到，尼赫鲁的服务于工业化的农业政策并没有起到多大的实际作用。于是在国家政策体系这个层面上，就只好依靠财政税收这一政策来解决问题了。在农政分治体制下，尼赫鲁选择的服务于工业化的农政方略并不具有苏联农政模式的特点而无助于国家工业化的积累。

第二，从社会民主主义的思想来源看，尼赫鲁选择的不是社会民主主义的农政建设方略。一般人们都把尼赫鲁社会主义视为社会民主主义，而社会民主主义的代表性人物是德国的爱德华·伯恩斯坦和卡尔·考茨基。这两位社会主义者的思想内核是：国家是实现共同意志的社会组织，议会民主制，地方自治机关是改造社会的工具。尼赫鲁建立的印度社会主义似乎与其相似，然而尼赫鲁所建立的农政分治形态却与这两位社会民主主义的创始人的思想根本不同。考茨基在《土地问题》一书中提出，未来社会主义应当建立起国家统一的农业保护体系，为此他要求制定社会主义的保护性农业政策，确定对农业无产者的全面保护、农业利益的有条件保护和农村的保护性建设三大措施[①]。伯恩斯坦在其代表作《社会主义的前提和社会民主党的任务》一书中，认同考茨基提出的社会主义土地纲领，强调民主对未来农村社会主义的作用，认为“民主同交通工具的重大变革的反作用结合起来，是比农民经济的技术改造更为强大的解放农村工人的杠杆”[②]。据此伯恩斯坦将社会民主党未来的农村工作分为三类。一是“克服一切仍旧存在的地主封建主义的残余和支柱，以及为公社和县内的民主而斗争”，从而要废除世界财产私有制、私领区、狩猎特权等；二是“保护农业中的劳动阶级和减轻他们的负担”，要求劳动保护，废除仆役条例，限制各种工种的雇佣工人的劳动时间，采取使作为纳税人的小农减轻负担的那些措施等；三是反对财产绝对主义，促进合作制度，要求限制土地私有权，以促进土地划分、消灭耕地交错状态，促进土壤改良和传染病预防[③]。由此可见，尼赫鲁的农政建设方略除了在农村地方自治这一点与社会民主主义有些相似之处外，其他则存在很大区别。

第三，尼赫鲁选择的不是早期费边社会主义的农政建设主张。早期费边社会主义的主要代表人物是乔治·伯纳·萧和悉尼·韦伯，代表作是 1889 年出版的《费边论丛》一书。其政治理想是“地方公有的社会主义”或“市政社会主义”，主张通过地方自治的选民自由投票，民主选出地方自治的市政机关，并由市政机关或国家逐步占有从个人所有制下解放出来的土地和工业资本，组织和经营市民所必需的煤气、自来水、电灯、电车等公用事业和各种工业。他们解决土地问题的方案仍是“对地租利息征税，由国家用这种税收所得到的资本把劳动者组织起来，从而把土地和资本直接转归社会所有”，“社会主义的经济目的不是把农夫和地主一一等同起来，而是要在全社会内实行这样一个原则，那就是把所有的地租集中起来存到国库里去”[④]。显然，尼赫鲁组织进行的土地改革不存在早期费边社会主义者设想的土地的社会所有，也不可能集中地租于国库以进行国家的工业化。

第四，尼赫鲁选择的不是后期费边社会主义者的工业化农政方略。第二次世界大战期间受到苏联社会主义工业化建设影响的费边社会主义领导人乔治·柯尔，在 1941 年写作并出版的《费边社会主义》一书中认为，即使在战争情况下仍有坚持社会主义宣传的必要，以便把社会主义作为战后重建的指导思想。他所希望建立的社会主义是要达到“思想、人人有同等机会、保证人人享

① 详论参见拙著：《社会主义农业思想史研究》，第八章，考茨基的农业思想，中国农业出版社，2003 年。

②③ ［德］伯恩斯坦著：《社会主义的前提和社会民主党的任务》，生活·读书·新知三联书店，1965 年。

④ ［英］肖伯纳等编，袁绩藩等译：《费边论丛》，生活·读书·新知三联书店，1958 年。

有基本的生活水平、民主自由”等四种目的的社会主义。他认为，生产资料公有制并不是社会主义社会的根本特征，而仅是达到社会主义目的的一种手段，因而就不是一切社会主义社会所必须实行的。为了实现这些目的，乔治·柯尔主张在战争情况下首先应推行“战时社会主义”。也就是：在不改变资本主义制度的前提下，发动人民对政府施加压力，使政府由代表垄断组织利益的工具变为代表人民利益的工具；把燃料、电力、运输、提供生产资料的重工业、军火工业等关键性工业部门和银行系统置于政府手中，使之为国家利益服务，由政府付给企业租金；工业技术人员、管理人员以及仍在企业中任职的雇主由政府支付薪金；把土地从私人所有转变为公有，以便为战后的城市建设和发展高效率农业创造条件；工人不再是私人牟利的工具，而是为所有的人谋福利的公共事业的合伙人。他还认为，推行“战时社会主义”是为战后实行社会主义做准备，因此推行“战时社会主义”的工作做得越多，准备工作做得越充分。

在以上总体思想的指导下，乔治·柯尔在他的工业纲领中，提出要解决社会主义重工业进程中的农业问题。一方面，重建战后英国社会主义的重工业。他认为第二次世界大战英国的失败在很大程度上是因为重工业的能力不足，并把它交给了私营雇主。他论述说：“重工业生产不足的结果是灾难性的……如果希特勒在 1940 年夏侵入大不列颠，他将会发现，一旦他的军队越过狭窄的海峡，在前进道路上几乎全无阻挡。”① 尽管后来有所变化，英国组织起了重工业生产，但“仍然没有计划”，因为“任何一个有效的计划所受到的私人企业干扰，都比新的丘吉尔政府准备坚持的还要大得多”。这就提出了重工业有计划地和商业合理地“集中化”，并对“消费支出进行管理，以使限制供应的普通货物做到尽可能公平合理的分配”② 等问题。为此，他建议：“为了赢得战争的胜利，需要刻不容缓地向‘战时社会主义’的目标大步前进。自然，前进愈大，我们为战后的重建工作所做的准备就愈多。”③ 而战后社会主义重建最关键的是国家控制银行系统并重点转向重工业以及军备生产或半军备生产的行业，由国家控制重工业，燃料、电力供应、交通运输等都完全转为公有。他在论述重工业必须控制在国家手中的理由时指出：“保持重工业在国家手中的一个原因是，它是军备的主要来源。我们既不要让军火利益集团作为武器贩子在世界活动，也不要使国家在面临危险要做准备时受军火利益集团的摆布。另一个原因是，这些工业是资本货物的主要供应者。这意味着它们在工业计划中占据着关键位置——因为它们必须首先生产任何生产计划中打算生产成品的工具，也意味着它们在国际贸易中和欧洲重建中占据着关键位置。还有一个原因是，它们作为半成品的生产者，如钢和有色金属，受到进行这种经济活动需要

①②③ ［英］乔治·柯尔：《费边社会主义》，商务印书馆，1984 年。

大量资本的限制，很容易屈从于垄断组织，因为进行这种经济活动需要大量的资本。"[1] 另一方面，解决好重工业发展中的农业问题。那么在国家控制重工业和一些重要产业的情况下，如何解决农业和土地问题呢？乔治·柯尔认为"在战争结束之前就应实行土地社会主义化，作为摆在我们面前的计划和重新建设的基础，我们应当坚持现在就实行土地社会主义化"。这里的土地社会主义化就是苏联式的土地国有。"如果国家接收土地，国家就能投入资本——不管需要什么，它能给真正有能力作为管理者或者作为佃户的农民提供较大规模经营农业的机会，它能提高耕作标准，以付给合适的工资而不向消费者索取过高的价钱，或者采取保护性措施来促进那些没有经济基础的耕作等。"[2]

由此可见，尽管印度独立后推行的重工业优先战略与乔治·柯尔的设想似乎有些相似，但却没有看到丝毫的"社会主义＋土地国有化"政策的影子。土地的私有特征成为尼赫鲁推进民主社会主义重工业优先战略的根本性缺陷。

第五，尼赫鲁选择的农政方略在理论体系上与指导印度发展的甘地的社会主义思想也存在重大矛盾。毫无疑问，在社会主义思想体系上，人们所称的社会民主主义主要是对马克思社会主义的修正，又称修正主义。而在世界思想体系上，甘地社会主义以其内部的高度统一而对马克思社会主义形成了直接挑战。这一思想体系的核心是：取消政党，人民自我管理；否定阶级斗争，非暴力夺取政权以实现普世和谐；否定无产阶级专政国家政权，强调地方自治各司其职，各定其安。由此决定了甘地形成了完全不同于马克思的农业发展思想，即坚持农政建设的经济正义和平等，以分散的农村经济反对集中的城市竞争经济，恢复和发展村社这一农村组织形式，改造印度古老的种姓制，发展乡村工业，实行社会主义的财富托管，否定工业化，强调乡村工业与农业结合，强调农民共享的和谐田园生活。虽然一些学者对否定甘地的思想持批判态度，但甘地社会主义理想植根于印度这个民族的灵魂，在很大程度上影响了独立后印度的走向，直到今天似乎都没有停止其步伐。

（二）尼赫鲁的选择奠定了印度强国历程的重要基础

由前文可以看到，在学术市场上存在的所谓尼赫鲁的第三条道路，只存在于人们的意识形态分析之中，他对苏联的学习也只存在于重工业优先发展的工业化战略之中，而在农业和农政建设领域，尼赫鲁的选择既不存在苏联农政方略的跟进，也没有任何社会民主主义者思想的影子，更与印度开国的甘地农政思想存在很大的分歧。他只是根据印度当时的实际启动了印度的工业化，在没有农村提供原始积累和消费拉动的背景下，整个工业化就只能靠投资推动。这种依靠投资推动的工业化尽管没有达到预期的全国目标，却奠定了印度强国历

---

①② ［英］乔治·柯尔：《费边社会主义》，商务印书馆，1984年。

程的重要基础。

我们知道，印度“一五”计划时期将投资放在了农业、交通等部门，农业得到了较好的发展，而工业投资只占国家总投资的7.9%，实际投资只有5%。1951年印度对机械制造、冶金、化工和水泥工业的投资仅占整个工业投资的24.3%，到1955年才上升为31.5%。这导致印度工业发展受到了影响。1953年印度现代大工业的净产值只占国民收入的8%，略高于1951年的6.5%。经过努力，印度国民经济在“一五”计划结束时，平均增长率达到3.6%，超过原定指标的2.1%。5年内工业生产增长25%，农业生产增长22.2%。按1970—1971年价格计算，工业生产平均每年增长7.4%，农业生产平均每年增长4.3%，国民收入平均每年增长3.6%。

然而“二五”计划投资转向工业，农业也就不得不受损。在公、私营部门的资金分配上，“二五”计划明显向公营的工业部门倾斜。从“二五”计划公、私营投资占总投资的比重来看，公营部门的比重远远超过了私营部门，达54.6%，比“一五”计划的46.4%增长了8.2%，而私营部门的比重则由“一五”计划的53.6%降至45.4%。这主要体现的是国家对整个国民经济的控制力得到了强化。在这种强工业、强公营投资战略之下，工业领域得到了快速发展。“二五”计划从1956年4月开始实施，到1961年3月计划结束时，印度已经初步建立了一个实力较强的比较完备的国营经济体系。工业结构发生了显著变化，工业门类迅速扩展，创建了生产多种产品的重工业和基础工业，工业自给能力增强，大大提高了印度自力更生的能力。“二五”计划期间，印度兴建了3家大型钢铁厂，扩建了印度斯坦造船厂、奇塔兰詹机车车辆厂和信德利化肥厂，新建了南加尔化肥厂及其他工业品生产基地。据统计，5年内印度的钢锭产量翻了一番，铝产量增长2.5倍，石油产品增长58%，化学产品增长90%，工业生产的年均增长率高达7.5%，工业生产总指数从1955—1956年的139上升到1960—1961年的194。

工业的迅速发展带动了国民经济的总体推进，在“二五”计划实施期间，印度的国民收入年均增长4%，到1961年时达到2 425亿卢比，基本完成了计划指标。“二五”计划期间，印度公营经济的实力迅速膨胀，中央一级的国营企业数目从1951年的5家增加到1961年的48家，投资总额从2.9亿卢比猛增至95.3亿卢比，印度国家资本的经济实力得到大大增强。除此之外，交通运输、小型工业和乡村工业也有大幅增长。

在实施“二五”计划和“三五”计划的10年中，印度集中国家力量投资在电力、冶金、矿山、采矿、机械制造、化工原料、采油、煤油、石油化工以及化肥等各种重工业和基础工业方面，从而形成了一套比较完整的工业体系。经过10年的努力，工业生产增长近1倍，总指数从1956年的136（以1950年的总指数为 100 计算）上升到 1966 年的 264.4。工业产品增长最快的是为生产服务的机械设备和耐用消费品，其中机床增加 21 倍、内燃机增加 7 倍、动力水泵增加 5 倍、发电机增加 4 倍、家用电冰箱增加 6 倍。此外，食糖和食油分别增加 14％和 13％，机纺棉布反而减少 15.2％。印度政府在积极发展国营企业的同时，也鼓励私人垄断财团以及同外国资本合作兴建的新型工业。印度国营企业从 21 家增至 74 家，投资额增加 29 倍，从 8.1 亿卢比增至 241.5 亿卢比。印度国内和国外垄断组织在印度投资增加 132.5％，从 47.83 亿卢比增加到 106.93 亿卢比。印度 5 家最大的财团资产总值从 1958 年的 45.44 亿卢比增至 1966 年的 131.94 亿卢比，增加近 2 倍。

在这种投资格局和工业发展中，农业在没有改变生产方式的情况下，其发展也就不得不受到较大影响。苏联和中国强调工业发展，追求工业增长速度而出现的农业问题在印度也同样出现了。其表现就是：①工业增长速度大大超过了农业增长速度，“二五”计划期间，农业生产的年均增长率仅为 3.8％，远远落后于工业 7.5％的年均增长率，造成印度粮食供应严重不足，政府被迫大批进口粮食。粮食危机的加深不仅加剧了印度政府的外汇危机，还直接影响了整个国民经济的高速发展。②过度强调重工业，忽视了以消费品生产为主的轻工业的发展，造成重轻工业发展严重失衡。必要消费品的国内供应量不足导致进口总量增长，造成国家外汇危机。③过度强调投资对经济增长的决定作用，实施超出国力的基建投资，致使财政拮据，外汇储备枯竭，外债激增，失业人口剧增，人民实际收入下降，贫困化程度加深。粮食和日用消费品的短缺导致物价飞涨，工人的实际工资不断下降。

对于这种因投资变化引起的增长不平衡，在西方和中国学术市场引起了一系列对尼赫鲁的批评，而这种批评是建立在两个万能假设基础上的。一是制度万能，认为只要制度设计得好、实行的力度强，就能促进农业发展。这种观点是以一些小国的土地改革和中国改革开放后土地使用权交给农民产生了较大能量为根据的。但是这些论者忘记了这些制度变化的前提，即新中国成立后近 30 年的工业积累、农民的高素质和不同的劳动理念。印度在开始土地改革时，并没有积累起中国 20 世纪 70 年代那样多的乡镇资产。二是技术万能，认为只要进行了农业技术改进、提高了农业科学水平，就能提高农业生产力。然而这种观点忘记了农业科技水平的提高是需要强大的投入才能实现的。没有科技投入怎么会有农业科技新发明的出现、化肥新技术的兴起？于是在西方和中国学术市场就出现了各种制度、技术分析印度农业发展变化的理论。然而我们认为，这种分析方法并不符合印度实际。在所谓的农业制度变革中存在农业技术的进步，在农业技术的进步中也存在农业制度的调整与改革，这两者是相互依存、不可分割的。

综上所述，我们认为印度通过国家政权的力量，改变工农业投资比重而引起的工农业发展失衡，是每一个大国在赶超中所必然要走过的道路，并不存在什么片面不片面的问题。在当时印度的环境下，如果考量“一五”计划时期农业多投资就能带来快速发展，那就证明所谓土地改革能够必然带来农业高增长的假设难以得到支撑；如果考量“二五”计划时期整个世界农业科技并没有产生革命性突破的情况下，印度在减少投资的同时希望科技能够助推印度农业的增长也是难以实现的。因此，在今天分析当时印度出现的粮食危机，既有当时的客观原因，也是印度在走向现代化进程中所必然要付出的代价。

三、留给承继者的农政建设遗产

毫无疑问，印度农政分治体制的建立遵循了甘地和尼赫鲁的农政建设思想。印度这两位领袖的政治思想的矛盾性影响到了农政分治体制的建设。这种矛盾性集中体现在：甘地思想是和谐统一的，他的农政分治与非工业化是相适应的，但不符合当今世界发展的潮流；尼赫鲁思想紧跟了世界发展的潮流，主张实现印度的工业化，但其思想存在内在的矛盾，没有认识到在一个发展中国家实现工业化最重要的前提是通过土地国有或集体所有的制度安排实现农村财富的集聚，以向工业提供原始积累。但甘地的农政分治思想以及由此形成的印度农政分治体制对此形成了很强的抑制。因此，下面从尼赫鲁进行的土地改革与他主张的工业化的农政方略的矛盾性开始分析。

当尼赫鲁创建了印度农政分治体制后，即按照甘地和自己的思想进行了印度农政新道路的探索。而这个农政道路开始的两项重大工程，即土地改革和服务于工业化的农政方略，都是由中央提出规划和指导原则，各邦根据各自的实际制定相关法律法规来具体实施。正是这一分治的总体特征决定了印度农政建设的其他各种矛盾的出现。

第一，农地私有为农民的成长留下了竞争的空间，使承继者在保持土地私有前提下不断完善土地制度，农民在私有制的强制下保留土地产权得以不断成长，并逐步向其他群体转化。印度的土地改革是一种渐进的改革，它不是以在短期内迅速彻底地消灭封建地主制为其最终目标，而主要是通过种种措施促使封建地主向资本主义农场主转化，通过土地均分促进小农的正常发育，并以此来推进印度经济现代化。这样一种路径遭到了西方学者的许多非议。然而我们却认为，在没有经历资本主义农地私有成长基础上的社会主义土地国有或私有，农民经历了一代人或数代人的牺牲，其转化可以说苦难大于安乐；他们在向其他群体转化中丧失了最基本的条件，成为国家政权机关奴役的对象和官僚群体寻租的重要资源。因此，尽管尼赫鲁选择在土地私有的基础上进行的耕者有其田的改革，被很多人指责为改革不彻底，却为随后资本主义农业的成长提供了巨大的空间。即在尼赫鲁时期，最先促进了带有竞争性的资本主义“经营地主”的成长。这些“经营地主”通常自己经营 50 英亩，租给分成农 40 英亩。在出租的土地上，“经营地主”承担种子和肥料的一半或一半费用并承担一部分劳力，但农民必须承担其余一切成本。这些“经营地主”与封建地主不同，他们既雇工耕种又出租土地，而封建地主只出租他的全部土地。这些“经营地主”在转化中都具有资本主义性质。印度的土地改革不是以彻底地废除封建制为其根本目的，尼赫鲁等印度领导人的讲话和政府文件均未有过这样的表述。在土地改革中政府制定的数以百计的法律，大都未认真执行，这遭到了很多学者的非议。但在我们看来，经历了几千年的封建土地私有制，如果指望一时就能解决土地产生的不公正现象也是不现实的，这需要一个长久的过程。

尼赫鲁选择在保持土地私有制前提下的土地改革，所提出的土地改革方案要求解决两方面的问题：一是通过赎买取消中间人地主制，使耕种其土地的佃农能购得土地所有权；二是通过实行土地持有最高限额，缩小大土地所有者拥有土地的规模，改变产权和经营分离的状况，促进农业经营者实行集约经营。土地改革立法、实行属邦议会以及限制邦政府的权限，由于受到邦一级的中间梗阻而实行得很不彻底，但对其成绩也不应小视。据不完全统计，至 20 世纪 70 年代初，通过取消中间人地主制印度联邦政府收回了 1.73 亿英亩土地，占全国总耕地的 48%，使 2 000 万户佃农得到了土地；通过实行土地持有最高限额，到 1992 年各邦收回剩余土地 635.3 万英亩，其中 497.5 万英亩已分出，有 475 万无地农业劳动者得到了土地。土地改革使自耕农（包括大土地所有者）成了印度农民的主体，大土地所有者和富裕自耕农的生产越来越面向市场，并开始向商品经营和资本主义经营的方向转变。尼赫鲁对灌溉设施的建设特别重视，政府投资和民间投资的结合促进了灌溉设施的扩大。这一切导致了农业生产的增长，也为以后英迪拉农业政策的转变创造了条件。

第二，农政分治为建立和谐社会的政权主体与农民群体的关系奠定了体制性基础。农政分治体制是尼赫鲁按照甘地乡村建设思想精神的折中，它既不是全国高度集中的农业和农村权力，也不是甘地全部放权于乡村的自治，而是建立在乡村自治基础上的中央集中。这种农政分治体制尽管在经济建设的效率，特别是在启动国家工业化需要原始积累阶段可能存在缺陷，但它却有助于建立国家和谐的农政关系，使承继者在这种体制上，既可以选择适度的权力集中，又可以选择放权于民。这套体制在尼赫鲁时期的农政关系表现为：在一个刚结束封建社会的印度社会中保留农民的土地的私有是一件有利于印度农业发展的重要制度保障。尼赫鲁建立的农政分治体制，在没有启动国家工业化的阶段，与整个国家的农业发展和农民状况是基本相适应的，这突出表现在从 1947 年独立到“一五”计划结束时的 1956 年期间印度农业的稳定发展。当印度学习苏联和中国的社会主义计划经济进行国家工业化体制创建的时候，这套农政分治体制和农民的农业方式难以适应国家快速工业化的需求，这种农业方式包括对农民的管理服务和农民自身的生产方式两个方面。其矛盾表现在：邦级农业管理根本无法深入广大的农村，邦级农业收购无法有效征集到国家需要的粮食，农民农业方式没有发生质变导致根本无法提供工业化需要的粮食，农业生产关系的调整由于没有得到农业革命的支持而根本无法提供相应的农业产出以满足国家工业化的需要，农民由于历史的习惯缺乏消费工业品的激情而无法产生高产出的积极性，土地改革的不彻底性浪费了农民的生产力。

尽管这种体制没有给尼赫鲁带来工业化的积累效率，却给他的承继者带来了和谐的希望。这种和谐的农政关系的可能性主要表现为：①中央可以通过第二、三产业的财政收入指导和反哺农村和农业，却不可能直接征收农民群体的经济剩余而形成中央与全国农民群体的对抗性矛盾，即中央只有给予农民援助的义务，却无直接剥削的可能。印度号称是社会主义国家中农民税赋最轻的国家，这与这个制度安排是有很大关系的。②由邦承担农村和农业发展的责任和义务，同时承担了相应的政治风险。因为按照印度宪法规定，在印度严格的分税制体制下，土地税、农业税等与农民群体相关的收入都由各邦支配。在这样的背景下，全国的政权主体与农民群体的矛盾只可能出现在邦这一级。邦议会和邦政府的政治态度决定农民的状况，它们既有可能支持富裕的农民压迫和剥削贫困的农民，也有可能实行均贫富，但所有这些矛盾与责任都主要体现在邦一级。和谐与否只能引起邦政府的权力更替，当邦政府不能保证社会稳定并出现动乱时则由中央政府直接治理。③县以下三级自治结构中实行的是农民群体的自治，它实际上是农民群体内部的关系。由于印度没有从根本上破坏原有的社会结构，所以这种三级自治结构的领导者的更替不可能产生革命性变动。但由于三级自治结构在政治上要受邦政府的领导，在经济上要靠中央政府和邦政府的支持，所以中央政府和邦政府的政治态度也决定着各邦三级自治结构由农民群体实行自治。

总体上讲，尼赫鲁创建的这套农政分治体制，较苏联和中国的从上到下的一元化一体化体制，尽管缺少了全国集中力量办大事的能力，却有助于各地创造性地进行自己经济、政治活动的建设和不同农业发展道路的选择，也有助于承继者在分治体制上进行自己的再创造，为未来形成自下而上的农村发展模式奠定了基础。因此，在一个农民群体占有很大数量的大国来说，这种体制在长治久安方面是能发挥重要作用的。

第三，社会主义模式的选择，为印度跨越时空选择新的方式提供了可能。正是由于以上农政分治体制的出现、和谐的农政关系有了体制性保障，才使印度出现了世界少有的在一个国家能够宽容地允许共产党在一个邦按照自己的理想执政的可能。在尼赫鲁任内出现了喀拉拉邦短暂的共产党执政，在英迪拉时期则出现了西孟加拉邦、喀拉拉邦等邦共产党的长久执政。共产党人在这些邦的执政虽然没有改变印度大的政治格局，却改变了执政的政党结构，为各邦农民群体以及全体人民选择新的不同的生活方式和生产方式提供了可能。这种可能首先出现在英迪拉时代，共产党人选择了与国大党和其他党派执政邦不同的土地改革方式，使这些共产党执政的邦更能按照中央提出的土地改革总纲去创造性实施。特别是当这些邦的土地改革更能反映大多数农民的意愿时，中央的改革总纲也有所调整，出现了邦级政府反推中央改革的局面。在中央政府领导下进行不同的土地改革，为不同农业方式和不同的农政关系提供了可能性选择。国大党的这种分治体制形成的宽容性执政，是世界政党发展史上的伟大创造。它既化解了印度这个多民族、多种族、多部族之间的矛盾，也为各个地区选择人民自己理想的政治治理方式提供了广阔的空间。它使那些封建残余较为浓烈的地区，保留部分地主的剥削形态，由地主剥削制向资本主义方式演进；使那些资本主义要素发展得较为充分的地区，自由发展资本主义农业方式，促进地区生产力的提高；使那些具有社会主义理想的地区，按照人民共同富裕的目标理想去实现人人拥有相同财富、相同尊严的理想社会。因此，印度这种在各地政治经济文化需要基础上形成的农政分治体制将具有更强的生命力，少有虚伪的社会主义色彩。由此可以预言，印度这种立足于农政分治体制基础上的政治体制，可能是世界上最为久安的体制，也可能是印度通过这种体制缓慢有序地向理想的社会主义前进的政治体制。

第四，工业化农政方略的推进为印度的强国历程迈开了步伐，也为承继者的农政方略明确了方向。尼赫鲁启动的工业化农政方略，在西方学者群体中遭到了很多的非议，其主要表现就是在那里寻找尼赫鲁错误的细节。在我们看来，尼赫鲁推进的工业化农政方略有失败的必然性，这是一个发展中国家在前进中所需要付出的代价。但是那些在那里寻找尼赫鲁错误的细节的学者忘掉了两个世界工业化历程中的重要环节：发达国家的工业化是在空间上剥削了无数落后国家农民群体的基础上实现的，它的工业化的每一颗螺钉都沾满了殖民地人民的血泪，而印度则是受害最严重的国家之一；从时间看则是一个较为漫长的过程，有的用了几百年，美国则用了一百年。在这样一个大的背景下，这些学者有什么理由要求尼赫鲁领导印度在10年之内完成工业化？然而，尼赫鲁启动的工业化农政方略的失败教训却为他的承继者所吸取，即工业化不能建立在对农民群体的剥夺与压迫的基础上。印度的强国目标需要在这一前提下，采取缓慢的方式而不是激进的方式，尤其是不能建立在农民群体的白骨之上。正是在这一强国目标的起点上，无论是国大党，还是印度人民党，甚至一些共产党执政的邦都得以坚持和保留。这真是印度人民善于吸取教训的伟大篇章。

第五，社会主义计划经济的办法被渐进地用于国家的农政建设。印度是第二次世界大战后一直坚持以经济计划化来进行国家现代化建设的国家，因此，经济计划是我们分析和把握印度国民经济和农业发展的重要工具，而这也正是尼赫鲁留给承继者的重要遗产。尼赫鲁确定的印度经济发展方向是："制订经济计划应以建立社会主义类型社会为目的，主要生产资料应为社会所有，或为社会所控制。"但是在农业和农村领域，尼赫鲁的社会主义没有遵循马克思社会主义的"农业是土地国有化基础上的农业有计划发展"这一最基本的原理。从历史发展来看，印度没有到达马克思所设想的资本主义高度发展之后那个农业阶段；从区域来看，马克思立足于英国这个岛国所作的社会主义构想还未能经受历史的检验。于是一些学者就断定印度不是社会主义，而是资本主义。但在我们看来，社会主义是一个缓慢的建设过程，不是一朝一夕的事。只要具有社会主义要素的国家经济和政治形态，就不能轻易否定其社会主义特质。正是从这个意义来看，尼赫鲁选定的社会主义计划形态具有社会主义特征，这是马克思主义理论中的要素之一。至于说采取什么政党制度、国家治理结构，那是需要各国人民根据自己的实际来确定的。在印度，农业和农村以外的其他产业和区域较早地进入计划状态，而在农业和农村的计划过程则是渐进的、缓慢的。尼赫鲁启动的五年计划，"一五"计划对农业的投资力度较大，规划也切合实际，对于农业的发展起到了较好的作用。但在"二五"计划和"三五"计划的工业化农政方略中，对农业的投入减少，同时邦政府保留着实际上独有的对广大农村的控制，如土地改革、农业信贷、估定土地税、征收农业所得税等关键性事务。在这些领域，中央政府可能对邦政府政策施加影响的权力几乎全部是来自印度宪法中关于财政的条款。这些财政条款使联邦政府有权规定中央税收在中央和各邦之间进行分配的原则，并有权确定向各邦提供用于发展计划和其他目的的赠款和贷款的类似指导方针。即使如此，当时的政府机构主要是为了协调中央和各邦的关系，而不是为了让中央去控制各邦的政策、计划和行政事务。因此，这就使中央的计划执行面临着因投资减少而带来的更大困难。但这并不能否定计划本身。这种因分治带来的计划难执行，在尼赫鲁的承继者中逐步得到了克服。自英迪拉开始实行农业的粮食生产有计划和进出口有计划，于是才保证印度人民解决了粮食自给问题，有计划地将农村工业扩展到农村，但这一过程也只是在邦一级。到了拉吉夫时期，农业和农村的计划才有效拓展到县一级，且这一点不是以空泛的说教方式来进行，而是以中央和邦共同援助这一形式来完成的。由此可以看到，印度的社会主义计划形态进入农业和农村经历了渐进的过程，直到今天自由化的市场经济进入印度之后，这种形式仍没有改变，这是许许多多资本主义国家未曾有过的经济和社会发展形态，我们没有理由否定印度的这一社会主义农业发展的特征。

第四章

分治农政中的英迪拉时代

尼赫鲁创建的印度农政分治形态在英迪拉时期经受了考验。英迪拉是尼赫鲁的女儿，她不仅接过了甘地和尼赫鲁的思想旗帜，而且广泛采用市场经济的方式发展国民经济，启动经济内向自由化，奠定了印度20世纪90年代后外向自由化的基础。在这一进程中，英迪拉完成了由尼赫鲁重工业优先向农业优先和工农并举的农政建设方略的转变，促进了工农关系的调整，实现着印度的强国目标，由此构成了直到今天仍在延续的英迪拉时代。在农政建设上，英迪拉强力推进了印度农业发展战略的巨大转变，在调整前期农业政策的基础上，创建了印度完善的务农体系并进行了一系列的制度建设，促进了全国各地农业方式的进步；完善了农政分治体制，初步形成了政权主体与农民群体和谐共生的农政关系。英迪拉主持的这次历史性的转变以及完成的相应的农业政策、农业制度和农政体制的建构，从英迪拉执政直到今天，将其看作历史与逻辑的一个完整整体，在本章中以“分治农政中的英迪拉时代”予以集中阐述与分析。对于20世纪90年代初经济全球化之后印度分治农政的应变性调整，将在下一章进行分析。

第一节　农政方略的转变与政策调整

尼赫鲁去世后，印度在经历短暂的夏斯特里政府后，历史的任务交给了尼赫鲁的女儿英迪拉。英迪拉将自己的政策冠以“实用主义”是十分贴切的，而其最为突出的表现是在利用美国的农业外援上。英迪拉以丧失印度局部利益换取美国的农业援助，特别是粮食的援助，希望解决印度紧缺的食物供给问题，却没有带来印度真正有效的农业援助。美国约翰逊政府失信的农业援助同样也被实用主义的英迪拉所利用。一是美国的“背信弃义”助推了印度农业政策的巨大转变，支持和发展农业成为英迪拉时代的主旋律。二是学习美国经验，大力培育印度的农政中间体，建立起有效的务农服务体系，这个方面的内容将在下一节介绍。

一、农业政策转换的背景与进程

(一) 尼赫鲁重工业优先战略的矛盾和问题

后起的大国在走向强国历程中，一般都要经历重工业优先发展的工业化阶段，这是统一的多民族大国在现代条件下不得不做出的选择。然而在推进这一战略的进程中，可能会存在对农民的强制和剥削，也会对农民群体造成苦难。这不是什么主义与制度的问题，也不存在失策与错误的选择。其关键是在经历了这一重工业优先发展的工业化阶段后，需要对这一战略进行重大调整。也正是从这个意义上看，印度在一种分治体制下最先开始了这种转变。

尼赫鲁启动的重工业优先发展战略经过“二五”计划和“三五”计划两个计划的实施，初步建立起了印度的工业体系。这一战略的实施必然伴随着工农业、重轻工业发展失调，外汇危机，粮食短缺，工业生产停滞和严重的失业问题。尤其是“三五”计划时期，一个正在推进工业化的国家却在 1962 年和 1965 年分别发生了两次战争。重工业优先的工业化战略本身就挤占了农业发展基金，降低了农民群体的生活水平，但战争机器的启动导致又不得不去挤占工业化的投资费用，耗费了大量的财力。印度国防费用 1961 年为 29 亿卢比，1962 年就上升到 42.5 亿卢比，到 1965 年高达 71.7 亿卢比。这些资金的支出大大超过预算水平，使原已拮据的财政更加困难。1965 年和 1966 年连续两年的大旱灾，更是火上浇油，完全打乱了计划进程，使印度经济陷入严重的危机之中，从而导致没有达到“三五”计划规定的经济增长指标。这一时期印度国民收入年均增长率仅为 2.2%。在农业方面问题更加严重：计划原定农业生产年均增长率为 5.2%，而实际上每年平均下降 3%；计划原定最后一年粮食产量为 1.16 亿吨，实际完成仅为 0.72 亿吨；油料计划指标是 1 000 万吨，实际完成 640 万吨。工业方面的计划几乎都未实现。农业生产的大幅度下降，不仅对工业发展产生了不利影响，也使印度社会极其不稳。全国有 1/4 的人口在严重饥饿的威胁下，其中 1 000 多万人有饿死的危险。

印度政府为了渡过难关，动用大量外汇购买粮食。整个“三五”计划期间，每年平均进口粮食从“一五”计划时的 170 万吨增加到 650 万吨。在粮食供应总量中，进口部分所占比重从 20 世纪 50 年代初的 1.6%上升为 1966 年的 14.1%。这种用大量进口粮食来解决粮食危机的办法，削弱了印度农业自力更生的能力，使印度更加依赖外援。“一五”计划中外援在投资中占的比重为 9.6%，“二五”计划中则占 20.6%，“三五”计划时就上升为 30%。到“三五”计划最后一年即 1966 年，印度共欠外债 350 亿卢比，平均每个印度人负担 70 多卢比。这一年印度偿还外债本息达 16 亿卢比，相当于印度当年出口收入的1/5。

（二）美国《480号公法》与对印度的农业援助

在经历了短暂的夏斯特里政府的缓冲之后，英迪拉接手的就是重工业优先的工业化和因战争双重压力所导致的民不聊生的印度。接受外援特别是粮食援助，成为她解救人民的重要政务，然而正是在这一点上却让这位初入政坛的女政治家吃了一堑、长了一大智。

我们知道，美国是以“农”与“战”的完美结合走向强国历程的。第二次世界大战后，这种“农”与“战”结合的政治目标就是称霸世界。在军事上，美国对苏联实行的是封锁、包围和遏制的冷战政策，对西欧是实行军事、政治、经济方面的严密控制，对亚洲和太平洋地区则是加紧侵略扩张，对中东和非洲地区进行积极干预，对拉丁美洲则进行全面控制。与军事控制相配合的是美国农业的扩张，这就有了在经济目标掩盖下的农产品贸易中的“粮食武器战”。1954年7月10日，美国将军总统艾森豪威尔签署了《1954年农产品贸易发展和援助法》（《480号公法》）。该法的目的非常明确，就是要增强美国农产品的对外拓展能力，增加美国农产品在国外的消费，改善美国的对外关系。该法合并和延长了当时有效的几个关于利用剩余农产品的授权，并将它们用于对外政策的目的。

艾森豪威尔颁布和实施的美国《480号公法》，其主要战略目标是有效对付苏联和中国等社会主义国家，它在形式上是通过对外贸易来实现其农产品的对外输出，在实质上是粮食武器的对外侵略。为了争取印度这个自称社会主义国家向资本主义的全面回归，美国当然要把橄榄枝伸向粮食需求量较大的印度。1957年印度与美国根据《480号公法》签订了进口小麦协议，印度据此从美国进口小麦。但由于尼赫鲁坚持“印度不要附有条件的外援”而使美国的粮食进口并没有达到美国的政治目的，特别是1965年10月印巴战争后，美国停止对印度提供粮食。随后美国又提出有条件地恢复对印度的援助，要求印度以优先发展农业、降低国有工业的重要性、扩大本国私人企业和外商投资范围、大幅度降低卢比的价值为条件。

1966年1月英迪拉就任总理后，为了获得粮食和外汇，她不惜背离尼赫鲁“印度不要附有条件的外援”和反对美国侵略越南的既定方针，于1966年3月访问了美国，并同意卢比大幅度贬值，降低批评美国参与越南战争的调子。为了表示谢意，时任美国总统约翰逊答应向印度提供300多万吨急需的食物以及9亿美元的援助。

（三）国内经济、政治危机和外援危机引发的大调整

英迪拉在面对国内危机时寄希望于美国的外交行动却被“山姆大叔”给骗了。美国所许诺的援助并没有兑现。根据有条件的美国《480号公法》的粮食

援助不能按期到付，加深了印度全面的食物危机。卢比贬值使许多工业家遭到了沉重的打击，用卢比偿付外国合作者提供的外汇贷款的费用增加了1/3以上，预期的印度出口收入毫无起色，传统出口货物销售的停滞和减少造成1966—1967年实际外汇收入的总额下降了约8%。也正是有了这一系列的挫折，才坚定了英迪拉进行印度重大战略调整，推行农业新战略的决心。

第一，由重工业优先向农业优先和工农并举的工业化战略转变。这一战略性转变是通过两个大的历史阶段完成和实现的。从英迪拉执政开始到20世纪70年代末“五五”计划（1974—1979年）结束，是第一阶段，主要目标是实现向农业优先战略转变。英迪拉作为一个较尼赫鲁更为亲民的领袖，她最关心的是如何立即保证向最穷苦的阶层提供必要的粮食和最基本的消费品。为了实现这个转变，英迪拉在“三五”计划后用了三年时间进行调整。1969年4月公布的“四五”计划（1969—1974年），决定将国家经济发展重点从“二五”计划、“三五”计划时期的重工业和基础工业转向农业。农业投资占总投资的38.4%，并提出了“农业发展新战略”，即推行以农业生产技术现代化为中心的“绿色革命”①，实现粮食自给。“四五”计划基本放弃了尼赫鲁的土地改革和乡村建设计划的带有甘地主义色彩的农业发展道路。这一调整的结果必然是国民收入增长主要来自农业。在某些工业部门的生产几乎处于停滞状态的情况下，国民收入增长率为3.4%，低于原计划指标的5.5%。1971年英迪拉带领印度取得了第三次印巴战争的胜利，为印度人民留下了走向强国历程的重要遗产，但巨大的经济消耗却引发了国内矛盾。尽管英迪拉政府颁布了以消除贫困和自力更生为目标的“五五”计划，在计划的10个项目中列出了就业、人民生活、社会福利和缩小社会经济不平等等重要条款，但印度依然动荡不定。为了推进印度的现代化建设，1975年6月英迪拉不得不建议印度总统宣布全国处于紧急状态。

在国家紧急状态期间，英迪拉采取了以下措施：①制定了旨在解决民生问题的“20点经济纲领”，决定压低物价，取消农村债务，向学生宿舍提供廉价生活必需品。②经济得到了稳定而快速的发展。印度粮食产量在1975年达到1.14亿吨，使印度渡过了粮食危机的难关，并把日用品价格降到1971年的水平。印度工业生产快速回升，1975年增长6%，1976年和1977年分别增长10%。③外汇储备历史性创纪录地增加，1976—1977年末超过280亿卢比。印度的小麦等粮食“过剩性”、历史性地出口，为外汇增加做出了贡献，从而

① 在本著中只在史学意义上使用“绿色革命”一词。由于它是一个美国学界给定的概念，根本无法全面归纳分析这一时期的农业转型、农民转化和农村转变的全部历程，所以用“英迪拉农政转换”这一概念来归纳和分析这一系列的历史现象。

改写了印度粮食只进口不出口的历史。④在国家已经稳定的情况下，1977 年 1 月 18 日英迪拉宣布释放主要政敌，取消对反对党的禁令，决定 1977 年 3 月举行第六届大选，印度重归民主宪政。

20 世纪 80 年代英迪拉在失政后又重新赢得大选，她在成为总理后得以实施这一总战略的第二次转换，即在“六五”计划（1980—1985 年）实现从农业优先向工农并重转变，从强化国家垄断资本向鼓励私人垄断资本转变，从低效政府向有工作效率的政府转变，并依靠自力更生的力量扩大私营经济成分在计划投资中的比重，使私人资本投资逐渐超过国营资本投资，实现了以放松管制为目标的国内部分企业的市场自由流动，开启了我们所称的“经济内向自由化”，为随后 20 世纪 90 年代后印度外向自由化改革奠定了重要的基础。为了配合工农并举的战略转变，“六五”计划期间，对农业投资结构进行了某些调整，更突出地用于现代农业技术的推广，并注意不断提高农业投资的经济效益，规定农村建设和农业投资占计划总开支的 43.1%，超过了工业的投资比例。印度政府财政支出中用于农、林、牧、渔的支出在 1984 年为 16.6%，是世界上占比较高的国家。

第二，由计划控制农业方式向依靠市场价格引导农业方式转变。尼赫鲁的重工业优先的工业化战略决定了印度必须运用计划手段来控制农业，以取得工业化需要的农业积累。随着英迪拉新战略的转变，也就必须要求国家对农业的调控手段随之转变。由此就出现了苏布拉马尼亚姆的粮食价格刺激论。于是英迪拉利用这位新部长来实现通过市场价格引导农业生产并对国家的计划产生更大影响的转变，她在组建内阁时对与粮食生产有关的行政部门进行改组，给予了苏布拉马尼亚姆更大的权力。为了推动各个涉及农业的中央各部采取共同的方针，将乡村发展部和合作部这两个部门合并到扩大了的粮食和农业部。苏布拉马尼亚姆先是被任命为粮食和农业部的部长，随后他被任命为国家计划委员会正式成员而获得了决定经济政策的更大权力，从而使其能够更有效地推进新的农业发展方略。这位新的粮食和农业部长使苏联贷款的几个新化肥厂的建设计划、现有企业设备能力扩充计划得以实施。作为一位国家计划委员会成员，他使粮食和农业部的新政策获得了正式的认可，并相应制订了高产品种的种植面积特别集约耕作计划，想要在增加化肥的主要投入过程中于 1971 年达到生产 1.25 亿吨粮食的目标，并要求达到粮食自给。

但这种价格刺激的市场经济办法并未能替代计划手段，它依然在计划的引导下组织实施。在推进“四五”计划的农业发展新纲领的核心引导下，由财政部、粮食和农业部、国家计划委员会的代表组成的委员会同意并批准了一些中央一级的新计划：1971 年 4 月开始实行“应急农业就业计划”，1971 年 12 月制定并实施“易旱地区规划方案”以及与其配套的“小农发展局计划”“边际农、农业雇工计划”等，这些计划和方案都规定了目标，配套了基金。为了使这些方案和计划能够得到有效实施，英迪拉在1971年3月大选胜利后再次重组国家计划委员会，由苏布拉马尼亚姆任副主席兼计划部长，主要负责落实英迪拉的新主张，即“增加国民生产总值只能作为多方面社会改造的一个组成部分加以考虑”，并把执行“加速社会主义来临的计划”作为最优先考虑的政治任务，明确要求重新制定经济政策以保证人口中最贫穷的阶层能满足基本的最低消费标准。

第三，由依赖美国农业援助向寻求苏联等其他国家农业援助转变。当印度按照市场经济的价格调节机制大力发展农业，并重新确定开发战略的方向时，却得不到西方为此承诺的化肥、工业原料和零配件的资助，农业援助逐步下降。1971年第三次印巴战争之后，美国就停止了对印度的援助。印度整个国民经济的发展走向也就不得不由依赖外援向依靠国内积累发展经济转变。“五五”计划总支出3 900亿卢比，为“四五”计划支出的2倍以上，支出总额中至少有95%必须靠国内来筹措。当农业优先战略转向工农并举的工业化战略时，英迪拉利用美国和苏联之间的矛盾，果敢地启动了争取以苏联援助为主的其他各国援助的战略。其具体策略也将外援的重点由引进粮食逐步转向工业，与苏联建立新的经济协作关系，扩大苏联重工业的引进力度，依靠自己的力量发展农业。这种接受外援的结构是符合当时印度工农并举战略实际的。以苏联的援助为例，到1978年为止，苏联对印度共援助144.4亿卢比，其中对农业的援助约5亿卢比，苏联的援助主要集中在苏联具有优势的重工业领域。这与美国援助粮食和可以进行资本剥削的贷款相比，对印度的工业化及其强国历程来说，具有更为积极的作用。美国的粮食援助和带有资本的贷款援助只能弱化印度，无助于建立一个强大而独立自强的印度。英迪拉在转向工农并举战略之后，除了增强国力的重工业以外，还选择了能够武装农业，增强国家对农业调控能力的援助。这种农业援助主要表现为建立良种和技术服务性质的国营农场，赠送拖拉机等农业机械设备。1956年苏联帮助建立了拉贾斯坦邦的苏拉特加中央机械化国营农场，并赠送价值750万卢比的农业机械，这个农场主要是向农民提供改良的良种，同时种植棉、麻、豆类作物和蔬菜等，随后又相应建立了农村修配厂。1964年苏联援建了杰特萨尔国营农场，由苏联赠送了一批农业机械装备。随后，苏联通过赠送农业机械装备的办法，帮助印度在希萨尔、拉德霍瓦尔、赖丘尔、坎纳诺尔和贾尔苏古达等地建立了5个国营农场。这些国营农场也以培养小麦、水稻、原棉、玉米等各种主要农作物的改良品种为主，并引进和繁殖纯种牲畜，向农民提供种子和各种畜。“五五”计划时期，这些国营农场每年可生产各种主要农作物种子3万多吨。1971年6月，印度和苏联两国政府就农业和畜牧业科技合作达成一项五年协定。自此以后，两国每年签订一次农业和畜牧业科技合作议定书，规定当年各种协作和交流的项目。到 20 世纪 80 年代初，两国在互相交换学术情报、互派学者专家、交换优良作物品种和纯种牲畜、气象科技合作等方面取得了相当大的进展。例如，在协定签订后的最初五年，印度和苏联互相交换了约 15 000 种植物种子和种苗，包括苏联小麦、玉米、高粱、甜菜、油籽的优良品种等。苏联还帮助印度联邦政府建立了 8 个培育优种羊的基地。并在各邦建立了 85 个绵羊养殖场和 800 个绵羊良种推广站，为此苏联提供了 1 000 头卡拉库尔纯种绵羊、3 000～4 000头美利奴种绵羊以及 200 头波里但斯卡亚种山羊。20 世纪 60 年代后期和 70 年代前期，苏联向印度提供了约 3.5 万辆拖拉机。苏联与一家印度私商的加齐亚巴德机械公司合办一座拖拉机厂，苏联以信贷方式提供设备，每年可生产中小型拖拉机 10 000 台，大型拖拉机 5 000 台。苏联虽然解体了，但它较美国对印度更为有效的农业援助，印度人民不应忘记。

除了苏联的农业援助外，印度还接受加拿大、日本、英国、意大利、联邦德国、瑞士、法国、荷兰、丹麦、瑞典、挪威、澳大利亚等国的农业外援。这些国家对印度的农业援助主要以贷款或赠款形式提供化肥、农业机械和农业技术。据印度储备银行统计，到 1978 年为止，这些国家对印度农业的贷款约 17.342 亿卢比，农业赠款约为 5 000 万卢比。此外，印度还从联合国得到农业援助。印度自 1970 年开始接受世界粮食计划署资助的印度牛奶增产计划，1979 年从 FAO 发放的亚非粮食生产贷款计划（总额 18 395 万美元）中获得 5 500万美元，用于拉贾斯坦邦的水利工程。

第四，由松散的中央与邦级分治向中央集权的邦、县三级分治转变。为了保障实现国家战略转变，英迪拉在计划的治理体制上做出了相应的调整：①经济政策的权力从国家计划委员会转到各部，从中央政府转到各邦；②在邦一级制订计划的任务由新组成的计划局来承担，各邦的计划局同中央的国家计划委员会一样，也被组成非政治性的咨询性专家机构；③与各邦政府设立计划局相对应，在各县设立计划机构。这个重大变化标志着国家计划时代的转变。1975 年 6 月—1977 年 3 月全国紧急状态期间，这种分治计划体制发生了一些变化。国家决定“20 点纲领”的主要目的是帮助农村广大贫苦群众，它最优先考虑的是：尽快实施土地持有最高限额，迅速为无地雇工提供宅基地，废除债务劳役，暂缓向无地雇工、小农和农村手工业者收债等。其中还包括消灭农村债务的计划，以及制定提高农业雇工工资的法律。国大党主席在 1975 年 8 月发出关于迅速贯彻执行“20 点经济纲领”和使国大党组织行动起来的指导方针，指示各邦设立一个从邦级到县级和区（税区）级的“分几级活动的、生产效果和承担责任的、新的代理机构”。虽然邦委员会以首席部长为首且包括联邦政府及各行政部门中资历较深的成员，但最重要的活动单位必须是县级和区级的委员会。就农村的改革而言，地方级委员会被赋予了最大的责任。国家农业政策实施的重点单元开始转变到地方级委员会。

第五，由对印度共产党政权的打压政策向宽容政策转变。在国大党主政的农民占绝大多数的印度，如何对待民主宪政下出现的共产党政权，国大党内部是有分歧的。英迪拉主政后进入一个相对宽容的阶段，无论是喀拉拉邦或是西孟加拉邦等邦的印度共产党政权，都成长于英迪拉时期。1966 年印度面临着前所未有的大旱，特别是第一次旱灾发生后，英迪拉就命令立即把库存的粮食运往印度共产党执政的喀拉拉邦和西孟加拉邦；第二次旱灾后，比哈尔邦、西孟加拉邦和喀拉拉邦等省邦的非国大党政府都得到了中央政府一切可能的合作，从而帮助这些邦渡过了危机。当 1967 年大选后一些邦组成了非国大党政府时，英迪拉欢迎这种变化，认为它是一个时代的标志，并承诺向非国大党邦政府保证给予合作。在她看来，民主意味着选择，而选择又包含着替换，替代力量的出现和相互竞争是健康的标志①。她还高度评价了建立了共产党政府的西孟加拉邦。不仅如此，在整个英迪拉执政期间，印度共产党给予了这位女总理更多的政治支持，斗争是次要的。英迪拉的政策得到印度共产党的支持，为她树立了领导国家左翼联盟的形象，从而赢得了国大党内外广大群众的支持。英迪拉把德赛那样的右翼领袖赶走，摆脱了辛迪加集团的控制，结束了英迪拉执政之初的集体领导的局面，真正开始了“统一的国大党统治时期——英迪拉时代”。

二、集中的中央引导性农业政策

英迪拉在印度农政方略的巨大转变中，创建了适应性很强的调节和引导印度不同区域农业和农村发展的政策。这些政策体系按照政府作用范围的不同，主要分为对全国农政建设起引导性作用的中央农业政策、对各邦农业产生指导性作用的地方农业政策。中央农业政策主要通过中央政府的财政预算和相关法律法规的引导实现，按其引导的对象可划分为以下几种。

（一）增强农业生产能力的政策

在一个被英国殖民者剥削过的印度，其农业生产的国力本身异常脆弱。尽管尼赫鲁前期有所恢复，但在服务于重工业优先的工业化战略中，印度农业国力不升反降。因此，当英迪拉开始实施农业优先发展战略时，首先面临的问题就是提高印度农业生产的国力。为此她坚持中央政府的高额财政投入，从而使印度农业生产的能力得到了大幅提升，为随后农业的发展奠定了重要的基础。这些增强农业生产能力的政策包括以下几种。

（1）坚持以国家投入为主的农田水利建设的政策。在提升印度农业生产能

① ［印］伊曼纽尔·波奇帕达斯笔录，亚南译：《甘地夫人自述》，时事出版社，1985 年，第 122 页。

力方面，中央政府最为关注的是农田水利建设，它承担着最主要的责任。其政策实施的特点包括：①保持安排国家农业投资中的最高比例。从“一五”计划起到“七五”计划（1985—1989年）止，在中央政府的各个五年计划支出中，对农田水利的投入在整个农业投入中所占比重达36.85%～56.54%，各邦政府在各个五年计划的总支出中对农田水利的支出占24%～34%。②保持利用外资的最高比重。英迪拉时期，农田水利是接受国外贷款最多的部门。从1961年6月至1990年6月，世界银行集团共向印度农业提供贷款99.05亿美元，其中约50.86%是用于农田水利建设。③引导和鼓励私人投资兴建小型灌溉设施。在积极发展大中型农田水利工程的同时，政府还从信贷、土地审批、物资供应等方面对私人投资修建小型灌溉设施给予大力扶持。由私人修建的管井数从1951年的约3 000座增加到1987年的240万座。④坚持灌区的低水价政策。按印度水利委员会的规定，灌区内征收的水费不应低于农作物总收入的5%～12%，但实际上大多数邦征收的水费只占农作物总收入的1%～2.9%，某些邦内这一比例甚至低于0.1%。按规定，各邦政府宜每5年制定1次水费征收标准。自20世纪70年代中期以后，灌区农产品产量和价格均翻了约一番，但直到20世纪90年代初绝大多数邦仍沿用20世纪70年代的水费征收标准，有的邦甚至30多年未调整过水价。⑤通过制定和实施系统的土地和水利政策，规范农田水利建设的管理。1987年9月印度第一次颁布了“国家水政策”，对包括农田水利在内的水资源信息系统、管理体制、水分配的优先次序、项目规划、地下水开发、饮用水、灌溉、财务可持续性、水功能区、水资源管理中的共同参与、水的节约、防洪和管理、易干旱区的开发等问题作出规定，并在实践中得以充实和完善，从而实现了由单一开发向整体土地和水开发的转变。

正是在中央政府的多方努力下，1951—1990年，印度农田水利建设共获得各种资金约6 000亿卢比（按1988—1989年不变价格计算），全印度投入兴建的大型排灌项目共264个，中型排灌项目1 088个。随着灌溉设施的不断增加，灌溉面积也逐步扩大。到1991—1992年，全印度灌溉设施拥有的灌溉潜力由1950—1951年的2 300万公顷上升到8 120万公顷，同期净灌溉面积在全印度耕种面积中所占比重由17.6%提高到43%。灌溉条件的改善，提高了农业生产的抗灾能力。对20世纪70—80年代11个主要农业生产邦的调查表明，非灌溉区的农作物产量波动标准差为18.99%，灌溉区的农作物产量波动标准差为7.3%。

（2）加大科技投入，推广农作物高产良种的政策。在中央政府的农业投入量中，位居第二的是良种的推广与使用。20世纪60年代中期后中央政府开始大力推广良种，其政策是：①国家引领，政府主导，多种经营。国家成立了种子公司，专门负责良种的生产和销售。国家成立的种子公司下设 100 家种子分配站，4 000 多个零售点。与此同时，为鼓励成立私营种子公司，支持私营公司利用分期付款的办法进口种子加工设备。到 20 世纪 80 年代中期，印度的种子工业得以成长，从而形成了包括 1 个国家公司、13 个邦营公司和大约 300 个私营公司的网络体系，良种通过全国 20 000 多家种子商组成的销售网到达农民手中。为提升良种加工能力，加强高产良种的供应，印度“七五”计划时期耗资 40 亿卢比，建立了 1 200 个种子加工厂。②法律规范，保证销售给农民的种子符合质量标准。印度于 1966 年制定了《种子法》，并设立了专门机构来监督和执行《种子法》，对出售的良种进行严格的检验。③强调及时向农民提供廉价良种，1983—1984 年销售量为 577 万千克，1984—1985 年达到 704 万千克，增长 22%。印度高产良种的销售量平均五年翻一番。高产良种播种面积不断扩大，1970—1971 年为 1 538 万公顷，1983—1984 年已多达5 249万公顷。④不同地区循序推进。20 世纪 60 年代中期起选择气候条件适宜、灌溉条件较好的旁遮普邦、哈里亚纳邦和北方邦西部等一大片地区推广种植高产良种小麦，并不断扩大其播种面积，使其播种面积从 1966—1967 年的 200 万公顷增加到 1981—1982 年的 4 670 万公顷。20 世纪 70 年代后在东部和南部的阿萨姆邦、西孟加拉邦、奥里萨邦、安得拉邦、泰米尔纳德邦和喀拉拉邦等广大地区推广种植水稻良种，促进水稻产量的增长。20 世纪 80 年代后在丘陵和山区发展旱地农业良种，为此把全国分成 15 个气候区，针对各气候区的自然特点，制订农业发展计划和农村工业发展计划，并引进最新的农业技术，促进干旱地区农业发展。

（3）提高化肥生产的国产化能力和农业机械化使用率的政策。为了增强化肥的国产化能力，印度政府新建和扩建了一批化肥厂。到 20 世纪 80 年代中期，印度共建立大型化肥厂 35 家、小型化肥厂 36 家，年生产能力为 656.2 万吨，年产量由 1960—1961 年的 15 万吨增加到 1983—1984 年的 453.3 万吨。20 世纪 60 年代中期以后，印度农用机械的产量也有大幅度增加，由以前的国外进口拖拉机到自己生产。自 1977 年以后，印度不仅停止了拖拉机的进口，而且生产的拖拉机除满足国内需要外，还有部分出口。在提高农业机械化方面，中央政府的政策是：①制定有利于农业机械化发展的价格、补贴与贷款等经济政策。为了鼓励印度本国农机制造业发展生产，中央政府将发动机、动力耕耘机、拖拉机、配套农具等产品都置于优先位置，并在原材料分配方面给予优惠。银行给予拖拉机和农机制造厂贷款，年利率一般是 10%～15%。90%以上的农民是通过银行贷款来购买拖拉机、水泵等农机。由于执行了有效的贷款政策，加上商业银行放宽了对信贷的控制，农户可取得拖拉机价格 80%的贷款。②引导农户联合购置农机。为了提高拖拉机和农机具的使用率，政府引导开展联合购置和出租经营活动。一般拥有 6～8 公顷水稻田的农户可联合起来购买 1 台拖拉机，除联合购买的农户自己使用外，还可租借给其他农户使用。③政府开展农机出租经营，建立服务于农民的农机具中心。20 世纪 70 年代，印度每个邦都设立了一个农机公司，农机公司除销售农机具外，也向农户出租农机具。在政府的引导下，有些邦的私人企业也开设了机器出租站和服务中心，借以补充农机公司的不足。到 20 世纪 80 年代末，每年都有数十万件农机具被分给农民，在全国约 600 个县中开设 1 200 个农机具服务中心，帮助农民购置农机具。除了拖拉机及配套机械外，政府还大力强调使用先进的畜力农机具。④采用与国外合作生产的方式与生产许可证制度，发展本国农机工业。从 20 世纪 60 年代中期后，印度农机工业采用与国外合作生产的方式，包括奖金合作与技术合作两种。印度在与联邦德国、波兰、美国、苏联、英国和日本等国企业合作生产拖拉机、收割机的同时，还注意提高印度农业机械的生产能力，加快了印度拖拉机国产化的步伐，1973 年基本上实现了拖拉机国产化，20 世纪 90 年代初其他主要农业机械也全部以国内生产为主。

（4）解决农村能源问题，进一步提高农业生产能力的政策。20 世纪 80 年代中期以后，中央政府的政策调整到解决农村能源问题上来。此前在农村能源消费结构中，80％为从人力、畜力、木材、牛粪和作物秸秆等传统来源获得的非商业能源，只有 20％为商业能源。在以上两种能源日益短缺的情况下，20 世纪 80 年代中央政府实行加大投入、大力发展农村能源的政策。①加快发展农村电力。“七五”计划拟就了一项大规模的农村电气化计划，其中包括努力使 20 万个村子和 640 万部抽水机获得电力、到 1990 年时所有村庄都能通上电、到 1995 年时所有抽水机都能使用电力。与此同时，强调建造小型水电站，用大量小型水电站代替少数大型水电站，能广泛利用印度丰富的水利资源，便于为偏僻地区特别是山区提供电源，减少电力远距离输送的费用与能量损失。还利用每年产生的约 4 000 万吨农业废料发电，以解决农业能源的部分需求问题。②研制推广沼气和太阳能装置。从 20 世纪 70 年代中期开始发展沼气，每年约有 1.5 万个家庭沼气设施投入使用。为了加速发展沼气，政府从 1980 年起提高了补贴金额，在“七五”计划中修建 150 万个家庭沼气设施。政府建立起一批较大的村镇公用沼气设施，在一些大城市已建成污水沼气厂，最大的新德里沼气厂每天向 1 万户居民供气。20 世纪 80 年代中期以后，在农村推广太阳灶，以便把大量可作为炊事燃料的牛粪和作物秸秆节省下来，使有机质还田。

（二）农产品的价格与补贴政策

为了实现农政建设方略的转变，英迪拉时期开始以制定适当的农产品价格为核心，对某些主要农产品进行收购、销售及分配，建立和维持缓冲储备、价格刺激，促进贸易规范（包括进、出口贸易）和实施补贴政策等。

1965年起印度成立了农产品价格委员会（1985年更名为“农产品成本和价格委员会”），开始启动政府的价格刺激政策。这些政策最先在粮食领域进行。当时对粮食主要规定有3种价格：①支持价格是在种植季节之前预先宣布的固定价格。政府要根据支持价格购买所有提供销售的谷物，即使在丰收之年市场粮食过剩，也要保证农民按支持价格将谷物卖给国家，不允许降价收购让农民吃亏。②收购价格是在谷物收购季节开始宣布规定的价格。国家的收购部门按宣布的价格向生产者收购或在市场上进行收购，一般收购价格高于支持价格，略低于正常年景自由市场的价格。③发售价格是政府规定的粮食销售价格或优惠价格，一般略高于收购价格，但仓储费、运费、利息和管理费等则不一定都能从发售价格中得到补偿。也有些是由于某种社会原因按照发售价格出售，不足成本的部分由国家给予补贴。

为了保证这项政策的有效实施，印度政府采用了执行价格政策的配套措施。

一是依靠粮食的国家收购和国家分配。20世纪50年代印度政府在国内收购的粮食占国家分配的50%，不足部分要靠进口解决。由于农业的稳定发展，1978年以后印度逐步减少了进口，1985年粮食需求完全由国内收购解决，有时还可以出口一部分粮食。国家收购粮食有4种形式：向生产者统购，向生产者议购，向加工厂和粮商议购，自由市场公开收购。粮食采用国家分配办法，国家建立配套和平价销售粮店，1982年销量为1 480万吨，月平均销量约120万吨，均按照国家发售价格销售。经济成本超过发售价格部分由国家补贴。另设有食品公司，这一公司是代政府执行统购和分配的权力机构，进口粮食贸易也由这一公司经营。

二是实行粮食储备。为了缓和国家的临时粮食短缺的矛盾，印度还建立了粮食储备，也叫粮食缓冲库存。早在1977—1978年，当粮食缓冲库存为1 200万吨左右时，印度对粮食公司的补贴总额达到67.5亿卢比（约占销售总额的44%），在补贴中直接的现金补贴额为56.6亿卢比，其中约60%用于粮食缓冲库存的经营费用。20世纪80年代初粮食缓冲库存规模大大增加，1984—1985年由于库存量的增加，直接的现金补贴额增加到110亿卢比左右。尽管国际粮食政策研究所的一些农业经济学者研究认为，如果以国际贸易进口代替粮食缓冲库存，只需要现在实际费用的1/3左右即可解决，但印度政府坚持自己的政策，宁肯多花一些实际费用，也不愿听从国际市场价格的摆布。为了保证各地的粮食储备，印度政府还采取消除粮食投机商和囤积居奇者的措施，禁止把粮食转运到别的地区，限制银行贷款以阻止投机贸易等，这些措施有助于政府稳定粮价。

三是组织农产品的有效收购。仅宣布支持性价格是不够的，政府还需要对这些农产品进行收购，以减少市场波动，为农民维持有利可图的利润。尤其是这种价格支持从粮食转向其他农产品后，按照这种价格政策进行有效收购就显得尤其重要。印度粮食公司率先拓展，它除在旁遮普邦、哈里亚纳邦和北方邦收购小麦和水稻外，还开始按支持价格收购粗粮。除了印度粮食公司以外，邦粮食部门和一些指定机构也从事粮食收购，向农民提供价格支持。1988—1989年印度国家奶业发展局又被指定干预油菜籽食用油市场。它向油菜籽生产者和食用油生产者提供官方宣布的价格支持并负责收购。

四是控制流通渠道，保证民众的低价消费。对粮食采用国营贸易，即政府的收购、销售活动有助于把价格建立在对农民和消费者双方都适宜的水平上，降低分配成本，以消灭中间人的囤积居奇现象。中央政府的国营贸易由印度粮食公司承担。该公司从事粮食和其他食品的收购、储存、运输、分配和出售，鼓励粮食生产，建立和协助建立碾米坊、磨面坊和其他粮食加工厂。为了保证供给，还采取3种办法控制需求：①通过限额配给，控制消费者的需求。特别是在粮食匮乏的情况下，扩大限额配给范围和减少消费者的口粮供应。②管制零售商、批发商和消费者的囤粮需求。商人必须宣布自己的存粮数，不得保存超过规定量的粮食。③实行家庭计划生育控制人口的长期措施，降低出生率。

五是依靠国家对农产品进行价格补贴，实现对农产品生产的刺激。这种刺激型的农业产品价格政策分为两种，即直接补贴和间接补贴。所谓直接补贴，就是中央政府在每年财政预算中直接拨款以弥补粮食收购的赤字。随着粮食收购量和农产品价格的提高，价格补贴也逐年增多。1970—1971年，粮食价格补贴仅1.8亿卢比，1976—1977年增加到50.6亿卢比。按当时价格计算，7年间增长了27.1倍。此后这种粮食补贴继续上升。对于这种巨额的直接补贴，印度粮食公司作两类开支使用：一是作为维持粮食缓冲储备费用的补贴，二是用于贸易活动中的业务费用补贴。所谓间接补贴，则是印度粮食公司把银行和印度政府所发放的优惠利息贷款作为周转资金。这样粮食公司与私人贸易机构相比，一年就可少付许多利息，从而得到更多的间接补贴。直接补贴加上间接补贴，印度政府每年对粮食的财政补贴力度是相当大的，如1975—1976年为34.41亿卢比，1977—1978年则高达67.5亿卢比。到20世纪90年代初，不仅对粮食实行补贴，而且对油菜籽、甘蔗、棉花、黄麻甚至烟草也都实行价格支持。印度政府对于价格政策的基本考虑就是，向农民提供刺激以促进农业产量的大幅度提高，并在此基础上推动经济增长，提高人民收入及生活水平。为了争取更多的农业收益，大农和中农组织起了强有力的院外集团，要求更高的收购价格，使支持价格有攀升的趋势。如小麦收购价格从1984—1985年的每100千克152卢比增至1990—1991年的200卢比。同样，其他粮食及非粮食作物的收购价格也在大幅度上升，如豆类、油菜籽、甘蔗等。

六是增强农产品外贸能力，扩大出口。印度农产品的对外贸易状况，大体经历了3个阶段。1957年以前，农产品贸易是顺差，但规模不大，而且具有“饥饿出口”性质；从1957年起，随着粮食进口量的不断增加，农产品进口逐渐大于出口，印度成为农产品净进口国；进入20世纪70年代以后，特别是1975年实现粮食基本自给以后，农产品进出口逐渐平衡并略有出超。20世纪60年代中期以前，印度的出口农产品主要是一些传统产品，如茶叶、咖啡、香料和烟草，1965年这些传统产品的出口值占农产品出口总值的52.4%。20世纪60年代中期以后，印度政府一方面增加传统出口产品的技术投入，力图保持其市场份额不下降；另一方面利用本国廉价劳动力和多种农业气候条件的优势，发展其他农产品以及园艺、畜牧、渔业和蚕业产品，并逐步增加了大米、水果、蔬菜、肉类和海产品的出口量，从而改变了出口农产品的品种结构。

英迪拉政府通过实施农产品的价格与补贴政策以及其他配套措施，实现了粮食自给，并建立起相应的安全保障机制，这是英迪拉为印度人民留下的一份重要的遗产。我们知道，在近200年的英国殖民统治时期，印度曾发生过55次大规模的饥荒，特别是1943年爆发的孟加拉饥荒曾震惊整个世界，印度电影《遥远的雷鸣》对此有过真实的再现。独立后，印度严重的粮荒也曾出现过多次，尤以1965年和1967年的饥荒最为严重，在一些地区呈现赤地千里、饿殍遍野的悲惨景象。这既源于自然灾害，也源于尼赫鲁重工业优先战略给印度人民造成的苦难。自英迪拉农业新战略实施后，特别是随着农产品的价格与补贴政策的实施与推进，20世纪70年代以后再也未曾出现严重的粮荒。即使在1972—1973年至1974—1975年的粮食产量远不及1971—1972年，而且还要养活因印巴战争造成的1 000万难民，但也没有形成20世纪60年代那样的饥荒。1979—1980年粮食生产虽然减少了2 220万吨，但由于1978—1979年粮食生产创13 190万吨的历史最新纪录，并拥有2 000万吨的粮食储备，所以印度在没有进口粮食的情况下安然渡过了难关。1990—1991年，粮食产量已达到17 622万吨。这不能不说是英迪拉时代一个伟大的历史性成就。

（三）促进农村均衡发展的政策

英迪拉时期在促进农村均衡发展方面，形成了两个大的政策体系，即促进全国各邦不同区域性均衡的政策和整体促进农民群体之间贫富均衡的政策。

（1）支持部落民地区发展农村经济的政策。从区域均衡的角度看，部落民居住的地区是印度最为落后的区域，最需要支持和发展的区域。据1981年人口调查数据，印度共有表列部落5 163万人，占总人口的7.76%，部落数为427个，90%以上的部落民居住在农村。部落民分布区域占全国总面积的

20%，大都是偏僻的山区和边远地区。

如何进行这些部落地区的开发，尼赫鲁时期确定了总体思路，启动了部分开发，但由于当时国力所限，力度和成效都十分有限，对这些部落地区真正的开发和支持是从英迪拉时期开始的。尼赫鲁政府的“一五”计划用于开发部落地区的经费仅为 1.993 亿卢比，“二五”计划中的经费是 4.292 亿卢比，“三五”计划中的经费是 5.053 亿卢比。到英迪拉时期支持的力度加大，三年计划中的经费为 3.232 亿卢比，“四五”计划中的经费是 7.5 亿卢比，“五五”计划中的经费是 110.2 亿卢比，“六五”计划中的经费为 553 亿卢比。开发部落区域的财政拨款来自各邦计划和中央援助计划。列入各邦计划的经费，由邦政府和联邦政府按 1∶1 分担。此外，还有单独的中央援助计划，这一方式一直延续到“七五”计划时期。之后开发部落区域的费用，主要由各邦自行负担，中央只对一些特殊计划提供援助。

在各个五年计划中，随着政府财政拨款不同程度的增加，使得开发计划基本上得以实现。其开发的主要措施是：①改移动性耕种为固定耕种。其具体办法是对部落民提供补助，使其放弃移动耕种；政府投资建立宜耕地，实施“土地使用计划”由部落民无偿使用；在适当地点建立定居点，使部落民永久性定居并改善其生活选择；政府为部落民提供住房、土地、牲畜等，为他们建起基础设施，如设置贸易点、兴办村寨工业、提供饮水、建立学校、道路和通信设施。②逐步兴修水利，实行现代农业投入和高产耕种，提高粮食产量，争取达到口粮与籽种自给。在东北部地区，兴修了一批灌溉工程。考虑到东北部地区多是山地，水利以建立水渠和水塘为宜。“六五”计划投资 4 500 万卢比，建成了 13 条水渠，灌溉面积达到 30 万公顷以上。随后的“七五”计划继续进行这一项工作。③根据部落地区地势和气候特点，鼓励部落民广为种植经济林木和作物，增加部落民现金收入。这些经济林木作物主要包括茶叶、咖啡、橡胶，以及柑橘、菠萝、香蕉、荔枝、芒果等水果。并帮助部落民建立相应的种植园和园艺农场。④在部落地区扩大种植油料作物、调味作物和蔬菜种植，发展饲养业，建立水牛育种场、杂交水牛场、矮种马场、饲料农场和鱼种场，通过多种经营提高部落民的收入。⑤组建奥里萨邦部落开发合作社，各地区的森林供销合作社、森林工人合作社和信贷合作社成为它的分支机构，按公道价格收购部落民的林产品，并提供部落民所需的盐、煤油、布和稻米等生活品。同时，还发放生活和生产贷款，帮助他们发展经济。⑥组建“部落开发区”，把聚居的 2.5 万人以上的部落民划入一个开发区，政府对开发区给予种种照顾，除按一般的开发区拨款外，还由内务部拨给开发经费。主要工作包括整修灌溉设施、改善农业和畜牧业技术、发展与农业有关的事业、修建公路、发展小工业等。

(2) 对落后地区的开发政策。除了特殊的社会因素造成的部落民落后外，印度还存在因高山、沙漠和长期干旱等自然条件形成的落后地区。由此造成的地区发展不平衡，不仅有各邦与各邦之间的不平衡，而且在每个邦内发展也不平衡。为了解决这些地区性的不平衡问题，英迪拉时期采取的主要政策措施是：①引导向落后地区投资，包括中央政府的刺激措施和邦政府的刺激措施。中央政府的刺激措施主要指20世纪70年代以后开始实行的收入税优惠、中央投资补助计划（即对投资达到一定数量标准后按投资额给予10%～25%不等的补贴）、运输补贴计划；各邦政府的刺激措施主要为吸引私营部门企业投资于落后地区的刺激措施，如在不亏不盈的基础上提供备有水电的开发区、在一定年份内免除水费、对销售税提供无息贷款、免除货物上市税、在一定年份内免除财产税等。②“六五”计划时期建立高层次的全国落后地区发展委员会，承担审查和鉴别落后地区，检查现有的诸如资金优惠、投资补贴、运输补贴等刺激落后地区工业发展计划的运行情况，对开发工作提出建议，要求邦政府和中央政府一级制订落后地区的专门计划，向当地计划和执行组织分配基金，严格计划实施的财经纪律，对职工进入落后地区提供经济刺激等。③“七五”计划时期建立有助于缩小地区间发展不平衡的增长机制，强调提高农业生产率，尤其是提高东部地区和全国易受旱涝地区的稻谷、粗粮、豆类、油籽的生产率，以提高农业收入。④20世纪80年代中期以后加大对贸易自由、私营经济与投资、基础设施建设、农业基础性地位的关注。重点放在提高贫困居民的生活水平，加快人力资源的发展，每年的财政预算都实质性地增加了基础教育费用、地方性流行病控制和小孩医疗项目的开支；在高度贫困地区扩大了公共支援系统，增加了对农村就业的相应支出；在财政预算中采用了新的反贫困计划，即引导商业银行为落后地区的小村落、游牧部落、企业提供信用贷款，邦政府完成正在进行的农村基础设施建设项目等。

(3) 解决贫困人口的扶贫政策。对于占全国人口30%以上的农村贫民，自20世纪70年代起开始实施针对贫困人口的各种扶贫项目。每年用于扶贫项目的资金为1 000亿卢比（25亿美元），并要求把贫困人口限制在总人口的10%以下。这些项目包括：①农村综合发展项目。1979年开始实施，1980年10月扩展到全国所有的居民区。该项目由中央统一规划，所需资金由中央政府和邦政府分摊。其目标是帮助被选中的家庭改善生产条件，提高农业生产率，发展农村工业、商业和服务，提供生产性资金和农业投入，为农村贫困人口创造更多的就业机会。其目的是提高农村贫困人口的经济地位，使他们的生活水平提高到贫困线以上。这个项目的主要措施是向生活在贫困线以下的小农、边际农和农业劳动者提供补助和贷款，同时向他们供应种子、化肥、农药等生产性物资，提供各种技术性服务；政府投资兴办一些水利设施，免费（或低费）给农村贫困人口供水，以帮助他们发展生产，提高劳动生产率。农村综合发展项目的运作首先是确认贫困人口。为了确保项目能帮助最贫困的人，只有年收入低于 11 000 卢比的家庭才可以接受项目援助。②自营职业培训项目。1979 年开始实施。这个项目是农村综合发展项目的有机组成部分。目的是以必要的技能和改良的传统技术武装农村青年，使他们能在农业、工业、商业和服务业方面从事自营职业。这个项目只有属于农村综合发展项目目标家庭中 18～35 岁的青年才有资格参加。选择的重点是种姓和部落民、退役军人，并规定至少有 1/3 的受训人是农村女青年。③农村妇女与儿童发展项目。1982 年 9 月开始从各邦选出的 50 个落后县中试行。这个项目是农村综合发展项目的特殊组成部分，它集中在为农村妇女就业提供便利条件方面。其目的是使妇女参与创收活动，提高妇女的收入水平，并使她们能够得到创收活动所必需的支持性服务。农村妇女与儿童发展项目的对象与农村综合发展项目的对象相同，因此，它也要求妇女以小组的形式来组织活动、申请贷款。④全国农村就业项目。1989 年在全国开始实施。这个项目涉及印度农村 4 400 万个家庭，按平均计算，拥有 3 000～4 000 人的村每年可获得 10 万卢比的拨款。这个项目的主要目的是通过既能为贫困人口持续获益、又能扩大农村基础设施的生产性工程来创造新的就业机会。其项目费用中央政府负担 80%，邦政府负担 20%。从 1989—1990 年到 1996—1997 年，印度政府对该项目共投入资金 2 566.17 亿卢比，这期间的实际费用是 2 519.45 亿卢比。

（四）农业资源的开发利用政策

按照印度宪法规定，土地立法权属于各邦。因此，对于与土地相关的农地资源的开发利用权限主要由各邦具体承担。涉及中央政府的农业资源主要包括渔业、森林、牛奶和种业资源。

（1）渔业资源开发政策。从 20 世纪 70 年代末起，印度政府就重视开发渔业资源，“五五”计划期间将其列为计划优先发展项目，拨款 15.9 亿卢比，其间还引进了 200 艘海洋捕鱼船。“六五”计划期间，特别强调以家庭为基础的劳动密集型内陆捕鱼。“七五”计划期间，发展渔业费用增至 50 亿卢比。政府的主要政策措施是：①发展海洋渔业。一是鼓励实施渔船机械化计划，到 1984—1985 年，装备了 2 万艘机械化渔船，组织了 85 个商业海洋捕鱼队，鼓励同外国合作进行海洋捕鱼。二是加强码头、渔港和港口的建设，在科钦港、马德拉斯港、维沙卡帕特南港和洛伊乔克港建立了 4 个大鱼港，并以此为中心，在 9 个小渔港和 73 个渔船着陆中心为海洋捕捞提供停泊和着陆服务。三是在科钦港实施综合发展计划，建设试验渔场、生产和销售鱼产品、建设现代化和大型鱼罐头加工厂，为捕鱼和渔业加工培训技术人员等。②发展内陆捕鱼。一是建立渔农发展社，加速推广塘养鱼，“六五”计划初期全国已有 17 个邦建立了 147 个渔业合作社，在 10 万公顷水域集中养鱼，鱼产量从 1971 年的每公顷 50 千克上升到 1981—1982 年的每公顷 180 千克。二是开展全国鱼种发展计划，推广人工繁殖养鱼。三是进行咸水养鱼，使印度范围宽广的咸水水域能养鱼、虾。“六五”计划末期进行了 21 项咸水养鱼计划，“七五”计划期间建立了 5 个咸水对虾繁殖场。四是建立“鱼工业区”。“七五”计划期间，在沿海 2 450 个渔村中选择一些村建立“鱼工业区”，要求“鱼工业区”必须做到拥有充足的渔网、渔船、柴油机、发动机等必要的捕鱼器具；同时要在区内建立储藏设施和加工工厂，发展鱼产品的销售活动等。

（2）森林资源开发政策。英迪拉战略转变时期，同时调整了林业发展战略。工作重点转向发展人工林，引进先进的人工造林技术和采伐技术。开始实现由传统的永续利用转向积极的永续利用、由经营低产原始林转向培育速生人工林、由巩固和保护国有林转向商业性经营国有林 3 个方面的转变。国有林的比例提高到 95.2%，社会团体、企业所有的公有林占 3.1%，私有林仅占 1.7%。20 世纪 80 年代中期以后开始实施生态森林战略。1984 年完成了国家林业政策的修订草案。该草案首次强调要维护生态平衡，提出制止土地侵蚀和退化、保护自然资源、增加森林生产力，促进乡村经济发展，增加就业机会，以及加强人民对上述目标的参与。印度开始实现生态森林战略转变。这个草案经过拉吉夫审订、修改和补充，1988 年 12 月 7 日正式颁布实施。

（3）扶持奶业资源的发展政策。从 20 世纪 70 年代起，印度政府发起了著名的旨在推进奶业发展的“白色革命”，采取了一系列行之有效的方针政策来发展奶业。①根据本国实际情况大力发展水牛奶业，同时兼顾开发利用其他奶源如奶牛奶、羊奶等。②扶持组建奶牛生产合作社，建立起了以奶牛生产合作社为基础、以乳品加工厂为核心，提供产前、产中、产后配套服务的产加销一体化体系。并实行按交售鲜奶的多少返还利润的办法，以保护奶农的利益，调动他们的生产积极性。为了推动奶牛合作社的发展，印度政府在资金和技术等方面给予合作社大力支持，通过农业筹款公司和合作发展等部门，向合作社提供短期贷款（主要用于购买饲料和支持工作的薪水等）、中期贷款（主要用于购买牲畜和归还贷款等）和长期贷款（主要用于购置机器设备、修建房屋和建立加工企业等）。到 1992 年 12 月为止，印度全国共有奶品生产合作社 64 600 个，组织起来的奶农共 826 万户。③通过各种优惠政策支持奶业发展。如对牛奶的加工和销售实行免税，铁路运输部门对使用大型奶罐车运送鲜奶的减半收费，成立技术经济实力雄厚的印度国家奶业发展协会，落实奶业项目的计划、实施、人员培训、信息交流、工程设计及应用技术的各项措施。④鼓励投资建设牛奶加工厂，扶持牛奶产业的成长，先后投资近 60 亿卢比，在全国建立起 200 多座牛奶加工厂以及相应的配套设施。“母亲”奶制品厂就是其中最大的一家，它在结构调整中起着较大的引导作用，每天用于生产鲜奶和奶油、奶酪、冰淇淋等各式奶制品的170万升牛奶全部来自新德里周围8个邦的8万多个村庄。⑤成功地把握住了国际组织援助的机会来发展奶业。印度把20世纪70、80年代世界银行和联合国世界粮食计划署等单位对牛奶增产计划的无偿援助与低息贷款，全部作为发展奶业的基金，其中30%作为服务体系建设的无偿投资、70%作为贷款，用于建设奶品加工厂、饲料厂及购置鲜奶贮运、加工、饲料加工的设备等。⑥政府还设立国家奶业研究院、兽医研究院等科研机构，从科学研究和技术推广方面对奶业发展进行扶持。

从1970年实施牛奶增产计划以来，全国牛奶产量已从1972年的227万吨增加到1992年的5 690万吨，牛群数量则位居世界第一。1972年印度的人均牛奶占有量为每天112克，1990年已提高到每天178克，1995年达到每天198克。实施牛奶增产计划以前，印度每年要进口大量的奶粉和其他奶制品，现在已有少量牛奶和奶制品出口。据印度政府公布的统计数字，2001—2002年全国共生产牛奶8 300万吨左右，居世界鲜奶及奶制品生产大国榜首。

除了牛奶生产以外，印度畜牧业总的结构也得到优化。印度农村广泛利用秸秆饲养牛羊，很少直接把秸秆当作燃料（印度农村一般用干牛粪作燃料），也很少饲养耗费粮食较多的猪、鸡、鸭等家禽。据统计，畜牧业结构中猪耗粮多，中国的猪饲养量是印度的32倍，中国的家禽饲养量是印度的10倍；而牛耗粮少，印度的牛饲养量比中国多1.8亿头，牛奶产量比中国多14倍。中国农村每年有农作物秸秆约5亿吨，其中4亿吨被浪费掉。据估算，如果把这4亿吨被浪费掉的秸秆经过氨化和加工处理后用来养牛，中国每年便可多养3亿头牛，起码可以增产4 500万吨牛奶，牛肉、牛奶多了，便可以减轻猪肉和粮食短缺的压力。

营养学家的调查显示，按照国际公认的健康饮食标准，印度部分低收入国民的日常饮食品种偏于单调、营养配比失衡，约占印度国民半数的素食者的脂肪等人体所必需的营养物质摄入量也显得严重不足。“白色革命”实施后，充足且物美价廉的牛奶供应在很大程度上解决了印度国民的日常营养问题。寻常百姓只要花上10个卢比（约2元人民币），就可以随时在邻近的奶站买到1升冷藏的新鲜牛奶。政府还对低收入家庭给予专项补贴，使更多的国民能够分享到“白色革命”的成果。

（五）特殊地区农业发展的政策

印度的灌溉农业已经接近极限，印度农业实现可持续发展的潜力将更多来自旱地农业，特别是通过在干旱和半干旱地区实施的流域发展计划。流域发展计划的突出特点是以流域（而不是行政区划）作为基本的发展单位，它可以充分而切实地考虑到每个微型农业气候区的水文、土壤特点，更科学地安排各地的农业发展政策。

(1) 流域发展计划启动的背景。印度自20世纪60年代中后期开始实施农业新战略以后，农业生产取得了很大的成就，基本上实现了粮食自给，粮食大规模进口成为历史，农业的年增长率开始超过人口增长率。这使印度可以不再惧怕灾荒年景，1987—1988年的百年不遇的大干旱也能够安然度过。在完成这些历史性任务的前提下，干旱和半干旱地区的农业开发就成为印度农业能否实现新的革命性跨越的关键。干旱和半干旱地区通常是指那些年降水量在375～1 125毫米，且灌溉设施非常有限的地区。它的农作物生产主要依赖天然降水，缺乏保护性的灌溉设施。干旱和半干旱农业作物区约有1.04亿公顷，约占全印度净耕地面积（1.43亿公顷）的73%。印度的干旱地区分布在中央邦、古吉拉特邦、马哈拉施特拉邦、安德拉邦、卡纳塔克邦、北方邦、哈里亚纳邦及泰米尔纳德邦等。印度几乎所有的粗粮、豆类及大部分棉花、油菜籽都是由这些地区生产的，但是这些地区所贡献的谷物产量却只有全部谷物产量的42%左右。这类地区每年的农业生产波动很大，从而给粮食总产量和国家经济的稳定带来了负面影响。印度很大一部分包括小农、边际农和无地工人在内的贫困人口，居住在干旱和半干旱地区，依赖农业及其相关活动为生。因此，干旱和半干旱地区的农业发展不仅将在很大程度上影响印度农业发展进程，而且将关系到印度整体的经济发展和国家繁荣。要想实现农业增长目标，各类干旱和半干旱地区的农业生产必须要有质的飞跃。

(2) 流域发展计划的目标及内容。1986年印度在16个邦的干旱和半干旱地区发起国家流域发展计划，该计划在流域内可获得资源的基础上进行。可利用的资源包括水源、土壤、劳动力和牲畜等。流域发展计划的目标包括：①促进土壤和水资源保护；②恰当使用土地以增加土地生产率；③促进公共土地中非可耕地的正确管理，同时保证必需的生物量的增加，以保持生态平衡和满足当地人对草料、燃料、纤维制品和木材等的需要。

流域发展计划的基本内容是：①土壤和水资源保护。包括修建各种土壤保护设施，如沿等高线修建堤坝、加固现有的堤坝、修建集水沟和增加植被等；修建下水道、导流渠等排水设施及池塘等存水设施，以避免降雨强度过大时的水资源流失和水土流失。②牧草种植。在废弃的、不可耕种的土地以及公共的土地上种植自然和营养牧草，为当地的牲畜提供草料，提高牲畜产量。采用园艺制造和牧草制造技术等，促成土地实现最佳利用。③造林。在土质退化或农作物种植已无利可图的边缘土地上造林，既有助于满足当地居民对燃料、饲料、木材和水果的需求，也有助于维持必要的生态平衡，确保土地利用的效益和可持续发展。④采用旱地农业技术，其中包含两个方面的内容。一方面是土壤保湿，通过平整土地、深耕、犁沟、早播和扶垄等措施促进雨水的存留，增加土壤水分；另一方面是使用一揽子投入，如使用高产或改良品种、抗旱品种、抗病虫害等其他自然灾害的品种，合理施用适量的化肥，采用植物保护技术等。此外，根据专家的建议采用合理的耕作方式，如套种、轮作和双季种植等。

（3）流域发展计划实施的效果。印度流域发展计划的开展包括不同的层次：国家流域发展计划、邦流域发展计划、县流域发展计划以及非政府组织发起的流域发展计划等。在一个邦内，可能同时存在各种不同类型的发展计划。以流域发展计划开展较好的卡纳塔克邦为例，该邦既有邦政府发起的县流域发展计划，又有联邦政府发起的国家流域发展计划，还有由印度农业研究委员会等发起的流域发展计划以及非政府组织在该邦加尔巴加县发起的卡纳塔克-米拉达计划等。不同的流域发展计划由不同的部门负责管理，如国家流域发展计划由联邦农业部负责，而邦政府发起的县流域发展计划由该邦农业、林业、园艺业等部门的管理人员共同拟订和实施。

在整个英迪拉时期，印度多数邦内都开展了流域发展计划，在 1 万多个不同规模的流域内展开。仅印度政府对此进行的投资就超过 35 亿美元，此外世界银行、印度-德国流域发展计划等其他机构或项目也进行了相当数量的投资。其中，印度中部的中央邦走在最前面，其次是北方邦、古吉拉特邦和泰米尔纳德邦。流域发展计划的开展对旱地农业的发展具有较大的促进作用，如小农收入增加，贫困率下降，水土流失减少，有利于保护流域内的生态环境和促进可持续发展。

三、各邦分治的指导性农业政策

尼赫鲁时期建立了农政分治体制，但在国民经济的恢复和以重工业优先的工业化农政方略的推进中，各邦还没有形成真正意义上的指导性农业政策，各邦分治的指导性农业政策基本上是从英迪拉时期开始的。

（一）土地改革政策与农地保护政策

（1）各邦土地改革的继续推进。印度的土地改革进行的时间较为长久。尼赫鲁时期各邦土地改革的任务没有完成，英迪拉时期采取了更为激进的政策继续推进，并在土地持有最高限额、减少租额等方面作出了新规定。这些政策延续到 20 世纪 70 年代以后。

在土地持有最高限额方面，根据 1972 年中央土地改革委员会方针，各邦修改了土地持有最高限额法。一些邦对限额作了调整，压低持有土地的数量，各邦规定的土地持有最高限额不同，如比哈尔邦 10～30 英亩、阿萨姆邦 25 英亩、北方邦 40～80 英亩、哈里亚纳邦 27～100 英亩、中央邦 25～75 英亩、马哈拉施特拉邦 18～126 英亩、喀拉拉邦 12～15 英亩和泰米尔纳德 12～60 英亩。新的土地持有最高限额法规定，土地限额不超过经济占有地的3倍。所谓经济占有地，是指农户从地主获得的维持生活的适当收入。但是，各邦测算方式和计算单位不同，限额仍有高有低。到1975年上半年为止，通过实施土地持有最高限额法获得的土地为数不多，且各邦进展不平衡，有的邦（比哈尔邦和卡纳塔克邦等邦）可以说毫无进展。获得剩余土地较多的邦是西孟加拉邦（79.4万英亩）、北方邦（24.1万英亩）、马哈拉施特拉邦（27.1万英亩）、旁遮普邦（17.8万英亩）和哈里亚纳邦（17万英亩）。印度全国共获得241.2万英亩土地。其中有一部分进行了分配，以西孟加拉邦、古吉拉特邦、北方邦、泰米尔纳德邦、旁遮普邦、马哈拉施特拉邦等邦分配土地数较多，有半数或接近半数土地分给农民耕种，共分配土地123.5万英亩。还有160万英亩土地宣布为剩余土地。此后能获得的剩余土地不多，但需要分给土地的无地农民和少地农民的数量很多，仅无地农户就达902.8万户，无法满足他们的要求。为了保障新的土地持有最高限额法得以实施，印度议会于1984年8月通过了宪法第48次修正案，各邦修订的20项法令附在宪法第9表中，从而使这些法令具有宪法性质，人们不得再以违反基本权利为根据向法院起诉。根据新的土地持有最高限额法，全印度有370.9万英亩土地可宣布为剩余土地。

在降低租额方面，20世纪60年代中期全印度占农村人口2.4%的地主拥有总耕地22.3%的面积。他们将土地出租给佃农耕种，多采取隐蔽租佃形式，国家计划委员会为此建议地租必须是总产量的1/6到1/4。20世纪70年代初，各邦据此重新规定了租额，不少邦较之前有一定的减少。各邦规定租额不同，如安德拉邦规定租额为旱地总产量的25%，阿萨姆邦则规定租额为不超过总产量的25%，古吉拉特邦规定租额为总产量的17%或田赋的3～5倍，哈里亚纳邦、旁遮普邦则规定租额为总产量的30%，泰米尔纳德邦规定租额为灌溉地总产量的40%。这些法令得到认真执行的不多，正如“四五”计划报告指出的，“现目标与立法间、法令与实施间有许多缺口”。租佃改革进展缓慢，“佃农越来越难以忍受，因此，他们在若干地区发动了夺地运动”[①]。考虑到土地改革中出现的问题，英迪拉时期采取的措施是：禁止转让土地给非农业经营者，禁止出租土地，修改“自耕”定义，规定自耕者承担耕种的全部风险且在农业季节大部分时间内要居住在耕地附近5千米以内。此外，自耕者在从事管理的同时，本人或家庭成员还要参加劳动。对耕种宗教或其他机构土地的佃农给予土地所有权。对尚在诉讼中的剩余土地，应从速判决。

（2）以邦投入为主进行土地整治，控制水土流失。印度可耕地面积占国土陆地面积的70.7%，1950—1951年已耕种面积为1.3亿公顷，1980—1981年

① D P夏尔玛，V德赛：《印度农村经济》，1980年英文版，第287页。

达 1.9 亿公顷。但是，随着土地持有者户数的增加，每户平均经营规模不断下降，1961—1962 年实际耕种者为 5 070 万户，1980—1981 年增加到8 939万户。其中占有土地不到 1 公顷的边际农 1960—1961 年只有 1 980 万户，1980—1981 年达 5 088 万户。每户平均占有土地从 1961—1962 年的 0.464 5 公顷下降到 1980—1981 年的 0.387 8 公顷。可见，土地占有分散破碎，经营规模越来越小。这样的占有规模不利于农业新技术的实施，所以，各邦政府加紧对土地进行整治，努力推进适度规模经营。①在“七五”计划中继续加快土地改革的进程，拨款 39.5 亿卢比实施土地持有最高限额法，既限制最高限额，又规定最低占有，并通过合作农业逐步解决土地经营规模过小和分散问题。②进行土地整治，除安得拉邦、喀拉拉邦和泰米尔纳德邦以外，其余各邦都拟定了土地整治法。古吉拉特邦、西孟加拉邦和中央邦的立法是在农民自愿的基础上进行调整。另外的邦由邦政府集中全村所有土地，撤除原来的田界，然后根据各户原土地持有量和就近原则重新划分，具有一定的强制性。到“六五”计划结束时，全国已整治土地 4 500 万公顷。整治后的土地、道路、田界及其他基础设施都进行了重新规划，使破碎的土地相对集中，有利于农业的发展。③控制水土流失。各邦政府采取一系列措施保护土壤，如：修建堤岸，营造梯田，疏通淤塞渠道，发展汇水分流工程；加强植被保护，种草固土、限制放牧，实行等高农业经济带状播种；植树造林，严格执行森林法，加强森林保护，防止任意砍伐，营造薪材林、社会林和农业林。国家荒地开发局动员各种社会力量，“发起一场人民造林运动”，建立人民苗圃，提供育林树苗。政府按每造林 1 公顷投资 3 000 卢比计算，每年计划支出 45 亿卢比。1986—1987 年提供树苗 64.86 亿株，营造社会林、农业林 325 万公顷。

（3）农地资源保护政策。1958 年印度政府颁布了《土地利用法令》，主要目的是保护用于粮食生产尤其是稻谷生产的土地。根据该法令，闲置土地将会被政府收回，土地用途转换需要得到地方政府的许可，但并没有提出任何既定和明确的土地利用原则。在英迪拉时期，1967 年对该法进行了第一次修改，提出农地资源的保护不仅要维持现状，而且要不断提高其生产率。联邦和各邦为此而采取的政策措施是：①采取多种措施，严格限制非农建设占用耕地。印度法律规定农用土地由各邦政府严加控制，不能随意转换为非生产性开发用地，禁止出卖农地作为其他用途，限制城市公营部门占用市郊农地。②制定合理的土地利用和改良政策。明确提出了土地开发利用应以加强综合利用、提高地力和改善生态环境为基本准则。③利用综合技术措施，加强土地改良和土壤保护工作。到 1984—1985 年，政府共投资了约 121.229 亿卢比，用于各种工程措施、农艺措施和造林等，共开垦土地 2 938万公顷。从 1950—1951 年到 1978—1979 年，印度耕地面积扩大了

12%。④各邦致力于完成土地调查和土地清理，基本完成了包括土地利用在内的详细的乡村记录的保存。除小部分地区外，全国各邦都建立了基于详细调查和清理的正式报告制度。

（二）农业税收的调节政策

在尼赫鲁建立农政分治体制时，各邦单独享有农业、林业、渔业、地方工业、土地建筑税等方面的立法权。在税收收入上，邦政府拥有土地税、农业所得税、农用土地继承税、房地产税等。在分税制的体系下，各邦掌握和控制土地和农业的立法权和税收获取权，是印度的独创。自此，印度中央的税收主要依靠城市收入，在直接税的范围里忽略了农业收入。对于这样一种税制结构，来自西方和印度国内的批评之声很多。但英迪拉既没有改变这种体制，也没有选择中央征收和增加农业税，而是仍坚持各邦按照分治原则实行农业税收政策。

（1）对农业部门征税的主要形式是土地税、印花税和注册登记税等，对农业收入没有征税。对小地主免除土地收入税，对小农免除所得税，对高收入阶层里的地主也有免税政策。政府不愿意以高的治理成本去追踪这些小的纳税者。

（2）中央政府对农业所得不征所得税，只是把农业所得和非农业所得加在一起作为应纳税所得，非农业应纳税所得适用中央所得税税率；中央政府对农用土地免征资本利得税，而对转让其他资产则要征缴资本利得税；中央政府对农用财产免征财富税。

（3）邦政府对土地征收土地收入税和农业所得税，但由于政治上的原因，许多邦政府制定的农业所得税法令并未执行。20 世纪 80 年代中期只有 5 个邦还在继续征收农业所得税，而且这些邦也仅对种植茶叶、咖啡、小豆蔻、胡椒、橡胶、柑橘、可可、椰子果等的所得征收农业所得税。

（4）在评价纳税人的总资产或净资产时都包括农业土地的价值，一般用资产价值法评价土地或建筑物的价值。各邦政府和地方政府凭借土地的地位或用处做一些调解后，把土地面积作为财产税的基础。作为财产的农业土地税是凭借土地所有者把它作为抵押品时可以获得的资金再乘上一定的比例来估值。来自农业土地的财产税在总税收中只占很小的部分，土地税对各邦政府和地方政府税收数目的贡献微乎其微。这种税收的税基连续很窄，土地的评价价值连续赶不上土地市场（资本）价值的改变。

（三）农村产业结构调整的政策

印度没有系统的产业结构调整政策。对农村产业的影响主要是在中央政府的计划和各邦根据实际确定的产业方向上，给予适度的引导而逐步提升的。在英迪拉时期，对农村产业结构的引导性功能增强，各邦在中央计划指导下对农村的一些主要产业进行了引导。

（1）引导农作物结构的调整。英迪拉执政前期，为了解决印度的粮食问题，继续保留了尼赫鲁时期重点支持和引导粮食发展的政策。20 世纪 70 年代中期逐步解决食物供给问题后，开始引导农作物结构的调整，支持经济作物的发展。①价格上给予支持，政府对若干种类经济作物在每年播种前规定最低支持价。尽管这种最低支持价远不及对粮食作物实行的最高支持价作用大，但对于那些有着较好经济作物优势地区的刺激作用仍是很大的。②对主要经济作物采取了具体的支持措施。如为了增加黄麻的产量，发展黄麻工业，促进黄麻种植业的发展，政府设立了黄麻工业现代化基金和黄麻发展基金，分别为 15 亿卢比和 10 亿卢比，给黄麻工业提供资金和设备，扩大黄麻加工能力，还要求企业使用打包麻制品、免除进口的黄麻加工机械和附件的关税、政府增加购买麻制品的数量等。为了增加蔗糖的产量，政府放宽了政策，改变原定的征购糖和自由销售糖的比例，糖厂生产的糖一半由国营公司统购，另一半可自由销售，扩大了企业自由销售数量。为了支持茶叶产业化，部分邦政府补贴改造茶叶加工机械，降低茶叶加工企业的税率。为了大力发展东北地区咖啡和橡胶种植，各邦政府设立示范农场，建立咖啡和橡胶苗圃，提供树苗和技术指导，给予种植者补贴，发放长期贷款，对咖啡和橡胶规定优惠的收购价。为了解决食用油短缺问题，中央政府制订了全国油料发展计划，在丰产油料作物的县实行，有关的邦政府在实施该计划时有最大限度的灵活性。③在中央的统一指导下，由各邦选用自己地区的良种，或从国外引进高产品种，并对采用良种生产的农场主给予部分农资的补贴，特别是 1988 年 9 月印度宣布从世界各地引进油料、豆类等良种，从而改变过去依靠本国作物品种发展经济作物的政策。④发展特色园艺经济。印度蚕丝业具有悠久的历史，除了传统进行这项生产的卡纳塔克邦、西孟加拉邦和克什米尔（印度控制区）外，泰米尔纳德邦、安得拉邦、北方邦、中央邦和奥里萨邦等邦发展较快。1979—1980 年在蚕丝部门就业人数为 16 万人，到 1989—1990 年时就业人数达到 242.5 万人。蚕丝业的产值 1979—1980 年为 13.1 亿卢比，其产量为 480 万千克，1984—1985 年蚕丝业产值和产量分别增长到 31.7 亿卢比和 630 万千克。丝织品的出口从 1974—1975 年的 1.266 亿卢比增加到 1979—1980 年的 4.9 亿卢比。

（2）推进农村工业化的政策。英迪拉时期的农村工业政策经历了两个大的阶段。①保护并发展农村小工业政策阶段。印度乡村工业的大发展在英迪拉农业大发展之后。1973 年 2 月的工业政策宣布，中小工厂将比大财团“更受优待”。这些规定为后来农村工业的发展奠定了基础。1977 年又强调，小工业是优先部门，并将实行“一揽子支持计划”，具体规定如“凡是家庭手工业能生产的，大中型工业不得生产；小工业能生产的，不应向大工业开放”。[1] 以后的印度政府基本上沿袭了这一政策。为适应制定小工业政策的需要，小工业发展组织和各邦工业部门对全国小工业进行了普查，到 1976 年已收集了大量数据，并在此基础上设立了数据库，它成为收集、储存和传送有关资料和信息的中心。这一阶段采取的措施是：促使尼赫鲁时期组建的从中央到地方的管理机构发挥作用，进一步明确它们的职能和职责，并在各地配套组建了相应的机构，以形成全国性的管理体系；通过各种方式从资金上支持小工业，大力保护和支持小工业；提高产品质量，增强竞争能力；拓宽市场，解决销售难问题。②20 世纪 80 年代印度农村工业发展进入第二个阶段。政府开始放松管制，各邦纷纷成立农用工业公司来促进农业及农村工业的发展。围绕乡村农产品加工业的发展，实施了一系列新的政策措施。一方面，逐渐敞开国门，确立新的招商引资政策。1985 年印度政府取消使用外国商标各种禁令，给外国私人直接投资以优惠政策，并修改了大型公司及跨国公司进入食品加工业的许可政策。这些政策有效地促进了外资在食品加工业的发展。1986—1993 年有关食品工业的合作企业达 293 家，比此前 35 年总和增加了 1.5 倍。另一方面，加强政府的政策引导。中央政府成立了对食品行业管理的专门主管机构——食品工业部来指导和监管全印度的食品行业的发展。此外，各邦推动产业化经营，支持“小企业＋龙头企业”“农户＋龙头企业”和合作组织等形式发展。

（3）引导种子产业发展的政策。1980 年后，受发达国家的农业政策启发，印度对种子产业政策进行了一系列调整，主要包括：降低种子产业的进入壁垒，减少从国外进口农业技术的管制，鼓励私营部门、私人资本对农业新品种的研究和试种的投入。调整主要分为 3 个阶段。①1986 年，政府认为种子和生物技术产业属于“核心”产业，修改了种业许可政策，旨在鼓励和推动更多私营企业加入种子产业。允许印度国内规模较大的集团企业和国外企业进入种子产业，但国外企业要与国内企业合资且其股份不超过 40%。②1988 年，通过种业发展新政策，改革进一步深化。新政策允许私营企业进口蔬菜、花卉和观赏植物 3 类商用种子，除对其实行低关税和植物检疫外，其他限制完全放开。此外，印度企业与国外种子供应商达成技术合作协议，进口粗粮和油料种子，但产业新政策仍未允许进口水稻和小麦种子。③1991 年，伴随经济体制改革，印度进一步减小对技术转让和外商投资的限制，促进国外资本对农业的投入。

以上调整政策对印度种业产生了重要影响。一是使不同类型的企业进入种业，加剧了竞争，提高了种业的市场化水平。二是调整了种子进出口的结构，

---

① 《南亚研究资料》，1983 年第 7 期，第 17 页。

促进了蔬菜种子的进口，其份额达 90%以上。三是促进了私营部门进行研发投资，有利于研发体系的成长。四是加强了种子质量控制体系建设，在以前的种子质量控制体系基础上，引进发达国家的种子质量控制模式，对大田作物和一年生饲料作物等商业品牌种子进行严格认证。

四、农政分治下的地方不同发展

对于印度这样一个以农业为主的发展中国家，英迪拉选择了抓两头带中间的区域发展战略，即支持自然禀赋条件特别好的地区加快发展、扶持特别差的地区尽快发展、条件中等的地区自我发展。英迪拉在一个国家的范围内坚持了政府经济的效益与公平原则，符合印度这样一个人口众多、地区差异化突出国家的实际情况，从而探索出了一条具有印度特色的农政分治均衡发展之路。

（一）北部旁遮普邦农业的发展

旁遮普邦是印度西北部的一个小邦，与巴基斯坦的旁遮普同属旁遮普平原。印巴分治时，这个邦和印度许多地方一样相当贫困，粮食不能自给。经过英迪拉时期 20 多年的中央政府支持，这个只占全国耕地面积 2.9%的小邦，到 20 世纪 80 年代初却生产了占全国 7.5%的粮食，向国家粮库提供占全国 50%左右的商品粮。1960—1961 年该邦粮食总产量 316 万吨，到 1978—1979 年该邦粮食总产量达 1 167 万吨，增产约 2.7 倍，这在世界上也是少有的。到 20 世纪 80 年代，该邦每天可向全国各缺粮地区输送粮食 1.5 万吨。该邦经济以农业为主，第一产业产值占 GDP 的 50%以上。

旁遮普邦在农业上的成就与中央政府和邦政府的主动引导是分不开的。这些政策措施主要有以下几种。

（1）合并土地持有单位，强化土地整理。印度于独立初期实行的合并土地持有单位的政策，在旁遮普邦执行得较为彻底。到 1969 年为止，旁遮普邦所有 920 万公顷耕地都已完成了地块调整，而全印度完成地块调整的耕地面积总共只有 2 936 万公顷①。旁遮普邦合并土地持有单位的改革是由各村组织咨询委员会强制执行的，为此总共花费了超过 14 500 万卢比。经过土地调整与整理，旁遮普邦有比较多的大农户，耕种单位平均面积比较大。20 世纪 70 年代初旁遮普邦共有 724 365 个耕种单位，其中 69 365 个耕种单位（即占总数的 9.6%）持有土地 12 公顷以上，另有 32 万个耕种单位（即占总数的 44.2%）

① 东部地区完成地块调整的耕地面积特别少。例如，比哈尔邦仅 71 000 公顷，阿萨姆邦仅 2 000 公顷，西孟加拉邦则根本没有进行地块调整。兰德哈瓦：《绿色革命：关于旁遮普的研究》，新德里，1974 年，第 39 页。

持有的土地在 4～12 公顷，其余的耕种单位持有的土地在 4 公顷以下[①]。一般来说，耕种面积较大的农户，在采用拖拉机、抽水机和机井等现代农业技术方面具有较大的可能性。在旁遮普邦正是那些大农户比较广泛地采用了农业机械。20 世纪 70 年代末旁遮普全邦机耕和机器播种面积约占全部播种面积的 30%。全邦拥有的扬场机共 10 万台，小麦打场已全部实现机械化[②]。

（2）政府引导农业投入。中央政府关于优先投资水利的政策首先惠及的是旁遮普邦这些自然条件较好的区域。在政府引导下，这种农业投入带动了其他农业投入。到 20 世纪 80 年代中期，农业生产者在发挥已有灌溉效益的同时继续扩大灌溉面积，使灌溉面积达到耕地面积的 85%。紧跟的是农业机电，全邦拥有全印度 22%的拖拉机。除灌溉、品种、机电等外，化肥投入也很明显，旁遮普邦每亩化肥施用量通常为全印度平均水平的 3 倍左右。

（3）政府给予的价格扶持和补贴政策。中央政府确定的价格扶持和补贴政策惠及农业较为发达的旁遮普邦最为明显，有效刺激了稻麦生产。政府还采用津贴补助等办法促进生产的发展，如对化肥、灌溉、用水、机电等的间接补助约占费用的 20%～25%，对改良盐碱地给予 50%～75%的直接补助，对耕地少于 1 公顷的农户补助 33%等。

（4）发展工业，为农业提供支撑。1977 年阿卡利党和印度人民党在旁遮普邦联合执政，为了改变旁遮普邦农业发达、工业较为落后的局面，邦政府决定采取各种措施发展工业。随后，旁遮普邦开始推行一项为期 5 年的全面发展农村经济的计划，目标是要把农业生产提高 50%，同时发展农产品加工和为农业服务的工业。

在旁遮普邦农业的成长中，特别值得一提的是该邦建立了印度较为完善和较具代表性的农业科研、教育和推广体系。1962 年成立的旁遮普农业大学成为全邦发展农业的火车头，在该邦农业技术进步中扮演着关键角色。与印度许多农业大学一样，旁遮普农业大学最大的特点是研究、教学、推广功能一体化。旁遮普农业大学包括农学院、基础科学及人文科学学院、农业工程学院、兽医学院、家政学院等 5 个学院和 44 个系。旁遮普农业大学除教学单位外，专门设有研究主任、推广教育主任，直接由校长领导。研究主任下设分工负责农业、兽医、农业工程、行政及地区研究站的副研究主任，推广教育主任下设负责培训、交流、小麦生产技术及推广专家管理的副主任。农作物、畜牧兽医科学的研究主要在卢迪阿纳校部进行。在邦内 6 个地区设有设备良好的地区研究站，侧重于针对具体问题及具体地区的研究。研究主任是组织、协调研究项

① 兰德哈瓦：《绿色革命：关于旁遮普的研究》，新德里，1974 年，第 144 页。

② 《东方经济学家》，新德里，1978 年年刊，第 1304 页。

目的主要行政负责人，全面领导研究项目的选定及执行，协调与有关国内组织及国际组织的关系。研究主任还负责与各邦及中央的各大学、研究机构及组织的联系。研究经费多年平均占大学预算的50%。20世纪90年代初每年开展的研究项目有300多项，研究经费2.12亿卢比，约合美元1 173万元，每个研究项目平均经费38 200美元。研究项目直接面向农民的需要，使该大学在农民中享有广泛的声誉。

（二）沙漠绿洲拉贾斯坦邦的治理

拉贾斯坦邦位于印度西北部，由22个土邦和阿季米尔的C邦组成。该邦面积342 239平方千米，占印度总面积的11.59%，仅次于中央邦。沙漠面积占全邦面积的3/5以上，中西部干旱草原面积逾14万平方千米。塔尔沙漠面积208 751平方千米，占该邦面积的60.99%。有沙漠的县19个，占该邦27个县的70.37%。针对这样一个落后的地广人稀的邦，英迪拉时期开始了大规模的沙漠治理。

第一，采取扶持政策发展农业。作为一个沙漠之邦，用于农业的实际耕地面积仅占该邦总面积的5%，干旱极为严重，农业生产极不稳定。历史上旱灾、饥荒频发，造成人畜外流和死亡。英迪拉实施农业优先战略之后，该邦政府开始重视农业的发展。①增加农业投资。“七五”计划对农业投资、乡村发展、灌溉和防洪的费用投入为113.252亿卢比，占该邦“七五”计划总支出的37.75%。②重视灌溉。邦政府增加灌溉投资，修建灌溉工程。先后修建了果达拦水坝、拉纳布尔达布海工程（同中央邦合建）、昌巴尔河工程、帕克拉工程、贾瓦伊工程、西巴纳斯工程、崩格水坝、马喜-巴贾伊海工程和贾克姆等一系列灌溉工程。另外，主干渠长650千米、支灌渠长4 000千米、投资上百亿卢比的世界上最大的灌溉工程——“英迪拉灌渠”，第一期180千米长的主干渠工程已于1986年3月完工。该邦的灌溉面积也由1950—1951年的171.1万公顷增加到1986—1987年的542.5万公顷。③增加现代投入，推进合作化事业。随着灌溉事业的发展，化肥、良种等现代农业投入物也增加较快。化肥施用量由1950—1951年的324吨增加到1984—1985年的20.06万吨，良种播种面积由1968—1969年的52.4万公顷增加到1984—1985年的268万公顷；同时投资发展合作事业，合作社参与综合农村发展计划，被提供帮助的户数由1984—1985年的15.9万户增加到1985—1986年的390万户。④发展畜牧业。重点建设中西部面积14.2万平方千米的拉贾斯坦巴格尔牧场，牧场包括8个县，其牲畜由1951年的140万头增加到20世纪80年代初的1 440万头。1985—1986年全邦牛奶收集量达到5.36亿升，每天向新德里供应牛奶的80%。羊毛产量居印度首位。20世纪80年代初有牛奶生产合作社3 225个、社员236 735人。这种合作社为牛奶收集、牲畜食料供应、良种饲料和种子的供应、牲畜疾病防治和人工授精提供方便。

第二，适度发展工业。拉贾斯坦邦工业基础薄弱，但发展快。注册工厂数由1949年的207家增加到1986年的9 150家。1986年12月合资公司拥有资本总额305.98亿卢比，其中私人资本占78.69%。1986年在公、私营部门的就业人数为101.4万人。主要的工业有棉毛纺织业、机械业、电力业、钢铁业、机床业、植物油业、矿物与化工原料加工业等，其次有糖、水泥、玻璃、化肥、铁路货车、滚珠轴承、水表、电表、电视机、电动机、化纤、石料加工和染料等工业，但缺乏大型工业。果达在20世纪70年代已成为该邦的工业中心，有尼龙厂、精密工具厂和化工厂等。对工矿业的投资从“一五”计划时期的460万卢比增加到“七五”计划时期的19.69亿卢比，分别占这两个五年计划总投资的8.4%和6.3%。

第三，改善交通运输条件。拉贾斯坦邦内陆交通运输不发达，甚至依靠骆驼车作运输工具。陆路运输仍以铁路、公路为主，铁路全长3 868千米，公路从1950—1951年的17 339千米增加到1986—1987年的51 636千米。公路中以乡村公路和县级公路为主，它们分别占该邦公路总长度的39.83%和29.5%。1986年末每平方千米面积拥有14.41千米公路，低于全印度47.02千米的平均数。到1986年3月，在1 500人以上的3 300个村庄中有2 323个村庄通公路，占70.39%；在1 000～1 500人的2 407个村庄中有1 151个村庄通公路，占47.82%。1987年3月，拥有各种机动车辆和拖拉机417 813台，占印度机动车辆总数的4%。

第四，大力发展教育卫生事业。独立时拉贾斯坦邦高等教育十分落后，1所大学都没有，到1986—1987年已有大学7所。识字率由1950—1951年的8.95%增长到1986—1987年的24.38%，同期，学院由51所增长到136所，中学和高中分别由120所和843所增长到3 036所和8 133所，小学由4 494所增长到27 908所。1985—1986年成人教育中心有1.222万个。1987年接受高等教育的学生为17.6万名。1986—1987年医疗单位和医学院分别发展到1 778所和5所，希腊疗法医院和希腊疗法医科大学分别有74家和1所。另外供应清洁饮水，供水村庄由1984—1985年的22 262个增加到1986—1987年的25 523个，占比由59.96%提高到68.75%；供水城市由独立初的6个增加到1986—1987年的209个。

第五，大力发展沙漠旅游业经济，保护自然环境。拉贾斯坦邦旅游资源丰富，富丽堂皇的王宫、玫瑰城的美景、神山圣地、历史遗迹、精美的建筑和绘画艺术、独特的沙漠国家公园景观等，使拉贾斯坦邦成为印度重要的旅游中心之一。1986—1987年接待国内外旅游者342.6万人，其中国内游客313.4万人、占91.48%，外国游客29.2万人、占8.52%。旅游业的发展推动了交通运输业的发展，1986 年吉普车、出租汽车和大小公共汽车的数量分别比 1983 年增长了 27.32%、22%和 19.20%。1984 年印度政府在拉贾斯坦邦的半干旱地带建立了萨里斯卡国家公园，在一定程度上有助于该地区动植物种类的保护。该公园设立了一个执行机构，对公园区域内的村民开发利用资源进行指导和管理。它还在园区内的 24 个村庄里建立了一种非正式的村庄委员会，负责建立和维持其保护森林的管理体系。

第六，实施半干旱地区流域发展项目，改善农业经济环境。20 世纪 70 年代开始实施保持雨水、防治土壤侵蚀的流域发展项目，目的在于改善和稳定以雨水为主地区的作物产量，成功后向其他区域推广。这一项目实施的效果明显：推行的作物轮作模式有利于得到更多的报酬和更高质量的作物，项目区中灌溉总面积从 32.5 平方千米增加到 376.7 平方千米，耕种指数从 80.46%增长到 126.31%；各种作物产量有了不平常的增加，平均粮食产量增长了 87%；流域内可耕地的总收益从 6.51 万卢比增加到 1997—1998 年的 69.05 万卢比，相当于在 12 年的时间里总收入增长了 10 倍；林木（含果树）数量也有了相当大的增长；相对于未治理的地区，治理地区的径流降低了 10.5%，表明水保措施不仅增加了农民的收入，还减少了土壤侵蚀危害，有助于全面改善该地区的生态环境。

第七，加强对沙丘的治理与保护。拉贾斯坦邦热带干旱区面积占印度整个热带干旱区面积的 61%，分布在 27 个县的 11 个地区。这些地区雨量稀少且没有规律，蒸发强、温差大，主要是下伏石灰质结核或岩石的荒漠平原、沙质平原及沙丘。这里植被稀疏，只有旱生植物才能生长，其中主要是耐旱的矮生具棘灌木和多年生草本植物。印度林业部利用乔德普尔中央干旱地区研究所的研究成果，制定了一系列林业发展计划。到 1978 年时实施了 5 项发展计划，共固定沙丘 2.95 万公顷，牧场造林 1.2 万公顷，甘地运河左岸营造牧场林 0.7 万公顷，营造乡村柴薪林 1.4 万公顷，营造防护林 3.8 万平方千米。其中沙丘固定措施主要有：①通过修建栅栏或专人看管，防止流动沙丘遭受人畜扰动；②对风蚀严重的沙丘，利用当地灌丛修建平行的条带状或方格状沙障，把沙丘从上到下覆盖起来；③通过直播草籽和栽植适宜的树种来固定沙丘；④在背风坡的沙障中进行插枝和播种草籽；⑤对采取了相应措施的沙丘进行适当的管理。

（三）中央邦的扶贫开发

中央邦位于印度的中部，面积 443 459 平方千米，是印度面积最大的一个邦。人口 52 132 000 人（1981 年）。其中，表列部族人口为 11 987 000 人，占全邦总人口的 22.97%，是全印度表列部族人口最集中的邦；表列种姓人口为

7 359 000 人，占全邦总人口的 14.10%[①]；两者共占全邦总人口的 37.07%。此外，该邦还有 383 个种姓和亚种姓被邦政府划为落后阶层，据统计，到 20 世纪 80 年代末该邦大约有 115 万户家庭生活在贫困线（年收入不足 3 600 卢比）以下[②]。

由于该邦贫困地区广、贫困人口多，该邦的扶贫成为英迪拉政府的重点。

第一，成立扶贫的专门组织机构。为了组织实施对表列部族和表列种姓等落后地区的扶贫工作，邦政府先后成立了一些重要的扶贫机构。①部族和不可接触者福利部，它是印度最早成立的扶贫机构，其扶贫计划从无到有，数量逐渐增多，规模不断扩大，到 1970 年已发展成为一个主要的扶贫发展部。②部族地区发展计划委员会，它成立于 1974 年，其任务是监督实施“部族计划”制定的表列部族发展计划和表列种姓发展计划。③表列种姓发展委员会，它成立于 1981 年，当时表列种姓面临着日益严重的文盲、剥削和其他经济社会问题，因此为了进一步大力发展表列种姓的发展计划，该委员会便应运而生。④落后阶层委员会，它成立于 1982 年，设立目的主要是提高和改善落后阶层的经济、社会等方面的处境。真正负责组织实施对表列部族、表列种姓和落后阶层的扶贫的独立机构主要是后三个机构。除此以外，还有一个独立的“部族研究所”，其任务主要是对影响部族的问题进行研究，同时要对有关部族实施的各种计划进行评估性研究。

第二，重视普及教育的政策。中央邦在教育方面的扶贫主要包括提高识字率、提供奖学金、开办各级各类部族学校和种姓学校、免费发放书写用的石板和铅笔以及免费供应午餐等。其配套措施是：①兴办学校和公寓。大学前学生公寓由“一五”计划时期的 52 所增加到 1987—1988 年的 2 189 所。大学学生公寓从 1968—1969 年的 21 所增加到 1987—1988 年的 150 所。此外，还为那些条件十分艰苦的儿童特别开办了 20 所学生公寓和 8 所阿斯拉姆学校，同时为原始部族的儿童开办了 29 所阿斯拉姆学校[③]。②提供奖学金。“三五”计划期间，接受邦政府提供的大学前奖学金的表列部族人数约有 6.7 万人，表列种姓人数约有 5.2 万人，到 1987—1988 年表列部族和表列种姓人数分别上升到 30 万人和 40 万人。“三五”计划期间的表列部族人数 1 322 人、表列种姓人数 3 188 人，到 1987—1988 年分别上升到 22 000 人和 25 816 人[④]。此外，为了吸引识字率不足 5%的表列部族儿童接受教育，邦政府向他们提供的奖学金更多。同时，为了提高品学兼优的表列部族和表列种姓学生升入中学的比例，邦

① ［印］《农业发展》月刊，1989 年 1 月，第 74 页。
② ［印］《联系》周刊，1988 年 8 月 14 日，第 49 页。
③④ ［印］《联系》周刊，1988 年 8 月 14 日，第 51 页。

政府除了给予一般的大学前奖学金外，还提供额外的奖学金。由于采取了这些有效的鼓励措施，该邦表列种姓的识字率有较大幅度的提高，从 1961 年的 7.88%提高到 1981 年的 18.97%，表列部族的识字率从 1961 年的 5.11%提高到 1981 年的 10.68%。1961—1981 年该邦表列种姓和表列部族妇女的识字率则分别提高了 5 倍和 3.5 倍。

第三，发展落后地区的经济。中央邦对表列部族、表列种姓和落后阶层的经济扶贫主要包括：①农业补贴。农业补贴计划开始于 1967—1968 年，当时只局限于居住在部族发展地区的部分部族，从 1971—1972 年开始扩大到该邦的所有部族和表列种姓的农业劳动者。②自我就业。为了解决受过教育的表列部族和表列种姓青年的失业问题，中央邦政府从 1974—1975 年开始实施“自我就业计划”，主要由政府向这部分人提供援助。有关各种援助的比例分别是补贴占 15%、优惠贷款占 10%、国营银行的贷款占 75%[①]。考虑到民众需求的变化和价格上涨等因素的影响，邦政府对“自我就业计划”作了进一步的修改，逐渐扩大了提供援助对象的范围。1974—1975 年接受该项援助的表列种姓和表列部族人数仅有 68 人，而到 1986—1987 年则分别猛增到 20 615 人和 5 552人[②]。③实施经济援助计划。1979 年开始的救济计划，其目的是向遭受天灾人祸的表列部族和表列种姓提供必要的救济，到 20 世纪 80 年代末已向 4 893个表列种姓和 3 119 个表列部族家庭提供了救济，总支出达 717.1 万卢比[③]。生活补贴计划主要是向新获得农业土地的每户表列部族家庭提供为期 6 个月、总额 600 卢比的生活补贴，到 1987—1988 年有 9 235 户表列部族家庭得到了这种补贴[④]。此外，实施部族计划。“五五”计划期间邦政府共制定了 42 项部族综合发展规划，其中有 32 项重点项目；“六五”计划期间邦政府制定了 62 项同类规划，其中有 38 项重点项目、8 项中等项目、16 项小型项目[⑤]。

为了确保以上这些计划的顺利实施，发展落后地区的经济，邦政府、中央政府和其他财政金融机构等部门在资金上都给予大力支持。在“五五”计划期间，邦政府计划费用中就给部族计划地区分拨了 21 亿卢比，“六五”计划期间拨款又上升到 63 亿卢比，“七五”计划期间则增加到 130 亿卢比[⑥]。由于采取了以上这些经济发展的措施，“六五”计划期间已有 76.3 万户部族家庭脱贫，占预定目标 77.6 万户的 98.32%。“七五”计划结束时有 92.1 万户贫困户脱贫。

第四，开展住房扶贫。住房扶贫主要采取颁发土地永久租借证和公建住房分配优先的办法。邦政府为满足全邦 10.5 万无地城镇贫民建修住房的需要，

①②③④⑤⑥ ［印］《联系》，周刊 1988 年 8 月 14 日。

1984 年开始向他们发放土地永久租借证，到 1988 年邦政府又将这项政策推而广之，在向无地城镇贫民发放土地永久租借证的同时，也向无地农村贫民等经济状况不好的各阶层的人发放这种土地永久租借证，并在公建住房分配时对公司、企业和政府雇员实行优先和补贴。中央邦这种新住房政策有以下几个显著特点：①把建房看作是一项能创造就业的经济活动并力争从邦内、邦外获得大量财政援助；②重点放在为经济状况差的阶层修建造价低廉、方便适用的住房；③既考虑到了该邦新兴工业区日益增长的人口和产业大军对住房的需求，又考虑到了整个农村地区兴建住房的需求；④对土地的投资过大致使贫困阶层乃至中等阶层均无力购买土地，因此，这项政策旨在改变这一现象，规定联合房屋委员会以每平方英尺* 1 卢比的价格把土地出售给经济状况差的家庭，而且还免征财产税和手续费；⑤设立一个城镇土地银行，对邦政府、地方行政机构、房屋委员会和发展机构所辖的土地进行投资。特别需要指出的是，中央邦拟定在城镇地区选择合适的宅基地为贫民窟居民修建较好的住房，同时对已有贫民窟进行翻新改造，所需资金从世界银行等国际组织以及国家有关机构获得，并鼓励贫民窟居民积极行动起来，有钱的出钱、有力的出力。此外，这项新政策还向经济状况差的已退休和在职的政府、企业和公司雇员在修建住房时提供财政援助，对那些购买公建住房而年租金在 12 000 卢比以下的雇员免征财产税。

（四）东北部各邦的整体开发

印度东北地区原属阿萨姆邦管辖区，1963 年以后分别划分为阿萨姆、那加兰、特里普拉、梅加拉亚、曼尼普尔、米佐拉姆等邦。整个地区地理面积为 25 万多平方千米，占印度国土面积的 7.7%，1981 年人口为 2 660 万人。印度东北地区在中国、缅甸、孟加拉国和不丹之间，仅西部一条狭长的通道和本土相连。整个地区大部分是森林覆盖的丘陵和山地，山地面积占 70%左右。气候复杂，气温随着地形的变化而变化，有热带、温带和寒带气候，是世界上雨量最多的地区之一。印度东北地区由于周围基本上都被异国包围，故非常闭塞。独立前英国殖民主义者为了强化其对这个地区的统治，不许这里的人和其他邦接触，其他邦的人到这个地区必须签证，这导致它完全处于一种同印度其他地区隔离的状态。同时，这个地区具有突出的优势和半开发的局限。在优势方面，这个地区盛产茶叶、黄麻、稻米、甘蔗和香料等各种农产品，园艺作物生长良好，药材产品和森林资源极其丰富，还蕴藏丰富的动力资源。但至“五五”计划时期，这个地区在农业生产、农村建设以及各项基础设施等方面均远落于其他邦，属于印度最为落后的地区。为了开发和利用这一具有丰富资源的

---

* 英尺为非法定计量单位，1 英尺≈0.092 9 平方米。——编者注

区域，英迪拉政府采取了一系列的政策措施。

（1）从农业基本建设入手进行开发。东北地区发展战略的主要目标是充分利用地区优势，开发本地资源，改善基础设施，努力提高生产率，以最大限度地增加地区人民的福利。具体要求是提高单位面积产量和土地生产率，实行农业综合发展的方针。为此，成立了东北地区委员会。东北地区委员会成立后，最主要的工作是抓农业基本建设。①控制山区广泛流行的游耕生产方式，改良种子的应用和定期供应投入物，使部族农民放弃旧的游耕活动。制订分期分批小规模控制游耕计划。在“五五”计划期间支付 5 000 万卢比，使 5 295 户游耕的部落农民定居在 11 000 公顷土地上。②扩大灌溉面积，防止水土流失。东北山区地下水层较深，浅管井灌溉在农业中发挥作用不大，而深管井成本太高，所以河渠、塘、堰蓄水灌溉是重点。“六五”计划期间投资 4 500 万卢比，动工兴建 13 个河道分水管理工程，并用 400 万卢比在梅加拉亚设立水土保持培训中心，为定居的部族农民开发更多的土地。③建立种子农场。除建立粮食作物种子示范农场外，主要是发展园艺和种植园作物，建立水果苗圃和果园，促进地区水果的种植。继续扩大茶树和黄麻种植，在特里普拉投资2 000万卢比建立附有母性灌木的茶叶苗圃农场，在曼尼普尔、米佐拉姆建立种茶示范基地。另外，建立新的咖啡、橡胶、槟榔树坚果种植园。④发展农村市场。印度政府建立了东北地区农业销售有限公司，下设一些区域市场中心和子公司。其目的是帮助各个地区有效加工、销售农产品和园艺产品。该公司不仅能够提供统一的国内市场，而且能够将加工后的产品销往国外。

（2）大力发展基础设施。①新建和改建交通运输网。在铁路运输方面，投资 11.4 亿卢比新建 6 条铁路线，总长 211.4 千米，把东北各邦和直辖区连接起来。在公路交通上，经过“五五”计划、“六五”计划的投资建设，到 20 世纪 80 年代末全区共新建和改建公路 5 000 多千米。印度政府为了国防需要还专门修建了一些备战公路。在桥梁建设上，在高哈蒂附近布拉马普特拉河上建成第一座大桥后，投资 6.7 亿卢比在提斯普尔附近布拉马普特拉河修建第二座大桥，在乔吉戈帕修建公路-铁路桥。②重点投资，努力发展电力。“六五”计划结束时，东北地区电力设备能力已达 786 兆瓦，“七五”期间批准增加 630 兆瓦。到 1989—1990 年电力设备能力达到 1 500 兆瓦，发电量为 980 兆瓦，而地区实际需要量仅为 674 兆瓦，到“七五”计划末这个地区已有剩余电 306 兆瓦。东北地区的电力工程重点发展热电工程和水电工程，其总的发电能力为 30 000 兆瓦。

（3）制定和实施开发的政策和措施。①成立东北委员会这一特殊组织，指导区域内的协调发展。1972 年 11 月 7 日成立的东北委员会，主要有两个功能。一方面，作为一个顾问团，它是国内最重要的协调组织，它不干预地区各组成部分之间的政治自主权，但对地区协调发展起“催化作用”，在国家计划之外代表地区的共同利益制定经济和社会发展计划，发展邦际运输和通信设施，促进地区之间的电力和防洪工程的兴建，确定区域计划各阶段完成的重点，检查计划的执行和工程进展情况，制定和完善管理规章。另一方面，它筹集发展资金，在成立后的几个五年计划中进行专项投资，并积极寻求各种补贴。从英迪拉启动“四五”计划时起，东北委员会就对实施的工程或计划提供大量的财政援助。②实行特殊的援助计划。中央政府的投资一般不和东北委员会的援助项目交叠和重复。中央根据地区的特殊条件，实行特殊的投资政策，大体分为 3 种类型。一种是阿萨姆的财政预算，70%是贷款、30%是中央援款；另一种是特里普拉、梅加拉亚、那加兰和曼尼普尔的财政预算，90%是中央援款、10%是贷款；还有一种是米佐拉姆的财政预算，建设资金完全由中央政府提供援助。③特殊的技术支持。为了适应地区需要，积极扩大以本地技术为主的技术服务形式，农业研究委员会在发展地区农业中起了积极的作用。最为重要的是 1975 年建立的东北山区综合研究所，该机构的中心在梅加拉亚，并同其他山区邦保持密切联系，设有 4 个分中心，负责农、牧、渔、林、水土保持等方面的综合性研究。另外，农业研究委员会还在不同地区设立一些专业研究中心，如在高哈蒂设有苎麻研究中心、混合鱼养殖研究中心，在乔哈特设有土地利用和土壤调查地区中心。还设立了一个人类资源发展研究中心，为大学毕业生和研究生的学习提供财政援助，并同东北委员会合作为该地区在国内各农业大学学习的学生提供职业。在进行农业技术指导方面，阿萨姆农业大学作出了突出的贡献。它不仅具有教学、科研和开发的职能，而且承担培训农技人员、推广农业技术、建立示范农场和苗圃等职能。另外，那加兰德和曼尼普尔的两所农学院在促进地区农业发展中也发挥了较大作用。

第二节　农业务农体系的系统性构建

英迪拉不仅通过农业政策的调整有效地促进了印度农业生产力的增长与全国农村各个区域的均衡发展，而且在推进农业优先战略的转换中，学习美国农业发展的先进经验，择其善者而用之，进行了一系列务农体系的建设。务农体系在不断完善中逐步成为印度农业制度的一部分而对印度未来的农业发展产生了深远的历史影响。这种务农体系建设的导向性也是十分明显的，即面向农业和农村中的弱势群体。

一、农业教育、研究与推广体系

农业教育、研究与推广体系是在尼赫鲁时期的基础上，构建起了从内容上服务于农业各产业、从区域上服务于各邦的教育、研究与推广体系。

（一）农村和农业教育制度建设

(1) 农村强制实行免费教育基础上的农业教育制度。印度宪法规定，对6～14岁的儿童要实行强制和免费教育。20 世纪 80 年代初，在全印度各邦和中央辖区中政府办的学校或政府资助办的学校和地方团体管理的学校，从一年级至五年级均实行免费教育。后已有半数以上的全国邦和辖区的免费教育扩大到十年级，在免费教育仍未扩大到十年级的邦中，有的邦的女孩到十年级也能享受免费教育，而对表列种姓和表列部族学生，则全印度各邦和中央辖区均实行一年级至十年级的免费教育。此外，有的邦对十一年级至十二年级也实行免费教育，如古吉拉特邦、喜马偕尔邦、西孟加拉邦以及特里普拉邦等。在免费教育的基础上，有些邦还确定了中、小学进行农业教育的制度。1966 年，在北方邦的大多数中学开设了农业、木工、金工、缝纫、纺织、制革以及家庭手工艺等课程，并且在 52 654 所初级小学（一年级至五年级）和 2 538 所高级基础学校（六年级至八年级）开设了农业这门课程，特别是在农村的学校。在初级基础学校设有专门的农业教师，在高级基础学校则设有受过训练的农业教师。

(2) 农村适用专科教育的制度。1956 年，成立农村地区农村教育委员会。该委员会在全国选择了西孟加拉邦等 15 个邦和辖区开办了 15 所农村发展专科学校，学制不等，有三年制的农村科学学位课、两年制的农村科学证书课、三年制的农村民用和农村建筑证书课、一年制的农村排污检验证书课等。政府承认农村科学学位毕业生与获得学士学位的大学毕业生在就业时享有同等待遇。从 1961 年起，学习农村经济学和合作社学的研究生毕业后，政府承认其硕士学位。1966 年政府采纳了“10＋2＋3”的教育模式，即小学加初中 10 年、高中 2 年、高等专科学校 3 年。在高中阶段，除普通课程外，增加职业课程和工作经验，并将农业课程优先列入计划。在塔尼沿海地区马哈拉斯特拉邦的古拉巴和拉特纳吉里，成立了 8 所渔业初中，渔业职业教育是学校教学计划的组成部分。

(3) 高等农业教育制度。在尼赫鲁时期，对农业大学的建设规模和遵循原则等问题作了具体规定，计划在各邦至少建立一所农业大学，由代表中央政府的农业研究理事会与各邦政府负责协商设立。这一计划的实施并最终成为一项高等教育的制度，则完成于英迪拉时期。英迪拉政府对农业综合性工艺大学的建立给予了优先考虑和强有力的资金扶持，对农业大学的财政拨款从“三五”

计划期间的 1 200 万卢比上升到“五五”计划期间的 4.17 亿卢比，相继建成了奥里萨农工大学农技大学、贾瓦哈拉尔尼赫鲁农业大学、班加罗尔农业科学大学、阿查亚尼格冉伽农业大学等，到 1981 年农业大学数量达到 23 所，到 20 世纪 90 年代初各邦基本上都建立了自己的农业大学。在构建各邦农业大学教育制度的同时，建立了具有印度特色的高等农业教育制度。这一制度起源于英国和美国，但在发展中与印度实际相结合而形成了自己的制度体系，其突出特征表现为分层的高等农业教育体系结构，分为国家重点学院、大学、相当于大学的机构和开放大学 4 个平行层级。高等农业教育结构分为大学和学院两个层级。大学中又分为非农纳附大学、典型农业大学和大学级农科中心，学院中又分为研究所、站和校等。在这个高等农业教育体系结构中，主要的制度特征有如下几点。

①农科大学管理制度的相对独立性。印度农科大学一般为公立，全部由政府资助。大学的最高权力机构是大学管理委员会，由常务副校长、科学家、教育家、农民代表、印度农业研究委员会代表以及邦政府代表若干人组成。印度农科大学的名誉校长由各邦邦长兼任，各邦农业部长兼任第一副校长。邦政府的主要作用是提供财政支持，不直接领导或干预大学事务，只通过其财政拨款以及在大学管理委员会中的邦政府成员发挥影响。

②确定教授专家为学校主力的制度。大学的管理人员和领导干部大部分都有博士或硕士学位，大学的重要任务都要经教授们组成的学术委员会讨论通过。系中也是如此，每星期由系主任召集主要教授开会一次，决定系里的重要事项。

③根据各邦特点制订教学计划的制度。各农业大学只拥有自己的小型推广系统，主要为教学研究如何更好地与生产实际相结合服务。整个邦的农业推广任务则由邦政府承担。印度的学分制也和美国不同。美国在这方面有较大的灵活性，一个班内不同学生可以选修不同的课程；印度则以共同必修课为主，选修课所占比重较小。印度的主流思想是，大学教育是专业基础性教育，大学生的培养方法要和研究生有所区别。

④确立理论与实际结合的教学制度。印度的 25 所农业大学之间没有统一的教学计划，各学校的学分要求、专业设置与课程设置均不相同。位于山区的学校可开设山区农业专业，位于干旱地区的学校可开设干旱农业课，而位于大平原地区的学校则可开设灌溉农业课。在教学方法上，强调理论与实际结合，课堂教学与实践教学（包括实验、田间实习、农村实习等）的学分比为 1∶1，学生要进行作物识别、小片固定地生产、农村参观等实习实践。此外，在招生中也优先招收农村学生，农村学生约占学生总人数的 60%～80%。

⑤教师必须承担农科教结合的制度，要求教师要用 2/3 的时间进行教学，

用 1/3 的时间进行研究或推广。学校的研究人员则反之，要求用 2/3 的时间进行研究，用 1/3 的时间进行教学。教学人员与研究人员定期轮换。

（4）农科研究生培育制度。研究生教育是高等教育中最高层级的教育。英迪拉在尼赫鲁开展农科研究生教育的基础上，进行了一系列的制度建设。①规范管理。全国农科研究生教育由中央政府教育部直接领导管理，而不是农业大学教育以邦为主的体制。大学补助金委员会作为中央领导和管理研究生教育的主要机构，具体负责制定和保证研究生教学、考试和科学研究工作的标准，评定各学科的教学和科研情况及成果，调查高等学校的研究生教育经费需要并给予适当的拨款，担负着协调、促进和发展高等学校研究生教育工作的任务。这种体制提高了管理和监督的层级和质量。②著名的农业研究所培养研究生的制度。在继续原有著名研究所进行研究生课程的基础上，在一些国家级的研究所普遍招收农业理学硕士学位和农业博士学位研究生，并形成了制度。③对一些专业性很强的专业，建立学位后的研究生证书教育制度，要求农科研究生在得到学位后必须继续接受培训，获得专业性的研究生证书，这些证书主要有奶品工程证书、绵羊及羊毛业证书、农业统计证书、养蚕证书、企业管理证书和林业证书等。④建立三级研究生学位层级教育，通过的学位分为学士、硕士、博士三级。在一般情况下，硕士学位和博士学位的授予是与研究生层次教育结合在一起的。为了强化农业等专业性的地位，在农科领域推行硕士、博士和高级博士三级学位制度。在农科领域设立高级博士学位是印度的独创。高级博士学位主要通过长期的科学研究获得，是一种高于博士学位的特殊学位。在博士学位获得后，再经过 3 年时间的科学研究取得高水平的科研成果，提交优秀的学位论文，经答辩通过后，才能被授予高级博士学位。⑤在农科研究生中设立特殊奖学金制度。为了吸收有才华的学生学习农业科学，印度农业研究委员会提供奖学金和助学金。1972 年印度农业研究委员会对在农牧业研究方面做出显著成绩的研究生，设立尼赫鲁奖金；班加罗尔农业科学大学设立研究生奖学金，鼓励其担任助教，还给予相应的工资报酬；此外，对特别困难的研究生设立申请贷款助学金制度。为了让既在学术上有名望又具有领导才能的科学家去加强教学科研工作，印度农业研究委员会设立了农业大学和研究所著名教授的职称。

（5）农业教育的分层领导管理制度。印度宪法规定，教育工作由各邦的教育部管理，中央政府教育和社会福利部负责管理某些专门的教育机构，某些邦政府的教育计划由中央政府协助制订和执行。1969 年后，决定对农业和畜牧业的监督、管理和指导，委托给邦政府负责，中央政府还保留对中央科学研究机构的专业和技术培训的领导管理。学校系统的农业教育由邦政府教育部管理，中等农业教育和农业职业教育则由邦农业部负责，农业大学的农学院由邦政府负责管理，印度农业研究委员会负责拨款。印度农业研究委员会协调、帮助和推动农业及有关学科的科学研究和高等教育，而协调农业开发计划包括推广、培训等内容，则由中央农业和灌溉部负责。到20世纪80年代中期后印度农业研究委员会还负责全国性的示范，管理全国研究项目、农民科学中心和教师培训中心等第一线的示范项目和培训机构，以加快技术传播的速度。

（二）农业科研制度建设

印度农业教育与科学研究是联系在一起的。英迪拉时期在构建农业教育、科研和推广机制的同时，还注重建设相应的农业技术制度。英迪拉认为“技术是一把钥匙，正是知识的钥匙打开了通向富裕和力量的大门”。为此她开始重视科研制度与体制的建设。1971年设立了科技部，主要职能包括负责有关科技规划的实施、推动各个科技领域的开发研究、支持全国各科技研究机构开展工作、协调与国外的科技合作活动等。1973年印度制定了第一个全面的科技发展五年计划，并把科技事业从整个国民经济发展计划中单列出来。1981年3月成立了由总理领导的国家科技最高决策机构——内阁科技委员会，负责审查科技规划的一切进展情况、制定重大政策、决定重点项目的投资等。在农业科研建设方面，形成了如下制度。

（1）农作物种子的生产与分配制度。在农业生产的科学运用中，种子是一个极为关键的环节。英迪拉时期为此建立了相应的配给制度。①坚持实行种子计划，要求中央政府和各邦政府，以及印度农业研究理事会、各邦农业大学、公营部门机构、合作社机构和私营部门机构，都必须积极培育农作物优良品种。②建立农作物种子机构。为了加强农作物优良品种的培育、生产和分配，印度中央政府建立了国家种子公司、印度国家农业公司等农作物种子公司，还建立了13家邦级种子公司和约100家大型部门种子公司等。同时，为了保证农作物优良品种的质量，印度还建立了21家邦级种子证明机构和101家邦级种子测试机构。③坚持公营部门在农作物种子生产、分配等领域的支配地位。虽然私营部门在农作物种子的生产和分配中已经开始起着重要的作用，但是公营部门在农作物种子的生产和分配领域继续占有支配地位，从而在一定程度上保证了农作物种子的质量。④坚持对农作物种子实行分代制。为了保持农作物品种的纯度，保证农民使用的农作物品种的质量，根据农作物种子分代制，印度把农作物种子分为三代，即杂交种子、母本种子和证明种子等，规定只能把经过证明的种子分配给农民进行种植。⑤坚持依法管理农作物种子。为了防止农作物种子培育、生产和分配等诸多过程产生可能的问题，印度在1966年颁布了种子法，为保证销售出去的种子的质量提供了立法依据。根据该法，中央种子委员会及其在各地的下属机构和中央种子证明委员会，为处理与该法有关问题的最高机构。同时，印度还根据农业科学技术的进步情况，不断修改种子法。

（2）促进农村适用技术发展的制度。①确定发展农村适用技术的标准。尽量减轻劳动强度，能帮助使用各项技术的农民获得不低于该地区其他农民收入的收入；能扩大生产规模，提高产品质量和劳动生产率；能使用当地资源，促进当地资源的利用；能更多地使用非传统能源，减少商业能源的消耗；能改进乡村工业的生产工具，增加生产品种等。②规定选择农村适用技术的原则，即适用技术不是二流技术，而是先进技术。其原则是：利用适用条件建立的工厂必须设在农村地区；建立这些工厂所需资金少，不需要进口机器设备；使用的生产方法必须简单，易于掌握，容易解决原料和市场等问题；生产原料来自当地，产品主要供当地使用等。③明确发展农村适用技术的目标。主要包括促进人民需要的满足，提高人民分析环境的能力，帮助人民改善生活，鼓励集体生产方式，增强人民的自信心，培育进行革新和创造的能力，培育人民发展科学的思想，帮助人民发明解决自己问题的技术，指导人民进行发明创造，开发增加地方生产的技术，降低生产成本，提高生产效率，利用技术消除社会不良风气等。④建立有效支持的机制。“四五”计划时期改变原有的援助方法，强调采用适合广大农村的适用技术机器设备。“五五”计划时期要求在各领域中采用改良的生产工具和机器设备，推广改良的生产方法，增加实验研究的领域，最大限度地利用副产品，研制新产品，满足生产调整的需要等。“六五”计划时期要求采用进口技术，弥补设备不足，并解决废物回收利用等问题，最大限度地利用副产品等。⑤实施发展农村适用技术的措施。主要措施有：供应改良的生产工具、设备和机器；采用改进的生产技术，提供技术咨询服务，促进生产多样化；为改进生产技术和生产方法，成立相应的研究开发机构，如乡村工业研究所、中央农村陶瓷研究所、牛粪沼气试验研究中心、手工制糖研究中心等。

（3）农业科学技术管理制度。英迪拉时期，为了加强农业科学技术研究开发活动的管理，调动各种因素进行农业的科学研究，建立了以农业部农业研究教育局为核心、以印度农业研究理事会为依托的全国农业科研一体化管理制度。作为代表中央政府的农业科研管理机构，农业部不仅要求该局负责协调农业、畜牧业和渔业等领域的研究与教育活动，同时要求该局要帮助国际和国内从事农业及相关领域科学技术研究开发活动的机构进行技术合作，还要求该局直接为印度农业研究理事会提供政府支持和服务，并与其保持联系。

农业部农业研究教育局依托的印度农业研究理事会是半官方的全国研究机构。它成立于1929年，当时叫帝国农业研究理事会，为印度农业研究领域的最高学术机构。经过英迪拉时期的改组，它成为印度组织严密、农业科学技术领域内学科齐全的科学技术研究与开发机构。其下设47个专业研究所、5个国家实验室、30 多个国家研究中心、9 个科研项目指导委员会和 80 多个农业协调研究项目。它还要指导和帮助全国的农业大学，使其在地区范围内承担起农业研究、农业教育和农业技术推广的任务。印度农业研究理事会设主席 1 人，通常由中央政府农业部部长担任。其下设立管理委员会，协助主席工作，并行使领导职能。管理委员会委员由杰出农业科学家、农业大学校长和主要农业研究所所长等组成，管理委员会主要负责人由农业部农业研究与教育局副局长担任，管理委员会的主要任务是协助制定农业研究理事会的方针政策、审查和通过农业研究项目、审查农业研究财政预算等。为使农业研究与开发活动为农业生产服务，印度农业研究理事会把农业大学、农业研究所和各地区的农业研究人员组织起来，形成全国农业科学合作研究开发网，在全国范围内进行联合攻关和协作研究。

为了解决林业科研与开发问题，1987 年 9 月设立印度林业研究和教育理事会，专门负责监督全国林业研究和林业教育工作的发展，统一协调各研究机构的研究工作，制定各项政策法规，支持林业教育计划的实施。印度还兴建了国家农业-林业研究中心，以适应农业、林业科学技术发展的需要。

在农业科研方面，还建立了相应的配套性制度。如项目管理制度，要求作物改良、植物保护和作物管理等全部农业科技项目都必须进行项目管理，对每个农业科技项目都给出目标、任务、经费预算，并建立成果考评机制，从而实现科技成果的经济化。为鼓励科研人员从事农业科学技术研究与开发，设立了青年农业科学家奖和农业科学技术推广奖制度。

（三）农业技术推广制度

英迪拉政府在政府服务农业和农民的进程中突出的贡献之一是，依靠中央政府和各邦政府不断增加的投资，建立了富有特色的政府、科研部门和农业大学相结合，公营部门与私营部门相补充的农业教育、研究和推广体系。在这个体系的建设中，形成了农业教育制度、农业科研制度和农业技术推广制度，从而使这一务农体系在制度的构建中，形成了对农业和农民提供稳定有效服务的机制。其农业技术推广制度包括如下几个方面。

（1）全覆盖的农业科教和推广运行机制。全覆盖是指农业技术的推广在区域上包括全国各个地区，在内容上包括农业科技的各个学科和门类，在对象上包括各类需要服务的农民群体。这一运行机制主要是通过国家农业科教系统（NARS）以及农业推广系统两个部分互动实现的。NARS 主要包括 3 个制度层面：中央层面上，由印度农业科研委员会（ICAR）及其所属的科研院所来从事科研任务；各邦层面上，由邦农业大学（SAUs）和中央农业大学来从事教育和科研活动；另外还有 120 个地区性的科研站在不同地区进行实用技术研究。从广义上讲，农业推广系统主要有 4 种形式：各邦政府的农业推广服务，

ICAR 和 SAUs 的推广教育系统，公营部门、私营部门及非政府组织的推广计划，中央政府和各邦政府的特殊农村发展计划。其中以第一种形式为主。私人公司或部门的推广计划仅限于推广他们自己生产的化肥、农药和种子等。

（2）层次化的农业科研与教育投入机制。层次化的投入机制是指投资的多层次性。农业科教和推广体系的主要投资者是政府。中央政府始终是投资的主体，通常用于农业科研和教育的投资大约占到投资总额的 52%，且资金主要由 ICAR 来管理和分配。30%的资金主要分配到各邦的农业大学，还有一小部分分配到一些农业部门之外的公共科研机构及一些私人科研组织。邦政府是投资的第二主体，它主要是对农业大学的年补贴，大约占到科研资金总数的 43%左右。就资金的支出而言，所有 ICAR 的科研机构大约支出资金总数的 37%，各邦的农业大学为 51%，剩下的 12%主要用于其他公营和私营部门的支出。

就投资强度而言，中央政府和各邦政府用于农业科研和教育的实际投资，总体呈上升的趋势。按照定义，投资强度等于农业科研投资与农业 GDP 的比值，是显示投资水平的一个重要指标。政府用于科研和教育的投资强度由 20 世纪 60 年代的 0.21 上升到 20 世纪 70 年代的 0.23、20 世纪 80 年代的 0.39，进而上升到 20 世纪 90 年代的 0.49，上升速度十分明显。另一个指标就是科研人员的人数。1998 年 ICAR 中科研人员的总数为 4 092 人，SAUs 中科研人员的总数在 1992 年达到了 17 678 人。其中 ICAR 的全职科研人员在 20 世纪 90 年代为 2 999 人，SAUs 的全职科研人员为 8 132 人，总计 11 131 人。超过 2/3 的科研人员具有博士学位，余下的都具有硕士学位。还有一个反映投资水平的指标是平均每个科研人员的年科研支出。在 ICAR 中，平均每个科研人员的年名义科研费用为 90 万卢比，高于 SAUs 中科研人员的 40 万卢比。按照标准，每个科研人员的经费每年应该在 60 万卢比左右。

二、农业和农村的金融保险体系

尼赫鲁时期初创了农村金融体系，建立了印度国家银行、农村合作银行和土地开发银行，但农业和农村金融并没有真正深入农村和农业各产业。英迪拉的重大贡献是将农业和农村的金融服务向广大农村地区的农业和其他产业推进，使金融服务能够惠及印度弱势的农民群体，并开始了农业保险服务体系的构建。

（一）农业和农村金融体系的重建

印度以国家的形式创建农村金融体系。农业信贷资金真正满足农户的需要，开始于英迪拉时期的 1969 年银行国有化运动之后。这个金融服务体系主要包括印度储备银行（主要负责监管和协调，RBI）、商业银行（国有以及私人)、地区农村银行(RRBs)、合作银行(或合作社)、国家农业农村发展银行、存款保险和信贷保险公司。1969—1980 年进行了 2 次银行国有化运动,直接控制国有银行,并在农村设立大量的金融机构。印度政府还要求私人银行与外资银行也必须增加农村网点,同时颁布了一系列的法令,设立土地发展银行、地区农村银行,调整监管体系,还规定银行对优先部门的贷款比例,以保证在有机构进入农村的同时还有足够的资金进入农村,从而增加对农户信贷资金的供给。

(1)印度储备银行。从 1954 年起,为了加强领导,以实现农村信贷一体化规划,印度储备银行开始积极参与和领导农村信贷活动。印度储备银行专门增设了农业信贷理事会,负责制定和评估农村信贷政策;并设有农村计划和信贷小组,负责协调各种农村信贷机构的活动。除了继续通过邦合作银行为农事和农产品销售等提供短期农贷外,还为改良土壤、筑坝、小灌溉工程、购买农机等与农业有关的事业提供 3~5 年的中期贷款,并从 1956 年起向各邦政府提供长期农贷,通过认购土地开发银行债券的方式向农民提供长期信贷。从 20 世纪 50 年代到 20 世纪 80 年代,印度储备银行提供的农村信贷有了很大增长。短期农贷由 1950—1951 年的 0.76 亿卢比增至 1981—1982 年的 109 亿卢比,中期农贷由 1954—1955 年的 0.027 亿卢比增至 1981—1982 年的 109 亿卢比,长期农贷 1981—1982 年为 21.2 亿卢比[①]。印度储备银行规定,从 1977 年起,各大银行必须按 1∶4 的比例在城市和农村开设新分支机构,促使各大银行把经营重点逐渐由城市转向农村。

(2)商业银行。在 1969 年国有化以前,商业银行的活动主要集中在城市,很少参与农村信贷活动。唯一提供农业信贷的商业银行是 1955 年建立的印度国家银行,但其活动规模极为有限,到 1968 年 6 月,仅拥有 410 个农村账户,贷款额仅 1.7 亿卢比[②]。而其他农业信贷机构的贷款虽有较大增长,但仍远远满足不了农村信贷的需求。20 世纪 60 年代中期以后,农业投资需求激增,农村贷款供求之间的差距随之迅速扩大。为了缩小这一差距,印度政府提出了由多种机构发放农村贷款的办法,即扩大农村信贷来源。一方面,进一步扩大农村合作信贷系统和印度国家银行的农贷活动;另一方面,使 1969 年国有化后的 14 家商业银行也进入农贷领域,各商业银行必须按照中央银行的规定要求将其放款的一定比例用于农业和农村发展,从而使各商业银行不断增加对农业的中短期贷款,通过分配化肥和其他农业投入物等提供贷款;同时,还对初级农业信贷合作社提供资金融通,对农产品销售、运输、储存和加工等发放贷

① 印度储备银行:《1981—1982 年货币金融报告》,第一卷,第 176 页。

② 罗德尔·达特,K P M松特拉姆:《印度经济》,1984 年,第 441 页。

款，为印度粮食公司收购粮食提供积极支持，对小农、边际农和农村小手工业者等扩大信贷扶持等。从1969年6月到1981年6月，包括印度国家银行在内的所有国有商业银行的农村分支机构从5 200家增至26 000家，农村贷款账户从16万个增至790万个，贷款额从16.2亿卢比增至406亿卢比①。

除直接控制国有银行外，印度政府还要求私人银行与外资银行也必须增加农村网点。于是，1973—1985年，在印度政府的直接支持下，银行营业点在农村地区迅速普及，年均增加15.2%。在此期间，在农村贫困人口的借款总额中，放债人所占的份额出现了稳定的下降，从印度独立时90%的顶峰降至1991年的15%～17%。

（3）地区农业银行。为了解决最需要资金扶持的贫苦农民的信贷资金问题，1975年9月印度颁布了建立专门的地区农村银行的法令。该法令明确规定，地区农村银行的宗旨是“满足农村地区至今仍受忽视的那部分人的专门需要”。地区农村银行最突出的特点是：不按商业原则经营业务，只在农村信贷机构较为薄弱的特定区域内活动，主要为小农、边际农和小手工业者发放低息贷款。地区农村银行的贷款利率不高于当地农业信用合作机构，营业机构主要建立在农村信贷机构薄弱的地区，它还提供贫苦农民维持生活的消费贷款。地区农村银行大量机构的设立，大大提高了印度农村地区金融机构的覆盖率。正是由于政府的直接支持，即使在业绩不太好的情况下，这些地区农村银行仍得以维持它们在农村信贷体系中的地位。每个农村地区银行都由一家商业银行主办，它的资本由印度中央政府认拨50%、邦政府认拨15%、主办银行认拨35%。地区农村银行自1975年10月20日建立后有了很大发展。到1983年6月，由最初的5家发展到142家，分支机构有6 420家，分布于21个邦，提供的短期贷款达62.4亿卢比，其中小农、边际农和农村手工业者获得55.2亿卢比的贷款②。到20世纪90年代初期，印度已经建立了196个地区农业银行和14 500个分支机构。

（4）国家农业农村发展银行。为了解决农业生产和农村发展中的资金问题，长期以来，印度中央银行（即印度储备银行）不断扩大对农业的短期季节性贷款，并通过邦合作银行及地区开发银行为农业提供中长期贷款。同时，还建立了农业筹资开发公司，为各类银行发放的农业贷款提供资金融通。由于银行贷款从农业发展扩展到农村发展，为了统一和加强对全国农贷机构及其活动的领导，以便推动农村信贷的进一步发展，1982年印度建立了行使印度储备银行农业贷款职能的国家农业农村发展银行。国家农业农村发展银行接管了1963年成立的专门转贷外资、为大型农业基本建设项目贷款的农业中间信贷

①② 罗德尔·达特，K P M松特拉姆：《印度经济》，1984年。

和开发公司以及印度储备银行农业信贷部的全部业务和人员，是印度农村金融领域的最高机构，代理中央政府和印度储备银行监督和检查1.6万家农村金融分支机构的工作，并为信用合作机构、地区农村银行以及从事农村信贷工作的商业银行提供再融资服务。由于农村信贷的高风险性，为了鼓励和促进金融机构参与农村金融市场，印度还建立了存款保险和信贷保险公司，负责为正规金融机构提供农村贷款保险。

（二）农业保险体系的创建与发展

农业保险是指为农业生产者在从事种植业和养殖业生产过程中遭受的自然灾害和意外事故所造成的经济损失提供保障的一种保险。尼赫鲁时期，印度农业保险处在讨论和试验阶段。英迪拉执政后，印度农业保险开始了一个新的全面创建时期，并逐渐形成了一个完整的体系。

（1）20世纪70年代农业保险的启动与强制推进。20世纪60年代中期印度制定了作物保险法案，设计了保险方案供各邦审议，规定由中央对邦的赔偿责任提供再保险。但由于邦政府要承担很大的财政责任，几乎所有的邦政府都予以反对。然而，英迪拉政府并没有停止推进的脚步，在1965年10月全国各邦开展农作物保险试点的基础上，1970年印度农业保险专家委员会就农业保险议案进行了经济、管理、财政方面的精算审核，指出中央应该对该计划承担更大的财政责任。

1972年9月，英迪拉决定由政府直接组织和试办农业保险，业务由全国性保险机构印度综合保险公司负责，农业保险赔偿责任由中央政府和邦政府两级共同分担，印度综合保险公司承担75%，邦政府承担25%。该保险的估产、收费、理赔等经营管理费由政府支付。农作物保险的保障水平是正常产量的75%，并有25%的免赔额。这种保险是自愿的，但对于申请农业贷款的农民则是强制的。保险期间若有灾害损失发生，保险公司在理赔时将赔款直接支付给贷款机构，这对农业金融机构发放农业贷款是一个很实际的支持，因此这部分业务从实质意义上说是农业信用保险。

印度综合保险公司试办的农作物保险，起初是按单个农户的农作物产量和灾后的损失进行理赔的，但很快发现这种自愿投保的农作物保险成本太高，道德风险也无法防范，因此很难推广。后来推行了一种“区域方法”，即将农作物的产量按照不同的区域进行试验收割后确定出一个标准，而不必考虑每一个农户是不是都能按照正常方法种植。也就是说，不要求评定每个农户的产量，从而在一定程度上规避了道德危险、降低了管理费用。这样，个别农户收成的好坏与以区域为标准计算的赔款率基本无关，不但使保险费率可以降低，也不会使精心管理农作物的农户反而比疏于管理的农户得到的赔款更少而影响诚实农民的积极性。

印度政府在1973年对一般保险企业实行国有化以后，政府在开展农作物保险试办的同时，还通过印度综合保险公司的4个子公司陆续开办了奶牛、肉牛等牲畜的自愿保险种类，主要是对执行奶牛发展计划的合作农场提供奶牛、肉牛保险，到1977年一共承保了77万头牛。

（2）20世纪80年代中期后农作物保险的重点推进。经过20世纪70年代末和80年代初的试验之后，1985年“七五”计划启动之际，印度发起了农作物综合保险计划。这项保险计划于1985年4月开始执行，直至1999年秋季，历时14年。

这一保险计划实施的目的是：在发生不可避免的风险的情况下，向小农和边际农提供全面的风险保险。印度的农作物保险覆盖的不可避免的风险有5大类：自然性火灾，暴风雨、大冰雹、飓风、台风、龙卷风、旋风等，洪灾、洪水和山崩，干旱，病虫害等。农作物保险风险不包括战争和核风险、恶意破坏和其他可以避免的风险。参加保险的农户可以为参加保险的作物购买相当于其极限产量价值的保险费，也可以选择相当于极限产量150%价值的保险费。

印度各邦政府积极参与这项计划，主要包括以下内容：为遭遇干旱和洪灾的农户提供金融支持措施，农户保证在来年重新具备信贷资格，农户投保对象主要包括谷物、豆类和油菜籽。农作物综合保险计划由一般保险公司和各邦政府按照2∶1的比例分担农户投保风险损失，各邦自愿选择是否办理这项保险计划，农户则自愿参加。农作物综合保险计划还规定，所有农户可以从商业银行、区域农村银行和合作银行进行贷款，种植小麦、水稻、玉米、油菜籽和豆类的农户均有资格参加该保险。每个农户投保总额等于作物信贷金额，最多不超过1万卢比，小麦、水稻和玉米的保险费率为2%，油菜籽和豆类的保险费率为1%。农作物综合保险计划由中央政府、邦政府、银行系统和保险总公司共同承担，由于中央有较多的财政支持，所以很多邦对参与该计划的积极性较高。印度中央政府和邦政府对小农户提供50%的保费补贴，1985—1999年印度的19个邦和4个领地都办理过农作物综合保险①。

20世纪90年代还推出了农民收入保险、咖啡降雨指数和区域产量保险、种子作物保险等新险种。农民收入保险主要是向农民提供收入保证，如果农民收入因灾害等原因达不到保证标准，保险公司会对收入差额予以补偿。咖啡降雨指数和区域产量保险则是针对降雨导致的咖啡减产给农民带来的损失。种子作物保险则针对种子作物耕种者，保证他们收入稳定、金融安全，帮助他们建立信心，鼓励他们尝试种植新品种，为国家种子公司的发展创造良好的基础。

---

① 李超明：《作物保险的政府支持与市场化运作：印度经验与中国》，《中国农村经济》，2005年第6期，第68-70页。

牲畜保险由 4 个国营综合保险公司提供，它们分别是国家保险有限公司、新印度保险有限公司、东方保险有限公司和印度联合保险公司，承保对象主要是耕牛。在不同的牲畜保险政策中，倘若牲畜死亡，则需要将牲畜的残留价值从总的保险金额中扣除，再计算其适用的理赔金额。牲畜通常最高可保它们市场价值的 100%。

三、农村和农业合作社服务体系

印度农村和农业合作社在尼赫鲁服务于国家工业化的农政建设方略中遇到了一些曲折。随着英迪拉农业新战略的转变，这些合作社由服务国家工业化的工具转变为国家扶持和服务于农村农民的组织形态。经过英迪拉时期以及随后几十年的建设，印度的农村和农业合作社既是农民自己的组织，也是国家扶持和帮助农民弱势群体和农业弱势产业的组织。

（一）农村和农业合作社体系

在印度农村中有信贷合作社、农业生产合作社、消费合作社、加工和销售合作社以及服务合作社等，其中以信贷合作社最为普遍。

（1）信贷合作社。信贷合作社无论是从合作社数目和社员人数来说，还是从它在农业经济中的地位和作用来说，都是印度农村中最重要的经济合作组织。信贷合作社分为中短期信贷合作机构和长期信贷合作机构。

中短期信贷合作机构的主要职能是向社员农户提供中短期农业信贷，它是在初级农业信贷合作社、中心合作银行和邦合作银行的发展中逐步成长壮大起来的。初级农业信贷合作社是在村一级成立的基层合作组织，一般一村一个，村民自愿参加。合作社实行一人一票的民主管理方式，社员选举产生管理委员会，由管理委员会主持日常事务工作。初级农业信贷合作社直接向社员提供贷款，它的资金来源包括社员和政府认缴的股金、社内外存款和上级中心合作银行的贷款。中心合作银行是设在县一级的中间合作组织，其会员是本县的初级农业信贷合作社和其他的初级合作社。中心合作银行的主要业务是向会员合作社提供贷款资金，它本身的资金来源有社员和邦政府认缴的股金、公众存款和邦合作银行的贷款。邦合作银行是三级信贷合作机构的最高一层组织，其会员为邦内的中心合作银行。邦合作银行负责向中心合作银行提供贷款。它本身的资金除股份之外，绝大部分来源于印度储备银行的资助性贷款。

长期信贷合作机构主要是前一个时期的土地开发银行。它向社员农户提供长期信贷，主要业务是为社员提供兴修水利、改良土壤、购买大中型农机具等的贷款。其会员大都是拥有较多土地的大、中农户。该机构的资金来源除股金和存款之外，主要是靠发行债券筹集资金。土地开发银行的组织结构有两种类型，有 10 个邦实行联盟制，其余的邦则实行单一制。实行联盟制的土地开发银行在邦一级设立中心土地开发银行，其会员是县级或区级的初级土地开发银行；实行单一制的土地开发银行只在邦级设中心银行，在地方设分行。

（2）销售合作社。英迪拉时期，除少数偏僻山区之外，销售合作社已遍布全国所有的农产品市场，其经营范围包括农产品销售、农用物资供应、家庭消费品供应及向社员提供贷款等。就单个合作社而言，有的合作社只经营一种农产品，如烟草、棉花、椰子销售合作社等。有的合作社则经营多种农产品，规模较大的合作社还从事农产品收购、分级、加工、储存等业务活动。销售合作社既接受个体农户为其社员，也接受各类合作社为其社员。其资金来源包括股金（其中大部分由政府认缴）、社员存款、合作银行的贷款、政府的补贴拨款和发行债券等。销售合作社的组织结构在各邦并不一致。有些邦为两级结构，即区级的初级销售合作社和邦级的销售合作联社；有些邦为三级结构，在县级成立了中心销售合作联社。1977—1978 年，印度共有 3 592 个初级销售合作社、380 个县中心联社、29 个邦合作联社和 1 个全国性的销售合作协会。

20 世纪 90 年代后，农业销售合作社主要业务逐步规范为两个大的方面：一是供应农民所需要的化肥、种子、农药、农具等生产资料；二是帮助农民推销农副产品，开展农产品加工业务。在组织形式上，在中央设有全国农业合作市场销售联盟，负责对全国农业销售合作组织的协调管理、组织实施中央政府对农业合作销售组织的经济支持项目和计划、实施中央对农产品的价格支持计划，并开展一些市场营销活动；在各邦设立了 31 个通用销售联盟和 22 个商品销售联盟，共有成员 117 857 个，运营资本 555 亿卢比。在古吉拉特邦、哈里亚纳邦、卡纳塔克邦、旁遮普邦等 8 个邦，通过合作社销售的农产品占农产品总销售量的 92%。

（3）农业生产合作社。农业生产合作社主要有两种类型，一种是联合耕种合作社，另一种是集体耕种合作社。在联合耕种合作社中，农户把各自的土地集中起来联合耕种，但土地仍属农户所有。联合耕种合作社的主要职能是制订生产计划，筹集资金，统一购买农用物资，统一销售农产品。在分配上，社员按日出工领取工资。联合耕种合作社把销售农产品的净利润一部分转入储备基金，一部分给社员分红，分红遵循按劳分红和按土地分红两个原则。其中按劳分红所占比例较大，主要是根据社员的劳动总量和劳动性质分配，多劳多得，劳动好的有奖励，从事技术工作的报酬较高；按土地分红是根据社员入社土地的生产能力进行分配。

集体耕种合作社一般是在新开垦的荒地上为安置无地农户而组织起来的。这类合作社的土地所有权既不属于农民，也不属于合作社，而是属于政府。集体耕种合作社的社员只有土地的占有权和使用权。入社之后，土地为合作社集体使用，社员个人则失去占有权和使用权。这类合作社的分配采取按劳取酬的原则。社员除领取日工资以外，年终还按其所领取的日工资总额进行分红。

在农业生产合作社的演变中，后期出现了区域性牛奶合作社和渔业合作社。

为了摆脱对国外进口牛奶的依赖，印度政府在亚兰德建立了以一家一户为基础的奶业合作社（被称为亚兰德模式）。在此基础上，印度政府将亚兰德模式推广到全国。奶业合作社网络建设极大地推动了印度奶业的发展。以奶业合作社建设为核心的奶业大规模发展计划，被称为印度农业的“白色革命”。到20世纪末，印度奶业合作社已经渗透到全国各个村落，全国共有村级奶业合作社（协会）103 305个，共有成员1 154.6万个，日均销售牛奶1 650万升。在村合作社的基础上，全国设有176个奶业合作社联合会，在联合会的基础上又设立15个邦级奶业合作社市场联盟，在邦级联盟以上还设有全国奶业发展局。通过合作社的形式，印度农民不仅可以从牛奶的生产环节获得利润，还可以从加工、销售环节得到收益。合作社收购牛奶的价格根据合作社加工和销售环节的不盈利原则统一确定。此外，农民还可以从合作社以较低廉的价格购买奶牛或奶役兼用的水奶牛。

在20世纪90年代后的渔业发展中，渔业合作社也快速发展起来，全国共有渔业合作社13 884个，成员216万个，其中低种姓成员占7.5%、边远部落成员占9.85%，海洋渔业成员占28.4%、内陆渔业成员占71.6%。2001年渔业合作社总销售额21.85亿卢比，生产各种鱼类39万吨，约占渔业总产量565万吨的7%，创造就业岗位2 062个。

（4）服务合作社。服务合作社是20世纪50年代末期由政府发起的一种具有综合性质的合作组织。它们大都是在原来的初级农业信贷合作社、初级销售合作社、初级加工合作社等各种合作社的基础上重新组建的。服务合作社的活动内容很广泛，涉及信贷、农业生产、农产品流通、农民生活等许多方面。服务合作社通常以村为单位组建，也可以由几个邻近的小村共同组建。社内的一切重大事务由社员大会决定，社员大会一年至少要召开一至两次。合作社的日常事务由管理委员会负责，管理委员会通常由5～7人组成，设主席、秘书和司库各一人，各委员分工负责一项具体业务工作。

1973—1974年印度政府根据全国农业委员会的建议，开始实行一项建立“农民服务社”的计划。这种合作社的职能与服务合作社相似，也是提供一揽子服务的合作组织，不同之处在于农民服务社的经营规模较大。它最初的活动区域包括8～10个村庄，以后再逐步扩大到区和县的范围。农民服务社具有两个特点。一是它把扶贫工作作为重点，主要服务对象是农村中的小农、极小农、无地农业工人和农村工匠等贫困阶层。二是它除了向社员提供直接信贷之外，还直接以实物或服务的形式提供信贷。比如，农民服务社向社员提供奶羊、耕牛、灌溉设施等，以及良种、化肥等农业投入，目的在于帮助贫困农户发展生产，使之摆脱贫困。农民服务社的组建由政府指定的县中心合作银行或商业银行负责，组建银行需认缴合作社的一部分股份，并提供信贷资金，邦政府也向每个合作社认缴 5 万卢比的股金。在合作社成立的最初 5 年内，邦政府还对合作社的某些活动开支提供财政补贴。农民服务社设董事会，负责制定合作社的政策。董事会的 11 名成员中，5 名由小农社员选出，2 名由其他社员选出，其余 4 名成员由邦政府和贷款银行指派。到 1976—1977 年印度共建立了 1 118 个农民服务社。

（二）政府支持农业合作社的配套措施

（1）完善立法，为农业合作组织的发展创造公平的环境。根据印度宪法规定，农业合作组织的管理属于地方权力。因此，有关农业合作社的法规和条例均由各邦制定。印度各邦都制定有农业合作社法，对农业合作社的组织、管理、权利和义务作出了详细的法律规定，为推动本地区农业合作组织的发展起到了重要作用。农业生产、加工和营销在大多情况下需要跨区域经营，这种情况促使诞生了许多跨行政区域的合作组织。为了规范跨区域农业合作组织的管理，印度政府于 1984 年出台了《跨邦农业合作社协会法案》，对社员来自不同邦的农业合作组织的建立、社员的权利和义务、合作社的运营和管理模式、资产和收益的分配与审计、纠纷的解决办法等都作出了规定。印度各邦政府及中央政府对于农业合作组织制定的立法体系，确定了各类农业合作组织的合法地位，为农业合作组织的发展创造了公平的竞争环境。

（2）成立专门机构，并将合作社发展纳入五年经济发展计划。印度独立以后实行的计划经济发展政策为合作社的发展提供了新的机遇，合作社被认为是计划经济发展政策中最好的工具，合作社成为国民经济的独特部门。从第一个五年计划开始，合作社的发展情况就作为五年计划是否成功的评判标准之一。为了促进合作社事业的发展，1958 年印度成立副部级机构合作社部，隶属于当时的印度社区发展部。1979 年印度成立了农业与合作社部，作为一个副部级机构，隶属于当时的农业与灌溉部。现在，农业与合作社部仍然是一个副部级机构，隶属于印度农业部。其职责是负责国家农业合作社的政策制定、协调和管理有关全国农业合作组织、开展合作社教育和培训等。

第三节　农政分治体制的完善与重建

在英迪拉时期，为了适应农业新战略的转变，除聚分结合型的政治体制未发生大的变化外，指导性的计划经济体制、中央与地方的分治农政和国家农业服务体系都发生了一系列变化。印度形成的聚分结合型的政治体制和混合型的经济管理模式，对中央和地方的农政管理产生了较大影响。它决定了印度农政道路的发展明显不同于美国和其他联邦制国家，也决定了印度中央政府对全国农业和农村的管理具有自己的特色。

一、中央与地方分治农政的完善

（一）联邦农业管理职能的调整和农林文官制度的建立

尽管印度宪法最初规定，农业的事权和财权均由各邦负责，但在实际运作中并非如此。在印度中央政府以及各级地方政府中，不存在中国所称的“三农”问题，只存在城市和农村的社会经济发展问题。农业问题的实质是城乡均衡，因此，印度中央政府对印度农业发展起着十分关键的作用。

第一，联邦农业部的权限不断扩大，其职能在扩充中分出后成立了单独的部。这一演变经历了两个阶段。1966—1978 年为农业部权限扩大阶段。1966 年社会发展和合作部合并到农业部，成立食品、农业、社会发展与合作部，部中增设了社会发展局和合作局。1971 年更名为农业部，设农业局、食品局、社会发展局、合作局 4 个局。1973 年在农业部组建了 1 个新局——农业研究和教育局，其职能主要包括基础研究、教育、全国的土壤和土地利用调查等。1974 年农业部进行重组，更名为农业和水利部（合作局转出），下设农业局、食品局、农村发展局（原社会发展局）、农村研究和教育局、水利局。其中水利局的职能包括水利管理、灌溉、洪水控制、各邦间水争端法管理等。此时的农业和水利部的职权是历史上最大的，管辖着土地、森林、水、鱼、牲畜等及相关产业。此后的管理向分散化发展。这一阶段总的特征是农业部在转变为代表农业和农民利益方面的步伐加快，与之相联系并提供保障的是农业部长的权力开始加大。当时的农业部长比兰德拉·辛格同时还兼任乡村建设部长、灌溉部长和民用供应部长。农业部是印度内阁中最重要的部门，它和国防部、财政部和工业部一样，其机构设置“大而全”。

1979—1991 年为农业和农村工作的复杂性所导致的农业部职能溢出阶段。1979 年农业和水利部再次调整，农村发展局独立出来成立了单独的农村再建设部，负责农村土地管理。下列职能从农业和水利部转到农村再建设部：土地改革、土地登记、土地使用权、土地占有权合并和其他相关问题，与农村地区规划有关的城镇和乡村规划，农村地区的农业市场建设，土地取得法的执行、管理以及有关联邦取得土地的其他事务，地租的征收，土地的转让，土地改良和贷款等。1980—1981 年与小水利、中央地下水委员会、控制地区发展有关的工作从农业和水利部转到新成立的水利部。1983 年食品局从农业部转出，成立食品和国民供应部。1985 年 1 月农村再建设部与农业部合并，成立农业和农村再建设部。同时，农业和合作局的林业方面的职能转到新成立的环境和森林部，包括国家森林政策、农村地区的林业发展、与森林管理有关事务、印度森林服务、野生动物保护等。国家土地利用和保护委员会并入农业与合作局。农村发展局增加了农村就业、工资或收入、培训等职能。1985 年 9 月农业和农村再建设部更名为农业和农村发展部，同时增设了肥料局（原农业合作局的肥料处与化学和石油化工局的一部分合并而成）。该局的职能为肥料生产，管理黄铁矿、磷酸盐化学有限公司等。1986 年成立食品加工工业部，原农业与合作局的食品加工方面的职能（肉、鱼加工）转到该部。1990 年被伤害动物保护项目转到环境与森林部。1991 年农业和农村发展部再次重组，成立新的畜牧业和乳制品局。1991 年 6 月肥料局转出成为新成立的化工和肥料部的一部分。同时农村发展局从农业和农村发展部中分离出来，组成新的农村发展部，农业和农村发展部改称农业部。

第二，建立全国统一的农林文官制度。独立后印度的文官包括全印文官、中央文官和邦文官，当时农业和农村方面的官员均不包括在文官序列中。英迪拉在推进农业新战略的进程中采取了以下举措。①在全印文官中建立农业全印文官。一般来说，全印文官是在联邦和各邦之间通用的文官，由联邦公职委员会统一招收，联邦和各邦的重要行政官职务通常都由他们担任。1963 年以前，只有两种全印文官，即印度行政官和印度警官。1963 年以后，根据联邦议会人民院的决议，新创立了 3 种辅助性的全印文官，即工程、林业和医药卫生文官。该决议还赞成重新建立农业和教育两种全印文官。这一决议尽管是英迪拉执政前就已作出的，但真正实施并形成制度则是在英迪拉时期。将农业纳入全印文官系列的最大作用在于，为一部分农业精英得以成长为重要成员而进入印度政府的决策层创造了条件。②将农业工程方面的专业技术人员纳入中央文官系列。原有的中央文官分两类。一类是非科技性的，它不包含农业科技人才；另一类是科技性的，如中央工程师等。20 世纪 60 年代中期以后，根据全印文官扩充精神，将农业方面的工程师文官也纳入中央文官体系，这就使更多的农业方面的科技精英进入印度文官系列。根据 1971 年人口普查的等比级数，约 84％的农业院校毕业的本科生和研究生进入政府部门工作，12％的毕业生在私人机构，自营企业仅有 4％的毕业生。其中，兽医专业的本科生及研究生在政府部门就业的更高达 93％。③将潘查亚特（即村庄“五老会”）的优秀人员纳入邦级文官系列。印度的邦文官由各邦单独（或几个邦联合）招收、使用和管理，通常被指派担任县以下的区的税收和行政职务，这些文官成员经过选拔后可提升为印度行政官成员。英迪拉时期，在全印文官和中央文官纷纷进入印度文官系列的影响下，有些邦在邦文官之下开始设置潘查亚特型的乡村文官，将长期工作在乡村的官员也纳入印度的文官系列。④将农业科技纳入印度行政官的培训内容。自英迪拉时期开始，在各级政府制定的文官培训实施方案和规划中，开始将农业方面的内容纳入其中。尤其是在最高级别的第四类培训中，要求高级官员离职以适应“绿色革命”的需要，将高级文官的在职培训重点改为乡村发展规划与现代管理方法，并设计出相应的2套培训方案，即“专管官员开发方案”和“总管官员开发方案”。前者对象是6～12年工龄的文官，每年办10期；后者对象为具有11～16年工龄的文官，每年办8期。这就使农业方面的培训进入印度文官的培训制度体系。⑤建立文官的县级农村基层实习制度。根据规定，行政见习官实习期为1年，分县级机关工作与邦政府机关工作2个阶段，前后各6个月。第一阶段被直接派到某县政府任代理一科科长，对科业务部门工作全面负责，一旦熟悉该种业务，即调往另一部门。实习内容包括：维持全县治安，对县民进行法治教育，征收土地税和用水费，组织对土地所有权的调整和登记，控制与调节本县农业生产，领导救灾抢险，制订本县农业发展规划，领导本县经济发展的协调工作。在县政府6个月的工作期满后，即刻派往本邦农业大学学习2周，同时整理所获材料，分析存在问题，提出解决方案。学习结束后到邦政府机关秘书处报到，代理下秘书职务，依次参与内政、财政与税收、计划3个部门的工作。在实习的全过程中，行政见习官要与学院指导教师保持通信联系。指导教师可出些特定的题目，让行政见习官进行探讨，并写出报告呈送学院院长。

（二）地方的农业和农村治理

英迪拉时期突出中央在农业发展中的作用的同时，还不断完善地方的农业和农村治理，通过乡村评议会制度将治理的权力重心向基层推进。1976年以前村评议会主任和副主任通过间接选举产生，1976年以后改为直接选举。村评议会主任具有下列权力和职责：①召集村评议会议，每月至少召集1次，若连续3个月没有召集会议，则自动失去其职位；②召集村民大会；③阅读村评议会保管的全部文件和记录；④对执行村评议会决议的行政官员行使行政上的控制权；⑤对外代表村评议会，有义务出席乡委员会的全体会议；⑥法律、法令特别授予的其他权力和责任。

为了从根本上改革农村三级管理的缺陷，需要在很多领域里向基层分权。进行这一改革是将农村政权交于农村会议管理机构，在分治的邦级农村权力结构中，使县委员会由被管理者成为管理者。其重大变化是，县级和农村一级的农村会议管理机构直接获得发展资金，不用经过国会议员、邦立法议员或一些邦级官员核准，从而有利于各地农村事业的发展。

1978年，印度人民党政府作出了加强农村会议的决定，后来国大党政府也采取了相应的跟进措施，制定了相应的法律。但由于改革会直接削弱邦级官员的权力，受到了那些为谋私权而工作的政客的阻挠。以邦为中心的分治结构存在的最大问题是，行政管理部门不能成功地把发展计划及其好处宣传和落实到最贫困的阶层。为了改变这一局面，拉吉夫·甘地于 1989 年 5 月 15 日在人民院提出了第 64 号宪法修正案。修正案的主要内容是：①资金直接发放给各县委员会，由各县委员会交付给各区委员会农村会议。哪个农村会议应享受多少，则由指定邦任命的财政委员会来决定。②资金的 80%由中央政府提供，20%由邦政府调拨。③农村会议的选举，像立法会议和议会选举一样，由选举委员会组织进行。④农村发展计划要在县一级的范围制定，要考虑同整个区域发展规划相协调。县政府部门不仅要对此征收财税，也要为其发展负责。修正案的许多内容使农村会议管理体系变成一个自立和自主的机构，原来的被管理者根据修正案要转变成管理者。

这项修正案通过的结果，就是在国家管理上出现了 3 个平行的形式，即中央、邦和农村会议，这三者都将从宪法中获得权力。农村会议管理机构中也有妇女代表参加。为了保障新的三级治理体制的正常有效运作，印度还相应建立了邦政府对农村地方政府的监督和控制机制。①立法监控。地方机关必然遵守和执行联邦和邦的立法机关制定的法律和法令，联邦和邦的立法机关有权宣布地方机关违法的规章和决议无效。②行政监控。邦政府对地方机关行政监控的途径有两条：一是通过向地方自治机关委派的主要行政官员对地方机关实行全面监督，二是通过邦政府的各个职能部门对地方机关实行专项监督。邦政府对地方机关的行政监控权相当大：邦政府有权推延地方选举的时间，邦政府有权解散地方代议机关，邦政府有权撤销地方代议机关政治首长的职务，邦政府有权撤销地方机关不适当的行政决定和命令。③财政监控。印度地方政府的资金主要来源于邦政府的财政援助，因此，财政手段是邦政府控制地方政府强有力的武器。具体监控方法是审计地方政府的账目、决定财政拨款的数量和用途、审批地方机关征收新税和减免税、审批地方机关的贷款申请。④司法监控。印度法院和其他司法机关自成体系，独立于地方机关之外。它们有权通过审理具体案件，撤销地方政府违法的决定，并责令地方政府赔偿其违法活动对公民的合法权益造成的侵权损害。印度各邦政府对地方机关的监控是相当广泛和深入的，邦政府对地方机关的监控权几乎不受任何约束。在这种情况下，印度的地方自治完全取决于邦政府能在多大程度上进行自我约束。

（三）财政上的农政分治管理

财政体制是政治和经济体制的集中体现。聚分结合型的政治体制和混合型的经济管理模式都要通过财政管理体制来实现。财政的各种经济手段对国民经济总量、社会生产的各个环节、社会经济部门结构和科技进步都有着实际而巨大的影响，理解印度的财政分治管理体制对于认识独立后印度农政的发展有着十分重要的作用。

印度财政体制的基本特征是：财权高度集中前提下的分税制，实行复式预算制度，严格预算编制程序和执行管理，设立财政委员会对地方进行税收分配和补助，中央与邦之间存在固定的资金分配关系并有一套特定的模式。在整个财政体制中，对农政分治产生较大影响的体制因素有以下 3 个。

（1）财权高度集中前提下的分税制。根据 1950 年宪法，印度财政分联邦政府和邦政府（包括直辖区）两级财政，财政大权主要掌握在中央。年财政收入分成 3 个部分，即联邦财政收入、邦财政收入、联邦和邦共同分享的财政收入。中央预算在整个财政预算中占有支配地位，中央财政收大于支，邦财政支大于收。中央本级筹集的财政收入占全国财政总收入的 70%以上，邦和直辖区的财政收入加起来约占 30%。联邦政府与邦政府在税收方面实行分权：联邦政府有权征收关税、联邦货物税、所得税、财产税、公司税、铁路客运与货运税，邦政府有权征收农业税、营业税、车辆税、船舶税、职业税、土地所得税、遗产税、房地产税、开矿税。印度中央与地方实行分级分税制的财政管理体制，在划分事权、财权的基础上，形成中央与地方的独立预算。在税收收入中，由中央政府本级征收的税收占总税额的 65%～70%，中央政府会将 15%左右的税收下拨给各邦政府，这导致邦政府的实际税收约占总税收的 45%～52%。中央与地方的财政支出，根据财权与事权相结合的原则划分。中央财政支出主要包括中央计划项目支出、国防费用、行政管理费、国库管理费、社会公益事业费、经济部门事业费、债务还本付息支出、补贴、给地方的援助等。

地方政府最重要的收入来源是税收。地方政府的税收权限为土地收入、除了报纸以外的商品销售和购买税、农业所得税、酒精税、麻醉药品税、开矿税、电子产品的消费税、车辆税、船舶税、奢侈品税（包括娱乐、赌博和投机）、公路运输和内河航运的商品和行李税、职业税、人头税、广告税（不包括报纸上的广告）。地方政府的税收也分为直接税与间接税两种。直接税为从收入所征收的税，包括农业税、职业税、财产税、资本交易税（印花税和执照税）、土地收入、城市不动产税等。间接税为从商品和劳务所征收的税，如销售税、电力税、娱乐税等。邦政府的收入除了其本身专有的税收以外，也有其他收入来源。这些来源包括与中央政府的共享税（即所得税、遗产税、联邦货物税、印花税和执照税），中央政府对邦政府的补助金和其他援助。非税收收入有利息收入、红利等。除了收益账目上的这些收入外，还有资本收入，如从市场上得到的贷款。地方政府的支出也分为发展性支出和非发展性支出，发展性支出包括社会性服务（如教育、技术服务、公共卫生、住宅、社会保障和福利、救灾）、经济性服务（如综合性经济服务、农业及相关活动、工业和采矿、水利和电力发展），非发展性支出包括行政性服务（如退休金）、向中央政府和市场支付的贷款利息等。

(2) 中央与邦之间存在固定的资金分配关系，有一套特定的模式。这种分配关系体现了中央政府通过自上而下援助的形式，调节各邦间的发展和平衡的目标。中央政府向邦政府的资金转移共有 3 种形式：①某些税收收入的部分转移，即联邦所得税、中央货物税，这些由财政委员会监管，至少 5 年分派一次；②印度政府给予各邦额外的援助和贷款，以解决那些财政委员会无法解决的问题，这些问题并不在计划委员会权限范围之内，因为是非计划性支出，以上转移方式称作自由资金转移；③计划委员会为计划项目所提供的计划援助资金。由于所得税和货物税的共享，印度宪法规定需要总统每 5 年指定一个财政委员会，或者在总统认为必要的时候指定。除了资金转移外，中央向地方转移的资金还采取补助金的形式。

(3) 在中央与邦政府分税制的基础上，形成了县、乡、村财政分治。在中央与邦之间形成固定的资金分配关系的同时，邦与县、乡、村也形成了相对固定的资金分配关系。

首先是县评议会。一般而言，县评议会的财政主要由来自邦政府的资金组成，属于对土地税和其他捐款的分成。其他财政来源有：联邦政府的拨款、县评议会征收的土地税等税收，以及管理项目的收费、罚款等税费收入；出售财产和从事其他经营活动的收入，乡评议会、村评议会和公众的捐赠款等。在大多数邦中县评议会是很穷的，但马哈拉施特拉邦县议会的财政状况是个例外，其县评议会经费占邦财政收入的 1/3。

其次是乡评议会。乡评议会负责执行许多重要的规划和开发职能，其财政能力对地方发展非常重要。乡财政来源主要有以下几项：①乡村开发拨款。社区开发资金由中央政府拨给，拨给各乡的数目不同，取决于各乡分别所处的开发阶段。乡村的开发分为 3 个阶段。在第一阶段，每年拨给 24 万卢比；第二阶段每年拨给 10 万卢比；一旦达到第二阶段的目标，步入第三阶段，乡村开发计划就算完成。印度的乡村开发计划包括发展农业、养殖业、灌溉、基础教育、社会教育、通信、乡村艺术与手工艺以及住宅建筑。②政府各部门的拨款。这是乡评议会财政收入的第二个重要来源。此项拨款的目的是帮助乡评议会完成政府各部门负责的单项职能，如农业、动物养殖、灌溉和教育等。数目各邦不一，但都要求专款专用。③各种税费收入。乡评议会有权征收税费的范围和数量，各地不完全一样。一般说来，包括房屋税、汽车税、贸易和市场税、钓鱼税等税种，以及经营摆渡、出租房屋、兴办医院、小学教育等的收费收入。④其他收入。主要是城市市政委员会设在本乡的外县企业，村评议会及公众的捐款和赠款。

最后是村评议会。村评议会的财政来源可以分为以下几类：①政府来源，包括法定收入，即政府依法征收并退还给村评议会的税费收入，如土地税、教育税、印花税提成、娱乐税提成以及附加费等；其他来源，如政府的财政补助金和激励金等。②自身来源，包括依法自征的税费收入，如房屋税、职业税、汽车税、农业税、土地附加费、地方税、供水、照相、维修下水道的特别税；村评议会进行有偿服务的收入等其他来源，如举办按周和按日开放的市场、公共停车场、屠宰场、管理摆渡和牲畜池塘的收入等。③杂项收入，包括县和乡给予的临时捐款和赠款、投资和贷款的赢利以及公众的募捐等。除了政府来源的资金有保障外，其他财政收入不稳定而且数量有限。

二、农政管理服务性体制的建立

（一）印度的土地资源管理体制

英迪拉时期，印度构建了比较典型的土地资源分治体制。纵向上，全国没有统一的土地立法，联邦政府只负责制定某些具有全国意义的政策与措施；邦政府拥有土地的实际管理权、控制权、征税权等，以及私有土地和邦有土地的最终审批权，负责制定本邦的基本土地法律政策，如土地法。所以，邦与邦之间的土地政策往往不甚相同。横向上，实行分散式土地资源管理体制。涉及土地资源管理的部门很多，不同部门之间的规划自成体系。

（1）联邦政府的主要土地资源管理机构。在联邦层面上，涉及土地资源管理的主要有 5 个机构，考虑到制度制衡或分权，土地规划职能与土地政策制定职能由 2 个部门分别负责。①土地利用和荒地开发委员会（National Land Use and Wastelands Development Couneil，NLWDC）为印度土地利用与荒地开发的最高机构，根据总理提议设立于 1985—1986 年，直接向总理负责。其设立初衷是为了保护和管理土地、根据土壤适宜性合理利用土地，并制定国家政策和远景规划，进行荒地开发及一些复垦工作。作为最高机构，其下设国家土地利用和保护委员会及荒地开发委员会，为规划和管理土地资源制定详细指南，包括为当前法律提供合理的修改建议。②农业部的国家土地利用和保护委员会（National Land Use and Conservation Board，NLCB）成立于 1983 年，后经 1985 年和 2000 年两次重组，现位于农业部的农业与合作司内，接受 NLWDC 的领导，为政策规划、协调和监管机构。其具体职能包括：为国家土地资源保护、管理和开发制定政策及远景规划，进行评估、执行国家土地利用政策纲要，为土地利用研究及其组织制定行动指南，评价正在执行的项目的进展情况，负责与土地资源开发和土壤保护有关的项目，采取措施限制优质农地转为非农用地，协调邦土地利用委员会的工作。另外，农业部的农业研究和教育司负责研究促进土地资源利用的方法途径。③农村发展部的土地资源司。土地资源司前身为成立于 1985 年的国家荒地开发委员会（National Wastelands Development Board，NWDB)，该委员会最开始隶属于环境与森林部，其职能是处理土地退化问题、恢复生态平衡并满足燃料和饲草方面日益增长的需求。1992年联邦政府在农村发展部建立荒地开发局，负责促进非林地类荒地的开发，NWDB的有关权限也被转移到农村发展部。④环境与森林部的国家造林与生态发展局，该局建立于1992年，负责与森林有关的土地事务。⑤城市发展部的土地开发办公室。城市发展部负责管理城市土地、贯彻实施城市土地法案。其下设土地开发办公室，负责土地的分配等土地有关事务。

(2) 邦政府的主要土地资源管理部门。在印度各邦，邦政府为法定的土地资源管理机构，其下设土地利用局，具体负责绝大多数土地资源管理事务。此外，开发委员会、城建部门及工业部门等也担负有部分土地资源管理职能。土地资源管理的具体机构及名称因邦而异。①邦政府。邦级土地政策的立法权在邦政府，与土地有关的法律主要包括土地税收法案、土地利用法案、与土地租赁有关的法令、关于土地持有最高限额的法令等。②邦土地利用局。1974年根据总理建议，邦政府设立邦级土地资源管理的最高机构——邦土地利用局，以提供政策指南，保障各机构的紧密合作，促进土地资源的统一规划和优化利用。各邦的土地利用局基本上都成立于1974—1975年，多半隶属于规划部门，也有的隶属于水土保护部等其他机构。③邦财税部门。土地赋税是印度各邦主要的财政收入来源，因此很多邦的土地登记和调查工作都由财税部门负责。

(3) 联邦分治下的土地审批制度。英迪拉时期，为了巩固土地改革的成果，有效保护农地资源，印度建立了分治的土地审批制度。中央政府是土地审批政策的建议者，几乎没有土地审批权限；邦级政府是土地审批政策和规则的制定者，具有土地审批事务的最终裁决权；邦级以下的地方政府是邦级政策和规则的执行者，具体办理各项土地审批事务。土地审批权限的这种分割方式，主要源于土地由邦政府负责管理的法律。各地方政府机构根据本邦土地利用局制定的规定和程序，编制土地利用现状图和规划图，执行土地利用规划，并根据土地利用规划审批土地使用者的用地申请、农地转用申请。其中，主要土地审批包括农村无地农民的土地分配审批、农地购买审批、农地租赁审批、土地征收与建设用地分配审批、农用地转用审批、土地用途转变的规划许可审批、工业用地的转让审批等7种类型。审批的行政机构各邦各不相同，有的是规划部门，有的是财政部门，还有邦关于农地转用审批的规定被包括在土地税法当中。

(二) 印度的环境管理体系

(1) 环境管理体制的建立。从“四五”计划开始，环境问题才逐渐受到印度政府的重视。1972年印度成立了“国家环境规划与协调委员会”，隶属于科技部，负责管理环境事务。1980年成立了一个特别授权的委员会，对当时已有的环保立法状况和环保管理机构进行了评价，并建议中央政府于当年成立一个独立的环境总局。环境总局于1985年进一步升格为环境与林业部，现为印度环境与林业的最高行政管理机构。印度的环境管理由中央政府和邦政府负责实施。

（2）协同中央政府实施环境管理的主要机构。①各邦环境部在邦政府的授权下，主持本邦的环保事务。②中央污染治理委员会是全区水和空气污染监控治理的最高管理机构，负责实施有关水和空气污染防治的法律与规章。③各邦污染治理委员会。在邦辖范围内，行使与中央污染治理委员会相似的职能。④印度植物考察队（BSI）隶属于国家环境与林业部，成立于1980年，为常设机构。其主要职能是负责调查和鉴定印度的野生植物资源。BSI总部设在加尔各答市，在全国范围内定期进行植物资源的考察收集活动。⑤印度动物考察队（ZSI）现隶属于国家环境与林业部，主要负责考察和收集印度的野生动物资源。ZSI总部位于加尔各答市，并在全国各地设有16个工作站，定期进行动物资源考察收集和鉴定分类工作。⑥印度森林考察队（FSI）负责考察印度的森林资源，总部设在台拉登（Dehradun），在班加罗尔、加尔各答、那格浦尔等地设有4个地区办事处。⑦国家河流保护局（NRCA）的前身为中央恒河管理局，成立于1985年，主要负责全国河流的污染治理工作。⑧国家造林与生态开发委员会（NAEB）的前身为国家荒地开发委员会，1985年成立，主要负责全国的营林和生态恢复工作。

（三）分治体制下的林业管理体制

政府为了加强林业工作，于1984年成立了中央林业局，隶属于农业部，林业局长由农业部长担任，农业部不直接管理林业行政事务。林业总监作为中央政府的首席林业事务顾问，负责全国的林业工作。中央林业局只负责制定林业政策和全国的林业发展战略，以及协调地方的林业科研、教育等工作；森林的经营管理工作则由各邦具体执行。因此，各邦也相继建立健全了邦级林业管理机构。

1985年印度政府为了适应林业发展的新形势，采取了一系列重大的措施。先是对国家机构进行了调整，以加强对林业的指导。印度政府把林业从农业部中独立出来，成立了环境与林业部，扩大了其管理权限，并使其组织机构更加完善和合理。为了加强对野生动物的保护，印度政府还将野生动物纳入环境与林业部管辖。1985年5月成立了国家荒地开发局，隶属于环境与林业部。环境与林业部下设有环境司、林业与野生动物司，以及8个直属机构及其他机构。环境与林业部的工作职责是：制定和监督执行林业政策，协调全国的林业教育、科研和培训工作。林业与野生动物司负责贯彻执行林业政策和国有林管理，荒地发展局主管荒地规划、开发及群众造林工作。中央林业研究会是最高林业咨询机构，受部长联席会议领导。部长联席会议由邦林业局长组成。中央林业研究会的办事机构是中央林业委员会，林业总监任中央林业委员会主席。

各邦和中央直辖区都设立了林业局，邦林业局由森林总监领导。1985 年成立了一个部与部之间的关于控制木材消耗的研究小组，该研究小组于 1986 年向联邦政府提出了控制木材消耗、减轻对国有林资源压力的 6 项具体措施：①鼓励利用次要树种；②改进炉灶，节约烧柴；③木材加工厂应充分利用加工剩余物；④适当减免木材代用品的进口关税；⑤限制政府部门的木材消耗量；⑥鼓励使用木材代用品。

三、农民生活保障性制度的初创

受到甘地思想的影响，英迪拉时期的农政目标指向一直是致力于解决印度农民群体的贫困问题，而不是要让其中一部分富起来。在这一目标指导下，印度作为一个以农业为主的发展中国家，尽管国家还不富裕，但在一种“低起步，缓覆盖”原则下，在实施各种反贫困计划的进程中，开始探索建立保障穷苦农民生活的制度，这一制度在 20 世纪 90 年代的外向自由化进程中逐步形成了体系。

（一）农村的医疗保障制度

自独立以来，印度政府就致力于采取各种措施来改善人们的健康情况。1949 年印度宪法明确规定，所有国民都享受免费医疗。为此，印度中央政府推行了全民免费医疗制度，建立了一套包括国家级医院、邦（州）级医院、地区级医院、县级医院和乡级医院 5 个层次的公共医疗服务体系。长期以来，所有政府医院对任何看病的人，不论身份、国籍，一律免费。免费项目包括挂号费、检查费、住院治疗费、急诊抢救费等，甚至还有住院病人的伙食费。免费医疗服务主要由公共医疗服务体系和农村医疗网络提供。农村医疗网络由保健站（Sub Center）、初级保健中心（Primary Health Center，简称 PHCs）和社区保健中心（Community Heath Center，简称 CHCs）三级构成。

农村三级医疗网络起源于 1951 年政府发起的“社区发展规划”。通过这一规划，印度政府加强了农村基础医疗设施建设，兴建了包括 142 655 个保健站、23 109 个初级保健中心和 3 222 个社区保健中心的庞大农村医疗服务体系[①]。保健站设男女保健员各一名，负责母婴健康、计划生育、预防接种和发放药品。每个保健站负责邻近村庄 3 000～5 000 个村民的保健服务，所需资金由印度家庭福利部提供。②初级保健中心由邦政府负责建立和维持，一般是每 2 万～3 万农民设一个，为他们提供治疗、预防、家庭福利等医疗保健服务，每个保健中心还负责对 6 个保健站的监管工作。初级保健中心是农村卫生保健

① Bendapudi Arunima：《印度农村医疗的现状与对策》，姚振军译，《医学与哲学》2007 年第 8 期。

的基石，是农村病人第一个投奔之所，是维护社会和经济稳定的基础。它构成了第一层次病人和医疗单位接触和联系的国家卫生系统，使医疗服务尽可能接近人民的生活和工作。③社区保健中心也由邦政府负责建立和维持，每10万农民配备一个社区卫生中心，配有完善的医疗设备和充足的医护人员，它是4个初级保健中心的上级转诊医院。

（二）农民的基本生活保障制度

在英迪拉时期，开始建立起农民的基本生活保障制度。首先是保障农民的基本生活需求。丧失劳动力的农民可以直接获得政府发放的津贴，以满足其最基本的生活需要；无房的农民可以获得政府的建房补助，以获得基本的居住场所；其他农民可以通过“信贷及补助计划”获得政府小额扶助资金，以进行住房改造。丧失劳动能力的老年农民可以获得政府发放的津贴。对贫困人口实行低价粮食政策，即不需要按照市场价格购买粮食，可以以低于市场价的国家指定价格购买粮食。其次是积极发展农村养老保险和金融服务。印度农村对老人的赡养主要来自家族，人们也可以从各种宗教组织获得援助。1988年喀拉拉邦为低收入的农村工人制定了一项不用交纳保险费的养老计划。同年，国家层面开始实施农村低收入工人无偿人寿保险计划，该计划由政府支付给工人300卢比的抚恤基金。政府每年还对每个65岁以上的农村老年人发放5美元的养老金。

（三）农村劳动者权益的保护制度

（1）对农村流动劳动力的一般立法保护。流动劳动力有着特殊的身份，他们不仅是劳动者，而且在工作特点上具有流动性。这就需要国家对他们实施双重保护，一方面保护其用工权益，另一方面保护其在流动工程中免受侵扰、歧视和伤害。为保护农村流动劳动力，印度先后通过了多部法律，主要有《最低工资法》（1948年）、《劳动合同法》（1970年）、《平等报酬法》（1970年）和《抵押劳动法》（1976年）。1975年，随着国内流动人口的不断增多，印度政府对1970年通过的《平等报酬法》重新进行了修订。其中规定，除了在企事业单位、机关单位实行报酬平等外，所有地区、单位、部门（包括正规部门和非正规部门）的男女工作人员一律实行报酬平等。除了以上这些法律外，印度议会在1979年又通过了一部旨在规范跨越邦界招工工作中不规范行为的《邦际劳动力流动法》，该法主要用来约束在不同的邦之间进行招工的行为以及中间人的行为。

（2）无组织部门就业流动劳动力的基本社会保障。在印度，包括农业工人在内，有90%的从业人员在非正规部门就业，非正规部门在印度被称为无组织部门。由于受到文化教育及其他条件的限制，印度的农村流动劳动力在城市中很难到正规部门就业，这种二元（正规就业与非正规就业同时并存）就业特点，使流动劳动力很难获得正规部门就业人员所享受的社会保障或社会保险，甚至流动劳动力没有任何社会保障。这些工人中的大部分属于临时工、合同工或自主就业的工人，一旦患病或因工致残，他们的生计就可能会出现严重的问题。为此印度政府出台了无组织部门就业工人的社会保障计划，并在 50 个地区进行试点，该计划提供养老金、意外伤害保险以及医疗保险 3 个层面的保护。该计划对那些已经登记注册的从业人员采取强制的措施，而对那些自主从业人员则是采取志愿的形式。雇主和雇员都要对该计划进行缴费，同时政府也对此计划进行拨款。该计划由雇员准备基金组织进行管理。

(3) 支持非政府组织对印度农村流动劳动力的保护。在对农村流动劳动力的保护上，非政府组织也采取了一些措施，对农村流动劳动力提供了有益的帮助和保护。在农村劳动力转移的过程中，一些非政府组织或志愿组织积极行动起来，去帮助流动工人提高工资、改善工作和生活环境，为他们提供就业信息、小额贷款并保护他们的相关权益。政府也顺势利导，加强非政府组织在劳动力转移中的作用。在这些非政府组织中最著名的是“GRAMIN VIKAS TRUST (GVT)”。该组织的一个主要目的就是通过提高流动工人的技能从而增加他们的收入，增强他们的自觉意识和谈判协商能力，提供更多的用工信息，增强他们与政府、其他服务提供者之间的联系。该组织的另一个目的就是通过在流出地和流入地之间进行干预，减少流动工人在流出地和流入地之间进行流动的过程中所支付的成本。在劳动力流出地，该组织加强与流出劳动力的家庭之间的沟通交流，提供身份证，为老人和孩子提供住所，建立信息中心，与潘查亚特和其他机构或组织建立联系。同时，与城市中支持流动劳动力的相关组织建立合作关系，以便更好地促进对流动劳动力的支持。

(四) 农村就业保障的各种计划

独立后，中央政府就把促进农民就业作为化解贫困问题的重要目标，之后通过历年的国家计划安排，逐步使其成为一项常规性工作任务。20 世纪 70 年代初，中央政府设立了一个专门委员会来制定解决农民失业问题的措施。该委员会提出了农村电气化、修建公路和农舍、建设小型灌溉工程等方案，以扩大农村就业。1973 年，印度政府根据该委员会的提议，实施了以下措施。①农村工程计划。该计划以修筑永久性民用工程为重点。②边际农和农村劳动力计划。该计划是对农村的边际农等贫困农发放专项种植、养殖贷款。③小农发展机构计划。该计划是由专门机构向小农提供农耕专项贷款，以解决季节性就业不充分的问题。④综合旱地农业开发计划。该计划开展土壤保护、土地开发和水利等永久性工程。这些工程项目都是劳动密集型的，可为工程项目实施地区提供大量的就业机会。⑤农村服务中心计划。该计划主要是向失业的农机、电气等专业的大学毕业生和文凭持有者自谋就业提供援助，帮助他们在农村从事农技服务工作。⑥地区发展计划。该计划涉及10个大型灌溉工程地区的基础设施建设，以增加就业。⑦促进农村就业的现金计划。该计划为治理水土流失、小水利、饮用水等各种劳动密集型和生产性的农村发展项目提供资金。该计划规定，在区里每设立一个项目，都要向100人提供可满足其在一年里平均持续工作时间10个月的就业岗位。

此外，印度中央政府还在1978—1980年分配了270万吨粮食给以工代赈计划，使70%以上的劳动家庭和农村人口中的最贫困阶层受益，使其收入增加了17.17%、就业增加了10.9%。由于以工代赈计划取得了较好效果，从1980年10月起，印度政府将以工代赈计划更名为全国农村就业计划，由印度中央政府发起组织并提供50%的援助。随着以上计划实施的成效不断显现，印度政府扶植贫困农民的决心进一步增强。1989年4月28日实施贾瓦哈尔就业计划，由中央政府和各邦政府分别出资80%和20%，为贫困人口创造就业机会。后来这些计划发展为《国家农民雇佣保障法案》。

（五）农村义务教育的起步

印度自1947年独立后，即承诺普及免费的基础教育，对公民普及知识和鼓励思想自由等。但印度的农村免费教育却没有像免费医疗那样形成独特的体系，没有使更多的农村阶层得到免费的教育福利。直到1976年，英迪拉政府才开始把基础教育列入工作日程。在此之前，教育事务几乎全部由地方政府负责，中央政府只负责协调关系、制定技术与高等教育标准。1986年印度中央政府首次颁布国家教育政策和实施规划，普及基础教育工程在全国正式启动。为了促进基础教育的发展，印度中央政府开始加大对基础教育的投入，同时也在积极实施对农村教育的补偿政策。全国的农村义务教育由此起步。①在农村中推进“黑板行动”计划。该计划于1987—1988年开始实行，这是一项旨在改善农村学校设施和教学环境的操作方案。“黑板行动”计划的基本内容是：为只有1名教师的学校增派1名教师，并尽可能保证其中1人是女教师；为每所小学提供至少2间教室；为每所学校提供最基本的教学和学习材料，包括黑板、地图、图书、乐器、玩具、游戏设备及劳动实习工具等。“黑板行动”计划实施以后，截至21世纪初，中央政府为该计划所拨专款累计达62亿卢比，各邦政府承担修建校舍的费用累计达98亿卢比。②实施“Shiksha Karmis工程”。该工程于1987年开始实施，受到瑞典国际开发署的资助。该工程的目标是，使地处偏远且经济落后的拉贾斯坦邦农村普及初等教育并提高教育质量。其中特别关注改进农村女童教育。针对教师缺乏的现状，该工程运用革新方法培训地方知识青年，以充实教师队伍，由此探索出一条动员农村社区力量参与的普及小学教育之路。

四、农政关系的整体改善与进步

尼赫鲁时期在立法关系、行政关系和财政关系上确定了中央与地方的分治结构，但这一结构在随后的英迪拉农业新战略转变中受到多重因素的影响而进行了相应的调整，农政关系由此也得到了整体改善与进步。

（一）政党制度的调整与完善

政党是代表一定阶级、阶层和社会集团的利益并为之奋斗的政治组织。印度实行多党制，因而多个政党对印度农政建设的不同观点也成为分治的一个重要特征。①1885年国大党成立，独立后的农政主张主要是优先发展农村经济、实现农业现代化。②1920年10月印度共产党成立，20世纪80年代后印度共产党宣布它是“献身于社会主义和共产主义事业的工人、农民和劳动人民的自愿组织”，认为印度是一个中等发展水平的资本主义国家，国大党政权代表整个民族资产阶级利益。故现阶段的革命任务是，联合反帝、反封建、反垄断资本力量进行民族民主革命，建立工人阶级、资产阶级和其他阶级共同领导的民族民主国家，然后通过非资本主义途径过渡到社会主义。③1920年建立的阿卡利党是锡克族的教派政党，阿卡利党的主要目的是维护锡克族人的权益。阿卡利党要求实行真正的联邦制，保护少数民族在社会、宗教、文化和语言等方面的权利；实行土地改革和推进农业现代化，为农产品规定公平的价格；在经济落后的邦建立公营企业，以消除地区发展的不平衡；对外国资本实行国有化等。④1932年建立的泰卢固之乡党，主张“强大的中央与强大的邦并存”，支持任何在中央执政的政党；主张社会公正，消除贫困和失业，改善群众生活条件，反对贫富不均和贪污腐化；主张分散工业，发展农村经济。⑤1948年成立的社会党，反对大地主、大资产阶级垄断国家政权，主张通过民主、和平的手段建立没有阶级剥削和民族压迫的社会主义社会，要求分散权力和政治民主化；主张大型工业和基础工业社会化，优先发展小型工业和家庭手工业；要求消灭封建土地关系，无偿没收大地主超过限额的土地并把这些土地分配给无地少地农民，把合作化作为新的农村经济的基本原则。⑥1966年11月成立的印度共产党（马克思主义），简称印共（马），曾分别在西孟加拉邦和喀拉拉邦议会获多数席位，建立联合阵线政府。它的目的是“通过建立无产阶级专政实现社会主义和共产主义，党的一切活动均以马克思列宁主义的哲学和原则为指导”。印共（马）主张对垄断企业实行国有化，消灭封建土地占有制，实行公平、平等的收入和工资政策。⑦1979年9月建立的民众党，主张实行甘地的经济原则，优先发展农业、小型工业和家庭手工业，限制城市和大型工业的发展，以避免农业和乡村工业成为大机器和大城市的牺牲品。该党主张禁止生产奢侈品。该党还主张实行保护农村经济和农民利益的土地政策，以农民所有制代替农场租佃制，不许地主向佃农夺佃，要在“新乡村运动”的口号下把乡村变成小型现代化农场。⑧1980年成立的印度人民党，则主张把甘地主义作为纲领政策的理论基础，致力于在印度建立民主的、非教派的社会主义国家，实行经济与政治权力分散的政治制度，强调发展农业、小型工业、乡村工业和劳动密集型工业。

英迪拉时期，以上各政党的农政建设主张对农业发展都产生过一些影响，但真正支配印度农业发展的是国大党的农政建设主张。这种多党的政党制度对印度的真正意义在于，促进了印度各种社会矛盾的化解与和谐的农政关系的建立。其作用主要是通过聚分制衡的政党轮流执政来体现的。这种聚分制衡的政党轮流执政也是分聚结合的议会民主政治发展的必然结局。

（二）种姓制度调节作用的新变化

从本质上说，种姓制度所体现的原则与现代议会民主政治制度所体现的原则是矛盾的。种姓制度以不平等为基础，它承认某些人拥有特权，而新的政治制度的一个重要原则是“法律面前人人平等”，不承认任何人有与生俱来的特权；种姓制度以印度教的理论为其理论基础，它实际上是印度教一个不可分割的部分，而新的政治制度是建立在世俗主义基础上的。因此，独立后的印度政府采取了一系列否定种姓制度的法律手段和行政手段。印度的宪法虽没有明确规定废除种姓制度，却有否定这一制度的倾向。1955年印度政府颁布了《不可接触侵犯法》，1976年又制定了旨在保护低种姓利益的《公民权利保护法》。此外，有的邦政府还采取了鼓励不同种姓集团间交往、混居乃至结婚之类的措施等。应当说，这些旨在削弱种姓制度力量的努力收到了一定的成效。今天，种姓隔离和种姓歧视至少是不合法了，种姓制度受到越来越多的有识之士的谴责。尽管如此，种姓并没有被消灭，它的根仍深深扎在印度人的宗教和社会生活之中。在广大农村，人们按种姓而居，各种姓集团之间仍不通婚，社会交往仍受到限制，种姓这种强大的力量仍在规范着人们的行为。即便是在诸如新德里那样的现代大城市，种姓也并没有完全销声匿迹。在新的政治制度下，种姓不仅没有消失，它在政治领域里的作用反而增强了。普选制实施以后，种姓的人数成了一个重要的因素，这使那些原来并不团结的种姓集团团结起来了，使以前不合法的种姓组织合法化了。在村评议会、邦议会和国会选举中，属于同一种姓的人团结起来，力争把自己的代表选进政界。如果实现不了这一点，便改为支持某个候选人，然后通过讨价还价获得某种报酬，如提名本种姓的人在政府或其他机构中任职、得到政府的拨款等。种姓还构成了许多政党的基础。如印度泰米尔地区的德拉维达进步联盟和全印安纳德拉维达进步联盟是反婆罗门的政党，民族民主党是奈尔种姓的党，社会主义共和党是艾札瓦种姓的党，喀拉拉国大党代表了该地区天主教徒的利益，阿卡利党、共和党等也都是种姓政党。即便是那些打着世俗主义旗帜的政党，如国大党和印度共产党，也难以摆脱种姓的影响。国大党在不同的邦里代表不同种姓集团的利益，如在安得拉邦代表雷迪（该地区一个大农业种姓）的利益、在哈里亚纳邦代表贾特种姓的利益、在北方邦则受拉吉普特和卡亚斯塔两种姓的控制。印度共产党领导的安得拉邦的共产主义运动，就是建立在卡马种姓反对雷迪种姓的基础上的；在喀拉拉邦印度共产党则得到纳亚尔种姓的支持。所以就连印度共产党著名理论家南布迪里巴德也不得不承认："试图推翻封建制的农民起义，如果要想从没有领导、没有斗争目标的状态中前进一步，就必须依靠种姓组织。"

（三）教派对农政关系的影响

印度盛行多种宗教，主要有印度教、伊斯兰教、锡克教、耆那教、佛教、祆教、基督教等。宗教不仅种类多，而且对人们的影响深。对印度的大多数人来说，宗教既是一种信仰，也是一种生活方式和民族标志。宗教影响着每一个人生活的方方面面。在这些宗教中，有的是印度土生土长的宗教（印度教、耆那教、佛教），有的是外来宗教（伊斯兰教、基督教、祆教），有的是本地宗教受外来影响后产生的宗教（锡克教）。这些宗教有不同的神祇和教义、不同的仪式和组织，信仰者具有不同的种族特征、说不同的语言、遵循不同的习俗。教派对农政关系的影响主要体现在：①在古代印度的政治进程中能够促进相同教派的农民群体之间的融合，有利于整个民族的团结；②近代西方式政治制度在印度的成长使教派成为分割政权主体与农民群体的重要力量，如作为西方政治引进标志的国大党，尽管从成立之日起就自称代表所有的印度人，但它的大部分成员是具有印度教徒身份的民族资本家、高利贷者和知识分子，它从本质上难以代表全体农民群体等其他社会底层劳动者的利益；③教派被英国利用来进行印度的"分而治之"，在导致印巴分治的同时也导致了统一的印度农业市场的分割；④"世俗主义"的目标使保护少数派农业集团利益成为可能。所谓"世俗主义"，是指国家对所有宗教一视同仁，提倡宗教和解精神，保护少数派集团的利益。这就使生活在少数派中的农民可能在这种精神推进中得到保护。

（四）消灭封建特权的影响

英迪拉在政治方面进行的改革，最打动民心的是取消封建王公的特殊津贴和特权。封建王公的特殊津贴和特权问题是个历史遗留问题，也是印度独立初国大党在归并土邦时为抚慰和拉拢封建王公所实行的政策。这在当时的历史条件下是必要的，在一定程度上加快了土邦归并的历史进程，促进了印度领土的完整和统一。但它毕竟是一种封建残余，是旧世界的象征，因此引起了人民的强烈不满，成为全国性农政不和谐的因素。英迪拉分析说："最使人民愤慨的并不是年俸本身，而是与此相关的其他特权，如王公们免交水电费等。穷人要支付水电费，而王公们反倒可以不付。王公们还享受免费医疗。不同的邦对他们作了不同的迁就。这些名目繁多的小特权激怒了普通老百姓。”因此，1970年9月1日，英迪拉在议会中提出了要求取消王公年俸的宪法修正案。该修正案在人民院以2/3的多数票获得通过，却在联邦院仅以一票之差遭到了否决，印度最高法院也予以阻挠。但经过英迪拉的不懈努力，王公年俸等特权得以削弱并最终被取消了。

第四节 “英迪拉农政”：印度的新起点

从20世纪60年代中期实施“英迪拉农政”开始，到20世纪90年代初拉吉夫推进农政分治的20余年，是印度分治农政的英迪拉时代的第一个时期。这一时期英迪拉改变了尼赫鲁重工业优先战略而导致了农业政策和农政体制的一系列变革，从而成为印度建设强国进程的新起点。也正是在这一进程中，印度不仅没有停止建设强国的进程，而且取得了较尼赫鲁时期更伟大的成就。在英迪拉时代，印度高级技术人才数量居世界第三位，印度还成为世界第六个拥有核武器的国家、第七个加入宇航竞争的国家和排名前列的工业大国。这一系列成就以英迪拉和拉吉夫的生命为代价而具有鲜血累积的历史厚重。对英迪拉以宪政方式治理世界上这个多民族、多种族的国家所创造的历史性成就以及历史性影响给出真切的评价，是世界历史研究的重大课题。受限于主题的影响，本著不可能对英迪拉作出全面的分析，只能就农政建设这一有限的领域对英迪拉所创造的历史贡献给予评价，也算作一个中国学者对英迪拉的另类认识而希望引起世人的重视。

一、重新认知印度农政发展史

（一）“绿色革命”分析印度分治农政的不完整性

在研究印度独立后农业发展史问题上，美国学者创立了“绿色革命”这一概念，之后这一概念被广泛应用于分析印度农业发展问题。它不仅被西方学者广泛使用，也得到了印度学者的认同；它不仅作为分析英迪拉时期农业进步的工具，也作为认知今天印度农业发展的尺度。这一概念对于分析印度农业技术的进程和农业经济变革的路径，应当是有意义的。但要全面分析和认识印度分治农政的英迪拉时代留下的精神遗产时，却感觉到这一概念既找不到印度现代农业发展的历史和逻辑起点，也寻求不到印度农民成长与进步的前进方向，更看不到英迪拉的战略转变给印度带来什么样的精神财富和贡献。它需要我们进行更为切合印度实际的新概念重构。

我们先来看西方的学术范式。“绿色革命”这一术语是由时任美国国际开发署主任威廉·高德于1968年首先使用的。它最初的含义仅是指农作物品种的改良，特别是水稻、小麦等主产粮食作物的高产品种种子的培育和应用。由于它引发了一系列农业变革，在经济、社会和政治发展中产生了巨大影响，所以从农业技术领域转而成为西方学术界多门社会科学研究的对象。这种研究大体分为两大类：一类是以印度“绿色革命”本身为研究对象，在社会科学的视野下分析印度“绿色革命”的起源、进展和前景等问题；另一类是仅把“绿色革命”作为社会科学研究对象和问题的一般物质基础来看待，如对印度农业生产方式变迁的探讨就属于这类研究。但在我们看来，“绿色革命”只能用以分析印度农业技术变革路径，不能用以分析印度史学。如果就印度发生的农业“绿色革命”的具体内涵来看，称之为农业“科技革命”可能更为准确。如果将这一纯技术上的概念推及到社会科学领域，并将其作为一系列学术范式建构的起点，则带有十分明确的西方色彩，这一概念可能会成为否定印度人民智慧的一个学术陷阱。

第一，这一学术范式使我们找不到印度现代农业的历史起点，不利于全面总结英迪拉时期所发生的农业进步、农村面貌改变、农民转化的全部历史，让我们看不到英迪拉积极扶助贫苦农民和在她的领导下印度实现粮食自给的卓越贡献，使我们对印度的农业分析始终只能停留在农业经济这一层面上。我们的研究表明，这一时期印度农业技术的进步只是一个方面，更为关键的是英迪拉态度的转变：对于印度农业在国民经济中的地位的态度的转变，即从尼赫鲁视农业为工业化的工具，转变为农业是解决印度人民民生的产业；对于解决农民问题态度的转变，即从一般抽象意义上的帮扶穷苦农民，转变为实际而真切地资助表列种族和表列部族农民。

第二，这一范式制造了历史逻辑混乱，否定了印度人民在农业发展中的智慧和贡献，将农业进步的逻辑起点交给了美国人。由此可以认为使用“绿色革命”这一学术范式，是美国人按照农业经济思维强加给印度的。用这一范式分析印度这一时期发展的农业历史时，导致的结论就是美国的技术在印度农业的发展中起了决定性的关键作用，印度人民在农业发展中的智慧、创造都在这一学术概念之下几乎化为乌有。

第三，这一范式只看到了技术的作用，而从根本上忽视了农业建设中的制度和政策体系的建设。于是就出现了尼赫鲁依靠制度改革推进农业发展的所谓“制度战略”、英迪拉依靠技术进步来促进印度农业进步的“技术战略”等历史分期法。一些美国学者为了处心积虑地论证印度发展是美国人自己的功劳，就寻找制度变革对印度的负面影响和技术突破的积极作用。这种为美国学术“贴金”的标签式思维影响和误导了无数的学者。其实在尼赫鲁时期的农业发展中，不仅包括土地改革，还包括技术的进步与改良；英迪拉时期不仅包括技术的进步，更包括土地改革的实际推进、许多农业政策的调整、农业制度的变革和重建。后几个方面的成就大大超过了农业技术上的成就。这种按照西方的理论范式进行的分析，只把土地视作制度，而把农业经营组织、国家的农业管理、农业的务农体制建设都不视为制度，对于我们求实认知印度农业发展是有极大局限性的。而在我们看来，后几个方面的制度对于农业发展更为关键。

（二）用“英迪拉农政”替换“绿色革命”

既然我们提出不能用美国人提出的“绿色革命”这一纯技术学术范式来分析印度这一时期农业的变化，那么应以什么样的概念来全面概括这一时期的农业政策变化、农村面貌改变、农民群体成长以及农业与工业的关系呢？可以用“英迪拉农政”替换“绿色革命”概念，“绿色革命”只有作为“英迪拉农政”的一部分才能得到解释。

我们理解的“英迪拉农政”是指：英迪拉在改变尼赫鲁服务重工业优先农政方略而启动印度内向自由化进程中，所进行的农业政策调整、务农体系建设和农政体制完善行动的总称。

第一，是英迪拉改变了尼赫鲁重工业优先的农政方略，由此成为印度新的农政建设起点。第二次世界大战后是社会主义运动风起云涌的时代，学习苏联、走向强盛是印度执政者的主旋律。尼赫鲁是在高举社会主义旗帜下开始实施这一战略的。在国家经济战略推进的层面上更是学习苏联的社会主义经验，试图克服资本主义发展的各种弊端来快速发展印度的国民经济。而在世界学习苏联社会主义重工业优先增长的战略中，最先对这一战略进行调整与转换的是英迪拉领导下的印度。只有从社会主义农政建设方略的意义上，寻求“英迪拉农政”的社会主义因素才能对中国的社会主义农政建设带来一些启发性的意义。在英迪拉直接指导下进行的一系列农政建设是我们进行“英迪拉农政”学术建构的起点。

第二，“绿色革命”是“英迪拉农政”利用的一次农业科技推广活动。“绿色革命”在技术层面上看，是20世纪中期一些发达国家和墨西哥、菲律宾、印度、巴基斯坦等许多发展中国家，利用“矮化基因”培育和推广矮秆、耐肥、抗倒伏的高产水稻、小麦、玉米等新品种为主要内容的生产技术活动，其目标是解决发展中国家的粮食问题。然而从世界政治的本质以及引起的农政关系变革来看，所谓“绿色革命”并不是一次单纯的农业技术活动，而是当时国际冷战背景下，以美国为首的西方世界针对苏联和中国为主要代表的社会主义国家所采取的一种笼络发展中国家、构建所谓“新月形包围圈”（从日本、韩国到菲律宾、马来西亚、新加坡、泰国等国，直到印度）的一种农战形态，实际上是美国粮食武器战的延伸和另一种不同的表现形式。当20世纪90年代苏联解体后，所谓的“绿色革命”开始降到冰点。到21世纪美国又开始了所谓的“第二次绿色革命”。从技术上看，是要利用生物技术提高植物的光合效率，把“固氮基因”移入农作物，使其具有固氮能力及自行供肥，以提高农作物的产量和质量，并提高土壤肥力；将两种不同农作物的基因结合，创造出一种优质新植物；计划从绿色植物中大量提炼酒精，以取代石油，解决农业自身所需要的能源等。然而在我们看来，这可以视为以美国为首的西方国家再次发动的新农战。未经检验的新产品主要提供给发展中国家的人民，将会产生什么样的影响不得而知；粮食等绿色植物的转化将提高农产品的价格，最终受损的也将是发展中国家。在如何对待美国发起的争取印度等发展中国家的农战运动中，英迪拉作为国家最高决策者创造了一个利用农业技术革命服务于印度农政建设方略的实用主义经典案例。学习美国的农业技术以及为此服务的务农体系来解决印度的粮食有效供给问题，并进行相应的制度建设；在推进“绿色革命”时绝不忘记推进土地制度改革并注意克服“绿色革命”对印度带来的负面效应，在争取美国支持的同时绝不忘记争取苏联等社会主义国家农业的援助与支持，在放松企业管制推进内向自由化时绝不忘记农业经营组织的变革与政策的配套跟进，在推进农业优先和工农并举战略中绝不忘记科技立国发展工业的战略。而在全面分析这一系列的事件时，用所谓的“绿色革命”是难以进行解释的。

第三，只有用“英迪拉农政”才能全面把握印度农政分治道路成长的工业环境与变化。尼赫鲁以国家管制为主的企业发展是为应对国外强大的技术压力而作出的保护国内工业生产的正确战略。印度自独立后直到20世纪80年代，国家的发展战略一直是坚持公平在先、效率其次的均衡发展的思路，即尽可能地实现全国各个区域经济的同步发展。现代城市化的原动力是工业化，工业化政策直接影响城市在国家中的分布状况和整体城市化进程。20世纪50年代印度刚独立的时候，全国各个地区在基础设施和工业禀赋方面存在很大的差异。工业不仅在邦与邦之间分布不均衡，而且总是集中在某些特定大城市区域。出于政治等多方面原因，印度中央政府决定制定政策，将工业从大城市中撤离出来，使集中的工业分布模式变为分散的分布模式。20世纪70年代初英迪拉开始制定一系列分散工业布局的政策，其中针对工业在邦与邦之间分布的政策有工业许可证制度、公用设施产业的区位政策等，针对邦内的政策有鼓励发展小规模企业政策、工业地产计划等。在分散工业的同时，印度还采取中央政府财政转移支付、金融机构投资区域限制等措施来缩小区域间的经济发展差距。以此为起点，英迪拉转向农业优先战略推进“绿色革命”10年后，转向了工农并举，并开始了以放松管制为目标的内向自由化，于20世纪80年代后掀起了私有化的浪潮，私营部门的新投资表现出集中于发达地区的趋势。这是因为发达地区可以为私营投资者提供一定的基本条件，即劳动力、基础设施、运输和市场等。这一进程被拉吉夫所承继，从而为20世纪90年代的外向自由化奠定了重要的基础，并辅之以相应的农政变革而开始了印度农政的新道路，其间为外向自由化引起的农政完善是“英迪拉农政”的第二个阶段。

第四，只有用“英迪拉农政”才能解释这一时期兴起的与农政建设相关的城市化运动。印度的城市化运动与“绿色革命”不具有很强的相关性，在“绿色革命”的框架下无法进行城市化的分析，而只有在“英迪拉农政”这一范式下才能进行。①英迪拉推进的工农并举的工业化较尼赫鲁重工业优先的工业化更能吸纳农村人口，提高城市化的比例。②英迪拉时期的种姓因素相对宽松，使更多的低种姓更大规模地进入城市，特别是日益增加的人口和村庄中教育的推广，导致受过教育的年轻人不断地从村庄移往城镇和城市，表列种姓和表列部族的成员作为农场佃户和雇用劳工季节性地或永久地移往城镇区域。③英迪拉的放松小中企业管制的政策更有利于印度的城市化。印度内向自由化是从放松对小中企业及其相关产业的管制开始的。这种政策有利于就近吸收消化当地农村的人员。由于小中企业大都属于农村的低端产品，这就有利于农村劳动力进入城镇，提高城市化率。④英迪拉对城市更为宽容的政策也推进了城市化。在一些发展中国家将城市人口赶出城市时，英迪拉却做出了不一样的选择。在城市收入的两极分化中，面对城镇贫困人口的涌入所引起的膨胀性增长，最终允许城镇贫困人口停留在城市贫民窟中，贫民窟或棚屋居民从英迪拉时期起变成了印度城市风景不可回避的一部分。由于靠近工作场所的住房不易得到、土地的高成本、无力支付房租等因素，迫使数千万城市居民在贫民窟栖身。英迪拉时期他们留在了城市，特别是大城市。贫民窟人口大约占各城市总人口的20%～30%。这种政策被印度后来的政府所保留。到1990年，在印度最大的孟买、加尔各答、德里、钦奈（马德拉斯）4个城市中，居住在贫民窟的人口竟分别高达42%、40%、38%和39%。2000年印度大城市中的贫民窟人口仍高达3 200万人。如何评价这种现象？有的学者以此作为印度城市化落后的象征。也有的学者进行的调查与研究表明，生活在这种贫民窟内的居民的幸福和满足感更高，这就解释了英迪拉保留这种政策的合理性。

第五，只有通过“英迪拉农政”才能分析印度贫困农民的状况及政府的努力。解决贫困问题需要从土地制度、妇女地位、劳工制度、工业开发、农村社会保障、计划生育和金融服务等方面努力，“绿色革命”只能算作解决贫困问题的一种技术性选择。英迪拉开创了在五年计划中解决印度农村贫困问题的先例，在解决印度贫困人口问题上，英迪拉建立了中长期计划和短期计划解决的制度。中长期计划一般都作为国民经济发展计划的一个重要部分写入五年计划。印度从“四五”计划到“七五”计划，每个五年计划中都明确地把消除农村群众性贫困作为计划的重要目标，并规定了计划指标。印度的实施计划可以分为3类，即农业综合开发、解决就业和满足最低需要。这一系列的计划原则得到了印度政府的继承与发扬。如印度第九个五年计划中的“英迪拉之声计划”则是这一计划的完善形态，其主要内容是向处于贫困线以下的表列种姓、表列部族以及自由契约劳工免费提供住所。这个计划在1997—1998年扩大了其涵盖范围，将农村中非表列种姓和表列部族中的贫困者也包括在可以享受此项福利的范围之内，但非表列种姓和表列部族中的贫困者所占份额不得超过总分配额的40%。要论通过国家计划的办法解决农村贫困问题，英迪拉作为先师是当之无愧的。

第六，只有通过“英迪拉农政”才能反映农村自治运动的进步与发展。农村自治是甘地的理想，其总的要求是民主权利向下，在“绿色革命”的框架内根本无法进行这一进程的分析。独立后，农村的自治进程即已开始。但在尼赫鲁时代，农村自治的重点是在农村的富人群体中产生影响，英迪拉的贡献则是从3个方面推进。①让更多的贫困人口通过提高教育和文化水平增强他们的自治能力，使贫困人口以及原先处于低种姓的人们感觉到民主可以让他们更加强大，因为这样他们可以被选进本地的村镇政府。②权力不断下放，从20世纪70年代始，印度的权力开始不断转移到底层，这就使更多的社会底层人物成为地方政府的领导者。这一历史性的影响同样也得到了后来者的承继。来自社会底层的人群进入领导层，特别是越来越多的妇女进入中央政府、地方政府和村级管理机构，这都是从英迪拉之后开始的。③增强低种姓人们的自主和选举意识，迫使上层阶级不得不尊重他们的意愿与权利，这就使低层种姓手中的投票权具有越来越大的作用。英迪拉采取的这一系列措施促进了印度人民民主意识的成长，英迪拉的开创之功是无法否认的。

二、尼赫鲁农政形态的新跨越

作为尼赫鲁的承继者，英迪拉以转变服务于重工业优先工业化的农政方略为起点，开创了印度农政建设的一个时代，实现了以下几个方面的新跨越。

（一）农村扶优帮贫政策原则指导下的农业政策体系

独立后，按照印度宪法的原则，农业为邦级地方事务。尼赫鲁时期以吸纳农村剩余来支撑重工业优先工业化为主的农政方略中，中央政府对各邦农业的支持与扶持极其有限。土地改革由于得不到中央政府实质性的农业配套政策的支持，所以未能达到希望从农业吸纳更多剩余以支持工业化的目标。因此，当英迪拉实行她的农政新方略时，首先需要改变尼赫鲁的中央政府有限支持邦政府的农业政策原则。1966年1月英迪拉就任总理后，首先想到的不是进行农业政策的调整，而是争取美国的粮食援助。然而当美国签订的粮食援助计划变为废纸的时候，迫使英迪拉实施此前已经计划过的“绿色革命”，开始了国内农业政策的大调整。中央政府在推进“绿色革命”方面开始起着主导作用。该政策在区域上主要是通过重点扶持农业条件比较好的旁遮普邦等邦，充分发挥其增产的潜能；在生产经营单位上主要是通过充分调动土地面积较大、资本较为充裕的地主和农场主来实现的。这种政策导向被意识形态化的阶级分析法所指责，认为这是一种让富者更富的政策。但在我们看来，在兼顾公平与效益方面，这不失为一种较优选择，因为只有有了粮食的丰产，才会有公平的基础。特别是印度农民群体要生产更多的粮食，这种情况下这种政策更有其合理性，印度有追求高效动力的也主要是这些农民中的富裕群体。农业技术试错的责任也只能由这些具有一定条件的富裕农民来承担，条件较差的农民在试错成功后才能群起而跟之。同时这种政策也符合由点带面的农业科技推广原理，当印度一些先进的邦取得“绿色革命”的成效后，开始向其他相对落后的各邦推进，选择的也正是这一技术路径。

当20世纪80年代农业政策取得初步成效后，开始进入政策的第二个阶段，即推行中央与各邦两位一体的帮贫计划，消除农民群体的贫困就成为政府的主要政策目标。正是在农业扶优帮贫的政策原则指导下，印度在英迪拉时期才开始逐步形成了发挥全国农政建设引导性作用的中央农业政策和发挥各邦农业生产指导性作用的地方农业政策。这一政策体系根据扶优帮贫的推进历程，在中央政府层面，依次形成了增强农业生产能力的政策、农产品的价格与补贴政策、促进农村均衡发展的政策、农业资源的开发利用政策四大政策体系；在各邦分治的指导性农业政策上，形成了土地改革与土地利用政策、农业税收的调节政策、农村产业结构调整的政策三大政策体系。也正是在英迪拉的这一政策原则下，印度出现了前述的北部旁遮普邦农业快速高效发展、沙漠绿洲拉贾斯坦邦的治理、中央邦的扶贫开发和东北部各邦整体开发等农政分治下的地方差异化发展。

英迪拉在农业政策上确立的扶优帮贫原则以及所建立的中央与邦两级农业政策体系，都是在农业优先战略指导下展开的。其开创性功绩是尼赫鲁无法比拟的。它不仅对当时的印度农业发展产生了作用，而且对今天乃至未来的印度都将产生影响。

（二）培育农政使者建立系统的务农体系

尼赫鲁时期尽管存在一些农业科研机构，但还没有从机制与体制上建立以服务于农民群体为己任的农政使者。这一使命是英迪拉完成的。她在中央政府农业政策的扶优帮贫的基础上，建立了分层的农民群体的服务机制，形成了服务于农民的农政中间体。她在印度农业务农体系的系统性构建中，培育了对印度农业发展历史影响深远的农政使者。我们理解的农政使者是指，既向农民群体传播农业科技知识，进行农业科学研究与试验，为农村培养各类人才，又为政权主体提供相关服务、为农民代言的学者群体。它是连接农民群体和国家管理的政权主体的桥梁。印度农政使者主要包括如下群体。

（1）农业科研系统成长的农政使者。1965 年成立印度农业研究理事会后，印度农业科研系统的农政使者得以快速成长。在印度农业研究理事会领导下，印度已建立起世界上最为庞大和广泛的农业研究与教育网络，人数约 3 万名，直接从事研究和管理的人员接近 7 000 名；30 所国立农业大学聘用的 26 000 名科学家中，有 6 000 名以上科学家从事该理事会的项目研究。印度农业科研系统的农政使者在农业技术上的“绿色革命”“蓝色革命”“白色革命”中都发挥了关键作用，他们成为引领农民群体进行技术变革的主力军。

（2）农业教育系统成长的农政使者。自英迪拉政府建立起新的农业高等教育制度后，农业教育工作者不仅培养农业方面的高层次人才，而且在加强教学、科研的同时，通过各种渠道与广大农村建立多种联系，成为服务于农民群体的农政使者。它们根据农村不同需要，采取了多层次、内容丰富、灵活多样、实用性强、时间长短不限的服务形式。它们传播各种农业新技术，开展咨询服务，提供农村经济信息等。

（3）农村推广领域的农政使者。印度农村推广领域是一个十分宽广的领域，不仅农业研究、教育工作者参与农业推广，充当服务于农民群体的农政使者，而且相当多的一部分农政官员也直接参与服务于农民群体科技推广的工作。农政官员与农政使者高度融合，是印度农政建设的特点之一。而这一点与美国的农政官员与农政使者高度分离是有重大区别的。

（4）农业和农村合作服务的农政使者的成长。在西方，农业和农村合作社是农民群体自己的组织，它在演变中发展壮大成农民为自己争取利益的政治组织。国家进入或干预的成分比较小，在农民合作组织中工作并成长的是农民群体自己的代言人。但在印度，合作社是在指导性计划之下国家有目的地组织重建的，因此，合作社不仅是农民自己的组织，还承担着贯彻国家政策意图、连接农民群体与地方政府部门的职能，没有国家的适度干预无以开展工作。印度通过农政使者干预和引导合作的方式是：①通过全国合作发展公司直接向合作社提供贷款，这类贷款主要用于合作社的发展性项目，如修建仓库、灌渠等；②向合作银行发放债券，为合作社向金融机构借款的还本付息提供担保；③对合作社的某些活动给予补贴，如扩大经营范围、租用或建筑仓库、应用管理人员等；④为加强合作社的活动资金和借贷能力，认缴各级合作社的股份，如对每个初级农业信贷合作社都认购了 10 000 卢比的股金；⑤税收方面的特别优惠，如减免印花税、所得税和利润税等。

（三）印度农政官员的成长与作用

独立后，在农业和农村工作的政府工作人员还没有纳入印度的文官序列，印度也未能形成有效的农政官员体系。自英迪拉开始农政方略的转变、进行农业政策的调整后，在构建务农体系和完善农政管理体制的进程中，在政权主体和农民群体之间成长了连接两者的农政中间体。在这个中间体中，首先成长的是农政使者，其次是农政官员。作为从英国独立出来的大国，印度与美国农政中间体的成长有极其相似的一面，即在独立后都没有注意到农政中间体的培育。美国在建国后90余年的林肯总统时期，才形成了严格意义上的务农体系，成长了农政使者和农政官员。历史极其相似的是，独立后印度尼赫鲁总理也未能关注农政中间体的培育。不仅农业科研、教育和推广体系未能建立，而且农业和农村中的官员群体也未能纳入印度的行政官制度。英迪拉改变了这一局面。她在推进农业新战略的进程中，首先培育了印度的农政使者，并改革了印度行政官制度，将农林领域的工作人员纳入印度的行政官制度，创建了具有印度特色的“农政文官制度”。

三、“英迪拉农政”的时代性分析

当英迪拉改变尼赫鲁社会主义重工业优先工业化的农政方略时，印度仍处在社会主义苏联与资本主义美国的冷战时代，尼赫鲁的社会主义旗帜还飘扬在印度的上空。这一时期为世界社会主义风起云涌的时代。那么在这一时代“英迪拉农政”做出了什么样的选择？是社会主义农政路径还是资本主义农政道路？这就需要进行以下4个方面的比较分析：英迪拉在什么样的意义上继承了尼赫鲁的社会主义农政主张，“英迪拉农政”思想有哪些社会主义元素，“英迪拉农政”从什么样的意义上学习借鉴了美国林肯农政的经验，“英迪拉农政”告别苏联农政斯大林时代的意义。

对以上问题的回答不仅需要诚实的研究，更需要独立思考的能力。在查阅印度农政建设相关的几千万字的文献和各种史学著作后，发现英迪拉作为世界上杰出的女性政治领袖，无论是在印度本土还是在西方和中国学界，都是一个被低估了的人物。

英迪拉创造着印度的历史，也影响着印度未来农政道路的发展。当我们把英迪拉视为印度一个时代的开端并进行相应的学术建构时，将会面临着一系列的性别阻力。英迪拉在政治参与管理方面创造了印度的历史。正如林登·约翰逊夫人在英迪拉1961年访美以后所说：“要了解印度，你必须访问农村；要理解印度，你必须读泰戈尔的书；但要熟悉印度，你就必须有像这样的老师（英迪拉）。”[①] 英迪拉不仅是印度历史上重要的政治家，而且是新印度历史的缔造者。而这种缔造最突出地表现为她调整和改变了尼赫鲁的发展战略，将印度带出了尼赫鲁重工业优先工业化战略的困境。那么支撑英迪拉转变尼赫鲁重工业

① 赵青：《近世女杰》，中国方正出版社，1995年，第24页。

优先工业化战略的动力是什么？如果不进行相关的比较分析，似乎难以找到真正的答案。

（一）尼赫鲁农政时代的比较分析

英迪拉无论是作为尼赫鲁的女儿，还是国大党的领袖，都是以尼赫鲁承继者的面貌出现的。那么她在哪些方面承继了尼赫鲁的农政建设主张呢？

英迪拉对尼赫鲁农政主张的承继与发展是从印度农政道路的两项重大工程，即土地改革和服务于工业化的农政方略开始的。在甘地和尼赫鲁农政分治体制下，英迪拉转变了尼赫鲁的农业政策，为未来印度的快速发展提供了动力性源泉。

第一，强化农民农地私有并完善土地制度，为保障农民的权利奠定了体制性基础。土地是农民私有还是国有或者集体所有，是社会主义思想家们争论了几百年的命题。在马克思恩格斯时代，则是导师与学生分歧的重大焦点。当马克思和恩格斯提出一系列社会主义土地国有化理论的时候，追随他们的社会主义理想的法国和德国学生以及其他很多同路人，则坚决反对社会主义的土地国有化，认为社会主义的土地国有化必将导致新的专制，成为社会主义民主最为有力的抑制性因素。因此，马克思和恩格斯的许多战友和学生都主张土地农民私有，或者是土地集体所有后交给农民经营。马克思的两位法国女婿庞格和拉法格是这一系列主张的代表性人物，年轻时代的斯大林也是一个坚定的社会主义农民土地私有论者①。社会主义农政思想的历史演变告诉我们，土地国有或土地集体所有是马克思社会主义的基本主张，但并不是社会主义建设的必然要求。当社会主义土地国有化理论反对者所列的事实惊人地出现在所有社会主义国家的政治领域时，就为社会主义土地国有不是社会主义的必然要求提供了例证。因此，从这个意义上来理解，以印度坚持农民土地私有来否定它的社会主义因素的主张并不符合社会主义农政思想演变的实际。农民土地私有是马克思时代绝大多数社会主义者的基本主张。

一些学者认为印度的土地改革成效不高，基本否定了土地改革的功能和作用。然而在我们看来，这种言论是对印度农民的不了解，是一种对印度农业形态的无知之见。如前所述，由于印度不具备中国那样的进行土地改革的土壤和条件，更不具备中国那样的进行土地改革的思想传统，所以进行渐进的改革应当是保证印度稳定与可持续发展的最优选择。同时它也为它的承继者进行再创新提供了可能性的空间。英迪拉正是在这个意义上继续推进印度土地改革的，并对未来印度产生了久远的历史影响。①为农民群体向其他群体转化提供了广

① 详论参见拙著：《社会主义农业思想史研究》，中国农业出版社，2003年；《国外社会主义农政思想史》，中国农业出版社，2009年。

阔的空间，植根在土地上的转化是最为安全的转移，这一点被中国 20 世纪 80 年代后的土地制度所吸收。②为农民群体保障自己的利益，抵制资本主义工业企业的侵犯提供了保障。当国家权力与工业合为一体的时候，这种力量异常强大，也是农民根本无法抵挡的。然而英迪拉坚持和强力保持的农民土地私有以及土地收益各邦所有的制度，合力构成了抑制资本主义，特别是抑制国外资本主义垄断集团圈占农民土地的最有力的武器。③为农民群体维护自己的权利，抵制官僚机关侵害农民利益提供了保障。这主要是针对各邦地方机关而言的。印度农地制度的农民私有与土地管理收益的各邦所有，既抑制了资本主义企业和中央政府对农民土地的侵害，也为农民抵制来自邦以及地方政府对农民利益的侵害提供了有效的法律保障。因此，英迪拉保留的印度农民土地私有基础上与各邦利益挂钩的一系列土地管理制度形成了对土地非农化无限扩张最大的抑制机制。

第二，尼赫鲁农政分治的拓展与充实。按照甘地思想确定的印度农政分治体制在英迪拉时期得到了发展，并对未来印度的社会进步产生了影响。由于确定的是一种农政矛盾的分治模式，从而使和谐的农政关系有了体制性保障。①在英迪拉时期出现了真正意义上的共产党邦级政权，有了西孟加拉邦、喀拉拉邦等共产党的长久执政。共产党人在这些邦的执政尽管没有改变印度大的政治格局，却改变了执政的政党结构，为各邦农民群体以及全体人民选择新的不同的生活方式和生产方式提供了可能。这种可能首先出现在英迪拉时代，共产党人选择了与国大党和其他党派执政邦不同的土地改革策略，使这些共产党执政的邦更能按照中央提出的土地改革总纲去创造性实施。特别是当这些邦的土地改革更能反映大多数农民的意愿时，中央的土地改革总纲也有所调整，出现了邦级政府影响中央改革的局面。在中央政府领导下进行不同的土地改革，为不同农业方式和不同的农政关系提供了可能性选择。国大党的这种分治体制形成的宽容性执政，是世界政党发展史上的伟大创造。它既化解了印度这个多民族、多种族、多部族之间的矛盾，也为各个地区选择人民自己理想的政治治理结构提供了广阔的空间。它使那些封建残余较为浓烈的地区保留部分地主的剥削形态，由地主剥削制向资本主义方式演进；使那些资本主义要素发展得较为充分的地区自由发展资本主义农业方式，促进地区生产力的提高；使那些具有社会主义理想的地区，按照人民共同富裕的目标理想去实现人人拥有相同财富、相同尊严的理想社会。因此，印度这种在各地政治经济文化需要基础上形成的农政分治体制将具有更强的生命力，少有虚伪的社会主义说教色彩。由此可以预言，印度这种立足农政分治体制基础上的政治体制，将可能是世界上最为久安的体制，也可能是印度通过这种体制缓慢有序地向理想的社会主义前进的政治体制。②在中央与地方分治农政的完善中，强化中央的农业和农村管理职能，扩大联邦农业部的权限，建立全国统一的农林文官制度，增强了中央政府在农政建设问题上的责任与任务。③在农政分治体制的完善与重建中，20世纪90年代修订的印度宪法将权力下放给农村的“村务委员会”，通过乡村评议会制度将治理的权力重心向基层推进，尤其是部分财权由村级自治组织决定。尽管印度当时的实践中并没有达到全部放权于村级组织的目的，却为未来印度实行自上而下的民主体制建设奠定了重要的基础。④在财政上建立了职责较为明确的农政分治管理。这种管理是在尼赫鲁财政大权主要掌控在中央的基础上，由原来的中央政府与邦政府分税制转变为县、乡、村财政分治，在中央与邦之间形成固定的资金分配关系的同时，邦与县、乡、村之间也形成了相对固定的资金分配关系。这为农政分治奠定了最重要的经济基础。⑤建立了服务性农政管理体制，形成了有效的土地资源管理、环境管理和国有林的管理体制。

第三，从体制和机制上改善农政关系。印度农村的主要矛盾主要表现为种族矛盾与种姓分割，英迪拉和拉吉夫就倒在了种族矛盾的血泊之中。因此，英迪拉以鲜血铸就的和谐农政关系对于民主印度的成长就具有重要的作用，主要表现为：政党制度的完善，宽容并吸取非国大党关于农村和农业问题的对立性意见；限制种姓制度在农村的作用，提高低种姓在经济活动中的地位和管理社会事务中的能力；扼制教派因素对农政关系的影响，促进印度教、伊斯兰教、锡克教、耆那教、佛教、袄教、基督教之间的团结；保护部族利益，对部族进行特殊照顾；取消封建王公的特殊津贴和特权，消除印度人民对封建意识的阴影；在国家财力有限的情况下，相继建立农民的基本生活保障制度、农村的就业保障制度、农村的医疗保障制度、农村妇女儿童和残障人士保障制度；在土地关系的演变中，注意创造改进和谐的农政关系的条件与因素；支持邦级政府改善农政关系的各种努力等。英迪拉所实行的一系列调整和改善农政关系的各种经济政治改革措施表明，与尼赫鲁相比，她的目的更为实际、手段更为灵活、意志更为坚定、迈出的步子也更大。有些事情是尼赫鲁在世时想做而未做的，但是她却做到了。

（二）英迪拉的社会主义农政理想

“英迪拉农政”对尼赫鲁战略的超越，以及英迪拉开创的印度农政建设的新时代，是多重因素促成的。

第一，社会主义是消除人民贫困的工具和道路。尼赫鲁为印度选择的是社会主义模式，但这种模式并非马克思的社会主义形态，因此，一些学者不承认印度的社会主义性质。然而在我们看来，以一种理论来鉴别什么是社会主义社会是靠不住的，关键还在于政权主体采取了什么样的社会政策原则。从这个意义上说，英迪拉在她的政策推进中包含着许多社会主义农政思想和元素：坚持和提倡社会主义的均贫富原则；社会主义是解决现实问题的一种手段，尼赫鲁的建设社会主义社会的理想在英迪拉心目中简化为消除贫困、使人人都过上好生活的手段，她可以根据政治需要把它奉为经典，也可以根据经济发展的现实来改变尼赫鲁的某些战略和政策。她自己说："我从未自诩为一个以学说为宗旨的社会主义者。我有我自己版本的社会主义和自己对印度社会应是什么样子的看法。我一直在逐步地为实现这个目标而努力。这是一个较长的过程，但这是最安全的道路。""社会主义在每个国家都是不一样的。社会主义不是我们的主要目的，我们的主要目的是消除人民的贫困，社会主义是工具和道路。"① "有一位反对党议员挖苦她'既像华盛顿的资本家，又像莫斯科的社会主义者'。还有人认为她在政策上的变化是机会主义者的投机取巧。"② 英迪拉在外交政策中无论是亲近苏联还是亲近美国，都不是出于意识形态的选择，而是为了得到美国的粮食和苏联的资金技术，是从印度的实际需要出发的。在如何运用社会主义工具解决农民贫困问题上，英迪拉既得到了印度共产党的支持，又遭到了印度共产党的批评。得到支持的主要包括以解决贫困问题为核心的"20点纲领"，有分歧的包括节制生育、植树、整顿城市、铲除社会弊端等内容的"5点纲领"。

第二，反对印度农业生产的集体耕作制。尼赫鲁时期在苏联农业方式的影响下，一度兴起了学习集体耕作的热潮。1959年国大党那格浦尔年会专门讨论了与集体耕作相关的合作耕种的决议，规定把合作耕种作为印度农业的未来模式。面对尼赫鲁的高度关注，国大党通过了相关决议，并要求各邦开展合作耕种运动，执行国大党的相关决议。但是英迪拉对此持有保留意见。英迪拉认为，尽管国大党打破了旧的条条框框，但印度并不具备进行合作耕种的条件，要履行那格浦尔决议也就意味着将土地从农民手中夺走，合作耕种实际上变成了集体耕种。也正是在这一思想指导下，尼赫鲁主持的全国集体耕作的合作运动在英迪拉时期全部停止，苏联援建的国营农场也主要是进行各种良种生产、向农民提供相应的农业指导与服务③。

第三，社会主义政治就是建立民主政府。1964年，国大党在布巴内斯瓦尔召开年会，就民主和社会主义问题通过了一项重要决议。如何认识社会主义政治成为国大党当时必须解决的重要问题。英迪拉认为，民主和社会主义实际上是两个重要的概念，解释纷纭，用法各异。她认为，"像印度这样一个幅员辽阔、差别很大的国家，只有建立某种类型的民主政府才能把人民团结起来，

① M C凯拉斯：《英迪拉·甘地：领导的考验，政治传记》。

② 周柏青，游巧荣：《英·甘地传》，长江文艺出版社，1997年，第219页。

③ ［印］波奇帕达斯笔录，亚南译：《英迪拉自述》，时事出版社，1985年。

就是说这个政权应能倾听人民的呼声；让人民参与本地区乃至全国的发展工作以及所有政策的制定，而且感到自己是在为此而努力。社会主义对于像印度这样贫困的国家来说，是非常必要的。”① 她分析说，根据统计数字和一些其他方面的资料，印度确实很穷，但并不比其他发展中国家更穷。印度也有非常富裕的人，因此贫困就暴露得更为明显。非洲国家也非常贫穷，但是，它们的人口比印度少得多，而且比较分散，所以不那么明显。因此，她认为印度在这种贫富相差悬殊的情况下实行均等是十分必要的。“这不仅是出于人道主义的考虑，使人民免受苦难，也是为了使民主能够发挥作用。民主含有均等的意思，也就含有社会主义的意思。某些人谈论国有化，把国家说成是唯一的企业主，那是另一种概念的社会主义，不是我们所说的社会主义。我们的社会主义包括混合经济在内，比较重视国营部分。”②

第四，社会主义计划是要解决人民的需要。印度第三个五年计划的最后一年遭到了旱灾，印巴战争爆发后美国中止了粮食援助，国内外资金来源也未能确定。在这种情况下，英迪拉面对主政后如何制订印度五年计划的问题，针对尼赫鲁时期的高指标，她对计划委员会提出要求：“我们的目标越低，取得的成就也越少……如果我们要使人民相信生活是有意义的，我们的计划就必须从实际出发，考虑到人民的最低需要……我们一定要有现实主义，这是毫无疑义的。但是现实主义需要照顾哪些人，需要注意什么问题呢？如果我们对人民没有感情，那为什么要制订计划呢？如果援助能帮助我们自力更生，我并不反对。”③ 1971 年 3 月 18 日英迪拉在第三次连选连任国大党议会党团领袖和政府总理后，将她关于如何制订五年计划的思想落实到了印度的几个五年计划之中。英迪拉还认为，实行计划是印度不同于西方国家的地方，也是印度区别于西方国家的重要特点。“这是印度同西方国家的根本区别。西方只考虑 5 年、10 年，最多考虑 20 年；印度则主要从时间是无限的这一角度来考虑问题。”因此，“不应该简单地照搬西方国家，我们应当学习我们能从西方国家学到的一切。西方确有许多东西可学，如科学、技术以至文化。但是，正如甘地所说，我们不应随波逐流，一定要立足于本国。”④

第五，在发展农业的政策中必须进行国家的工业化。英迪拉认为，强调发展经济和工业从某种程度上讲是一种倒退。因为它不仅会造成空气和水的污染，还会疏远人民。以前人们与手工业有很深的关系，但是这种关系今天消失了，开动机器或操纵机床的人同工厂没有什么关系了。然而，外部世界正在发

①② ［印］波奇帕达斯笔录，亚南译：《英迪拉自述》，时事出版社，1985 年。

③ ［印］波奇帕达斯笔录，亚南译：《英迪拉自述》，时事出版社，1985 年，第 121 页。

④ ［印］波奇帕达斯笔录，亚南译：《英迪拉自述》，时事出版社，1985 年，第 172－173 页。

生的变化对印度有着制约作用。这就使印度不可能完全遵循甘地思想，因为“在当今世界上，没有工业，就不能开发农村”，如果不实行工业化，就不能保卫印度的自由。印度必须依靠自己生产钢铁、化肥等基本必需品。她还认为，发展工业是较农业更为艰难的路，在印度的阻力很大。“人人都想走康庄大道，不愿走坎坷不平的路途。”针对非洲 42 个国家的文化部长会议提出不搞工业化问题，认为工业化会忽视发展文化，英迪拉则有不同的见解。她认为，“小国可以那样，印度可不行，我们的国家太大，不能那样做。如果我们碰到困难，无论是天灾还是人祸，没有谁帮得了我们，即使是十分友好的国家也只能向我们提供很有限的帮助。因此，我们应尽量做到自力更生，这是很重要的。所有的国家在一定程度上都不得不互相依靠，但我认为，互相依靠必须建立在自己独立的基础上，而且只有做到基本上不依赖别的国家时，才能做到互相依靠。”①

第六，综合性解决农村妇女解放的问题。英迪拉在一次联合国召开的人类环境会议上提出，人类生活是一个整体，世界是一个整体。关于在这个整体中如何解决妇女解放的问题，她提出了“一个社会的水平的高低应以其妇女的水平的高低来判断，妇女的进步程度能够衡量出一个国家的进步情况”的重要思想。那么在如何提高妇女的水平的问题上，英迪拉提出以下观点。①要根据妇女的特点保持自己的生活旋律，建立符合妇女特点的理想体系，理解平等的正确含义或其真谛。②提高妇女意识，挖掘妇女的潜在能力，通过小学、中学和大学教育提高妇女就业机会。③妇女应当享有在工资等方面的平等待遇，享有更好的工作和生活等方面的条件。妇女能有较好的机会来发挥她们的个性。④化解城乡妇女差别，重点解决中等收入阶层妇女意识自我封闭等问题。因为解决上层妇女相关问题已经得到关注，而城乡经济收入水平较低的妇女和部族地区的妇女则享有较多的自由，她们在社会上所受的不平等待遇也少一些。但“中等收入阶层妇女一直把自己束缚在最狭隘、最僵硬的社会观念之中”，这就需要特别的关注。⑤有真正的平等机会来发挥妇女的潜在才能，结束在训练、教育或社会舆论方面对妇女的歧视。英迪拉相信妇女的解放需要从一切蒙昧主义和迷信中、从狭隘的陈腐思想和旧习惯势力的桎梏中解放出来。“男人和妇女能够共同建立一个更美好的社会和更美好的世界，在这样的世界中，不应该存在阶级、信条、性别和党派等问题。”②

（三）美国农政的林肯时代的比较

历史极其惊人的相似。美国解放黑奴基础上的林肯农政时代，是以林肯的生命奠基的，而印度更是以英迪拉母子的鲜血为代价。这种以鲜血凝聚的农政

---

①② ［印］波奇帕达斯笔录，亚南译：《英迪拉自述》，时事出版社，1985 年。

时代必有它相似的特征。19 世纪 60 年代，美国人民在自己最困难、最危急的时刻，选举出并孕育了最伟大的总统——林肯，并在他的领导下打赢了南北战争，从而开辟了美国由弱变强、走向现代化的伟大时代，使美国在与欧洲资本主义强国的竞争中抓住了机遇，实现了农业国向工业国的转变。在这 30 余年的转变中，林肯所选择的划时代举措具有决定性的作用：颁布《解放黑人奴隶宣言》，解放了几百万奴隶，使他们有可能成为真正意义上的农民群体而向其他阶层转化；签署《宅地法》，使无数的农民无偿得到赖以生存和转化的土地资本，使美国国民经济有了赖以生存和快速发展的基础；签署《莫里尔法》，孕育了一大批农政使者，成为连接政权主体与农民群体、化解农政矛盾的桥梁；签署《农业部组织法》，实现了美国开国者的构想，成为连接城市与农村、化解城乡矛盾的中枢系统和绿色通道，保证了美国有一个和平安定的环境进行建设。林肯开辟的这一农政模式，不仅影响了那个时代的美国，而且在其发展和演变中影响了美国之后的发展乃至整个世界。

历史惊人的巧合。20 世纪 60 年代，印度人民也是在最困难、最危急的时刻，选择并孕育了自己最伟大的总理——英迪拉。她修正了尼赫鲁的经济政策，从解决粮食问题入手转向民生优先，并在保证国内安定的基础上打赢了印巴战争，在面对西方的各种无理指责中果敢地处理了战争问题，并于 20 世纪 80 年代重新启动了国内经济政策的调整，放松企业管制，开放国内部分市场，从而开辟了印度由弱变强、走向现代化的伟大时代。在这 20 余年的国家战略性变革中，英迪拉学习美国农政经验，在实现由尼赫鲁重工业优先的工业化战略向工农并举的转变中，调整了农业政策，重新确立了中央政府在国家农业发展上的地位和作用。在建立农业教育、科研和推广体系中，孕育了一大批心系于农、服务于农的农政使者；在充实和完善国家农业部以及各邦农业管理职能部门的进程中，建立了以农为业的文官制度，培育了专事农业的农政官员。英迪拉开辟的这一农政新路径，不仅影响了英迪拉主政时期的印度，而且在其发展和演变中影响了今天的印度。

尽管“英迪拉农政”时代与林肯时代取得的农政建设成就有着很大的相似性，其历史也同样深远，但其差异性也十分突出。

第一，英迪拉和林肯在经历上的差距对两人的农政道路选择有着不同的影响。林肯和美国的开国者华盛顿、杰斐逊一样，都是农民群体中的优秀代表。不同的是，两位开国者都处于殖民地时期的上流社会，有着宽广的私有土地和成群的劳作奴隶，属于农民群体中的剥削阶层。因此，当他们成为政权主体的核心之后，便很快与政权主体融为一体，维护少数人的利益成为他们施政的重点，他们早年为农民群体所作的规划与理想都在与政权主体的相融过程中失去了本色，他们也不会为农民群体中的根本利益而献出一切。但是林肯不同。他饱尝了中西部拓荒农民的辛酸，耳濡目染了奴隶们的苦难。农民群体底层的这种社会地位决定了林肯能决心去实现人人生而平等的原则，即使献出生命也在所不惜；由此决定了林肯能够成为农民群体利益的最忠实代表，也决定了他进入政权主体并成为其核心之后，必然要从农民群体中最底层的群体——黑奴解放出发，去寻找一条农民群体和政权主体共生相济的道路。这样的成长路径是英迪拉完全不具备的。她作为印度开国者尼赫鲁的女儿，一直处于印度上流社会，她不可能像林肯一样经受农民刻骨铭心的苦难，这就决定了她的政策只能是维护印度有产阶级前提下的农民关怀，是一种来自上流社会的救世主心态。因此也就难以构成林肯以一场战争的决心来彻底解放美国最底层农民以及农业黑奴的伟大创举。"英迪拉农政"也就因这种不彻底性不可能具有世界性的影响与意义。印度农民的转化与脱困也就成为一件十分漫长的事情，贫苦的农民群体与农村有产阶级的矛盾仍是社会不稳定的重要因素。

第二，不同的土地政策取向对两国农业发展的影响。劳动力和土地是农业经济两个最基本的要素，只有两者的同步解放才会对农业经济产生积极的作用。正是从这个意义上看，林肯做到了两者的同步解放，他在颁布《解放黑人奴隶宣言》解放黑奴后，随即颁布了《宅地法》。他在众多的土地分配方案中，告别了开国者奉行的土地有偿获取的原则，选择了以无偿分配土地为基调的《宅地法》，从而促进了美国西部的快速开发，促进了美国农业的发展和美国经济的全面发展，对美国农业乃至国民经济的发展产生了极为深远的影响，为美国后来的强国历程奠定了最为重要的基础。但英迪拉没有选择这一路径，她不仅遵循了开国者尼赫鲁的土地改革政策，而且在其推进中将这一权力更为分散地授予了各邦，从而使印度的土地改革政策成为世界土地改革历程中最为漫长、对农业促进作用最为有限、对农民转化动力最小的"马拉松工程"。

第三，务农体系及其农政使者成长的差异。为了建立美国务农体系，林肯颁布和实施了《莫里尔法》，这一法案开创了世界务农体系和农政使者的多个先例。①在一个农业大国的各个区域建立起有效的各具特色的农业教育、科研与推广机制，并形成美国完整的务农体系。②创立了国家无偿地以土地拨付的形式支持农业、工业和其他实业型教育的先例，而其中的强制性又充分体现了政权主体的特征，使得地方政府不得不认同和执行这种制度。③进行了一系列的法律与行政措施的建构，并使其形成了完整的务农体系。④在世界历史上最早孕育了一大批的农政使者，使美国农业有可能从传统农业走向现代农业；农业的教育、试验与推广职业化，而不是官僚化；使农民群体在接受农政使者的帮助中，提高了水平，化解了矛盾；通过接收留学生的途径，为世界各国培育了一大批农政使者，把美国先进的农业科学技术传播到世界各地，从而为世界农业的现代化做出了贡献。但英迪拉务农体系的建构与农政使者的孕育则是在解决国家粮食问题的进程中，学习美国经验的被迫之举。在这一体系的建设中，由于市场机制的不完善、农民文化的差异，使印度务农体系的效率、农政使者的服务质量等方面都无法与美国务农体系和农政使者相提并论。

第四，农业管理体制与机制的差距。林肯颁布与实施的《农业部组织法》，建立的是一个不同于前期仅以信息供给为主要任务的农业部。其功能性作用主要有3点：①建立了政府支持农业、帮助农民的直接通道，从而使农业发展中的问题、农民与政府的矛盾得以通达政权主体的各部门，促使政权主体制定政策以解决问题、化解矛盾；②奠定了美国农业政府机构走向专业化、职业化的基础，农业部从中央到地方的各级机构在服务于农业和农民的过程中，避免了政府职能部门的官僚化，在其服务和管理的演变中，成为调整农政关系、解决农民疑难杂症的总医院；③组织与实施催生了美国的农政官员，这些农政官员在服务于农民和农业的过程中，像美国的农政使者一样，逐步职业化、专业化，成为美国政权主体直接解决农业和农民问题的执行者。然而英迪拉时期建构的印度农业部还不具备这样的职能和条件。由于农政分治体制的制约，印度农业部承担的任务与职责都与美国农业部有着很大的差距，它的职能受到了其他许多职能部和各邦的制约，农政官员的官僚化倾向也十分严重，对农业发展的干预与调节能力、农政官员的成就等也无法与美国相比。

（四）苏联农政的斯大林时代比较

在苏联和印度农政发展史上，斯大林和英迪拉从开国者那里承继的都是一个农村异常落后、农业未能有大的改进、农民温饱问题未能解决的大国。作为承继者，他们有着政治家最优秀的品德。斯大林在列宁思想的基础上，创造了一个马克思主义经典理论服从于国家经济政治需要的实用主义先例，使实践高居于理论之上，终结了列宁社会主义农政建设的探索历程，依靠以苏联共产党为核心的政权主体的强制力量，开创了苏联社会主义农政建设的斯大林时代。诚如丘吉尔所言："他接过的是一个扶木犁的穷国，他留下的是一个有核武器的强国。"英迪拉在甘地和尼赫鲁思想的基础上，同样创造了国大党社会主义思想服从于国家经济政治需要的实用主义范例，使解决人民生存问题的实际需要高居于思想之上，终结了尼赫鲁重工业优先的工业化农政方略，依靠以国大党为主体的印度各派政治力量，开创了印度的英迪拉时代。这两个时代的创造者，都以其实用主义对待理论的典范而遭到了一部分学者的攻击。这些学者不从农民的需要寻出路，而是热衷于从理论中找答案，他们对斯大林和英迪拉的种种攻击和非难是值得商榷的。

然而，作为开国者事业的承继者，斯大林和英迪拉选择了完全不同的强国路径。斯大林按照社会主义经典理论的要求，在一个社会主义“孤岛”上，始终坚持重工业优先发展工业化战略，并相应跟进土地国有基础上的农业有计划发展，农民在强制中被纳入农业集体农庄而成为工业化的有效工具。斯大林在农业政策上从承继列宁的新经济政策开始，先后推进了农业集体化政策、第二次世界大战及战后的农业恢复政策；在农政管理体制上，建立起了以计划为指向的国家农业管理体制、以服务于全国不同农民地区为导向的农业科学教育体制、以平均分配和按劳取酬为目标的集体农庄和国营农场管理制度、以连接国家政权主体与农民群体为职能的机器拖拉机站制度。斯大林通过这一系列的农业政策和农政体制建构，有效达到了服务于国家工业化和苏联走向强大的目标，从而把一个贫穷落后的农业国变为世界的工业国，并最终成为第二次世界大战的中流砥柱而为世界反法西斯做出了最突出的贡献。

也正是斯大林这种榜样的力量，独立后执政的尼赫鲁义无反顾地选择了斯大林曾经选择的路径，开始了自己的强国历程。然而，印度无论是独立的前提——不合作运动而非战争，理论支撑——甘地主义而非马克思主义，还是文化传统——多元松散而非权力集聚，资源禀赋——人众地稠而非人少地多等，都与斯大林领导下的苏联存在重大差异。因此，要进行这种调整就需要非凡的胆识和勇气。英迪拉首先从尼赫鲁学习斯大林国家工业化战略的农政方略调整开始，把解决人民生存问题的农业置于国家最优先的发展地位，从而使所谓的强国目标必须首先满足人民的生存权利。其次，高举反贫困旗帜，把印度最为贫困的农民群体的生存问题视作政府最大的责任。然后，不以意识形态来解决政治问题，什么样的政策对印度人民有利就采取什么样的政策，从而使尼赫鲁的社会主义理想回到人民现实生活中来。最后，遵循民主规则与反对派进行斗争，同时适时反击一部分“伪学者”和媒体的责难，而不可能像斯大林那样，凡与自己目标指向不一致的思想认识一概采取强制的办法化解之。

作为承继者，英迪拉和斯大林的两种截然不同的施政方式，对未来两国历史的发展也产生了很大的影响。斯大林在领导苏联进行农政建设时，始终是按照马克思和恩格斯的农业思想行事的。如果认为斯大林社会主义农政建设的胜利可以视作是马克思社会主义农业思想的胜利，那么其失败的教训同样可以从这些革命导师的思想中找到问题的答案。因为在如何处理社会主义革命和建设之中的政权主体与农民群体关系问题上，革命导师们不同程度地存在忽视农民利益，主张以工业化的途径、通过大农业的办法解决新社会农业问题的思想。斯大林通过强制的办法达到了实践马克思主义农业发展道路的目的，并建成了世界上第一个社会主义的工业化国家，这条道路在有效控制农业、为工业提供积累方面产生了高效益。但是这种高效益是以牺牲农业、剥削农民为代价的。这种条件下的农政关系是矛盾的，目标是不一致的。这种僵持的农政关系在长久的演变和矛盾的积累中，终究会成为动摇其政权的经济基础。因此，我们认为斯大林选择马克思主义农业思想建设一个强大的社会主义国家的实践是成功的，但是在一个落后的农业国家存在对农民的强制和剥削问题。这就提出了马克思社会主义思想和列宁社会主义农政思想在新的时期必须有一个突破性发展和创新的问题，也提出了在斯大林离世后，在苏联共产党内应当选择一个既有丰富的马克思列宁主义理论修养、能够批判性总结斯大林的政治遗产，又能深层次理解苏联农民需求的领袖人物，来领导和组织苏联的社会主义农业和农村建设。然而历史却选择了国际共产主义运动史上的第一位篡权者赫鲁晓夫，他在苏联军方的支持下，改变了马林科夫以轻工业和农民优先的发展战略，重新回到了斯大林的重工业优先发展战略，并使这一实践成为所谓社会主义的重要原理而误导了社会主义的实践。

然而英迪拉却始终是在民主的农政分治体制中进行自己战略的推进与建构的，农民优先战略的率先实施保证了人民的基本生存，在此基础上以工农并举的战略来实现印度强国目标。以放松企业管制为特征的内向自由化来增强企业竞争力的策略，符合印度发展的实际，从而使印度的发展慢而稳，并在 20 世纪 90 年代开始走向外向自由化，在迎接世界经济全球化的挑战中开始了印度新一轮的变革。由此可以看到，英迪拉从否定具有斯大林特征的尼赫鲁政策开始的转变，改变了印度的生存面貌，也改变了国大党经济政策的方向，从而为印度人民找到了一条在解决人民生存基础上的强国之路。这一路径是在民主宪政体制下的，这就使英迪拉确定的农业政策原则、务农体系以及相应的农政管理体制在未来的发展都能得到完善与补充。

（五）中国农政的改革开放时代的比较

英迪拉从 20 世纪 60 年代中期开始农政方略的调整与改变时，中国仍在维系着重工业优先战略格局。与毛泽东同时代的中国共产党老一辈革命家陈云、邓小平、叶剑英和李先念等，作为中共中央主席的华国锋等都为这次调整做出了贡献，它是中国共产党和中国人民集体智慧的产物。在农政建设上，中国也和印度一样，从苏联农政模式中走出，在改革开放的旗帜下，开始调整自己的农业政策，完善服务于农民群体的务农体系，建立起服务于农民的农政管理体制，从而为中国经济的快速发展做出了贡献。在社会主义农政思想的创新上，中国在农业和农村发展中引入了市场经济理念，在土地产权领域将土地使用权交给了农民并保持了长期稳定，允许农民群体的各种流动并在体制上逐步解除限制农民成长的各种障碍。中国农政的改革开放时代对社会主义理论的实用主义解释与运用，大大超过了“英迪拉农政”时代，从而使理想服从于现实、理论服务于实践，国家政策呈现出从农民存在的问题找出路的新景象。

第五章
经济全球化中的分治农政

英迪拉建立的印度农政稳定结构在 20 世纪 90 年代经历了考验。面对美国发动粮食武器战的现实，各国的政治领袖们无不以警惕的眼睛关注着自己的粮食生产，制定着自己的粮食政策，世界流行的美国农业经济学以及相应的思维在务实的政治家和讨生活的农民群体面前都要慎重思量。英迪拉在解决印度不断暴发的粮食危机中，显示了她的能力，展现了她的智慧。她在展示自己的能力和智慧中，不仅为印度人民建立起了一个超稳定的农村治理结构，而且建立起了有效的粮食安全体系。然而当苏联解体，美国建立起单极霸权横行世界时，印度的粮食安全问题在美国的知识经济热风中再次经受着考验。重工业优先的工业化战略引起的全国性大饥荒不断警示着印度的政治领袖们。他们没有按照美国思维设计的观点开展农村的改革，而是在一个相对稳定的农村治理结构下进行着农业政策的调整和部分变革。本章正是在这个意义上来认识印度 20 余年来的农政变革与转型。

第一节　英迪拉内向自由化的新机遇

当英迪拉在探索印度内向自由化进程时，世界政治格局发生了巨大变化。以美国为首的西方集团通过粮食武器战等途径战胜了苏联，引起苏联解体和东欧剧变。它在引发中国走向市场经济并导致中国城乡差距扩大的同时，也改变了印度对经济发展道路的认识，经济自由化也逐渐成为印度的主要经济政策而影响着经济的发展。这种巨大变革不仅使印度开始重新审视自己的经济模式和农政发展道路，也给印度发展带来新的机遇。印度由内向自由化转变为外向自由化，在这种转变中，美国发动的农产品贸易战对印度的农业发展和农政关系调整产生了影响。本节从这一外部条件入手，分析和介绍印度外向自由化启动对农政的影响。20 世纪 90 年代初之后印度各届政府农业政策、务农体系和农业管理体制应对性变化，以及经济全球化中重点的农业政策变化、农村社会公共保障体系的完善、农政体制的转型与变革等，将在随后几节进行重点介绍。

一、外向自由化启动的农政影响

在苏联解体、中国农业农村转型的进程中，英迪拉时代印度开始了在私有制基础上的经济自由化进程。我们认为印度进行的这种经济自由化是英国殖民时代经济自由化的一种承继与超越，是对前一个时期政策的调整。英迪拉之所以把经济自由化控制在一定的范围之内，是因为在美国等发达农业国的大的国际背景下，经济自由化天然地具有压迫印度贫困农民、压制印度农业的特征。为了能够更准确地理解和把握印度农业和农民的变革十分缓慢的原因，全面分析英迪拉启动并有效控制的经济自由化也许对我们具有启发意义。这也正是印度在经历苏联解体和美国发动的农产品贸易战之后，能够有效渡过难关、顺利走向强国的最基础性条件。如果没有英迪拉启动的经济自由化，印度要有效应对美国的农产品贸易战可能是十分困难的。

（一）英迪拉于 20 世纪 80 年代启动的内向自由化

从历史来看，印度的经济自由化经历了一个不断反复的历程。1940 年开始实行广泛的进出口控制。1947 年独立以后，对进口的限制政策处于时紧时松的状态。“一五”计划有过渐进的自由化，但 1956—1957 年发生了外汇危机，导致了自由化的终结和更广泛的进口控制。英迪拉主政后，由于世界银行的压力，印度卢比对美元的汇率从 4.7∶1 贬值到 7.5∶1，跌幅达到 59.57%，同时伴随着某些进口许可的放松，以及关税和出口补贴的下调，并持续了 1 年的时间。但是到 1968 年，印度国内势力对于卢比贬值的强烈反应导致了政策反弹，几乎所有的自由化激励措施都被取消了，进口限制重新加强。在以后的年份中，这种制度继续强化，直到 20 世纪 80 年代新一轮自由化之前，印度政府不惜代价地推行进口替代政策，使印度建立了极其广泛的工业部门结构，实现了高度自给。但是，许多产业部门的生产成本高昂，质量低劣和技术落后的情况普遍存在。原来的某些有比较优势的低成本产业反而遇到了困难，其中包括纺织、服装、皮革等轻工业部门，以及棉花种植等第一产业部门。进口替代政策是用国内产品替代进口，却导致了更多的对设备、技术以及国内供应不足的原材料的进口需求。到 20 世纪 60 年代和 70 年代上半期，这些进口需求又导致了更普遍的进口替代政策，包括资本品工业以及研究开发的本土化。但是到 1976 年左右，很多产业的设备和技术都已经明显落伍。这种政策使许多企业家对原有体制的束缚越来越感到不满，纷纷要求政府放松管制，出现了呼吁放松原材料和机器进口的游说集团。同时由于出口状况的好转，在西亚工作的海外工人的汇款，也使印度外汇储备余额增长到了理想的水平。

正是在以上背景下，英迪拉在 20 世纪 80 年代启动了以放松国内企业管制、有限开放国内市场为其主要特征的新一轮的自由化。由于左翼的意识形态在印度政坛长期占据统治地位，经济自由化也一直是经典社会主义经济理论所痛斥的对象，所以运用社会主义旗号的英迪拉政府还不可能大张旗鼓地推进。因此，英迪拉和随后拉吉夫20世纪80年代的改革基本上是在内部静悄悄地进行的，改革领域主要是立足于国内，我们将其称之为内向自由化而与20世纪90年代后以应对WTO挑战的外向自由化区别开来。概括来讲，20世纪80年代内向自由化的主要政策是：公开许可的产品种类，降低专营进口产品的份额，出口激励，放松产业管制，改革税收体制，实行更现实的汇率政策。

如何认识英迪拉开始的内向自由化改革，印度经济历史学家德龙（De-Long，2001）经过翔实研究后认为，印度“经济增长的加速在20世纪80年代早期或中期就开始了，远远早于1991年的汇率危机和拉奥-辛格政府推进的新自由主义经济改革”。并明确提出印度“把20世纪90年代初期的自由化改革作为转折点，这里有很多错误”。

（二）20世纪90年代开始启动的外向自由化

20世纪90年代印度启动了外向自由化，它与内向自由化是不同的。外向自由化是以国外市场为导向，消除国内对外贸易的种种市场障碍，致力于全球经济的自由化，为外资企业进入国内市场创造条件，为国内外新设企业提供创业的优惠环境，为国内各类企业参与国际竞争提供支持，引进国外人才或引进国内已经流出的人才并鼓励他们回国创业。它的消费市场以中产阶级为标准并通过有效消费以及相应的进出口来带动市场。然而内向自由化则是以放活国内市场为导向，放松对企业的种种管制，吸引更多的国内资金创办企业，促进企业的成长，提高现有企业的盈利，并通过一系列优惠政策鼓励企业参与国内市场的竞争。它的消费市场是以贫困者为起点的。在兼顾公平与效益的问题上，内向自由化与外向自由化相反，以公平优先。

20世纪90年代以来的外向自由化采取的具体政策如下。

第一，建立较内向自由化更为开放的产业政策。在放松产业管制的基础上，1991年7月印度公布了“新产业政策”，随后几年又对此作了几次修改，对印度几十年来的产业投资政策进行了全面改革。如取消投资审批制度，全面向私人投资和外资开放；鼓励和吸引外国直接投资，制定了印度储备银行直接审批制度；进一步放宽对外资的限制。第二，建立了较内向自由化更为系统有效的外贸政策体系。这些政策措施包括：开放市场，逐步降低进口商品的关税，取消非关税性贸易壁垒；继续加强对国内工业的必要保护；建立特区，鼓励出口。第三，加大国营企业私有化的推进力度。印度政府成立了国营企业私有化委员会，制定了分阶段进行国营企业改革的计划。第四，进行更为激进的财政金融改革。主要内容包括汇率改革、开放资本市场、开放银行业、鼓励印度企业向国外融资、根据结构调整计划等。

（三）外向经济自由化的农业政策

自20世纪90年代初的外向经济自由化启动以来，无论是国大党拉奥政府，还是20世纪90年代中期的联合阵线高达政府、古杰拉尔政府以及印度人民党瓦杰帕伊政府，都对印度传统的农业政策有所调整，从而构成了外向经济自由化初期的农业政策。其主要内容是：①为适应新形势，农业新政策取消了对农产品国内贸易的诸多限制，如1994年取消了阻碍农产品出口的许可证制度，允许自由出口特级大米巴斯马蒂，并放松对其最低出口价格的限制等；②利用价格机制刺激农业生产；③逐渐取消各种农业投入物的补贴；④逐渐取消对农业的优惠贷款；⑤调整食物保障政策；⑥促进农村产业结构调整；⑦加速农业新科技的推广。

（四）外向经济自由化启动对农业的影响

农业在10余年的印度外向自由化改革中的形势，并不像改革派描述的那样，有着多么大的成就，反而较内向自由化有更差的表现。1991年前后的内向自由化和外向自由化启动对农业带来了不同的影响。印度自20世纪90年代初实行经济改革以来，尽管连续8年风调雨顺，农业部门的表现却是很差的[①]。实际上，改革后农业增长率远低于改革前的水平。从1980—1981年至1991—1992年，即改革前的11年间，农业生产年均增长率为3.4%；而从1992—1993年至1999—2000年，即改革后的8年间，农业生产年均增长率为2.2%，农业生产年均增长率较前11年下降了约1/3；8年间非粮食作物年均增长率为2.4%，比前11年下降44.19%[②]。农业劳动力产生的附加值从1987—1988年的相当于第二、三产业劳动力的28%、24%，下降到1998—1999年的相当于第二、三产业劳动力的23%、18%。农业对GDP的贡献从20世纪80年代中期的31.6%降至26%，而农业劳动力仍占全部劳动力的65%。落后的农业生产力与工业、服务业的蒸蒸日上形成很大的反差。

进入21世纪后，第一年（2000—2001年）农业生产就减少了6.2%，第二年恢复性地回升了6.3%，基本上仍保持在20世纪末的水平。2001—2003年农业生产年均增长率仅稍高于1%。2002—2003年农产品出口值占出口总值

---

① 印度研究的专家孙培钧先生将农业的这种极差表现解释为农业部门的改革没有真正开始，这种以中国思维来解释印度农业的方法似乎与现实并不一致，随后调整为“印度农业发展缓慢的主要原因是对农业投资的下降和每年新增农田灌溉面积的减少”则切合印度实际。孙培钧：《印度当前经济形势与第二代经济改革》，《南亚研究》，2001年第1期。孙培钧，华碧云：《印度当前经济形势与面临的问题》，《南亚研究》，2005年第1期。

② 阿尔温德·帕纳加里亚：《印度20世纪80年代和90年代的经济增长和改革》，《比较》14，中信出版社，2004年。

的12%，价值64亿美元，而1997—1998年相应数为19%和66亿美元。而在此期间，印度出口总值增长了50%。据印度国家计划委员会计算，要使经济增长率提升到年均8%，农业生产增长率每年至少应达到4%。

国大党拉奥政府在英迪拉内向自由化基础上启动的外向自由化，在印度人民党政府的主政时期得以更激进地推进，并对农业产生了多重影响。对于农业发展增长速度下降这一事实，学者群体中持批评意见的较多，他们认为导致农业缓慢增长的原因主要有以下几点。

第一，改革中对农业投资的下降和每年新增农田灌溉面积的减少。农业投资占国内总产值的比重由1990—1991年的2.2%下降到1999—2000年的1.5%，其中公共投资由0.6%下降到0.4%、私人投资由1.6%下降到1.1%①。印度"九五"计划期间（1997—2002年）原定每年增加农田灌溉面积340万公顷，实际每年只增加了180万公顷。而在20世纪80年代，农田灌溉面积从5 410万公顷增加到了7 080万公顷，年均增加267万公顷。

第二，土地政策难以适应外向自由化改革。在外向自由化推进过程中，农村土地政策却没有改变。土地少的农户随着子女成人后自立门户，其耕种的地块越来越小，而且没有财力作现代投入，生产力难以提高。土地多的农户，一方面也因分家而地块变小，另一方面由于受到土地持有最高限额法的制约，不愿意过度扩大土地规模。许多大土地拥有者是"在外地主"，即长期生活在城市，自己不经营农业，只收取地租。这些大土地拥有者对增加投入发展农业生产没有兴趣。此外，小农、边际农只能得到极少的信贷、现代技术、市场以及其他基础设施，进一步阻碍了他们提高生产力。

第三，城乡不平等扩大。印度在经济增长过程中尽管贫困人口数量有所下降，但城乡内部不平等却在逐渐增长，尤其是外向自由化改革以后，资本密集产业迅速成长，收入分配出现从劳动工资向资本利润的倾斜，收入不平等明显上升，削弱了经济增长的减贫效应，地区间、城乡间收入差距扩大。20世纪50年代初到70年代末，印度的基尼系数呈下降趋势，1991年后13个邦的基尼系数复合增长率显示城乡不平等在扩大、基尼系数下降水平变慢，15个邦的城市地区基尼系数同比增长。

第四，贸易强压导致更多的农民破产。2001年4月，迫于西方国家的压力，印度政府取消了所有的贸易数额限制，将农民推向国际市场，使他们直面国际农产品市场。1995—2001年，国际市场上的谷类、棉花、糖和黄麻等价格下降40%～50%，一些食用油价格的降幅更是高达85%；与此同时，一些

① 阿尔温德·帕纳加里亚：《印度20世纪80年代和90年代的经济增长和改革》，《比较》14，中信出版社，2004年。

生产资料因改革开放而价格上涨，但政府的农村补贴却无法到位。农民日益贫困，70%的农村家庭没有任何存款，甚至导致农村人均粮食消耗量的大幅减少。由于农村信贷网络的瘫痪，政府银行又拒绝向农民放贷，导致许多农户不得不向私人放贷者举债，不少农民因债台高垒而失去土地，苦难深重。

二、印度人民党执政的国家农业政策

印度人民党 1996 年获得 160 个议席成为第一大党。从 1996 年赢得大选至 2004 年 5 月大选失败为止，瓦杰帕伊政府的农业政策如下。

第一，制定了外向自由化进程中高度关注农业的五年计划。到 2017 年，印度一直执行五年计划。“十二五”结束后，印度不再实行五年计划。外向自由化从国大党的第八个五年计划（1992—1997 年）开始，对农业和农村是重视的。在印度人民党政府主持的“九五”计划（1997—2002 年）和“十五”计划（2002—2007 年）两个五年计划中，对农业的重视毫不逊色于国大党。“九五”计划在反思“八五”计划（国大党政府制定）实施的弱点和弊端后提出关注的 9 个主要领域，其中与农业和农村相关的就有 7 个，而“首先需要重视的主要领域是农业持续增长的前景”①。这为进行农业外贸政策的调整作出了先期的准备，其他 6 个领域分别是不利于贫困人口的粮价、区域不平衡、农村就业、农田水利、农村教育卫生和计划生育、各邦农业配额降低等。根据这些问题和联合政府的共同最低纲领，“九五”计划提出的 9 个目标中，涉农问题都得到了关注，其中第一个目标是“优先发展农业和农村地区，以创造充分就业机会和消除贫困”，第三个目标是“确保所有人的食品和营养，特别是社会的贫弱阶层及包括少数民族在内的食品和营养”，第四个目标是“在一定时间和一定范围内提供最基本的服务，包括安全饮用水、基础医疗保健设施、普及基础教育、住房以及相关的一切”，第八个目标是“推动和发展人民参与性机构，如乡村评议会、合作社以及互助组织等”。“九五”计划与此前的五年计划相比，有 3 个方面是比较有特色的。①将公民的生活质量纳入 4 项基本国策的首要目标，提出政府应担当基础服务领域的直接义务，即安全饮用水、获得基础医疗保健设施、普及基础教育、对无家可归的贫困家庭提供公共住房帮助、对儿童的营养资助、所有村庄和居民点通公路、针对贫困人口的公共分配系统等。这实际上提出了农政分治体制下务农体系的新任务。②继续强调自力更生解决粮食安全。这是进入 WTO 时期对英迪拉关于印度粮食问题只能靠印度自己解决思想的再现，提出“粮食的自给自足是任何有关自力更生战略的基本要素”。③在优先发展政策和战略中，明确提出“在消除地区差异方面，依

① 以下资料见印度国家计划委员会的正式网站。

靠较高的农业增长率和乡村发展比依靠工业化更为适宜”。因此，农业发展战略是根据不同地区的农业经济状况对不同地区采取不同的措施，为此规划了西北高产区、东部水资源丰富地区、缺水地区——印度半岛（包括拉贾斯坦邦）、喜马拉雅山区和荒漠地区的生态脆弱地区等不同地区农业发展的不同路径。

“十五”计划沿袭“九五”计划的主要思路，仍将农业、基础教育、基础设施建设、缩小地区和城乡差别确定为印度下一个五年计划的发展重点，但在具体措施上增加了刺激农业发展、吸引境外投资等内容。其中刺激农业发展的8条措施包括消除各邦和地区之间设置的贸易壁垒、修改过时的影响农业发展的法律、放宽农产品出口限制、鼓励合同制和期货贸易的发展等。印度人民党政府在应对WTO挑战的“九五”计划、“十五”计划，更多地注重农业的变革，其中很多计划都转化为政策，许多措施也被国大党政府所保留。

第二，制定并公布了外向自由化之后印度首个国家农业政策，进一步明确了印度农政发展的方向。印度首个国家农业政策于2000年7月28日公布。这个政策在总结10年外向自由化农业发展的经验教训之后，系统阐述了印度未来20年农业政策调整、务农体系完善和农政管理改革的具体方向，其中一些原则和政策内容被国大党所吸收。①强调农业在印度人民生活和经济发展中的特殊意义，提出农业是印度人民的一种生活方式、一个传统，农业塑造了印度人民的思想观念、文化和经济生活，农业目前和将来都是印度社会经济发展的核心部分。农业的快速增长不仅对国家的自力更生至关重要，而且对粮食安全、收入和财富平等，以及削减贫困都是至关重要的。②未来20年印度农业发展的方向是：挖掘印度农业发展的巨大潜力，加强农村基础设施建设，提高农产品附加值，加快农产品加工业的发展，在农村地区创造就业机会，确保农户、农业工人和他们的家庭有合理的生活水平，不鼓励农户向城市迁移，直面经济自由化和全球化带来的挑战等。③未来20年印度农业发展的具体目标是：农业部门每年增长率超过4%；农业增长必须基于对资源的有效利用，以及对土壤、水源和生物多样性的保护；农业增长必须是一种平等的增长，即不同地区和不同农户均要实现增长；农业增长应该是受需求拉动和面向国内市场的，应实现农产品出口收益的最大化；农业增长必须是技术、环境和经济都实现可持续性发展的增长等。④未来农业政策调整的主要方向是：可持续性农业的发展，食品和营养的安全，农业内部各产业的协调增长，农业种子、化肥、生物杀虫剂、农业机械和信贷的投入管理，农业的有效刺激和农业风险的管理。在农业政策调整的设计中，重点强调运用市场机制进行农业刺激。⑤未来务农体系完善的目标是：通过建立组织好、效率高、方向明确的农业科研和教育系统推进印度农业的技术进步，加强农业科研与推广之间的联系，提高科研和推广的质量和效率，推广系统基础广泛且充满活力，推广体系对农户负责，使推广机构更富创新性且分散化。⑥未来农政管理改革的主要方向：农业投资体制的改革，继续制度结构的改革，农业管理体制的改革，对中央政府和邦政府的农业管理进行全面改革。

第三，落实新的国家农业政策，启动农业的变革。新的国家农业政策出台后，时任印度财政部长的雅·辛哈向国会提出的2001—2002年财政预算中，就将农业改革和增长率作为三大问题之一给予了特别关注。雅·辛哈在预算报告中，把农业改革放在以增长为目标的预算总战略的第一条，声称要"加快农业部门的改革，以及更好地管理粮食经济"。在预算报告中关于"农业和农村发展"的部分，雅·辛哈表示要努力扩大对农业部门信贷流入的规模。2000—2001年，经过各金融机构渠道流入农业的信贷总量为5 150亿卢比，比上年增加15%；2001—2002年这个数字增加到6 400亿卢比，即比上年再增加24%。1995—1996年由国家农业农村发展银行设置的农村基础设施发展基金获得很大成功，批准了约18.4万个项目。2001—2002年为这一基金提供的拨款达500亿卢比，比上年的450亿卢比增加11%。1998—1999年实行的农民信贷卡制度也取得了成功，这一制度使农户便于从当地银行取得信贷，提出对所有具备条件的农民发放这种信贷卡。政府还在发展农村公路、修建农产品冷库和农村电气化等方面加大力度，要求随后6年内使8万个至今尚未通电的农村全部实现电气化。在粮食管理方面，中央政府采取的一项重大改革是把包括粮食在内的必需品公共分配体系交由各邦管理，每年的粮食收购和供应任务将由各邦政府来完成。原来管理此项工作的国营印度粮食公司此后只需保存一定数量的储备粮，从而可以减少上百亿卢比的仓储费用，并节约巨额的粮食补贴，缩小财政赤字。2000—2001年这种粮食补贴达到了1 212.5亿卢比。

三、国大党农政理念的重新调整

印度人民党政府尽管制定并确定了未来农业发展的原则，但政策的全部启动仍需要一个过程，而最为关键的是印度人民党政府的农业政策目标是农业本身，实际上对农民群体特别是弱势农民的关注不够。在2004年大选中，印度人民党瓦杰帕伊政府通过改革促进了国民经济快速增长，却未能对农业和农村带来相应的变化，这使得较为关注农村和农业问题的国大党赢得了大选，国大党主席索尼娅·甘地让贤，请出资深改革设计师曼莫汉·辛格组成联合进步联盟政府。作为总理的辛格改变了作为财政部长和设计师的作风，务实成为其执政的首选。他吸取瓦杰帕伊政府在经济高速增长中倒台的教训，对外向自由化的政策进行调整，印度人民党所确定的农业改革路线也被农业政策调整意识所替代。他采取的农村政策赢得了广大农民的支持，2009年大选中广大农民继续拥戴国大党，保持了国大党联合进步联盟政府继续执政。农民对国大党的拥护与支持成为国大党再次执政的关键。这既是英迪拉农政思想在新的历史时期的再现与提升，也是农民群体特别是贫困的农民用他们的选票迫使政府改变农政态度的重要案例。以下仅就国大党的领袖人物和联合进步联盟政府关于农业的认识举措进行介绍。

（1）谨慎对待农业政策的调整与改革。为了稳定农业发展，印度政府在经济全球化过程中依然对农业采取高度保护政策，对农业政策的改革持慎重态度。2004 年 10 月，印度政府商工部表示，印度农业改革需要 10～15 年，主要涉及改善基础设施状况、提高农产品附加值、做好开放市场准备等方面。为了保证自身粮食和人民生活安全，印度只有在发达国家取消农业补贴或农产品出口补贴后才能考虑降低农产品进口关税。印度开放农业还需要 15 年时间。因此，自联合进步联盟政府上台以后，印度加大了对农业的扶持力度，制定了 3 年内达到对农信贷翻番的目标。

（2）将农业问题的重点转向贫困农民和结构调整。①制订计划以改善贫困、就业和农业农村生活状况。2006 年 10 月，印度公布的第十一个五年计划（2007—2012 年）体现了这一精神。②对提高土地和水的利用率给予支持，促进农业多种经营。2005—2006 年印度政府预算花费 20 亿卢比（约 4 500 万美元）来改善雨水利用率、保存土壤湿气、利用有机肥、使用和推广旱地耕作技术等。2005 年 5 月印度设立了国家园艺委员会（NHM）负责发展农业多种经营。2005—2006 年 NHM 在扩大园艺作物种植面积、采用先进技术等方面的预算约 1.4 亿美元，2006—2007 年 NHM 的预算增加了 1 倍多，达到约 3.4 亿美元。③采取多种政策促进农产品出口。2001 年起着手建立了农业出口特区，2006 年底农业出口特区已达到 60 个，覆盖全国 20 多个邦。2006 年 5 月印度国会通过了取消农产品和海产品出口税的议案，这一措施有利于增强印度的农产品和海产品在国际市场的竞争力。2006 年 8 月印度调整了吸引外资政策，允许外资对部分农业领域进行投资。具体包括：允许 100%外资在花卉种植业、种子培育、动物管理、渔业、水产业、蔬菜和蘑菇培育等领域进行投资，且无须审批，自动生效；允许 100%外资在茶叶种植领域投资等。

（3）把增加农民就业、工资收入与加大农村基础设施投入结合起来。一方面，2006 年 2 月印度实施了《全国农村就业保障法案》，政府将每年斥资 4 000亿卢比（约 88.9 亿美元）来确保印度 7.2 亿农村人口中每个家庭每年都能获得 100 天的就业机会。实施该项法案的资金中 90%由中央财政支付，10%由地方财政负担。该项法案首先在全国 200 个经济最落后的地区实施，随后 5 年内进一步向全国 600 个农村地区推广。政府所提供的就业内容以修建公共设施为主，还包括制造手工产品等。该法案把加大农村基础设施投入与增加农民就业、工资收入有机地结合了起来。另一方面，政府加大了对农村基础设施建设的投入。农村基础设施建设项目主要有灌溉项目、农村道路、农村电气化和农产品市场建立等。2005—2006 年政府制定了一个投资 1 210 亿卢比（约 27 亿美元）的发展计划，覆盖了加速灌溉受益计划、农村水源供给、农村道路、农村住宅、农村电气化和通信 6 个基础设施建设项目。

（4）促进农村工业发展，吸收农村劳动力，减轻对城市的压力。由于印度农村有大量富余劳动力，印度政府采取了充分利用农村现有资源和传统技术创造就业机会，使农民能够在自己的村庄工作的措施。这样可以减少农村失业年轻人向城市的流动，因为城市吸收农民就业的规模也非常有限。2000 年以后印度政府对农村工业的支出也在逐渐增加。2001 年印度政府成立了一个促进印度农村土布（手织粗布）工业发展的委员会，对土布的发展给予连续 5 年减税等多种优惠政策。印度人民党政府的以上政策被辛格政府保留，并得以不断完善。2005 年 1 月全球纺织市场的剩余配额全部被取消，这为印度土布工业的不断发展和出口创汇提供了更大的空间。

（5）扩大农业保险范围。从 1999—2000 年开始，印度执行的新国家农业保险计划（NAIS）的承保面扩大到所有农户，承保内容包括所有的粮食作物。辛格政府更为强力地推进了这一计划。2005 年有 23 个邦 2 个中央直辖区的 1 600万农民参加了该保险。保险费率各地区有所不同，小麦的保险费率为 1.5%，油菜籽的保险费率为 3.5%。小农在支付投保费时可得到 10%的政府补贴，补贴金分别由中央和邦各支付一半。2004—2005 年印度政府为这一计划提供约 70 亿卢比（约 1.59 亿美元）的补贴金。2005 年印度政府又把园艺作物纳入保险范围。2006 年 2 月印度批准实施了牲畜保险计划，该项保险是为那些拥有牲畜的无地劳工或濒临破产的农民而设计的。中央政府削减其 50%的保险费，并承担所有成本，这个项目需要 12 亿卢比（约 2 727 万美元），惠及 150 万头牲畜，但是每位受益人仅限 2 头牲畜可以参加该项保障。

（6）对农民提供农业援助与豁免债务。①增大农业借贷投入。2008—2009 年农业贷款和政府援助安排包括：农业信贷规模 728 亿美元；世界银行贷款 7.38 亿美元，用于水利设施的修复和改善，受益面积达 90 万公顷；政府对农业援助 152.136 亿美元。②增加农业投资。"中央援助计划" 65 亿美元，主要用于农业的公共投资、提高农产品产量、实现农民利益最大化、提高各邦规划和管理农业的能力等方面。③豁免农民债务。当外向自由化推进中引起农民金融负债不断增加而有可能危及农村稳定时，辛格政府开始在财政预算案中加大免除农民债务力度。据 2008 年 2 月 29 日印度政府公布新财政年总预算案，其中承诺免除印度农民积欠国有金融机构的约 5 000 亿卢比（约合 128 亿美元）债务。与此同时，印度政府还将提供 1 000 亿卢比（约合 26 亿美元）的特别资金，帮助农民偿还抵押贷款。

(7)由农业的自力更生转向多国农业合作。为了迎接全球化带来的挑战，更好地开放印度农业资源，外向自由化后，印度人民党和国大党政府都在农业合作理念的指导下开始转向多国农业合作，特别是发展中国家的农业合作。①农业资源差异性与国家农业的合作。如 2005 年印度与巴西的合作，2010 年印度与越南在农业生产领域的工艺技术、贸易及食品加工的合作，2011 年印度与苏丹在设备与技术、农业、畜牧兽医服务及培训等方面的合作。2005 年 4 月中国与印度签订了《中印全面经贸合作五年规划》《印度输华苦瓜植物卫生要求议定书》《印度输华葡萄植物卫生要求议定书》等一系列文件，为进一步加强两国在农业领域的合作提供政治保障。2006 年 3 月中国与印度又签署了《中印农业合作谅解备忘录》。2006 年 11 月中国与印度决定全面落实《中印农业合作谅解备忘录》，加强在农业和农村发展等方面的经验交流，并同意为促进双方农产品贸易，早日就农产品标准进行交流和磋商。②在“金砖四国”组织框架下规范的农业合作。2010 年 3 月 26 日印度和中国、巴西、俄罗斯（简称“金砖四国”）首届农业部长会议在莫斯科召开，四国农业部长重点就共同应对全球粮食安全、减缓气候变化对农业的影响、加强信息和农业科技交流与合作等问题交换了意见，并共同签署了《“金砖四国”农业和农业发展部长莫斯科宣言》。该会议确定了“金砖四国”农业合作的重点领域包括：建立四国农产品生产、消费和人口增长的信息交流机制；分享在粮食生产和公共采购方面的经验，更好地制定保障最弱势人群食物供给战略；减少气候变化对粮食安全的负面影响，使农业生产更好地适应气候变化；加强农业科技和创新等。

第二节　经济全球化中的农业政策变化

在经济全球化的进程中，无论是国大党政府，还是印度人民党政府，都非常珍惜英迪拉留下的粮食自给这一来之不易的遗产，无不承诺要着重发展农业。但农业问题在印度不仅是物质生产问题，而且是农民文化生活的重要组成部分。因此，印度政府非常谨慎地对待农业政策改变，没有轻易对农业政策进行革命性的变革，甚至几乎没有触及印度经济发展中最基础的农业部门。即使在印度加入世界贸易组织（WTO）时，印度政府也没有就农业问题向该组织做出任何承诺。随着 1995 年 1 月 1 日 WTO 的成立和印度成为 WTO 的创始成员，美国等西方发达国家要求印度开放农产品市场的呼声不断高涨，印度在农业问题上面临的压力也不断增大。为了使印度农业发展适应 WTO 规则的要求，并促进印度农业劳动生产率的提高，保证印度粮食安全，印度人民党政府和国大党政府都对农业和农民进行了应对性重点政策的调整。

一、应对 WTO 的农业外贸政策

自印度成为 WTO 成员以来，它的农业外贸政策大体分为 3 个阶段。一是入世前后进行农业谈判的基本立场，二是入世初期应对性的贸易政策，三是进入 21 世纪后常规性贸易工具的运用。

（一）入世前后对待 WTO《农业协定》的基本立场

在世界性的巨大变化中，印度与世界各国共同步入知识经济支撑起来的全球化时代。在逐步外向自由化的进程中，印度开始履行 WTO 各种承诺，这意味着印度在经济自由化、全球化和市场化过程中迈出了一大步。然而加入 WTO 也意味着挑战和风险，意味着将国内经济推向一个更加变幻莫测、难以预料的国际大环境中。因此，印度政府在应对经济全球化的农政方略的进程中，对 WTO 规则的态度和立场软中有硬。总的来看，印度政府对待 WTO《农业协定》的基本立场表现在以下几方面。

一是利用 WTO《农业协定》特殊和差别待遇条款，采取措施保护国内农业和农产品市场。作为关税及贸易总协定（GATT）乌拉圭回合谈判的重要结果，WTO 于 1995 年 1 月 1 日正式诞生，有关乌拉圭回合谈判达成的重要文件之一——WTO《农业协定》成为 WTO 的一项重要内容。依据 WTO《农业协定》的基本原则，所有参加农业改革计划的成员方所承担的义务以及所享有的权利都是公平的。但是，考虑到非贸易因素、粮食安全、环境保护和人类共同进步的需要，WTO《农业协定》对发展中国家的农业发展制定了一些特殊条款，允许发展中国家在 WTO 农业规则下采取适当的特殊政策以及在特定条件下申请免除部分削减承诺。总的来看，通过充分利用 WTO《农业协定》特殊差别条款，印度基本上做到了既遵守 WTO 规则又部分变相地否定了 WTO 基本规则在印度的实施。在市场准入方面除本土不能生产的农产品外，印度对其余农产品的进口都采取较高的关税和非关税壁垒限制；同时通过设立新的税种等方式，限制了外国产品和服务在印度享受国民待遇，防止了国内农业和农产品市场在入世后产生剧烈变化和波动，从而在一定程度上缓解了国外先进农业对印度农业的冲击。

二是利用 WTO《农业协定》中的“绿箱”规则，加大对农业的支持和投入。印度农业土地产出率很低，在劳动生产率方面则更显落后。农业生产力的落后使得印度农产品在加入 WTO 后的国际市场竞争中处于不利地位。为加快国内农业的发展，印度更加注重对农业生产的投入，农业支持和补贴所及范围十分广泛，对化肥的生产和流通、灌溉、能源以及农用物资供给等方面都有大量的补贴。如“九五”计划确定了一项农业机械化的项目，即重点推广以牲畜或电力为动力的农具和小型拖拉机。“九五”计划期间最初两年印度政府就拨款 2 306 亿卢比，补贴 31.1 万台拖拉机的出售。在农业科研投入方面，早在加入 WTO 以前，印度每个五年计划用于农业发展和农业科研预算的比重就达到 20%以上。1994 年印度用于农业研究的经费占 GDP 的比重为 0.9%，接近于发达国家的水平。

三是强调粮食安全的极端重要性，在农产品国际谈判中提高承诺要价。虽然印度从人口、国土、资源、经济潜力以及施政体制等方面来看都是名副其实的发展中大国，但印度国家综合实力还不强，10 余亿人口更加重了农业的负担。直到 20 世纪 90 年代初，印度国内粮食安全和贫困问题仍然非常严重。1996 年，印度低于贫困线和营养不良的人口仍有 3.75 亿，占总人口的 37%，其中农村贫民又占了 80%，达到 3 亿。因而粮食问题成为印度国家经济政策特别是农业政策关注的重点。印度政府也因此强调粮食安全是农业之本、立国之本。为此，印度对照 WTO《农业协定》中的"绿箱"规则，在新一轮的农业谈判中特别提出了有助于自身和大多数发展中国家的"粮食安全箱"规则，其主要内容包括[①]：①WTO《农业协定》附件除第 5、6、7 条规定外，其他规定都应当继续作为粮食安全措施的一个有机组成部分，需要发展中国家认真执行。②发展中国家为了缓解贫困、促进农村发展和农村就业以及实现农业多样化经营目的而采取的所有措施，都应当免于任何形式的削减承诺。③发展中国家对农业关键性投入所提供的补贴应具有灵活性，对综合总量支持措施（AMS）中的一般产品支持也应当予以保留和承认。④对于消极的特定产品支持措施，应当允许将其调整为积极的一般产品支持措施。⑤允许发展中国家保留适当水平的关税限制，并以此作为对发展中国家的特殊和差别待遇，从而能够保护发展中国家内绝大多数以农业为生的农民的粮食安全和生计。⑥在农业协议特殊保障条款（第 5 条）下，包括在指定情况下实施的对进口数量进行限制的征税行为在内，所有发展中国家都应当有权采取一种独立可行的农业保护机制。⑦发展中国家应当免除提供任何形式的最低市场准入义务。⑧WTO《农业协定》中的产品保障体制需要合理化，包括初级产品生产的风险保障等在内，如橡胶、初级林产品、黄麻纤维、椰子纤维、西沙尔麻等。

（二）入世初期应对性的农产品贸易政策

成为 WTO 成员后，印度按照入世前后的农业判断立场，采取了一系列应对性的农产品贸易政策。

第一，确定农产品贸易政策的总体思路。印度政府根据自身农业自然条件的禀赋，极为明确地制定了不同农产品贸易具体对策，即：对于重要的农作物生产，强化其产量的持续增长，对于小麦、普通水稻、粗粮、糖类、牛奶生产

① ［印］《聚焦 WTO》，第 11 卷第 5 期，2001 年 1—2 月，第 41 页。

等都应当实现自给，通过关税限制进口并促进各邦提高水稻和小麦的产量；积极发展良种水稻和棉花、烟草、茶叶的出口，这些农产品在市场自由化条件下并不会影响到国内生产，因而可以取消其进口数量限制；对于咖啡、橡胶、香料和药材，将这些农作物的小规模生产发展成为长期供应和规模化产业，这些农作物有能力保持出口竞争优势，因而可降低其关税；对于洋葱、马铃薯、芒果、葡萄、香蕉和花卉，则应当强化其出口优势；而作为重要食品的大豆，其生产率的提高应当作为一项尤为重要的任务来完成；油菜、芥子、棕榈油等则需要选择性地提高关税以进行保护。

第二，在总体思路下，制定较高的农产品进口关税约束。如将初级产品关税约束到 100%，农业加工品关税约束到 150%，食用油关税约束到 300%。此外，对各种重要的农产品进口也规定了关税约束范围，这些产品包括脱脂奶粉、优质小麦、水稻、大米、玉米、粟、高粱、油菜、芥子油、鲜葡萄等。在所有农产品进口的包装上，要求必须与国内产品包装所适用的标准一致，与 1997 年有关包装产品重量和体积规定的要求相一致。

第三，提高一部分农产品以及相关品的进口关税。如将槟榔果的进口税从 35%提高到 100%，将家禽产品关税由 35%提高到 100%，将小麦关税由 0 提高到 50%。对于脱脂奶粉类，当进口量超过 10 000 吨的关税配额量时，剩余部分的产品关税也将由 0 提高到 60%。此外，对于苹果产品关税则从 35%提高到 50%，对大米关税从 0 提高到 70%，对于糙米和水稻进口关税从 0 提高到 80%，对于糖类进口关税也从 27.5%提高到 60%。对 131 种农产品的进口，要求必须适合于印度国内商品采用的强制性质量标准。为达到此规定，要求对印度出口这些同类别农产品的所有国外生产者（或出口商）都必须在印度质检局（BIS）登记注册。这 131 种农产品类目包括各种储藏类食品和添加剂，如奶粉等。

第四，2001—2002 年对茶叶、咖啡、椰子肉、可可等经济类农产品进口的关税从 35%提高到 70%，对粗炼食用油（除豆油外）税率从 35%～55%不等统一提高到 70%。同样，对精炼油关税也从 45%～65%不等提高到 85%。对于精炼的瓦纳斯帕蒂棕榈油进口关税从 25%提高到 75%，而对次一级的瓦纳斯帕蒂棕榈油进口关税则只提高到 55%。在 2001—2002 年的财政预算报告中，印度财政部长表示要无条件地充分保护好农民的利益，无论何时，无论在任何情况下，一旦发生国外农产品的大量涌入而造成对国内农业和农民的损害，或者明显存在着损害的威胁时，政府都将会立即采取反倾销行动、设定进口数量限制、征收抵销关税等各种有效措施予以消除。在这种情况下，产品进口被密切监控着，政府通过适当的监管机制保证农产品进口不会给国内生产者带来严重的损害。

第五，组建商业部长领导的内务小组，对印度在取消进口数量限制后可能造成的影响进行评估并提出适当的补救措施建议。此外，该小组还将部分代理涉及农业和农村社会各方面、各部门的事务，如农业合作部门、消费者事件、小工业和乡村工业、肥料、石油和天然气、动物饲养、牛奶产业、重工业部门、公营企业以及 IT 产业等。

（三）运用好规则以内的农业贸易政策工具

在应对性的农产品贸易政策执行近 10 年后，印度开始转入运用常规性的进口和出口贸易政策工具来保护印度农业，并支持印度经济的健康发展。

首先，是运用进口贸易政策工具。如前所述，印度的贸易自由化尤其是进口贸易自由化，并不意味着允许所有农产品自由进口。表面上看印度农产品进口的保护程度在不断下降，但是为了保证粮食安全和维持农产品价格的稳定，印度政府开始常规性采用相应的进口贸易政策工具。这些政策工具主要有进口关税、关税配额和进口垄断。印度的关税结构非常特殊，分为约束税率和实施税率两部分，前者远高于后者。通过贸易谈判确定约束税率上限后，就可以根据进口状况自行调整实施税率以保护国内市场①。2006—2007 年印度农产品的平均实施税率为 40.8%（应该说很少有国家能达到这一税率水平），而平均约束税率则达到了 117.2%。除了有壳和脱壳的杏仁外，所有农产品的关税均为从价税，并且实施税率在 0～182%。所以，在 WTO《农业协定》规则允许的范围内，印度的关税政策很实用也很有效。

印度对奶粉、玉米、向日葵籽和红花油、芥末油等 8 位税目共 14 个税号的产品实行进口关税配额，即：对配额内的进口产品征收较低的关税，对超出配额部分的进口产品征收很高的关税，以避免国内同类产品市场受到冲击。受公共健康、安全和宗教等因素影响，印度禁止牛油、动物脂肪、牛肉、野生动物等产品进口。这些禁止进口产品的种类大约占到农产品税号总数的 7.7%。国营贸易企业垄断了谷物（小麦、稻谷、玉米、黑麦、燕麦和粗粮）、干椰子肉和原椰子油的进口。并且政府还对乳制品、水果、坚果、咖啡、茶叶、香料和食用油等敏感性产品的进口进行监控。一旦这些产品进口大量增加，政府就有权在其各自约束税率的范围内提高税率，以缓解进口压力。

其次，是运用出口贸易政策工具。作为一个农业大国，印度一方面要鼓励农产品出口来增加收入，另一方面又要保证战略意义较强的农产品的国内供应问题。这导致了印度农产品出口贸易政策工具的两面性。具体说来：①通过建立农产品出口区来鼓励出口。中央政府和各邦政府为这些出口区提供资金和服

① 有关印度农产品关税结构及税率分布的详细研究，可参见董运来在《中国农村经济》2005 年第 1 期发表的论文《印度执行 WTO 农业协定的经验》，此处不再详细介绍。

务援助，以改善农产品流通效率。21 世纪初印度大约有 60 个农产品出口区，数据显示，2005 年 4 月到 2006 年 3 月，这些出口区的农产品累计出口总值约为 215 亿卢比。②限制出口以保证国内供应和稳定价格。印度虽然在逐步取消出口的禁止、许可证和其他出口限制等措施，但是仍然要考虑涉及粮食安全的主要农产品的国内供应问题。所以，为了保证国内供应和稳定价格，印度政府一直在不间断地执行着各种出口限制措施。如 2006 年禁止豆类和食糖的出口、从 2006 年 8 月 21 日起禁止带骨绵羊肉和山羊肉出口、2007 年禁止小麦出口等，都是出口限制措施的具体体现。

二、信息化时代的农业科技政策

（一）印度农业信息化模式

在全球化进程中，印度形成了以信息化为支撑的第三产业发展体系，农业也在这一进程中受益。印度有两种农村信息化组织结构，一种是基于公司农业企业模式，另一种是基于公共部门或非政府组织（NGO）服务模式。前者关注在公司的整体商业策略中结合信息与通信技术（ICT）的运用，后者采用以农村信息中心为基础的方法提供知识、信息和服务的接入和网络资源。印度科技人员在对印度农村应用 ICT 案例研究的基础上，总结出关于农村中运用 ICT 相关的制度化框架，把印度农村信息化模式具体分为封闭链式网络模式、开放链式网络模式，以及以当地、邦、国家、全球网络为基础的空间数据服务模式。其中，前两种链式网络模式主要解决农村收入的提高问题，而后一种服务模式解决地方的农村可持续发展问题。

无论何种模式，提供互联网连接和通信等 ICT 基础设施对商业策略的成功都是至关重要的。印度在农村信息基础设施项目运行中有特色的解决方案，包括如下几个方面。

（1）国家层面项目推动。印度采用了 3 种方法解决农村信息最后一公里问题。最常用的互联网接入方法是通过固定的电话线在电话网渗透的区域使用拨号上网，另外两种方法是无线技术和在电话基础设施匮乏的地区使用 VSAT（小口径卫星终端）。印度国家信息中心在全国范围内组建了基于卫星的电脑通信网络，1 400 个基站将首都、省会城市及地区首府关联在一起，中央政府（包括农业部、农村开发部和信息技术部）之间的网络已经开通。

（2）乡村信使模式（Gramdoot）。“Cramdoot”在印度当地口语中是乡村信使的意思。这是一个社区拥有、自负盈亏、成本低廉的农村内部网试验。在这一模式中，以光缆和无线本地环路连接起 31 个村落，31 个村落的计算机中心实现联网，各村的内部网又与地区中心和各邦中心相连。其目的是要在基础结构薄弱、资金短缺和高文盲率等困境中，探索信息化的出路，并实现政府办公自动化。这些村庄的计算机以中心“电脑吧”的形式交由当地青年按商业化模式运作，所有工作人员的工资收入全部来源于“电脑吧”的经营。这一网络提供的主要服务内容包括农产品价格、土地经营状况、在线申告、农村电子信函、村庄拍卖站、在线相亲、政府信息、学生就业指导等。此外，网上还有专家解答村民询问的有关农业、医疗保健等问题。

（3）公私合作伙伴模式。社会力量的参与是印度农村信息化建设的一大特点，印度的私营企业发展得比中国早，在中国还没有改革开放的时候，印度已经与外资合作了。Data-mation 公司就是印度一家私营的、专门从事信息技术培训的公司。这家公司从农村挑选农民，为农民免费提供信息技术培训，培训内容包括计算机基本应用、高级软件开发等不同程度的技能。接受培训后的农民可以在该公司就业，主要参与该公司承担的国际外包项目工作。

（4）企业辅助模式。2007 年 9 月，爱立信公司启动了“Gramjyoti 农村宽带项目”，目的是使印度农村地区受益于 W－CDMA/HSPA 技术，并为农村社区首次提供高速互联网接入服务。这个项目于首先在印度泰米尔纳德邦金奈市附近的 18 个村庄和 15 个镇推出移动宽带应用。通过建立一个稳定的、基于 W－CDMA/HSPA 技术的生态系统，爱立信公司将为这些社区提供高速互联网接入服务，以便让它们能够享用远程医疗、电子教学、电子政务、在线本地信息、语音及视频呼叫、电视直播和娱乐等一系列服务。此项目会使该地区的社区和学校受益。

（二）印度农村和农业信息技术政策

印度农村信息化的规划的构想是在各地的农产品批发市场和政府部门之间建立网络，在互联网的基础上共建印度农产品市场数据库，将中央政府和地方政府的管理功能信息化、网络化。与此同时，将农业市场管理组织、农产品行业协会、出口促进组织和经营农产品的公司进行网络化管理，起到数据集成的效果。农村信息化网络系统由国家信息中心负责协调，会同农业部、乡村发展部、信息技术部等部门及地方政府共同构建一个政府管理信息系统平台，建立和运作农村信息化的综合数据库系统。

在 2002 年，印度已经完成了农村市场的数据库系统的开发工作，将 670 个农村市场连接上网，这些都为印度进一步发展农村信息技术产业打下了良好的基础。印度在加大农村信息技术发展进程中做出了不懈的努力，其主要政策如下。

第一，提供政策扶持与组织保障。在科学的行政体系建设上，形成了中央政府农村发展部-邦政府农村发展部-地区农村发展部-村民自治组织的保障机制。在这种组织体系下，印度政府开展了知识信息计划，在如何运用信息技术服务大众、使农村地区的人们受益于信息技术这方面非常成功。知识信息计划是印度一项独特的电子政务计划，这个计划在 1999 年 11 月开始启动，主要为 DHAR 地区的农村与部落服务，很多当地的重要人口信息如收入、阶层、籍贯、土地所有权、债权等都被存入电脑，实现计算机管理。村民只要花费 15 卢比就能当场得到所需要的证明材料，也可以花费小笔费用随时在线接收，没有时间限制。最为重要的是农民仅花费 5 卢比就可以获得每日更新的当地各类的农产品价格，如谷物、蔬菜、番茄、马铃薯和大豆等，这就加大了农民获取信息的数量，使农民免于受中间人的盘剥，也提高了农民对于信息技术，特别是网络技术的浓厚兴趣。

第二，加强信息技术传输设施建设。印度的信息技术的基础设施十分落后，印度政府在这方面的建设过程当中做出了重大的努力。印度政府在通信基础设施建设方面投入了大量的资金。印度信息技术的核心组织是印度信息技术部所属的印度国家信息中心（NIC），在该中心的帮助下，印度农业研究委员会的 86 个机构均实现了连接。印度农民可以在农业大学、区农业信息中心获取免费信息，农业部和农业研究委员会每年在生产季节前派专家到农村为农民提供技术指导及信息技术服务，大约每年有 5～6 次。

第三，减轻信息技术普及的硬件障碍。印度信息技术产业部与美国麻省理工学院多媒体实验室合作组建了印度亚洲多媒体实验室，其工作目标包括探索开发一种低成本、有助于推广的计算机系统。配合印度农村信息化的计划目标，亚洲多媒体实验室的核心计划还包括建立一套通用的、低成本的甚至不识字的人都可以使用的宜于操作的计算机系统，建立一个可以多语言编辑、上网和检索的用户界面，为农村地区提供低成本的宽带信息服务，以实现数字农村的构想。

三、农村产业的引导与扶持政策

（一）优化粮食公共分配系统

目前，粮食安全仍是印度政府全力保证的目标，它在世界农业中的地位也通过粮食生产表现出来。2002 年 6 月至 2006 年，印度政府通过公共分配系统出售的小麦和大米价格一直保持不变，即：针对“贫困线以上”用户的小麦售价为 6 100 卢比/吨，针对“贫困线以下”用户的小麦售价为 4 150 卢比/吨，针对“最贫困”用户的小麦售价为 2 000 卢比/吨；针对“贫困线以上”用户的普通大米和 A 级大米售价分别为 7 950 卢比/吨和 8 300 卢比/吨，针对“贫困线以下”用户的大米售价为 5 650 卢比/吨。相比之下，2006 年，印度政府小麦最低支持价格为 6 500 卢比/吨，印度政府小麦收购和管理成本总计达到 12 326卢比/吨。由于粮食最低支持价格不断提高，以及通过公共分配系统出售的粮食价格在 2002 年 6 月至 2006 年保持不变，政府粮食补贴预算逐年提高。2006—2007 年和 2007—2008 年，政府各类粮食补贴预算分别为2 383亿卢比和 2 570 亿卢比[①]。

（二）畜牧业的引导性服务政策

进入 21 世纪后，印度采取了新的畜牧业政策，2002—2007 年的“十五”计划将优先发展包括乳业在内的畜牧业，从整体上有以下重点：为小规模生产的农场主建立集体经营的合作机构，使他们与畜牧业加工厂、投资商建立直接联系；营造一种氛围，使农场主愿意增加投资来提高畜牧业的生产力；建立有效的调节机制来应对畜牧业造成的环境威胁和健康危机。乳业也被看作是农业经营多样化的重要组成部分。政府不会为某个特定的农产品提供资金或为乳业提供出口补助金，付给农场主的牛奶价格和消费者支付的牛奶价格都是由市场因素决定。在没有实施“洪流计划”（Operation Flood 项目）的地区和落后的丘陵地区，印度政府筹措资金实施一项乳业综合发展计划（DDP），以设立农场主合作组织，开设加工厂，提高生产能力和生产质量。DDP 也为奶牛和水牛繁殖的国家项目筹措资金，这个国家项目旨在认可并改善乳畜繁育的基础结构和服务，以便在加强用合格精子和公牛进行繁育的情况下大大提高可繁育牲畜的比例。印度政府做的其他尝试和行动包括筹措资金实施疾病控制项目、收集国家畜牧业统计数据、管理繁育农场、检测和报告疾病状况、实施检疫制度等。

邦政府拥有一个大的兽医服务和动物健康护理机械网络，并通过这个网络提供服务。最主要的一项服务是动物疾病的治疗和预防，还有提高农场主技术和知识的延伸服务，同时进行畜牧业统计数据的收集。此外，中央政府和邦政府设立了研究和教育机构，为劳动力提供兽医科学、动物的科学饲养和管理、乳业技术和农业科学等学科的技术培训。

（三）引导流域均衡发展的政策

为了更好地推进流域发展计划，印度政府在实施前一个时期各种流域发展计划的基础上，于 2001 年出台了新的流域发展计划指导原则。新的指导原则把调动民众参与放在重要的位置，如规定流域发展计划的制定、实施、监督和维持都应由流域社区的民众自己来做。

除了加强民众参与以外，新的指导原则还着重加强潘查亚特在其中所起的作用，调动潘查亚特全面参与流域发展计划。对潘查亚特的相关规定有：该机构有权对计划的实施进行监督和评估；应充分参与计划的实施，特别是参与社区的组织和培训计划；保证来自其他发展计划基金的使用；接管流域发展计划实施期间创造的财产；在计划结束或外部援助机构撤走以后，对流域发展计划

---

① 此处的卢比按当时价格计算，1 美元≈39 卢比。

的管理机构（流域协会或流域委员会）进行监督等。新的指导原则还强调，流域发展计划中应当包含详尽的退出协议，对项目结束后流域发展基金的管理和使用也应做出特别的规定。

（四）引导农村非农产业发展的政策

为了解决非农产业发展存在的一系列问题，印度政府采取了如下的新政策和措施。

第一，推进经济的外向自由化，逐步完善适应农村非农产业发展的市场机制。20世纪90年代初的贸易赤字引发了印度的宏观经济危机。作为应对手段，印度政府采取了一系列以经济外向自由化为核心的改革措施，如废除了被称为“寻租和腐败的温床”的许可证制度、降低了旨在保护国内企业的关税壁垒等。这些政策都对农村非农产业产生了重要影响。一方面，尽管产业方面保护小规模企业的政策未变，但关税壁垒降低后，来自国外的竞争对小规模企业特别是乡村制造业企业形成了冲击。小企业数目的增长速度下降了一半以上，从1981—1986年的高于9%变为1996—2001年的4.3%。另一方面，外向自由化改革使政府对经济的管制迅速减少，一些有关生产许可和对稀缺资源进行控制的管制政策被取消。由于政府取消对稀缺资源的管制，促进了小型金属制造企业、塑料和橡胶企业数目的增长。此外，随着经济自由化改革的深入，农村市场竞争加剧，经济活力增强，从而促进了农村第三产业的发展。

第二，扩展农村金融机构，为非农产业发展提供信贷和金融支持。进入20世纪90年代，原来政府主导农村金融发展的弊端开始暴露出来，成为印度农村金融实现可持续发展的障碍。1991年印度政府开始实行金融业改革，重点是改造农村金融机构，建立包括区域银行和地区乡村银行在内的私人银行，在提高农村金融体系运行效率的同时为农村非农产业提供更加完善的金融服务。截至21世纪初，印度已经建立了包括印度储备银行、印度商业银行、农业信贷协会、地区农村银行、土地发展银行、国家农业和农村开发银行、存款保险和信贷保险公司在内的金融机构。各金融机构之间既分工明确又相互合作，形成了具有鲜明特色的多层次性金融体系。

第三，招商引资，促进农村非农产业技术进步。近年来，随着经济自由化改革的深入，印度对外开放的步伐加快，招商引资的规模不断扩大。2006年印度引进外资的规模约为172.9亿美元，比2005年增长了168.06%①。2015年和2016年印度对外资的吸引力也在不断增强，两年分别吸引外资达277亿美元和348亿美元，同比分别增长27.0%和25.6 %。

第四，加快政府分权改革进程，为地方非农企业发展提供更加优化的政策

① 根据EIU各国宏观经济指标数据整理计算而得。

环境。与20世纪80年代以前相比，印度的邦政府拥有了更大、更独立的决策权。地方性党派成为中央联合政府的重要部分，这些党派在各邦具体政策的制定过程中，通过谈判获得了更大的经济自治权，为地方农村非农产业的发展创造了空间。此外，随着1991年经济的对外开放，外国直接投资在印度整个政策环境中扮演了越来越重要的角色。地方政府之间为吸引更多的外国直接投资而促进本地区经济发展（包括农村非农产业发展）的相互竞争也在加剧。从积极方面来看，随着印度政府分权改革的深入，地方之间竞争的加剧将为外资引进和农村非农产业的发展提供更多机会。

第五，促进农村城镇化，为农村非农产业提供载体和更加广阔的发展空间。在印度，建立农村小城镇对非农产业的发展具有显著的促进作用。农村城镇化不仅影响非农产业的供给方，即通过聚集效应加快技术和管理经验的交流，促进生产率的提高，促进基础设施的改善；更为重要的是，它还影响非农产业的需求方，即农村城镇化为非农产业发展提供了广阔的市场空间。近年来，随着政府分权改革进程的加快，印度政府在产业布局和城市布局方面的政策也有了调整，从而促进了产业分布的分散化和农村小城镇的发展，这些政策在客观上也促进了农村非农产业的发展。

（五）引导食品加工业发展的政策

食品加工业为劳动密集型产业，具有很大的潜力，也是21世纪高速发展的产业之一。20世纪90年代中期以来，印度大力扶持食品加工业的政策如下。

第一，确定出口导向产业。为了应对人口急剧增加的形势，印度政府大力发展粮食生产，使农业产能不断扩大。印度政府为了充分利用多余的农业产能，将农业产业企业（指从事农场作业、农耕用具供应、农产品加工、农产品储存等综合企业）及食品加工业企业确定为出口导向产业企业。另外，由于印度约有70%的人口从事与农业有关的产业，印度政府对农产品加工业能创造大量就业机会也寄予厚望。

第二，扩大食品加工业产能及出口。印度食品加工业的规模居该国所有产业的第五位，从业人员约1 600万人，占印度总劳动力的19%左右；该产业的投资额虽不到印度所有产业投资总额的5.5%，该产业的产值却占了该国工业总产值的14%。印度食品加工业的年产值约13 000亿卢比，其中约有10 000亿卢比来自小型企业。印度蔬果加工业产能在1991年底时为9 500万吨，到1996年（1996年4月—1997年3月）已高达2亿吨。另外，印度加工食品的出口也快速增长，1994年印度加工食品出口值为191.30亿卢比，1995年就剧增为767.94亿卢比。

第三，采取有针对性的扶助措施。①将食品加工业（乳制品业、麦芽制品业及制粉业除外）列为高度优先发展产业，而合资企业的外国人持股比例最高可达到51%，且属于自动核准。②放宽限制，准许杂种种子进口。③将番茄糊、热带水果果汁、热带水果果肉及浓缩果汁、洋菇加工品等相关项目列为重要项目。④对100%出口导向企业及进驻加工出口区的企业提供免关税、进口原材料、享受5年免税期、一定数量的产品可内销等优惠。⑤为了协助食品加工业从业者降低产品售价以扩大市场占有率，免除部分加工食品的货物税。

（六）引导农民的有机农业运动的发展

21世纪初，印度农民和一些希望拯救印度农业的科学家一起，共同推动了一场“回归自然、回归本土”的有机农业运动。印度农民实施有机农业的核心理念和方法主要有以下几种：①本土化和简单的耕作技术。尽量减少使用外部的生物肥料以及杂交、转基因种子。通过熟悉和理解本地的土壤、水、气候及本地的动植物生存习性，用本地居民合作、共存的方式来生产。②重视肥料。生产的基础是好肥料。印度的有机农民主要使用一种由牛尿、牛粪、牛奶、牛油、凝乳组成的堆肥，这种肥料可以通过保护土壤微生物来提高植物产量。③改善种子的质量。从本地的品种着手，通过有机的方式生产并储存种子，使种子易于抗虫且对有机肥料反应灵敏。④通过轮作和间作、种植防虫植物、为鸟儿搭建避难所、喷洒牛尿等自然的方式来防虫和除虫。⑤多样化生产。除了生产食品的植物外，农场还可以种植树木、藤类，养殖鱼、家禽等。既能保持生态平衡，也能得到多重收益。⑥“慢工出细活”，每个农场都有自己的独特之处，都要通过很多次不同方式的试验后，找到最适合自己农场的生产方式。

（七）引导外向型海洋渔业产业的发展

印度在水产养殖和海洋渔业捕捞方面具有得天独厚的条件，但过去对这方面的重视不够。外向型格局形成后，印度开始积极发展外向型的水产业，并把其水产品不断推向世界。①制定规划，加速发展。1991年印度政府制定了发展深海捕鱼的六年计划，计划1992—1997年在专属经济区内引进200艘深海捕鱼船。由农业部向经营者提供贷款，再建立冰厂、制冷设备和冷藏运输系统等基础设施。经营方式有联营、租赁和试捕3种形式，作业方式有底拖网、近绳钩、鱿鱼钓和外海中上层拖网等。印度还引进了一批加工渔船，可在渔船上直接加工和包装渔获物。②制定政策，激励发展。对于新建的渔船和外国联营公司，印度政府实行5年的免税政策。5年之后，再对其实行减税30%的优惠，外国专家和技术人员也可享受48个月的免税薪金。③组建集团，规模发展。1994年印度成立了水产品出口集团。印度的海洋水产品主要出口到日本、欧盟和美国。近年来，已扩展到泰国、韩国、中国、毛里求斯和南非等地。④评估引导，科学发展。1995年3月印度政府决定成立国家海洋渔业评估委员会，在进行评估的基础上确定印度发展深海渔业的新方针，重点是引导水产品的出口。20 世纪 90 年代末印度的水产品出口占世界第五位，捕鱼产量占世界第七位，水产品主要销往日本、欧盟、美国、新加坡等地，每年出口创汇都在 9.8 亿～10.6 亿美元。冻虾是印度向国际市场出口的主要水产品，冻虾出口收入每年占印度出口水产品收入的 71%～75%。其他出口水产品还有冻鱼、乌贼、龙虾、金枪鱼等。为适应外向型水产基地的建设，水产科研、咨询、工程设计和教育培训等系列服务机构也逐渐完善。

第三节　农村社会公共保障制度的完善

外向自由化引发的资源优化配置，需要政府构建农村社会的各种不同的保障体系，这是市场化、自由化条件下解决印度农政分治问题的重要环节。自英迪拉建立农村社会保障体系的框架之后，印度开始不断完善其农村的社会保障体系。由于印度财政比较拮据，不可能建立起像欧美国家中产阶级那样的保障模式，而是在印度农民的基本生活保障、农民的基本就业保障、农村的医疗保障、农村妇女儿童和残障人士保障等方面，以英迪拉“低水平、广覆盖”的思想为指导原则，有选择地重点投入，初步形成了应对外向自由化的农村社会保障体系。

一、农民的基本生活保障

农民的基本生活保障制度在英迪拉政府的基础上，有了如下发展。

一是制定向贫困农民倾斜的农业政策。主要是对农民的生产进行补贴，以提高农民收入。印度政府规定，邦政府要对农用柴油、灌溉用电给予财政支持。旁遮普邦规定，农民购买柴油的款项可以在出售农产品之后支付，生活在贫困线以下的农民可以免费用电，一般农民可以免费使用灌溉用电。印度政府还对农用机械实行补贴政策，“九五”计划确定了一项重点推广电力农具和小型拖拉机的农业机械化项目，1997—1998 年拨款 2 306 亿卢比，补贴了 31 万台拖拉机。同时，印度政府在农村实施了反贫困计划、农村综合发展计划、农村青年职业培训计划、农村妇女和儿童发展计划、干旱地区发展计划。这些计划所需的资金分别由财政和贷款解决。这些计划的实施对发展印度农业生产、保障贫困农民的基本生活发挥了积极作用。

二是在全国实施各种养老计划。1995 年印度政府在全国范围内实施了《国家救助工程》，在这一框架之下，分别实施了《国家老年养老金计划》《国家家庭福利计划》《国家孕妇福利计划》。这些计划规定：65 岁以上的贫困老人每月可以领取 70～300 卢比的养老金；因灾难丧失家庭收入来源的，一次性发给补助 10 000 卢比；生两个孩子以下的 19 岁以上的孕妇，每次参与农业生产补贴 500 卢比等[①]。印度政府还鼓励妇女扫盲，禁止结婚陪送嫁妆，设立寡妇的养老计划。对于残障人士的救助，1995 年印度政府通过了《残障人士（机会平等、利益保护和充分参与）法案》，内容包括对伤残工人的补偿、保险等。

二、农民的基本就业保障

进入 21 世纪，印度政府根据农村发展的实际情况又开始实施新的国家扶贫就业计划，这些计划主要包括如下几种。

（1）普遍农村就业计划。该计划自 2001 年 8 月 15 日开始实施，旨在促进农村就业。该计划规定：政府每年下拨 500 吨粮食用以保证贫困人口的粮食需求；在农村地区修建社区基础设施，包括水利设施、乡村道路、教育设施、医疗基础设施等，使农民获得就业机会和工资收入。

（2）乡村自我就业计划。这项计划由始于 1999 年的农村综合发展工程、农村青年自我就业培训计划、农村地区妇女儿童发展计划以及水井计划等组成，主要通过商业信贷和政府资助的组合贷款来完成对贫困家庭的扶持。借助非政府组织的帮助，印度已成立了 100 多万个自我帮助小组，10%以上的自我帮助小组已开始进行经营活动。具体做法是由社区自我就业委员会和村自治委员会挑选或开发具有市场竞争力的劳动密集型产业，并把这些产业交给受益人去具体负责。乡村自我就业计划的受益人群主要是低种姓群体、部族和妇女。受助名额 50%留给低种姓群体和部族，40%留给妇女，3%留给残障群体。

（3）农村就业保障计划。2005 年印度出台了《国家就业保障法》，开始实施具有法律保障的“国家农村就业保障计划”。2006 年 2 月 2 日，印度《全国农村就业保障法案》正式实施。该法案规定：政府每年要为农村每个家庭提供 100 天的就业机会；工作是非技术性的手工劳动，如修路、架桥、平整土地、开凿运河、兴修水利等；每人的工资每天不低于 60 卢比（1 美元约合 45 卢比）。该法案首次赋予农民就业的权利，为农民增收提供了法律保障。印度乡村发展部的资料显示，2007—2008 财政年，该计划为 3 080 万名印度剩余劳动力提供了就业机会，安排资金 40 亿美元，减免小农户贷款 150 亿美元[②]。

（4）对农村流动摊贩的行政管理及保护。为规范街头流动摊贩的叫卖并保护其权益，印度政府出台了针对街头流动摊贩的国内政策。该项政策由印度政府和国内街头流动摊贩协会共同起草，2004 年初被正式采纳。这项政策的目

① 印度“十一五”计划。

② 周晶璐：《印度巨资解放农村剩余劳动力》，载于 2008 年 4 月 9 日《东方早报》。

的是给那些为谋生而当街叫卖的街头流动摊贩提供相应的支持政策，同时避免街头拥挤、提供卫生的公共空间和街道环境。为此印度政府采取了以下措施：印度政府给予街头流动摊贩合法地位；加强对流动摊贩的组织管理，帮助他们建立协会、合作社、联合会以及其他形式的组织来保障其在城市的权利；为流动摊贩建立社会保障和财政服务体系，通过加强社会保障（养老金、保险等）、完善自我服务组织和小额财政支持制度等来帮助街头摊贩解决资金上的困难①。

三、农村的免费医疗保障

自独立后印度推行免费医疗体系以来，印度政府始终针对印度人民最为关心的医疗和义务教育问题，进行了一系列制度的建设与创新。特别是自外向自由化启动后，这个体系得到了进一步的完善。

（一）全民享有免费医疗保障制度的完善

英迪拉时期，农村医疗形成了保健站、初级保健中心和社区保健中心三级网络。这个网络成为印度农村进行免费医疗服务的主要力量。2004 年辛格政府上台之后，进一步完善了这一体系，出台了 2005—2012 年的“全国农村健康计划”。该计划的目标在于通过农村三级医疗网络，为广大农村人口提供公平的、负担得起的、优质的卫生保健服务。其重点内容包括以下几种。

（1）提高公共医疗支出占 GDP 的比重，增强农村免费医疗的能力。印度政府在“十一五”计划中特别强调要促进社会公平正义，计划在 5 年内将公共医疗支出从占 GDP 的 0.9%提高到 2%～3%，各邦对公共医疗的预算投入至少每年要提高 10%，以支持农村卫生保健的各项支出。中央政府的资金直接下发到各邦政府，中央政府支持资金还向一些重点扶持的落后省份倾斜。

（2）提高农村医务人员的水平。为确保农村有足够数量的医疗人员，新计划规定将医生的退休年龄延长到 65 岁，将录取医生的权力下放到区级政府，提高农村医生待遇。比如：农村医院可以高薪雇用医生，初、高级住院医生要到初级保健中心和社区保健中心任职一定时间以提高技术水平，政府为初级保健中心和社区保健中心的医生和其他主要工作人员提供住宅和充足的住房补贴，在初级保健中心服务的医生可以享受持续的医学课程，各级学校优先录取在农村服务医生的子女等。为了增加农村医生的数量，提高其质量，印度于 2009 年开设了 15 个培养农村医生的医学院，以改善农村缺少医生的现状。

---

① Martha Alter Chen，Joann Vanek and Marilyn Carr. Mainstreaming Informal Employment and Gender in Poverty Reduction：A Handbook for Policy-makers and OtherStakeholders ［M］. Naila Kabeer Commonwealth Secretariat/IDRC/CIDA 2003.

(3) 培养农村社会医疗服务力量。"国家农村健康计划"在村镇设置50万名"值得信赖的女性社会医疗积极分子"。在18个健康指标低、公共医疗设施不完备的邦，平均每位积极分子负责1 000名村民，以提高卫生保健的可利用性和可及性。这些积极分子是经过培训的社区志愿工作者，由村务委员会选出并对其负责。其主要任务是，加强社区机构医疗供给、生育服务和婴儿照料、饮水传染病和别的传染病预防、营养和卫生设施建设等。按照该计划，病人可以免费得到医生的诊治和基本的常用药，即便遇到重大疾病需要输血或做手术，患者也只需负担5%左右的费用。如果病人生活在规定的贫困线以下，还可以获得"全国健康优惠基金"的全免费治疗。此外，印度政府还大力推行农村医疗保险制度，引进私人部门和非政府组织帮助实现医疗保险的有效性。该计划敦促各村务委员会为自己所在村制订卫生保健计划，制订跨区域的卫生、饮水、营养等保健计划，并为中央、邦、县、村的卫生管理提供技术支持。

(4) 进行新的农村医疗制度建设。在推广"国家农村健康计划"的过程中，印度政府建立透明的监督制度管理体系，定期公布各类保健中心和医院的运行状况及相关信息，并考虑实行管理问责制，提高人力、物力资源的使用率。2005—2006年印度政府用于农村公共健康事业的总资金投入约24亿美元。

由于农村医疗条件的限制，印度政府提倡医院努力发挥印度传统医药的作用，积极使用印度传统医药，在农村建立草药中心，鼓励病人使用印度草药替代那些医院不能免费提供的药物，降低贫困人口的治疗费用。在使用传统医疗手段方面，印度医院还采用瑜伽、天然疗养、顺势疗法、尤纳尼治疗、指压疗法、针灸治疗等方法，弥补现代医疗的不足。

(二) 配套建立农村医疗保险制度

为了让印度国民，特别是居住在农村的贫困人口、妇女和儿童能够享受到高质量的医疗服务，印度政府十分重视发展覆盖弱势群体的医疗保险制度。最早适用于农村人口的保险主要有非政府组织和团体保险基金，此类保险的对象主要是农民和城市贫民，此类保险的来源包括病人缴纳的费用、政府的专项补助、非政府组织的捐款等。但此类保险的覆盖率较低，此类保险覆盖人口约占总人口的2.8%～4.7%。近年来印度政府积极探索医疗制度的创新，为农户推出了农产品加工企业合同农户向保险公司集体投保、非政府组织为成员设计保险项目向保险公司投保等健康福利项目，以帮助农户应对发病率较低但医疗费用较高的大病风险。

在印度，医疗保险都是由购买者自愿购买。在公共部门，私人保险由印度保险总公司和生命保险总公司提供。印度保险总公司有4个子公司，分别是国家保险公司、新印度保险公司、东方保险公司和联合保险公司。这些公司提供的保险产品主要涉及基本医疗、大病医疗、癌症医疗等。其中，参加人数较多的是 1986 年引入的医疗申请保险，覆盖了 5～80 岁的人群，5 岁以下 3 个月以上的儿童和他们的父母一起投保。医疗申请保险主要是住院治疗保险和住家治疗保险，保费是按照年龄和保险额（15 000～500 000 卢比）来计算的。1995—1996 年，参加医疗申请保险的人有一半获得了保险费补偿。随后，在 2001 年又有 720 万人参加了医疗申请保险。在印度还有一种专门辅助贫困人口的住院和居家医疗保险，25 岁以上的人一年只需缴纳 70 卢比，25 岁以下的人只需缴纳 50 卢比。一旦生病住院，就可得到高达每人每年 5 000 卢比的保险给付。如果全家加入住院和居家医疗保险的话，只需要缴纳 70%的保费。

在印度政府的推动下，倾向于农村低收入家庭的医疗保险逐渐丰富。1995 年 10 月世界银行会同印度政府在旁遮普邦发放医疗豁免卡。广大低收入患者可以凭借印度政府发放的医疗豁免卡就医，有 150 多个公共医疗机构根据病人的医疗花费情况对其进行医疗费减免。2002 年在卡纳塔克邦私营保险公司亚沙斯维尼推出了针对农民的外科手术保险计划，农民只要支付 60 卢比（1.5 美元）就可参保。2008 年印度政府发起了新的针对贫困人口的国民健康保险计划，贫困人口只要在专门的医疗卡存上 1 美元，就可以得到 700 美元的医疗保费，在公立医院和私营医院都可以使用。

（三）发挥私营医疗机构的医疗保障作用

为弥补公共医疗系统的不足，印度政府鼓励私营医疗机构提供医疗保健服务。这些私营医疗机构形式多样，包括自愿组织、非营利组织、信托公司、独立的专家服务机构、诊断服务机构、医疗药品商店等。政府对私营医院的管理较为松散，只在德里和孟买的保健之家设立了管理条例，对其他类似的医疗机构并没有严格的管理规定。虽然专业协会制定了相应的行业自律规定，但对于相当一部分没有加入协会的医生并不能形成有效的约束。政府对私人执业医生的管理和限制也很少。这些自由放任的政策，在一定程度上刺激了医生自由选择医院，也带动了私营医疗机构的发展。21 世纪初，越来越多的印度医生选择去私营医疗机构工作，私营医疗机构已经占印度医疗机构的 77.4%。2002 年印度约 70%的医疗支出是在私营医院，全国有 60%～79%的执业医师在私营医院工作。

据世界卫生组织 2000 年的报告显示，印度医疗系统的性能表现在全球 191 个国家排名第 112 位，中国排在第 144 位。按照兰德公司的研究，这一结果首先是与印度私营医疗机构的相对发达有关，其次是印度在药品价格管制上也相应地更趋向于市场化。根据世界卫生组织 1997 年对 191 个国家卫生筹资公平性的排名，印度位列第 43 位。这与印度农村医疗服务网络十分健全密不可分。由于私营医疗机构的活跃与发达，印度政府能集中投入增加卫生服务公平性的部门，尤其是农村卫生部门。大多数农民最基本的医疗需求能够在农村医疗服务机构中得到满足，而私营医院公平竞争的市场环境较成熟，满足了较高层次的医疗服务需求。由于印度私营医院就医环境良好，一些专科医疗水平几乎达到世界先进水平，加上医疗费便宜，近年来赴印度“医疗旅游”的外国人人数正在以每年15%的速度递增。私营医院的发达与印度政府对公立医院的投入，保证了投入与服务的公平性。

四、农村的义务教育保障

20世纪90年代以后，面对农村基础教育的困境，印度政府采取了一系列举措。

第一，增加教育投资。在20世纪90年代最初的几年里，印度政府对学校的公共支出呈现稳步增长趋势；20世纪90年代末，印度政府提议在随后5年使财政承诺的款项增至3倍。21世纪初，印度教育经费的支出约占其GDP的4%。每个超过1 000人的居住区都设立一所小学，每天午餐免费。印度政府还雇用了10万名新教师，教导从未上过学的孩子。同时成立了乡村教育委员会，在理论上保证学校和校长对乡村教育委员会负责。大量的资金投入教育，用来购买秋千、长凳和粉刷教室，甚至为防止学生逃学而在校园周围围上篱笆。

第二，创设“移动学校”。为了让生活在贫民区的不能接受正规教育的孩子更多地学习知识和接受教育，印度政府创办了“移动学校”。“移动学校”是由那些黄色公共汽车组成的，黄色公共汽车有教室的基础设施，基础设施内有最新的教学和学习援助资料（如VCD），其目的是让那些生活在贫民区的孩子可以在家门口接受教育。“移动学校”的目标群包括离家出走的孩子、童工、流浪儿童、拾荒者以及那些在茶摊工作的孩子等。“移动学校”作为印度政府旗舰计划——Sarva Shiksha Abhiyan（SSA）计划的一部分，是为了普及小学教育。上不起学的孩子很渴望学习知识，但是他们缺少资源。他们生活在困难的环境中或是流浪儿童，现在可以通过政府提供的移动学校进行学习或操作电脑。

第三，对农村教育实施补偿政策。①实施全国初等教育营养资助计划。1995年印度国家独立日（8月15日）之际，印度政府提出这一计划。这一计划的中心内容是为全国小学生提供免费午餐，重点实施对象是农村地区和落后地区的小学生。其做法是为全国所有的一年级至五年级的小学生每天提供有营养价值的100克免费熟食。②实施SSA计划。该计划在2000年11月16日召开的内阁会议上通过，目标是有效地实现基础教育的普及。③实施教育保障计划。该计划主要关注那些由于社会经济和文化原因而被排除在正规教育之外的6～14岁失学儿童，并让他们获得重新接受教育的机会。④让残疾儿童接受完整教育计划。该计划由中央政府、邦政府和非正式组织共同实施，它为残疾儿童提供书本、文具、服装、交通津贴、护送津贴、教学设备及教师补助等。

第四节　农政体制的转型与分治的弱化

在英迪拉内向自由化基础上的外向自由化的启动，缘起于知识经济助推的经济全球化。作为一个过程，经济全球化是指世界经济活动超越国界，通过对外贸易、资本流动、技术转移、提供服务、相互依存、相互联系而形成的全球范围的有机经济整体。经济全球化有利于资源和生产要素在全球的合理配置，有利于资本和产品在全球流动，有利于科技在全球的扩张，有利于促进不发达地区经济的发展。经济全球化是人类发展进步的表现，也是世界经济发展的必然结果。但经济全球化对每个国家来说都是一柄双刃剑。它既是机遇，也是挑战。特别是对经济实力薄弱和科学技术比较落后的发展中国家，面对全球性的激烈竞争，其所遇到的风险、挑战将更加严峻。在这一背景下，尼赫鲁和英迪拉确定的印度农政体制继续发挥作用的同时，印度也开始了适应经济全球化的转型与变革。各邦的农政建设也在不断适应新的形势变化，争取更多更大的自主权以应对外向自由化。

一、农村金融保险的市场化转型

（一）农村金融的替代与调整

英迪拉创建的务农体系是一个有机的整体。特别是在农政分治的体制下，中央政府主导的农村金融供给是印度农业优先发展战略的最重要保障，中央政府实施的农村各项计划也主要是通过农村金融服务来完成和实现的，由此构成了英迪拉时代印度农业发展的关键环节。但这一关键环节在20世纪90年代后的改革中被新的体制替代。

（1）市场化的农村金融体制诊断。1991印度启动改革，在市场化至上的理念支撑下，对英迪拉的农村金融体系作出了诊断，认为农业和农村金融效率低、信用低，要求制订计划对已有的农村金融机构的种种弊端进行全面诊断，并在此基础上进行纠正。提出的改革目标是让这些农村金融机构真正作为一个金融中介，以市场力量为基础进行运作，而不是让这些机构仅作为支持农村地区信贷的政策性渠道。因此，农村金融机构必须获得自由制定存款与信贷政策的权力。以这种理念为基础，1994—1995年印度农村金融的最高管理机构——国家农业农村发展银行，启动了为各个农村金融机构制订发展行动计划（Development Action Plans，DAP）的项目。这个项目中的规划制定是自下而上的，没有采用以往的自上而下的方式进行。DAP 的基本思想是在考虑这些农村金融机构的优势与弱点之后，对过去的问题进行诊断，制订行动计划。先是对农村金融机构的生存能力状况进行评估，彻底检查各相关方面，包括财务、组织、系统、业务流程与人力资源等方面，再找出影响农村金融机构生存的因素，制定相应的补救措施。按照这种计划实施，无疑会改善农村金融机构的经营状况，提高它们的盈利率。但是这种经营状况改善和盈利率提高的最大代价是，国家农业农村发展银行的农业和农村职能全面衰退，贫困的农民逐步从其金融服务中消失，对农村发展逐步失去其服务的意义。

（2）探索银行联结体制，扩大农村的微额金融服务。微额金融一般指通过向低收入客户、个体经营者提供金融服务（主要是信贷、储蓄服务，也包括保险、支付服务等）和社会服务等，帮助贫困者增加收入、摆脱贫困的活动。微额金融具有金融和社会双重含义属性。微型金融机构（Microfinance Institution，简称 MFI）为开展微额金融的机构。微额信贷比较成功的例子是 Grameen Bank（GB）模式。这种模式发源于孟加拉国的格拉米乡村银行，信贷到村到户，放贷金额小，平均每笔贷款 65 美元，还贷率高。主要的经验有联户担保和组织培训。联户担保是指格拉米乡村银行在向贫困人口贷款时，不要财产担保，而是贷款者结成 5 人小组，彼此互为担保，若 1 人遇到困难不能还款，其他 4 人要代为偿还。这既保证了贫困人口可以借到钱，又保证了银行资金的安全。联户担保的平均还款率为 95%。组织培训是指格拉米乡村银行在向贫困人口特别是贫困妇女提供贷款的同时，也提供一定的技术培训，为贫困人口提供发展的机会。GB 模式是国际组织正在推广的反贫困经验模式，总体上看是比较成功的。印度将 GB 模式在国内进行了推广，开始探索建立 SHG-银行联结体制（SHG-Bank Linkage Program），为贫困人口提供微额金融服务。SHG 是由 10～20 个贫困人口组成的非正式小组，成员有相似的社会和经济背景，也面临相似的困难，通过小组的形式可以互相帮助。SHG 要求成员自愿储蓄，建立小组资金，SHG 以小组的名义建立银行存款账户，再以小组的名义将小组资金以小额贷款的形式贷给有需要的成员，最后以小组的名义还款。SHG 对小组成员贷款的利率是由 SHG 集体决定的，贷款月利率一般在 2%～3%。SHG 成立 6 个月后，符合条件的就可以获得银行贷款。银行对 SHG 的贷款是无抵押的，一般是 SHG 银行存款的 1～4 倍，贷款的利率完全由银行自行决定。

（3）调整印度国家农业农村发展银行的管理职能。根据 2001 年对《国家农业农村发展银行法案》的修改，印度国家农业农村发展银行被定位为一家公共金融机构，允许其从资本市场筹集资金，并可向国外进行商业借款，进而使其在竞争激烈的市场经济中能够占有一席之地。它的职能与项目调整为：①国家农业农村发展银行为印度所有地区制订潜在资源优势信贷计划；为每个邦编制邦重点领域报告，全面反映各邦的农业及相关行业发展潜力的状况；协助印度政府和印度储备银行制定与农业、农村发展信贷流量有关的决策。②为农村提供金融服务，包括短期信贷、中期信贷、投资信贷和直接信贷等。③开展新的金融服务项目，包括印度农民信用卡、乡村非农业部门的信用支持和小额信贷等。④开展新的金融咨询服务。国家农业农村发展银行在2003年11月17日成立了一个独立的咨询公司，即国家农业农村发展银行咨询服务私营有限公司（NABCONS）。NABCONS主要负责协调国家农业农村发展银行在农村开发领域的核心能力，尤其是在多学科项目、银行、制度发展、基础设施和培训等领域。⑤参与创新项目的实施。这些创新项目包括2003年4月1日开始实施的价格稳定基金计划；2003年4月20日参股成立了国家商品加工产品交易所；创建了农业出口区，印度农产品及加工食品出口发展局建立了覆盖193个地区的48个农业出口区，以促进20种农作物的出口；在银行的财政援助下，由农业院校的毕业生成立“农业门诊部”和农业综合企业中心，以扩大对农业服务的范围；为农业目的购买土地，帮助土地较少和较贫瘠的农民谋生；以促进非森林荒地开发投资为目的的资金补贴计划；与Mahindra Shublabh服务有限公司共同制定的支持农民服务中心计划，在9个邦设立了44个农民服务中心，与银行一起为农民提供完整的“一条龙”服务；协助印度ITC公司实施“电子集市诊断”项目，旨在与农业大学的专家一起，为中央邦主要农作物的生产与保护提供一份以信息技术为基础的实用手册和诊断工具。

（二）农村保险事业的新发展

在20世纪90年代的外向自由化进程中，印度农村金融变革除了继续执行和实施英迪拉开创的各项农作物保险外，还发生了两个方面的变化。

第一，政府为了提高农村地区的保险服务水平（渗透率），决定同时向私营经济开放寿险和非寿险市场，新的保险法规要求各寿险公司必须逐步提高农村保险业务的比重。2000年印度保险监管和发展当局颁布《关于保险人对农村社会的责任》，对开展农村保险业务的数量和比重做出了具体规定，即从2001年起，各寿险公司开展农村寿险的保单数和农村保单数占比（农村保单数/全部保单数）分别不得低于以下标准：第一年5 000份，比重7%；第二年7 000份，比重9%；第三年10 000份，比重12%；第四年15 000份，比重14%；第五年及以后20 000份，比重16%。除了规定必须开展农村寿险外，还规定保险公司必须向经济上易遭受损失的其他人员提供法定保险，其他人员包括农业工、修路工、渔民、手艺工和个体户等。根据法律规定，新保险公司开业的第一年至少要承保上述人员 5 000 名，并逐年增加到第五年承保20 000 名以上。

金融政策调整后，政府一直在鼓励整合、并购，以优化业务结构，强化金融机构的风险承受能力。鉴于代理费用丰厚，许多地区农村银行都乐意代理保险业务。进入 21 世纪后银行与保险的合作日益升温，为保险产品销售提供了一个易于接触农民的渠道，而地区农村银行所具有的国家银行的性质更利于团体产品的推销。银保合作也为保费收取和上交提供了一个安全可靠的渠道。

印度邮政系统也在利用农村网点多的优势实施自己的农村寿险计划，其主要提供中等水平的保障。有的保险公司与农村大的消费品商合作，如保险人与妇女经营农村肥皂等日常消费品的合作社合作，有的保险公司与印度最大的烟草制品公司合作。由于有关各方的共同努力，农村保险的普及水平（渗透率）迅速提高，农村寿险保单数量和保费收入迅速增长，2003 年保单数为 360 万份，2005 年保单数达到 470 万份，保费收入也从 2003 年的 68.8 亿卢比猛增到 2005 年的 145.9 亿卢比。

第二，农村小额保险的兴起。农村小额保险是 21 世纪后发展中国家受到广泛重视的创新型保险业务。小额保险主要是面向农村低收入群体，采取低费率、广覆盖、灵活多样的组织与销售形式，旨在减少风险，为低收入农民提供一定经济保障的新型农村保险项目。印度在众多发展中国家中率先推行农村小额保险计划。到 2005 年，印度已建立起小额保险计划 43 个，覆盖农村人口 520 万人，并以 50%的速度递增[①]，其中超过 10 万人的小额保险计划有 6 个、超过 100 万人的小额保险计划有 2 个。60.8%的小额保险计划服务于农村地区，31.4%的小额保险计划服务于城乡地区，仅有 7.8%的小额保险计划直接服务于城镇居民。因而，印度小额保险主要包括因地制宜为农村地区提供的各类保险保障计划。印度的农村小额保险计划主要由商业保险机构负责组织实施，大多数保险产品只承保单一风险，以寿险服务为主的占 61%，提供健康保险服务的占 57%。在实施的小额保险计划中，2 年以内的占 35%，2～3 年的占 25%，7～10 年的占 11%，10 年以上的占 18%[②]。印度多数农村小额保险计划主要采取伙伴-代理模式，通常由一家商业保险公司、一家互助保险机构和一家代理机构（多为小额信贷机构）合作，由保险公司负责计提准备金、开发产品、厘定价格，由代理机构负责产品销售、理赔及服务等。

（三）农业保险的创新与发展

进入 21 世纪以后，印度政府根据以前在农业保险方面积累的大量经验教

①② ILO India：An Inventory Of Micro insurance Schemes，2005。

训和原始的保险数据资料开始全面推行农业保险，主要包括国家农业保险计划、种子作物的保险试验计划和牲畜保险等。新的保险计划比原来的保险试验更具体，保费的厘定也更为科学，使保险的开展更加具有可操作性，从而为印度农业经济的快速发展提供了有力的保护和保障。

在一系列的农业保险计划中，以1999年出台的“国家农业保险计划”（简称NAIS）最具广泛性和权威性，它取代了“农作物全面保险计划”，成为新的国家级农业保险计划。该计划的目的是在自然灾害发生时向农民提供保险服务和金融支持，保护农民的收益，降低农业的灾害损失，鼓励农民采纳先进的农业技术，稳定农民收入。印度政府希望通过计划的实施来补偿农户因农作物遭受自然灾害所带来的损失，从而恢复农户下一季的正常生产。

“国家农业保险计划”自2000年春季开始实行，适用于所有农户，设想涵盖所有的粮食作物、油料作物、经济性作物或园艺作物。目前该计划已将11种经济性作物或园艺作物纳入其中，包括甘蔗、马铃薯、棉花、生姜、洋葱、姜黄、红辣椒、菠萝、香蕉、木薯和黄麻等。其他一年生园艺作物或经济性作物需要在计划执行的2年后（第三年）才开始承保，这是由于这些作物往年的产量数据比较缺乏，需要一定的数据积累。目前有21个邦和2个中央直辖区实行国家农业保险计划。

自实施“国家农业保险计划”以来，印度的农业保险在适应市场经济的进程中逐渐制度化。为了适应市场制度建设进程，解决占GDP和人口比重很高的农业经营风险控制及其经济保障和贫困救助问题，印度农业保险在修订完善以往制度的基础上，构造了强制参与的、同农户银行信贷额度挂钩的、政府提供财政补贴的、覆盖重要农产品和主产地的“政府-市场结合型”农业保险制度（NAIC制度），并由新授权的专业农业保险公司AICIL负责实施。作为一项体制建设，印度农业保险在制度创新方面具有以下5个特点。

第一，建立了专门的独立运行的农业保险公司。为了避免政府直接经办农业保险的低效运行，推动农业保险市场化运作，2003年印度立法设立了专业化农业保险公司——印度农业保险有限公司AICIL，剥离承接了原先由国有综合保险公司GIC管理的农业保险业务，按市场化原则在财政支持下负责NAIC的实施。这一模式赋予印度农业保险较强的活力，促使供给主体努力开发适合农户需求的产品，为市场发展和效率提高奠定了制度基础。

第二，政府的有力支持。这主要表现在财政补贴和担保上。中央和邦两级政府对农业保险实行补贴，两级政府对AICIL的各类保险服务按保险费提供财政补贴。为了体现政策倾向，对中小农户的补贴率高于一般农业经营者的1/3，对创新产品的补贴高于对传统保险的补贴，对市场价格风险造成的超额损失还由政府担保支付，从财务上解除了农业保险的后顾之忧。尤其是对创新产品的补贴，对中小农户保费补贴75%、对其他农业者保费补贴50%，因价格波动导致的相当于保费100%的支付责任由政府赔偿，各项农业保险都可争取到政府补贴。

第三，为印度中小农户的产量-收入风险提供有力的保护。印度实行的综合风险保险CRI是农业收入保险。由于价格风险的可控性较弱，以及实施条件的严苛，AICIL实施这一创新保险的目的是：推动农户谨慎地创新开发农技和耕作方法、新型农产品和新型经营方式，保证农贷流畅，保障地区经济发展，推动产出和价格评估体系的建设，提供农业风险保障体系的基础条件。其实施者是AIC，实施地区为13个邦的13个地区，含种植小麦的10个地区、种植稻谷的3个地区。这一保险覆盖所有贷款农户和非贷款农户。运行方式为自愿投保，且不叠加NAIS，贯彻季节性投保，不允许事后投保。承保风险范围包括各类作物因自然风险（含灾害事件、虫害和植物疾病）导致的产量损失和农产品市场价格损失导致的农户收入损失。根据不同邦和作物种类，视灌溉和非灌溉条件由精算确定保险费。这一保险的基本内涵借鉴了美国的农业收入保险，将为印度中小农户的产量-收入风险提供有力的保护。这一保险的面市意味着印度传统产量农业保险实现了新的升级，这同印度政府财政的有力支持是分不开的。

第四，率先推行天气指数保险。印度天气指数保险的起步早于农业收入保险，它被誉为发展中国家最重要的金融创新。按照发展顺序和产品运行特征，印度天气指数农险可分成两类。①嵌入式天气指数农业保险产品。这是由非保险人经营的品种，最初由印度第三大农业信贷机构Basis于2003年研发面世，被称为降雨指数保险MON-SOON I。这一产品在对降雨和产量相关度进行统计分析的基础上，按照金融期权结构，构造了相应的合同权利。其经营实践有两个方面较为突出，一方面是在产品设计中选择了产量相关度高且较普遍的降雨指数为保险标的，另一方面是银保一体化的产品组合和运行结构。Basis降雨指数保险是一种信贷挂钩型产品，它采取嵌入形式，作为农贷合约的组成部分，用于保障天气事件致使农贷抵押作物歉收条件下农户持续低利率的农业贷款和延续经营。这一产品设有专项“信贷-保险-农户储蓄”账户，借助智能卡运行。这种嵌入式产品在实践中的优点是：提供了信贷-保险一体化的农业金融服务，有助于农户风险控制财务体系的构建；客观上保护了银行农贷债权，并拓宽了农业保险市场，具有多种金融机构介入的动力；降低了农业保险运行成本。②纯保险型的天气指数农保产品。这是由农业保险人开发的产品。信贷机构首创的嵌入式天气指数保单开辟了新的农村金融服务天地。作为国家特许专业农业保险人的AICIL，以其灵敏的嗅觉发觉到了其巨大的潜力，及时地将其移植到自身主营的农业保险业务框架内，借助其在农业保险领域的优势加以推广。在初步尝试后，又将其作为重要的农业保险业务不断推陈出新，相继实行了诸多新险种。

第五，接受统一的保险公司监管。印度没有专门的农业保险立法，也没有专门的监管机构。印度农业保险公司按照印度公司法成立并按照印度公司法依法运营管理。1999 年印度成立了印度保险管理与发展局，其职责是对印度保险行业进行管理和监督，促进和保证保险事业的健康发展。印度农业保险公司的保险业务接受印度保险管理与发展局的监督。另外，1999 年以前印度开展保险业务的均为国有公司。根据《保险管理与发展法案》，1999 年以后印度放松了对保险领域的限制，允许私有企业进入保险领域，允许国外资本进入印度保险市场，但外资持股比例不得超过 26%。

（四）扶持农村妇女信贷自助团体成长

在农村金融的转型中，印度对农村最为弱势的妇女的金融支持成为政策最重要的组成部分。其具体办法就是扶持印度农村妇女自助团体（Self-Help Groups，SHGs）并帮助她们发挥作用。

（1）印度农村妇女自助团体及其运作形式。在印度，农民在反贫困运动中面临的一个主要问题是缺少发展生产的资金，特别是妇女缺少发展生产的资金。而妇女从事的职业、经济收入如何与子女的数量、子女的教育状况、家庭成员的健康状况等因素密切相关，这些因素又与反贫困直接相联系。因此，妇女能否比较容易地获得贷款在反贫困战略中占有重要的地位。

为解决农村妇女在发展生产中遇到的缺少资金问题，印度在过去也出台过一些民间的小额融资制度，如“轮流存贷协会”、寺庙基金等，这些制度使农村的贫困人群在急需资金时能互相借款。印度农村妇女自助团体就是在这些制度的基础上，在印度政府机构、非政府组织及银行的帮助下发展起来的。印度农村妇女自助团体首先于 1992 年由印度国家农业农村发展银行发起，目前大部分 SHGs 项目都被纳入“自助团体——银行联系计划”。在印度农村妇女自助团队的发展过程中，非政府组织发挥了重要作用。

印度农村妇女自助团体的建立有一套循序渐进的程序。首先是学习，那些想建立自助团体的人可以到已经建立的妇女自助团体中去学习经验。其次是建立小团体，这些小团体建立在有着相同背景和共同利益的人之中，她们基本上属于同一个潘查亚特（村），建立这些小团体的目的是在一个不断试错的过程中将所学到的经验用于具体的实践。最后是组织农村妇女自助团体并开始实际运作，包括给组织起一个名字、共同起草一个章程等。

印度农村妇女自助团体的组织一般由 15～20 人组成，设置主席、司库和秘书 3 个职务。主席的职责是组织和主持会议，鼓励成员参与，在与其他组织进行交往时代表本组织。司库的职责是记录和保存有关财务方面的记录、管理和保护银行账单或现金、保存各种收据等。秘书的职责是记录团体的日程安排和会议的情况、处理信件等。所有的农村妇女自助团体都定期举行会议，讨论本组织的一些事宜。这些会议基本上每周举行一次，具体时间要符合当地的风俗。SHGs 鼓励成员参加会议，对那些多次不参加会议的成员予以开除，同时鼓励成员轮流担任领导职务，以此来培养成员的参与意识、领导才能。

（2）印度农村妇女自助团体的资金来源与用途。SHGs 资金的主要来源是其成员的积累，SHGs 的成员每周都要缴存一定数额的资金，不同地区、不同自助团体的数额不同。在 SHGs 或其成员需要资金进行生产经营时，SHGs 能够以团体积累的资金来从事生产经营或给予成员贷款。如果团体的资金不够，那么 SHGs 能够以团体的名义从所开账户的银行获得贷款。如果个人或其担保的贷款未能按期归还，则在每年返还个人的存款额及分红款中予以扣除。SHGs 主要从事农业及与农业相关的活动，小商业经营。如在戈德亚姆的班加罗尔潘查亚特，两者的比例分别为 42.5%和 49.0%，在西奥里萨邦班加罗尔县的潘查亚特，当地从事编织的妇女们组织了一个名为“生命之光”的自助团体，承包了本村的一个鱼池，从事渔业生产经营[①]。除此之外，还有一些人从事小商品生产、服务等活动。

（3）政府机构与非政府组织的作用。①政府机构在 SHGs 的发展中发挥了巨大的作用。SHGs 是由印度国家农业农村发展银行在 1992 年发起的，1996 年印度政府将这一项目纳入了正式的反贫困银行计划并给予拨款。国家农业农村发展银行还建立了一个小信贷发展基金，其 10 亿卢比的启动资金来自印度储备银行、国家农业农村发展银行及其他商业银行的捐赠，这些资金通过国家农业农村发展银行这一主渠道给 SHGs 以资助。各邦还制定了符合本地实际的资助计划。②非政府组织在 SHGs 的发展中也发挥了巨大的作用。如海德拉巴的“消除农村贫困协会”“合作社发展基金”在促进 SHGs 及 SHGs 联合会的发展过程中发挥了巨大作用。一些金融机构，如住房和城市发展合作社、住房发展金融合作社等积极参与 SHGs 运动，向其提供无抵押贷款。特别值得一提的是散布于全国的各种农村妇女自助团体联合会，它们给予 SHGs 人员培训、保险、会计和稽查指导、冲突的调节、牲畜医疗、建房技术等方面的支持，并且可以用它们的社会声誉作为银行贷款的抵押，大大提高了妇女加入 SHGs 的积极性，促进了 SHGs 的健康、可持续发展。

（4）印度农村妇女信贷自助团体的作用。印度政府之所以大力推广这一组织，是因为作为一种组织创新，SHGs 在反贫困中发挥了比较重要的作用。首

① Graham Haylor，S D Tripathi，B K Satpathy，et al.，The Kandhkelgaon Story［EB/OL］. http：//www. streaminitiative. org/Library/pdf/pdf india/TheKandhkelgaonStory. pdf. 2005－03－19.

先，为农村贫困妇女获得资金提供了一个重要渠道，提高了她们的收入。其次，提高了妇女的能力与地位。SHGs都是妇女自给自足的团体，团体的建立、资金的管理、日常的运作、领导的选举等都是妇女们在平等协商的基础上进行的。团体每周的会议要求成员参加，团体的领导人定期选举轮换，农村妇女自助团体联合会还对团体成员提供人员培训、保险、会计和稽查指导、冲突的调节等方面的支持。这样，妇女们通过参与团体的运作获得了宝贵的民主意识、参与精神和管理能力。最后，增强了农村贫困地区的社会资本。SHGs成员比较少，成员都处于同一个村庄，彼此十分熟悉。在团体活动中，特别是在团体的信贷活动、生产经营活动中，她们成为一个利益共同体，对于团体的信誉、收益等休戚与共，相互理解、相互信任、相互合作成为她们共同的选择。这样，团体精神、平等意识在共同的活动中得到培养。同时，在和外界机构与团体（如潘查亚特、非政府组织、银行等）的交往中，特别是在与银行的交往中，为了以后合作的展开，SHGs有着合作的愿望，这集中表现在她们对于银行贷款的还款率上。合作、守信的精神在SHGs团体内部活动及SHGs与外界的交往中增强。

二、农产品流通体制的渐进调整

印度政府近年来对原有的粮食等基础农产品流通体制实行市场化改革的基本思路是：对于粮食等农产品的供求关系和价格形成过程，由中央政府、邦政府协调转向市场协调。印度的一些具体做法如下。

第一，重新明确农产品市场的主体地位。按照市场原则确认1亿多印度的农户和大小农场主（80%以上农户的户均耕地少于2公顷）的土地所有权和私人经营权，允许他们自由转让土地，自行决策种植品种，自由出售农产品。同时，以自主权和有利可图的市场化的价格诱导政策，来保证国家所需要的粮食供给，而不再继续以往低价格的强制收购。由于粮食收购价格是市场单轨制，所以农户和农场主可以根据自己的需要来比较和选择买主，既可以卖给大小私商、销售合作社，也可以出售给政府开办的粮食公司。

第二，放开原政府直接干预的大宗农产品的生产和经营品种。粮价全部放开，由市场供求关系自行决定，90%左右的粮食自由流通，10%左右的粮食由政府按照市场价格（不搞“第二价格”）组织收购，其中的一部分以平价（必要时甚至以市场价1/2的低价）定向定量销售给贫困居民或低收入者，以确保城乡贫困居民的基本生活需要。除粮食以外的其他农产品，如棉花、咖啡、肉、蛋、蔬菜、水果、蔗糖、皮革等，经过短暂过渡后，现已全部放开经营、放开价格，购销差价、批零差价、地区差价等随行就市，由当事人根据国内外市场供求状况和竞争原则自行商定。

第三，粮食储备以放开的市场价格为基础组织运作实施。外向自由化改革以来，印度粮食储备制度迅速转向了市场化轨道。①在粮价因短期供过于求趋降时，储备粮坚持按照市场价格收购（至少不低于最低保护价），防止谷贱伤农，废止低官价收购政策；而在粮价因短期供不应求趋升时，按市场价及时抛售存粮，抑制价格大幅上扬，以保护消费者利益。②收购储备数量根据当年粮食丰欠状况、邦与邦之间的供求状况灵活调整，注重发挥动态化粮储功能，同时政府全额安排粮食储备基金，并指定专门机构负责具体执行。③根据历年数据，合理确定粮食储备总量，包括确定类似银行最低保证金式的最低（警戒）储备量指标和常规储备量指标两个层次，将粮食储备保持在一个合理的动态区间。④为分散粮食风险，确保粮食安全，增强反应能力，化解利益矛盾，实行中央和各邦双重粮食储备制度。其中，中央政府粮食储备占总量的60%，各邦粮食储备占总量的40%。储备基金全额纳入中央政府的财政预算，划拨各邦的预算基金必须专款专用。新制度的核心就是将政府的调控职能建立在动态化的粮食市场供求和市场价格的基础上，所有相关的政策措施必须配套，并与市场化的整体格局保持一致。

第四，建立单线运行的法定半官方、非营利的粮食购销、储备机构。执行这一政策的是印度食品公司。印度食品公司的性质是半官方的法定机关，按照政府的授权和委托，专门从事以粮食为主的政策性调控、管理业务，并且不以营利为目的。印度食品公司的职能主要有两方面。一方面，以市场价格为基础，负责具体安排全印度的粮食储备，全额收购农户和大小农场主自愿向政府出售的粮食；另一方面，代行政府的粮食公共分配职能，将一部分粮食按照市场价格购入，然后向城乡贫困人口定量平价组织销售。印度这种做法是在市场经济环境下实施政府行为和开展政策性业务的唯一选择。其核心是，印度食品公司作为单一政策工具的性质清晰，其所做的一切都要对政府负责，而政府对印度食品公司所需资金和补贴提供全额支持。这是一种权利和义务对称，政策意图和政策工具一致，同时符合市场经济逻辑的“全封闭”“无交叉泄漏”的运作方式。

第五，对粮食生产和流通实行内外贸一体化政策。印度出于对粮食等农产品生产和流通的重视，将有关粮食生产、流通、储备、外贸等所有事宜，由中央政府授权的国家粮食局全权负责，统一协调，实行“一支笔体制”。国家粮食局对中央政府负责，并责成食品公司具体执行，而中央政府也必须向被授权的国家粮食局及印度食品公司的运作提供全封闭的财政、信贷支持，从而把调节粮食国内购销、国内市场和国内吞吐储备的决定权与国家粮食进出口的决策权有机地统一在同一个执行机关之中，这就为国家各项粮食政策之间保持协调一致提供了重要的组织保证。例如，当国家粮食局认为国内粮食储备过量时，可直接组织粮食出口，反之，当发现国内粮食有可能短缺时，可在调动国内储备的同时及时组织粮食进口。

三、农村公共品供给体制的重建

20 世纪 90 年代外向自由化以来，印度在农政分治体制的基础上进行了农村公共品供给体制的新探索。这一探索主要是以财政分权为主的分权运动和以潘查亚特制为特征的农村治理，通过分权化决策和参与治理，有效利用了社会资源，形成了政府主导、多中心参与的农村公共品供给体制。由于历史、文化、地理等综合因素的影响，印度的分权出现了多种模式。

在印度政治体制的变革与相互作用下，1989 年被人民院通过而遭到联邦院否决的第 64 次印度宪法修正案，在拉奥政府任内完成。1992 年印度国会通过了第 73 号和第 74 号印度宪法修正案。1994 年 4—5 月，各邦通过了支持法案。1994 年 3 月 11 日高等法院做出判决，规定总统治理纳入司法审查范围内，如果不是基于正当理由，法院可以宣布总统是非法使用这一条款。到 1998 年中央对地方的总统治理全部解除。

第 73 号印度宪法修正案规定在各邦设立县（专区）、区（乡）、村三级潘查亚特，每 5 年进行一次换届选举，潘查亚特中必须要有 1/3 的代表是妇女，表列种姓和表列部族的代表人数应不低于他们在人口中的比例。第 73 号印度宪法修正案还对潘查亚特的各种权利和责任、潘查亚特与邦政府的关系做了规定，置于印度宪法的第九部分，与联邦（第五部分）、各种邦（第六至第八部分）并列，内容涉及有关潘查亚特的定义、制度、结构、成员数量和选举，表列种姓、表列部落和妇女的位置保留，邦议会和国会议员在潘查亚特中的地位和作用、潘查亚特的任期、潘查亚特及其成员的争议和处理、潘查亚特的权力、潘查亚特的权威和责任、潘查亚特的资金来源和资金使用审计等，有 20 余条。在附表（第 11 表）中具体列了诸如农业、土地改进、土地改革政策执行、灌溉、水资源管理、畜牧业和渔业、林业、小工业和村庄工业、农村住房、道路交通维护、农村电气化、扶贫工程、教育、技术培训、文化活动、市场交易、卫生、家庭计划、妇女与儿童发展、社会福利事业、弱势群体照顾、公共品分配制度以及社区财产管理等共 29 项内容。具体来讲，印度农村三级潘查亚特的重要职能如下。

（1）村潘查亚特的重要职能。①准备年计划；②准备和实施年预算；③改良农业、园艺业、畜牧业、奶制品业、渔业、纺织业等产品；④供给饮用水；⑤分配住房地点；⑥执行各种中央主持的关于减贫、社会发展和家庭福利的项目；⑦改进成人识字率，确保义务教育阶段的入学率和出勤率；⑧改善农村卫生；⑨监督公共医疗中心的运行；⑩监督公共分配系统。

(2) 区潘查亚特的重要职能。①准备年计划和强化村潘查亚特的计划；②准备年预算；③改良农业、畜牧业，加强农业推广；④维护灌溉系统；⑤农村供水和卫生；⑥改善社会林业；⑦建设和维护公共道路和通信；⑧监督村潘查亚特对各种项目和政策的执行情况；⑨改良医疗、家庭福利、妇女和儿童的发展。

(3) 专区潘查亚特的重要职能。①准备专区的年计划，强化村潘查亚特和区潘查亚特的年计划；②建设和维护道路、住房和桥梁；③建设农村供水设施；④协调各种在村潘查亚特和区潘查亚特执行的与减贫、社会发展相关的活动和项目；⑤流域发展和荒地开发；⑥维护医院和诊所；⑦监督公共分配系统。

20 世纪 90 年代以来印度的政治分权（财政分权）运动以及农村地方治理结构的变革，第 73 号印度宪法修正案引发的农村治理结构的变动，导致邦一级政府以下各级潘查亚特实行分级自治，同时各邦政府还将农业推广、土地改良、小型灌溉、饮用水、道路、基础教育、医疗卫生、社会福利等 29 项农村公共品供给任务下放给了上述三级潘查亚特。一般情况下，村一级潘查亚特履行上述公共品的直接供给职能，区潘查亚特主要负责农业发展、开发、合作、环境卫生、初级教育、家庭工业和紧急救济等服务。专区潘查亚特作为邦政府与区、村两级潘查亚特之间的联系纽带，在印度多数邦起监督、咨询和协调的功能。由此使印度逐步形成了以潘查亚特为中心的农村公共品供给制度。这一制度有如下特点。

第一，权责明晰的公共品供给主体。印度较早建立起民主的政治制度，对各级政府在农村公共品供给过程中的权力和责任、法律和政策都做出了清晰的界定。属于中央政府和邦政府的职责，一般不能分解或摊派给地方政府。同时，法律赋予基层潘查亚特一定的选择权，使其可以根据实际情况灵活从事辖区内的公共品供给活动，在农村道路、饮水工程、基础教育和基础医疗等方面表现得尤其突出。

第二，多元互动的公共品融资渠道。稳定的资金来源是公共品供给的基本保证。在潘查亚特制度下，印度农村公共品供给的融资渠道主要有财政支持、市场募集、国际机构贷款、非政府组织捐赠等。

第三，自下而上的公共品供给决策过程。20 世纪 90 年代以来，随着印度自由化运动的深入开展，以及与之相伴的财政分权和地方治理改革，印度基层民主有了较快的发展。农村三级潘查亚特经由民主选举产生，较能广泛地代表村庄和社区民意，在农村公共品供给决策方面发挥着不可替代的作用，逐步形成了自下而上、民主参与和社区引导的公共品供给决策模式。

第四，建立了有效问责的公共品监督机制。印度是一个经济欠发达国家，为确保有限的财力发挥最大的效用，印度政府在健全基层民主制的基础上，建立了一套相对完善的公共品问责制度，使农村公共品的供给处在法律、政府政策、民间组织、新闻舆论等的有效监督之下，基本保证了农村公共品的供给效率和公平公正。

第六章

适应分治的印共农政探索

自20世纪初社会主义理论传入印度，社会主义作为一种理论和学说，对印度产生了广泛的影响。在社会主义理论的传播中，20世纪20年代诞生了印度共产党。自此，印度共产党与持有社会主义理念的国大党相伴而生。与国大党甘地和尼赫鲁社会主义不同，印度共产党坚称以马克思列宁主义为指导进行自己的革命和建设实践。在这一原则指导下，独立前的印度共产党在英国殖民统治下开展了一系列的革命斗争，其农政建设的主张也与此保持了基本一致。独立后，在国大党创立的农政分治体制下，1951年印度共产党首先在革命策略上发生了一次转变，即由武装斗争转变为和平的议会斗争，进而导致了1957年获得喀拉拉邦政权的早期农政建设实践。由于对印度国情条件和革命策略的认知不同，1964年印度共产党发生了组织上的分裂，从最初的“一源两支”裂变为“一源四支”。在农政建设上，印度共产党充分利用英迪拉给出的分治条件，在曾经执政的喀拉拉邦和西孟加拉邦形成了轮执型和长久型两种建设模式，从而成为国大党中央政府社会主义农政建设理想的推动力量。在这一系列农政建设的实践中，印度共产党把马克思列宁主义农政原理与印度的实际结合起来，在各个不同的时期形成了相应的农政建设理论。因此，本章首先在理清印度共产党社会主义农政建设思想演变的基础上，重点介绍喀拉拉邦轮执型和西孟加拉邦长久型两种农政建设模式，最后在社会主义农政建设理论与印度共产党农政实践的结合上进行相应的比较分析。

第一节　印度共产党农政思想的演变

社会主义农业的理想源起于500余年前英国莫尔的《乌托邦》（1516年）。在共产党组织基础上进行新社会农业理想的建构，则始于马克思和恩格斯，《共产党宣言》（1848年）、《论土地国有化》（1872年）和《法德农民问题》（1894年）是其代表作。自19世纪末西方社会主义思想传入印度后，形成了两个大的思想体系：一是在印度文化基础上形成的甘地社会主义及随后的尼赫鲁社会主义，二是在马克思列宁主义指导下的印度共产党社会主义。在印度共产党的意识形态建构中，不认同甘地和尼赫鲁的社会主义性质。本著不持这一观点，而是将印度社会主义两大思想体系视作一个统一的整体，并进行相应的社会主义农政建设的比较分析。甘地和尼赫鲁的社会主义农政思想及其实践已在前几章中进行了分析。本节重点介绍印度共产党的社会主义农政思想，其实践将在第二、三节介绍，在第四节中将进行两大体系的社会主义农政思想与实践的比较分析。

一、印度共产党的诞生与成长

（一）独立前印度共产党的历史发展

独立前，印度共产党在其成长中大体经历了两个时期，各个时期都有自己不同的特点。

第一时期是印度共产党的初创阶段。1912 年印度记者罗摩克里希纳·皮莱用马拉雅拉姆语出版了《卡尔·马克思传》，这是在印度最早介绍马克思主义的书籍。1920 年 10 月 17 日，以罗易为首的印度共产主义者在苏联的塔什干建立了第一个印度共产党。1921 年印度的加尔各答、孟买和拉合尔等地出现了秘密共产主义小组，阿马德和诗人伊斯拉姆草拟了成立印度共产党的计划。1922 年 3 月，作为苏联派遣的党的干部之一，罗易回国，准备同国内各共产主义小组取得联系，但遭到镇压。在这样的背景下，萨·巴克塔等人宣布反对国际主义，成立“印度的共产党”而不是“印度共产党”，意思是成立与国际共产主义没有联系的共产党。这得到了英印殖民当局的默许，成为“合法共产党”。1925 年 12 月初，该党在坎普尔召开第一次代表大会，公开组建了中央委员会。1928 年该党已经名存实亡。思想的不成熟和活动的分散无序是这一时期的主要特点。

第二时期是受国际共产主义和苏联影响的阶段。印度共产党的诞生受到了英印殖民当局的各种压制，没有真正统一的领导核心与独立完备的政治路线，主要接受罗易在莫斯科的遥控和英国共产党的具体领导。印度共产党在共产国际“四大”建立反帝民族统一战线思想的指导下，制定了民族民主革命纲领，认为争取民族独立是自己面临的首要任务和印度各阶层人民的共同利益所在。印度共产党认为，只有同国大党实行合作，才能把各种反帝力量团结在一起，推动民族解放事业的发展。因此，印度共产党同国大党采取了团结、改造并伺机夺权的策略。在这种策略指导下，许多印度共产党人担任了国大党的各级领导，国大党的一些地方组织已控制在印度共产党人手中。1933 年 11 月，新生的印度共产党在加尔各答举行秘密会议，宣布加入共产国际，会上通过了新的政治纲领和党章，组成了临时中央委员会。随即印度共产党被英印殖民政府宣布为非法组织，印度共产党被迫转入地下。印度共产党在极其困难的条件下开展工作，直到第二次世界大战爆发后才重新获得合法地位。但是，共产国际“六大”以后，印度共产党执行了一条左倾路线，认为国大党基本上执行的是“按照资产阶级利益向帝国主义妥协”的政策，从而把自己变成了一个孤立的小集团。随后在共产国际和各国共产党人帮助下，印度共产党逐渐意识到了自己的错误。从1935年10月印共孟加拉省委机关刊物《共产主义评论》发表文章起，印度共产党开始执行建立广泛的人民反帝统一战线的新策略，印度共产党人开始同国大党内的左翼力量建立统一战线，支持他们提出的所有符合工农利益的要求。第二次世界大战期间，由于苏联与英国建立了反法西斯联盟，随着印度共产党政策的转变，英印殖民当局取消了禁令，印度共产党活动合法化，印度共产党成为仅次于国大党和穆斯林联盟的第三大政党。1943年5月印度共产党在孟买召开了第一次代表大会。总书记约希主持这次会议，通过了“关于在保卫祖国与争取建立国民政府的行动中团结起来”的决议，号召“工人阶级团结起来，为保卫祖国增加生产”，反对工人罢工，在农村“必须把增产粮食的爱国口号作为对所有农民的宣传和组织工作的基础”，决定党的一切工作都纳入生产运动。1946年7月，印度共产党一些领导人在印度南部安得拉邦的特仑甘纳地区发动农民武装斗争，历时5年。这一时期印度共产党的政策受到了共产国际和苏联的影响，行动的盲目性和跟随性是其主要特点。

（二）印度共产党与“一源四支”的形成

印度独立后，印度共产党曾经寻求通过武装斗争的形式推翻中央政府，建立社会主义制度，并于1946—1951年发动了多次农民武装起义，但当时印度的国情决定了走武装夺取政权的道路取得成功的可能性已经微乎其微。在这种情况下，印度共产党及时调整了自己的斗争方式，在1951年召开的印度共产党第一届全国代表大会上通过了新的党纲，提出要停止武装斗争，转为合法斗争，并改选了党的领导机构，选举持温和立场的高士为党的总书记。此后，印度共产党的主要精力转移到合法斗争上。1952年印度共产党第一次参加国会议员选举，所获议席数量位居第二位，成为议会的最大反对党。1957年印度共产党又在喀拉拉邦地方选举中获胜并执政，显示出地方选民对印度共产党政策主张的认可和支持，也标志着印度共产党已成为印度国内一支不可忽视的政治力量，这使得印度共产党更加坚定地要走一条与以往迥然不同的、通过体制内竞争获取政治权力的新道路。

但是，由于印度共产党内部对革命道路的认识存在严重分歧，1964年11月印度共产党一分为二：以党的总书记南布迪里巴德为首的部分印度共产党中央委员脱离印度共产党另立新党，即后来的印度共产党（马克思主义），简称印共（马）；以党主席丹吉为首的部分印度共产党中央委员仍沿用印度共产党这一传统称谓。1969 年 4 月，印共（马）内部第二次发生分裂，这次分裂的结果是产生了以马宗达为首的印度共产党（马克思列宁主义），即印共（马列）。20 世纪 60 年代，印度共产党频频发生分裂，其原因固然与印度的多党制和比例代表制的选举制度有关，但更主要的原因则在于党内各派对印度的社会性质和革命道路的不同认识。尽管如此，三大印度共产党组织的根本目标是一致的，都强调要在印度建立社会主义制度，只是选择的斗争方式、策略和道路不同。

印度共产党分裂后，以丹吉为首的印度共产党一直保持与国大党的合作，并与之在议会中结成政党联盟。1977 年印度共产党在全国大选中遭受重大挫折，党内再次出现重大分歧，焦点集中在与国大党的关系问题上，围绕这一问题的分歧使以党的主席丹吉和以党的总书记拉奥为首的两大派系间的矛盾急剧尖锐化。直到 1978 年，印度共产党十一大召开，会上通过了党的新纲领，要求放弃过去同国大党合作的方针，转而与印共（马）等左翼联盟合作，以拉奥为首的一派取得胜利。由于在党内斗争的失利，丹吉于 1980 年 7 月辞去了印度共产党主席职务，并于 1981 年成立了“全印共产党”，印度共产党再度分裂。这样，在印度左翼阵营内，最终形成了 4 个共产党组织并存的局面，即所谓的“一源四支”政党格局。尽管印度共产党组织的几度分裂对印度共产党产生了严重的负面影响，但由于及时采取措施，其组织力量和政治影响力很快得到恢复，并始终保持了仅次于印共（马）的第二大印度共产党组织的地位。

（三）从道路之争到建设“第三种替代性力量”

印度独立前，印度共产党政治纲领的基本立足点是反帝反封建，主要是反对英国的殖民统治，争取民族独立。为了达到这个目标，印度共产党不惜寻求与国大党的合作。印度独立后，印度共产党的理论和政策一度发生混乱。首先是印度共产党内关于走苏联式的“以城市为中心”道路还是走中国式的“农村包围城市”道路的“道路之争”。经过反复辩论，到 1950 年底，这一问题以印度共产党中央通过了《纲领草案》和《政策声明》而基本结束。《纲领草案》指出，印度革命要走的既不是苏联式道路，也不是中国式道路，而是适用于印度情况的列宁主义的道路。其次是第二场争论，这场争论的焦点是走“武装斗争道路”还是走议会式的体制内夺权的“和平道路”。虽然 1951 年印度共产党在第一届全国代表大会通过的新党纲中就已明确指出，发动工农武装起义方式夺取政权已不适合印度国情，并提出“停止武装斗争”“通过选票箱击败国大党”的口号①，但实际上，印度共产党内围绕这一问题的争论一直没有停止。

① 范玉传：《印度共产党的过去与现在》，《科学社会主义》，1992 年第 2 期。

这场“道路之争”最后以主张“和平斗争”、反对“武装斗争”成为党内主流意见而告终。

在外交上，印度共产党在这一时期的立场也表现出坚定、独立的一面，如主张“退出大英联邦及大英帝国”，反对印度政府“所玩的那一套介于和平与战争之间的、和平拥护者与侵略战争鼓吹者之间的骗人的把戏”[①]。

20世纪50年代中期后，印度共产党内再度出现争论并产生重大分歧，焦点集中在内政外交的基本政策立场以及由此决定的与国大党的关系问题上。丹吉派主张全面加强与国大党的合作，在议会中与国大党联盟，支持其内外政策；在对中国的态度上倾向于苏联的反对态度。而南布迪里巴德派则认为，国大党代表大资产阶级的利益，对其应持批评态度；在对中国的态度上，南布迪里巴德派并不赞同丹吉派的反对态度。1964年印度共产党的组织分裂后，以丹吉为首的印度共产党基本延续了分裂前的理论纲领，认为印度资产阶级与西方发达国家的资产阶级不同，是先进的资产阶级，印度共产党应该与之合作，共同联合反帝反封建，建立包括工人阶级、民族资产阶级在内的联合战线，最终建立工人阶级和民族资产阶级领导的民族民主国家，通过非资本主义的相对和平的道路过渡到社会主义。而在对外政策上，印度共产党支持印度政府实行的不结盟政策，同时继续反对中国共产党。到20世纪70年代末，印度共产党的纲领政策开始发生部分转变。1978年召开的印度共产党十一大通过了党的新纲领，要求放弃过去同国大党合作的方针，转而与印共（马）等左翼联盟合作，这一政策基本延续至今。

苏联解体和东欧剧变对印度共产党在国内的生存产生了很大冲击，在这一背景下，印度共产党积极进行反思，及时总结经验教训，并认识到，苏联解体和东欧剧变并不代表马克思主义已经过时，也不代表社会主义已经完全失败，而只是部分国家的共产党背离马克思主义的结果。因此，印度共产党要继续坚持马克思主义的指导地位，同时要进一步把马克思主义与印度的具体国情结合起来，建设社会主义的目标不会改变。由于采取了新的措施，统一了党内思想，印度共产党有效避免了党内混乱，其组织力量和影响力不仅没有被削弱，反而有所增长。20世纪90年代末以来，印度共产党基本维持了平稳发展态势，没有出现大衰落。

为进一步扩大生存空间，在继续贯彻与印共（马）等左翼政党合作的同时，印度共产党也采取了与国大党接触或合作而反对印度人民党的政策。例如，在2004年国会大选中，印度共产党凭借获得的10个议席与印共（马）等左翼政党一起支持国大党为首的“团结进步联盟”，成为该联盟能够上台执政

① 《印度共产党纲领草案》，《世界知识》，1951年第28期。

的重要砝码，双方达成《最低共同纲领》，这反过来大大提升了印度共产党的政治影响力，也使印度共产党在国内获得了更广泛的政治支持，为争取执政奠定了政治基础。

(四)“变相的参政党”：印度共产党的执政与参政实践

半个多世纪以来，印度共产党虽然始终没有在印度实现全国执政，却在个别邦取得了不菲的成绩。1957 年印度共产党通过合法途径在喀拉拉邦地方选举中获胜并执政，第一次在印度取得了实际的执政地位。在经历 1959 年 7 月第一次执政夭折后，在英迪拉时期之后有过“六起七落”的轮流执政过程。在西孟加拉邦，自 1977 年 6 月 21 日以印共（马）为首的左翼联合阵线在邦议会选举中获胜成立左翼联合政府后，获得七连胜，前后执政 34 年。与这种执政形态相对应，也就有了轮执型和长久型两种农政建设模式。

在中央一级的参政方面，20 世纪 80 年代以来，印度国大党（英）领导的中央政府在推行私有化、自由化经济政策方面迈出越来越大的步伐。印度共产党更坚定地将自己打造成工农等群体代言人的角色，对国大党的右倾化予以猛烈抨击。1998 年，具有强烈民族主义、浓厚教派主义色彩的印度人民党通过选举上台执政后，印度共产党又开始着力维护穆斯林、基督教等宗教和世俗团体的利益。在此过程中，其政治空间和群众基础得到进一步拓展。

相对于印度人民党，印度共产党对国大党（英）抱有更多好感，其原因可能在于两者有维护世俗政治和国家统一的共同目标。2004 年大选后，为了阻止印度人民党执政，印共（马）领导的包括印度共产党在内的左翼四党凭借手中的 61 个议席，支持国大党（英）为首的“团结进步联盟”上台组阁。在 2009 年 5 月人民院第 15 届大选中，印度共产党两大主流派均遭受前所未有的重创。在 543 个议席的竞争当中，印共（马）只分得 16 席，与上届相比大幅度减少了 27 席，甚至比 1967 年首次参选时还少了 3 席。在全国性政党排名中，印共（马）从第三位大幅下滑至第八位。印度共产党也损失惨重，2004 年时还有 10 席，这次只得 4 席。共产党的三大据点，除小邦特里普拉邦的 2 个人民院议席继续被印共（马）包揽外，喀拉拉邦和西孟加拉邦两邦均已失政。西孟加拉邦总计 42 席，印共（马）这次只夺得 9 席，与上届 26 席形成强烈对比，而其主要对手草根国大党则由 1 席猛升至 19 席。在喀拉拉邦，印度共产党上次获得的 3 席已全部失去，印共（马）也只斩获 4 席，相当于上届的 1/3。在这种政治形势下，2011 年 6 月的地方选举，印共（马）相继在西孟加拉邦和喀拉拉邦失去执政地位。

2014 年 5 月进行的人民院第十六届大选，印度人民党击败国大党获得压倒性胜利，赢得了人民院议席的绝对多数席位，打破了印度政坛 20 多年来“悬浮议会”和多党联盟执政的局面，从国大党和印度人民党两大政党联盟轮流执政时期进入印度人民党一党独大、一党执政的新时期。印度共产党两大主流政党均未能改变上届选举的颓势地位，且有下滑趋势。印共（马）在选举中获得 9 个议席，比上届减少了 7 席。印度共产党只占有 1 个席位，比上届减少了 3 席。

二、共产国际的印度土地纲领

印度共产党在其成长中的第二时期，主要是受共产国际影响。在涉及农政主张的问题上，也主要跟随共产国际。但印度的现实表明，这一基于马克思主义原理的土地纲领根本无法在印度推行。

1928 年 8 月共产国际召开六大，印度问题在会议上占有突出的重要地位。六大通过的《殖民地和半殖民地的革命运动提纲》中有相当多的一部分内容涉及印度革命的战略与策略问题。而关于土地问题，共产国际的纲领性意见是：①对英国统治的真正威胁，不是来自资产阶级阵营，而是来自印度工人蓬勃高涨的群众运动，这一运动正以大罢工的形式在不断发展。同时，农村危机的尖锐化也表明了土地革命的成熟。这些现象将使印度的整个政治局势发生根本变化。②印度的革命运动是资产阶级民主革命，即为无产阶级专政和社会主义革命准备前提的阶段。它的主要目标是使国家摆脱帝国主义的枷锁（收回外国租界，把外国铁路、外国银行等收归国有），使尚未统一的国家实现全国统一，推翻以帝国主义为靠山的剥削阶级的政权，组织工农苏维埃和红军，建立无产阶级和农民的专政，巩固无产阶级的领导权。③进行土地革命，把农民从各种前资本主义的、殖民地的剥削和奴役条件下解放出来，实行土地国有化；采取积极措施改善农民的处境，以便在城乡之间建立尽可能紧密的经济和政治联系。④在农民同地主斗争的初期，无产阶级能够领导全体农民。但在斗争以后的发展过程中，农民中某些上层分子可能倒向反革命阵营。无产阶级要想取得对农民的领导权，必须为实现农民的局部要求而忘我斗争，争取彻底完成土地革命，领导广大农民群众以革命方式解决土地问题。

从以上共产国际的这些主张来看，表明它对印度土地、农村、农民和社会问题的把握具有较大的乌托邦色彩，与印度的实际状况相距甚远。而此时印度还没有一个成熟的共产党组织来跟随和执行共产国际的这一系列主张。最能说明这一土地纲领无法跟随的是印度著名共产主义者罗易的转变。

罗易（1887—1954 年）是印度著名的革命家、哲学家、政治理论家及活动家，早年曾为共产主义领袖及理论家。他在印度试图发动革命推翻英国统治的斗争失败后，分别前往印度尼西亚、日本、韩国、墨西哥、菲律宾及美国，曾为墨西哥社会党总书记。十月革命后转向共产主义，创建了墨西哥共产党，后为共产国际驻墨西哥代表。1920 年受列宁之邀前往莫斯科参加共产国际第二次大会，同时开始参与共产国际事务，同年于塔什干成立印度侨民共产党。1922 年为共产国际远东局负责人之一，之后曾为共产国际主席团成员。罗易在指导墨西哥、印度和中国的共产主义革命中，提出了如下农政思想。

（1）不认同共产国际的土地革命主张。1922 年 12 月共产国际四大通过的《东方问题提纲》提出，印度等国家要进行土地革命，宣布彻底改变土地所有制基础的主张。罗易在他的《东方问题报告》中，避而不谈印度等国的土地和农民问题，只强调“印度战后时期资本主义工业化有了充分的发展”。这表明他并没有认同列宁在二大中提出的在四大得以强调的土地革命主张。

（2）在指导中国革命斗争中，强调土地革命和武装农民，建立乡村农民政权。罗易在 1927 年 4 月 30 日的中共五大的讲话中，认为印度土地革命与中国革命不同，因而主张在中国要建立一个革命民主政权，建立一个工农小资产阶级的民主专政。其行动纲领是：“第一，也是最根本的，是进行土地革命；第二，武装农民，保卫土地革命的胜利果实；第三，组织农村自治政府，摧毁农村封建地主政权；第四，建立国家机构，进而实现民主专政；第五，建立一支革命军队。”①

（3）印度的“非殖民地化”论。1927 年 10 月罗易从中国返回共产国际后，在《关于印度问题的决议草案》中阐述了“非殖民地化”理论。他认为英国对印度的剥削方式正在发生变化，在这一进程中，印度将开始一个“非殖民地化”的过程，“印度将被允许从‘附属国’地位上升到‘自治领’地位，印度资产阶级也将不再被作为一个潜在的对手，而是成为在帝国主义领导下发展经济的合作者，印度将从一个落后的农业的殖民国变成一个现代化的工业国——‘英联邦自由国家’的一个成员”②。由此他推断出印度无产阶级的力量将会壮大，资产阶级将“不革命”，农民阶级“本身落后到不能成为一支独立的政治力量的地步，他们或者在资产阶级反对封建主义、建立资本主义的斗争中跟随资产阶级，或者成为无产阶级领导的同盟军”③。因此，只有无产阶级才是最革命的阶级，印度的民族解放斗争只有在无产阶级的领导下才能取得胜利。

正是这位对印度和中国土地革命做出不同判断的革命者，被共产国际开除并回到印度后，对共产国际的路线与政策进行了反思。他在 1938 年出版的《我们的分歧》一书中，对共产国际的土地革命主张进行了批判，认为共产国际梦想无产阶级专政，试图在农民所有制的基础上建立社会主义。“它无视农

① 罗伯特·诺思，津尼亚·尤丁编著：《罗易赴华使命》，中国人民大学出版社，1981 年，第 205 页。

②③ 阿迪卡里主编：《印度共产党历史文献》，第 3 卷第 3 分册，新德里，1971 年英文版。

民的要求，计划使土地集体化。由于痛苦地意识到无产阶级数量和质量的不足，它把农场工人和贫苦农民包括在无产阶级范围之内。它向农民鼓吹社会主义，并坚持认为只有社会主义宣传才能把劳动群众团结到反帝斗争当中来。"①在完成这一系列批判后，罗易的思想也开始了新的变化，他由一个正统的马克思主义者转变为新人道主义者。

造成这种转变的原因很多，但我们认为最重要的原因可能是他从一个传统的马克思主义者回到印度后不得不发生这种质的转变。罗易是从武装反抗英国统治失败后被迫出走国外的，他在国外接受马克思主义后，对自己的祖国仍存在着种种的理想主义构想，把一个农业国描述为工业化国家，高估无产阶级的作用。1930 年他秘密回到印度，是根据马克思主义理论而不是根据经验或现实来想象印度的情况，他试图运用马克思主义经济决定论观点得出结论：他认为工人和农民的政党一定能在印度发展成强大的力量，甘地主义的宗教信仰不会在人民的意识中存在太久；他相信经历不屈不挠的过程会造成客观的条件，印度群众将脱离国大党的领导。但他所见到的却是不同的情况，被罗易视作印度革命领导中心的印度无产阶级完全使他失望了。他发现，印度无产阶级不仅在数量上薄弱，而且在社会地位上不成熟，在政治上落后，丝毫没有阶级斗争的基本思想。而印度农民仍然没有任何广泛觉醒起来的革命迹象，他们完全相信甘地和印度国大党，并跟随这些组织来争取自己的利益。掌握了经典马克思主义理论的罗易实现的这种转变，只有从当时印度社会的形态中才能找到真实的答案。这表明共产国际的土地革命主张并不符合印度的国情，难以找到真正的追随者。

三、印度共产党统一的农政建设路线

印度独立后，印度共产党在经历了独立初期夺权斗争的失败后，不得不走上了议会道路。1950 年底，由高士、丹吉和拉奥等 4 人组成的印度共产党代表团赴莫斯科，与苏联共产党领导商谈印度共产党路线问题，会谈后印度共产党代表团在苏联起草了《关于印度形势的意见书》《印度共产党纲领草案》《印度共产党政策声明草案》等 3 个文件。1951 年 5 月印度共产党召开中央会议，拉奥辞去总书记职务，高士取得了领导地位。这次会议还通过了《印共纲领》《政策声明》。同年 10 月印度共产党中央和安得拉省委发表"关于停止特仑甘那地区游击队活动的声明"，并参加即将举行的第一届大选。1951 年 10 月召开的印度共产党全国代表会议批准了中央会议的《印共纲领》和《政策声明》。

① 转引自罗伯特·诺思，津尼亚·尤丁编著：《罗易赴华使命》，中国人民大学出版社，1981 年，第 208 页。

《印共纲领》对当时印度革命的性质、任务和政策都作了明确的规定。《印共纲领》指出，印度现阶段的革命是反帝反封建的资产阶级民主革命，革命的任务是建立一切民主的、反封建的和反帝力量的民主联合政府，以取消外国资本对印度经济的控制，废除封建土地所有制。实现上述革命任务的手段不是武装革命，而是和平过渡的形式，即通过参加印度民主政治的大选，击败国大党。自此印度共产党基本上放弃了武装斗争夺取政权的革命策略，走上了议会道路。《印共纲领》没有提武装革命问题，而是论述和规定了印度未来以选举的方式建立人民民主政府的可行性和具体任务。印度共产党在政策声明中对印度革命道路问题做出分析，指出印度革命道路既不单纯是苏联式道路，也不单纯是中国式道路，而是适合印度国情的印度道路。这就是工人阶级和农民的大联盟，在共产党的领导下一致行动，争取土地和面包，争取工作与和平。这一系统的和平过渡纲领得到了斯大林领导下的苏联共产党的支持。这表明苏联的和平过渡路线受到了印度共产党的影响，国际共产主义运动史上的和平路线理论和实践的创新主体是印度共产党。

也正是在印度共产党这个和平过渡纲领中，它对印度农业与农民问题提出了自己独立的主张，在 1953 年 12 月召开的印度共产党三大上形成了《我们在农民群众中的任务》主导性文件，1959 年 3 月印度共产党中央执行委员会进一步作出了《关于土地改革的决议》。在印度共产党随后几十年关于农业和农民的认识问题上，尽管存在左右之争，但和平过渡的农政路线始终占主导地位，同时这一路线也指导了印度共产党在喀拉拉邦和西孟加拉邦执政时的农政建设实践。分裂前的印度共产党在这 3 个文件中体现的农政建设主张是：①把地主的土地无偿地交给农民（包括农业工人），并以特别土地法的方式使这种改革合法化，因而无偿地废除地主制度。②保证对农民予以长期低息贷款，使他们能购买农具及必要的种子。保证对小手工业者予以长期低息贷款，使他们能购买原料等，继续其生产和买卖。③保证政府帮助农民来改善旧的灌溉系统，并建立新的灌溉系统。④取消农民及小手工业者欠放债人和地主的高利贷者的债务。⑤保证农业工人有适当的工资和合理的生活条件。⑥鼓励农民和手工业者在自愿的基础上组织耕种、农业服务和其他合作社。⑦帮助农民使用改良种子、新式农具和现代技术，以改进耕种方法[①]。

土地改革主张是[②]：①重申被尼赫鲁采纳但没有得到严格执行的土地改革纲领，即充分保障佃农利益、减轻地租负担、规定土地最高限额，把剩余土地

---

① 《印度共产党纲领》，人民出版社，1953 年，第 13—14 页。《各国共产主义政党文丛：印度共产党第六次代表大会文件》，世界知识出版社，1962 年，第 176 页。

② 原载于 1959 年 3 月 1 日印度《新世纪》周刊。

和属于政府的可耕荒地分给贫农和农业劳动者，减轻捐税和债务负担，为农产品规定公平价格等。②提出了推进彻底土地改革的具体办法。在各邦颁布条例，禁止用任何借口驱逐佃农，并发还1952年以来那些被夺去土地的佃农的土地；给予佃农以充分的保障，但小土地所有者仍有收回土地的有限的权利，地租减至谷物收获的1/6；在各邦颁布条例，立即禁止一切欺骗性的土地转让与分散，废除地主们为了逃避土地最高限额在最近期间所进行的所有这种欺骗性的转让和分散；持有土地的最高限额应按照土改小组委员会所建议的数额予以规定，并且除了种植茶、咖啡、橡胶等的农业土地外，不应有任何例外；多余的土地应通过群众性的委员会分给贫苦农民和农业劳动者，应该鼓励和帮助他们组织合作社；由农民和政府的代表组成群众性的委员会以实行土地改革；通过相应法律，保证这些措施的实施。③号召农民和农业劳动者掀起一个强大的、势不可当的、能够团结一切民主力量并保证土地改革贯彻执行的运动，并使成千上万的农民和农业劳动者能受到鼓舞而参加到这种土地改革的运动中来。呼吁印度一切党派和民主力量进行努力，以实行作为改组农业和增加生产的首要步骤的彻底的土地改革。

印度共产党以上关于印度的农政建设和土地改革的路线，一直是20世纪60年代中期印度共产党分裂前农业斗争和农政建设的指导思想，对印度农政的分治形态产生了重要的影响。

四、印度共产党的农政新方略

1964年10月，印度共产党分裂为印共（马）和印度共产党，在同期国际共产主义运动大论战前后，还出现了一些极“左”的共产党组织，如印共（马列）等，但其影响都不大。主导印度共产主义运动的主要是印共（马），它在西孟加拉邦、喀拉拉邦和特里普拉邦先后组建了以共产党为重要力量的左翼政府。苏联解体、东欧剧变以及印度20世纪90年代以后的经济自由化，给印共（马）带来了前所未有的挑战。面对一系列的新变化，印共（马）及时调整了自己的战略和策略，重新评价共产主义运动的国际发展轨迹，回顾和总结1964年以后的发展和经验。2000年10月20日—23日在提鲁瓦南塔普拉姆举行印共（马）特别会议，修改和修订了1964年10月31日—12月7日在加尔各答第七次全国代表大会制定的《印共（马）纲领》及其章程。在新的形势下，印共（马）提出的纲领是“将指导工人、农民、所有劳动人民和反对统治阶级的进步的民主力量获得人民民主，实现社会主义社会的目标”。[①] 其思想

① 李明斌，张淑兰译：《印度共产党（马）纲领》，《当代世界社会主义问题》，2003年第4期。下同，不再注。

和农政主张如下。

（一）对印度政府农政建设形态进行的批判

在分析了东欧剧变和苏联解体世界社会主义运动的变化，总结了印度独立后的印度社会主义运动的经验教训后，印共（马）对政府的农业政策进行了批判。印共（马）认为，农业问题的解决要求革命性变革，包括激进而彻底地在农村中进行消灭地主阶级、高利贷剥削、种姓和性别压迫的农业改革。但印度资产阶级和地主阶级的联合统治不可能用进步的民主的方式应对农业问题，更谈不上解决这些问题。

（1）土地政策的批判。印共（马）认为，独立后，国大党统治者不是消灭地主阶级，而是实施把半封建的地主转化成资本主义地主、发展富农阶层的农业政策。为清除封建地主制定的法律却允许他们获得高额补偿并保留大量土地。租佃法律的实施，让地主以自耕为借口重获土地，却导致了数百万佃农失去土地。土地最高限额法为保有大量土地留下了足够的漏洞。上百万英亩的剩余土地既没有被收回，也没有被分配给农业工人和贫苦农民。国大党的这种行径是对农村变革历史机遇的一次最大的背叛。与此相反，印共（马）高度肯定了在其领导下的西孟加拉邦、喀拉拉邦和特里普拉邦成功的土地改革。

（2）农业政策的批判。印共（马）认为，国大党政府及其继任者的农业政策在投资和政府贷款的资金分配上都是有利于地主和富农的。银行与联合信贷为它们所垄断。从20世纪60年代末起，科技的应用、小麦和水稻等高产新品种的引进、化肥的投入大大提高了粮食作物和非粮食作物的产量。伴随着农业增长的是更大的不平衡。虽然印度生产了更多的粮食，能够做到自给自足，但成千上万的印度民众仍然没有充足的粮食，仍处于饥饿和营养不良的状态。

（3）对资本主义农业生产关系领域的批判。印共（马）认为，在农业生产关系上，主要趋势是农村资本主义生产关系的发展，并具有以下特征：大量的乡村农民无产阶级化，作为农村人口一部分的农业工人数量大大增加；农民的分化加速，为市场进行生产；持有传统租地关系的佃户被大批地驱离土地；乡村富人特别是地主提高了对农业及其相关活动的再投资水平，从而为资本再生产以前所未有的规模发展打下了基础。但资本主义农业关系具有较大的地区和次地区差异，其发展具有不平衡性。一些地区的农业资本主义较发达，商品性农业和现金交易主导着农村经济；有些地区旧式封建生产关系、租赁关系，以及古老的劳动服务、奴役和依附关系仍然是农业生产关系的重要内容。而且，在全国范围内，种姓分化、种姓压迫、恶劣的性别压迫、高利贷者与商业资本对贫困人口的盘剥毫不减弱。印度农业中资本主义的发展不是建立在对旧式生产关系的彻底破坏上，而是叠加在各种前资本主义生产关系和社会组织形式之上。

（4）对农村贫富差距的控诉。印共（马）认为，独立后的几十年中，由于资产阶级和地主阶级的农业政策，70%的农村居民是缺乏生产资料、低收入、过着悲惨生活的穷苦农民和农业工人。印度农村的普遍贫困是世界上其他国家所没有的。对于印度民众来讲，其贫困表现在许多方面：①乡村贫困人口得不到土地或其他生产资料；②土地集中和所有权的不平等没有大的改变；③水利资源同样集中在乡村富裕者手中；④农民和农业工人得不到利率合理的贷款，深深地陷入高利贷债务之中；⑤低工资和不利于妇女的工资歧视是一个主要特点；⑥农业工人的年平均就业天数少于180天；⑦50%以上的农村人口营养不良，农村识字率过低，农村贫困人口居住在没有饮用水和卫生设施、卫生条件极差的住房中。此外，多数农村地区出现了地主-富农-承包商-大商人的强有力的权力纽带，他们是农村富有者。除了左派领导的邦以外，他们支配着潘查亚特机构、合作社、农业银行和信贷机构，控制着资产阶级和地主阶级的农村领导权。这些阶层所榨取的剩余价值用于贷款、投机活动、房地产开发，并建立以农业为基础的工业。

（5）对农业经济自由化的批判。印共（马）认为，随着自由化的发展，利用高科技与同世界市场接轨的跨国公司对农产品价格进行有力的直接控制。通过不平等交换和价格的频繁浮动加深对农民的剥削程度已经是主要特点。结果是作为农产品卖方和工业品买方的农民受到双重剥削。伴随国家资本主义发展失败的自由化政策，导致20世纪最后10年农业和农村发展政策走向危险和反动的道路。这些政策包括：对农业、水利和其他基础设施的公共投资的下降，农村就业和扶贫计划被削减，出口导向型的农业政策使土地利用和种植结构只是为了满足帝国主义国家的要求，淡化粮食生产以及对印度自给自足的粮食生产的破坏直接威胁着国家主权。在WTO的体制下，所有对农产品的进口限制已经消除，严重影响了农民的生活。

（6）对农业资本主义发展的总体判断。印共（马）认为，国家支持的农业资本主义的发展，导致了地主、资本主义农场主、富农和他们的同盟者等农村富人与农业工人、贫农和手工业者等广大农民之间的深刻分化。随之而来的农业自由化政策进一步加重了农村贫困人口的负担。正是这种剥削体制导致了印度民众的贫困。只要不打破土地垄断、不结束贫农和农业工人的债务负担，就不会建立起国家经济和社会转变的基础。

（二）人民民主制度的建立及其国家结构

印共（马）认为，历史经验表明，人民没有希望从资产阶级和地主阶级统治下的落后、贫困、饥饿、失业和剥削中解放出来。独立以来的大资产阶级一直掌握着国家权力，利用国家权力巩固他们的阶级地位，牺牲广大人民群众的利益，同时与帝国主义和地主进行妥协和讨价还价。在发达的资本主义国家，资本主义从前资本主义社会的死灰中诞生出来，崛起的资产阶级彻底破坏了旧的制度。与此不同，印度的资本主义是对前资本主义社会的一种叠加，殖民统治时期的英国统治者和掌权后的印度资产阶级都不想打碎它，而打碎旧制度乃是资本主义自由发展的重要前提条件。现代印度社会是占支配地位的垄断资本主义与种姓制度、教派制度和部落制度的奇异混合。历史赋予工人阶级及其政党的使命是：团结一切愿意打碎前资本主义社会的进步力量，巩固内部的革命力量，完成民主革命，为向社会主义的过渡奠定基础。

印共（马）还重申，坚定不移地坚持其建立社会主义和共产主义的目标，真正的社会主义社会的建立只有在无产阶级的领导下才能成为可能。根据印度的国情条件，印度人民的直接目标是建立工人阶级领导的、以所有真正反封建反垄断反帝国主义的力量联合为基础的人民民主。这首先要求用人民民主国家代替现在的资产阶级和地主阶级国家。只有这样，才能完成印度革命未完成的民主革命任务，为把国家引向社会主义铺平道路。根据以上总体要求，印共（马）确定的人民民主所要执行的任务和纲领包括国家结构、农业和农民、工业和劳动领域、对外政策问题等。

（三）人民民主制度的农政新方略

在建立印度人民民主制度及其国家进程中，印共（马）认为，印度首先要解决农业和农民问题，因为“印度是一个农业国，70%的人口居住在农村”。因此，发展农业，提高农民的生活水平是经济全面发展的关键。为了达到这一目标，人民民主政府的建设方略应该是：①彻底实行土地改革，消灭地主所有制，把土地无偿地分给农业劳工和穷苦农民。②废除穷苦农民、农业工人和小手工业者欠高利贷者和地主的债务。③发展国家主导的市场经济，保护农民免受商人、跨国公司和价格波动的侵害。保证农民、手工业者和农业工人获得长期低利率的贷款和农产品的公平价格。④最大限度地发展灌溉和电力设施，做到对灌溉和电力设施的恰当和平等利用。促进农业部门的本土研究和发展。帮助农民提高种植技术，利用优良品种和现代科学技术提高生产效率。⑤保证农业工人有足够的工资、社会保障措施和生活条件。⑥促进农民与手工业者在自愿基础上进行生产和其他服务方面的合作。⑦引进广泛的公共分配制度，廉价地为人民提供粮食和其他生活必需品。

在提出农业和农民问题的建设方略后，印共（马）还就“工业和劳动领域”发表了自己的建设主张。“由于农民的购买力较低，垄断家族的控制、外国资本的日益渗透和帝国主义代理人在几乎所有生产领域的各种形式的支配，导致工业发展遭受严重摧残。生产资料的私人垄断和集中破坏了经济发展，造成了更大的差距。对外国资本和国际金融资本的依赖更有利于剥削，出现了不能满足人民需求的扭曲的经济发展形式。”因此，在工业领域，人民民主政府将采取以下措施：①通过适当的措施，包括国家没收财产等，消除工业、金融业、贸易和服务业中的国内外垄断资本。②通过现代化和民主化加强公营部门，使其免受官僚主义和腐败的侵蚀。制定严格的责任制，确保工人参与管理和提高企业竞争力，以便公营部门能够在经济发展中处于支配地位。③为了获得先进的科学技术和提高生产能力，允许某些部门直接引进外资。根据整体经济利益，调节金融资本的流动。④帮助中小企业的发展，为它们提供贷款，以合理的价格提供原材料，帮助它们进入市场。⑤为了实现国家经济均衡的有计划的发展，对经济各部门和市场进行调节和协调。同时调节对外贸易。⑥采取措施迅速改善工人的生活水平。实行固定的工资和逐渐减少工作时间，对各种无劳动能力者和失业者给予社会保险，为工人提供住房，承认通过秘密投票选举出的工会，以及赋予工人集体谈判和罢工的权利，禁止使用童工等。⑦从税收上为工人、农民和手工业者提供最大的救济，实行农业、工业和贸易多级税率政策，为了广大人民的利益有效地执行价格政策。

印共（马）认为，印度是经济发展水平多样和多种社会经济模式共存的大国，因此，为了发展经济并稳步改善人们的生活条件，必须大力发展生产力，这就要求人民民主政府通过公有制在经济关键部门起决定作用，而国家则在其他部门起调控和指导作用。人民民主经济是公营部门占支配地位，多种所有制并存的经济结构形式。鉴于世界经济的巨大变化，印度在利用国外先进科学技术的同时，坚定不移地努力巩固自给自足的基础。

（四）建立人民民主战线的斗争策略

为了彻底完成印度革命的基本任务，印共（马）认为，现阶段最根本的任务是由工人阶级领导的人民民主国家取代以大资产阶级为首的资产阶级和地主阶级国家，革命的性质是反封建、反帝国主义、反垄断的民主革命。“现在一段时期，在实现社会主义的征途中，无产阶级领导民主革命是必不可少的一步。这不是旧式的资产阶级民主革命，而是新型的由工人阶级组织和领导的人民民主革命。”为此，印共（马）提出了以下策略。

第一，人民民主革命的首要任务是完成彻底的农业改革，维护农民利益，打破封建和半封建残余对农业和工业生产力的束缚。这将要求进行社会制度改革，扫清前资本主义社会的种姓制和其他使农村与旧式落后状态保持联系的社会制度的残余，这是人民民主革命的核心问题。其次，人民群众的经济、政治和社会生活必须从帝国主义、跨国公司和各种国际垄断资本代理人的控制中脱离出来，这也关系到打破垄断资本势力这一任务。

第二，人民民主战线的核心和基础是坚定的工农联盟。印共（马）认为，工农联盟是捍卫民族独立、完成长期的民主变革、保证整体社会进步的最为重要的力量，其他阶级在革命中的作用主要依赖于工农联盟的力量和稳定。基于这一判断，印共（马）对印度农村阶层进行了一系列的阶级分析，认为在农村居民中占绝大多数的、受到地主和资本家残酷剥削的农业工人和穷苦农民，将成为工人阶级的基本同盟军。随后分析了中等农民、富农、城市和农村中产阶级、非垄断的中小资产阶级、工人阶级等的经济状况和政治表现，据此认为印共（马）应采取以下措施：①要继续团结所有意在扫除一切前资本主义社会残余的爱国力量；②以农民的利益为本，完成彻底的农业革命；③反对外国资本无休止地进入；④扫除阻碍印度经济、社会生活和文化迅速重建的一切障碍。

第三，过渡时期的和平路线。为了适应迅速变化的政治形势，印共（马）认为，在进行驱逐现有统治阶级、建立基于巩固的工农联盟基础之上的新民主国家和政府的任务时，党要利用一切机会进入现存政府，实施为人民谋福利的计划，努力在现有条件下提出和执行替代性的政策。印共（马）还主张，努力通过和平方式实现人民民主和社会主义转变，通过发展强大的群众革命运动把议会内外的斗争形式结合起来，工人阶级及其同盟军将尽最大努力击败反动力量等。

第四，坚持革命的斗争策略。印共（马）认为，人民民主革命将开辟通向社会主义和没有剥削的社会的道路，解放印度人民的革命必须由与农民结成联盟的工人阶级来领导。为了实现这一目标，作为工人阶级先锋队的共产党必须领导反对帝国主义、垄断资本主义和地主阶级的军事斗争；共产党还必须把马克思列宁主义的基本原理应用于全国各种具体情况，进行政治、意识形态、经济、社会和文化等各条战线上的长期斗争，直至取得胜利。

第二节　喀拉拉邦的轮执型建设模式

喀拉拉邦是印度西南部的一个小邦，濒临印度洋，与斯里兰卡隔海相望，面积 3.8 万平方千米，人口 33 387 677 人（2011 年）。喀拉拉邦为印度人口最稠密的邦，经济发展水平仍相对落后，人均收入处于印度的中下水平。但就是在这样一个经济发展水平不高的地区，自 1957 年印度共产党在这里率先执政以来，通过不断的探索与实践，创造了不同于西孟加拉邦长期执政的模式。其基本特征是印共（马）在与国大党邦级政策的不断博弈与轮番执政中，渐进地影响着喀拉拉邦的农政建设。这种既相互斗争又相互交融的推动模式，我们称之为农政的轮执型建设模式。

一、印度共产党轮流执政的形成

（一）印度共产党在喀拉拉邦的最初执政与农政探索

1957 年 1 月，印度共产党经过民主选举在喀拉拉邦开始执政，这是印度第一个经过民主选举而上台的共产党政府。南布迪里巴德担任邦首席部长。为了安定人心，他上台后随即宣布，目前所组成的政府不会把喀拉拉邦建设成为一个社会主义社会，只是会把一些没有完全实施的有利于人民的改革措施进一步贯彻落实到位。到1959年4月，印度共产党作为一个统一的组织，在喀拉拉邦执政了2年多。在此期间，印度共产党进行了自己的农政建设，其执政理念与方式都同国大党存在区别，从而奠定了印度共产党在喀拉拉邦轮流执政的基础，其农政建设的政策措施包括如下方面①。

第一，相对激进的土地改革政策，实现耕者有其田。耕者有其田是独立后国大党推进的主要政策。但在中央和各邦国大党政府执政期间，甚至难以保证农民享有合理的地租和佃租权，且制定的法律或颁布的政府法令都未能得到有效执行。为了实现耕者有其田的目标，印度共产党的邦政府采取的措施是：①遏制邦内的夺佃。邦政府在执政不到 星期时便开始遏制邦内的夺佃事件，采取的办法是颁布立即发生效力的土地法令，制止地主夺佃。②减轻负债。邦议案不受理收回土地诉讼，停止发放判决执行书，规定分期偿债，削减某种债务，废除地主征税法案，并用补偿地主的办法使佃农成为所耕种土地的完全所有者等。③土地改革的合理补偿。1957年12月19日，邦政府遵照印度计划委员会土地小组的建议，公布了全面的土地关系法案。土地关系法案的主要特征是以废除地主制度、促进一个对耕种的土地有完全所有权和财产权的农民社会的产生和成长为目的。其主要内容是拥有的田地或同等土地被限制在15英亩内，超过限额的土地由政府没收，有永佃权的农民有权按价买入土地。土地关系法案规定了最高和最低的合理租金，还规定了补偿费率的标准。第一个5英亩的补偿费率为合理租金的16倍，第二个5英亩的补偿费率为合理租金的14倍；第一个15英亩的补偿费率为12倍，第二个15英亩的补偿费率为10倍；30英亩的补偿费率为8倍，50英亩的补偿费为6倍，超过100英亩的补偿费率一概为5倍。④保障小土地所有者的权益。小土地所有者即占有地不足5英亩的地主，他们占喀拉拉邦人口的较大部分。土地关系法案在规定保护佃农不受地主迫害的同时，承诺保障小土地所有者的各项利益。

第二，开始实施灌溉、粮食增产3倍和廉价电力的发展计划。喀拉拉邦有丰富的降雨量、广大的山间蓄水池，大小43条河流交错流入阿拉伯海。这些河流的湍急水流在入海之前浸蚀土壤，淹没土地。国大党前几届政府均没有想到利用这些水源来增加本邦的粮食生产和产生廉价的电力。印度共产党领导的政府一执政就特别注意这个问题，以改变喀拉拉邦50%左右的粮食需要依靠输入的局面。1957—1958年实施了3个新的主要灌溉计划，制定了24个合作

① 以下史料及数据见［印］拉姆达斯著：《共产党领导下的喀拉拉邦政府两年来感动人心的记录》，印度《新世纪》周刊，1959年4月5日，第7卷第14期。

化方式的引水灌溉新计划。1958—1959 年有 29 个引水灌溉计划得以完成。几百个小型灌溉计划由村务委员会、合作社和人民委员会实施，动员起成百上千的农民以义务劳动形式来实现计划。到 1961 年计划的第二阶段完成时，受灌溉的面积达 1 185 800 英亩，而大米产量达到 270 万吨，比 1959 年增加了 3 倍。另一个可注目的地方是水力发电计划。水力发电计划花费 17.8 亿卢比，供应 9 个主要流域中的 27 个水电动力的生产计划。水力发电计划的第二阶段完成后，发电额达到 2 091 300 千瓦时，更重要的是每千瓦时电力的生产成本控制在 970～1 410 卢比，这是当时全印度最低的。

第三，开始实施工业化。印度共产党领导的喀拉拉邦是努力实施工业化的第一个邦政府。喀拉拉邦在工业方面是全国最落后的地区之一，它的工业化困难重重。“一五”计划和“二五”计划时期，尽管喀拉拉邦每年为全国获取外汇约 5 亿卢比，但两个五年计划中的重工业单位没有一个落在喀拉拉邦。因此，致力于发展工业就成为印度共产党政府的重要任务。到 1958 年底，已发展起注册工厂 1 613 家，工人 107 629 人，其中女工 41 621 人。印度共产党喀拉拉邦政府采取的措施是：①引进大的企业，包括引进孟买制药厂商的茶叶提炼咖啡酸工厂、卡拉特电力公司的灯泡和电灯制造厂等。②改变公营工业亏本经营状况，并使工业有利润可得。当时的普那拉尔夹板工厂、喀拉拉肥皂机油公司、西他拉姆纺织厂，通过改善管理都成为获利企业。③挽救停滞的工业状态。其办法是以合作社为基础改组整个工业，提高工人的最低工资等，规定本邦工人因衰老或自愿退职而退休时的报酬，规定邦内工业企业不论盈亏都要按照不低于工人年工资的 5%的标准给工人发放最低奖金，并规定企业每年有利润时支付盈余奖金。④提高工人的福利待遇。尤其是对于女工，政府要求除《特拉凡科尔-柯钦条例》原规定的生育优待外，给予新的优待。其中流产的给予 3 个星期的带薪假期，起因于妊娠和分娩疾病的给予 30 天的带薪假期。在假期的薪资上，生育的给予 12 周假期，每星期 5.25 卢比，或按照日平均工资的 7/12 以每周 7 日计算；雇主如未规定免费的，分娩前后的照顾应给予 10 卢比的医疗津贴。

第四，采取果断的措施解决粮食问题。粮食是每一届喀拉拉邦政府在执政期间内都存在的问题。事实上因为缺粮一半左右（在印度这是缺粮的最高额），喀拉拉邦存在着长期的粮食问题，当粮食危机波及全国时喀拉拉邦的粮食问题更加严重。喀拉拉邦共产党政府采取有效措施来稳定粮价和供应粮食。首要措施是增加公价米店。1957 年底喀拉拉邦有 5 937 个公价米店，每 2 310 人中就有一个公价米店，较孟买邦每 8 180 人一个、比哈尔邦每 7 150 人一个、西孟加拉邦每 5 260 人一个、马德拉斯邦每 30 000 人一个公价米店是一个很大的进步。公价米店的增加促使米价下降，1957 年底喀拉拉邦的米价保持全国最低水平。正当米价在全国上涨时，只有喀拉拉邦保持了米价平稳。在采取措施解决缺粮问题的同时，喀拉拉邦政府转向邦内粮食增产，所采取的措施除前已提及的灌溉计划外，还包括注意改善农民的灌溉设备、帮助农民采用更好的农业方法。

第五，探索新的农业组织形式。带头建立合作社，要求在每一个乡村里组建合作社，使每一个农民都能够通过采用良好种子、更多的肥料和科学种植方法来最大限度地提高产量。随着土地改革措施的实行，在佃农和大部分的农业工人获得土地后，组织他们加入农业合作社。1958—1959 年政府纲领包含有组织耕种合作社的重要规定。到 1959 年 4 月已经组成了 25 个合作社。邦政府决定对每一个合作社给予 2 500 卢比作为股份，4 000 卢比作为借款，1 000 卢比作为购买农具的津贴。还对每个合作社提供合作耕种费用 135 000 卢比。除了在农业范围内组建合作社外，还复兴了其他合作社组织。1957—1958 年复兴了农村的各类合作社 97 个，组织了工业合作社 81 个和其他合作社 20 个。

第六，改进农村行政的施政方式。①为农村公务人员增加薪金。独立后 10 年，喀拉拉邦农村公务人员的全部薪金每月仅为 20～23 卢比，一直未能增加。印度共产党在执政后几天内，就发布命令提高农村公务人员的薪金。②改变警察敌视农民和工人的执政理念。印度共产党执政后，公务人员和警察人员都收到了这样的指示：工业或农业争议的解决不是他们的责任，他们的责任是防止治安的破坏和暴行的发生。③在农村实行生育优待。喀拉拉邦生育优待条例首先在工厂和大农场实施，条例要求推广到雇用 50 人及以上的企业。④提高农业工人最低工资水平，邦政府用法令规定全邦的最低工资为男工 1.50 卢比、女工 1.00 卢比，另加收获的谷米的 1/10 作为收割和打禾工作的报酬，在原有水平上增加了 25%～50%。⑤改善农村教师、学生的境况。1954—1955 年全国人均教育经费是 4.32 卢比，1957—1958 年喀拉拉邦共产党政府执政后人均教育经费增加到 6.64 卢比，1958—1959 年邦人均教育经费达到 8 卢比。还对学校的学生实行免费午餐。邦政府增设了小学 329 所，中学 446 所，高等预备学校 154 所。

第七，进行初步的农村行政改革。甘地曾说过："权力的中心在新德里或加尔各答或孟买，即在大城市。我要把它分配给 700 000 个印度乡村。"最早全面地实现这一目标的邦是印度共产党领导的喀拉拉邦。邦政府修改和调整县参议会提案和村务委员会提案，实施行政改革。改革的主要目的是通过组织村务委员会作为全邦乡村一级的地方自治单位来实施统一而不是集中的乡村行政制度，在乡村一级之上也要建立有相当权力的民主团体。因为成立的县参议会、村务委员会等地方团体只有有限的权力，而人民有效地参加一般行政不曾推广到中央和邦级以下。印度共产党政府决心打破这个制度，把民主下放到乡村，保证人民参加行政和建设的活动。为实现这一目标，邦政府提供了资金，在邦政府的第一个预算中，开征新的税额237.57亿卢比，其中包括向地主征收的农业财富税160万卢比、向农业所得超过25 000卢比的大农场主征收附加税650万卢比等。这些资金主要用于乡村建设，由乡村组织分配给应该救济的贫困人口。随后的第二个预算和第三个预算持同一原则。

从今天的角度看，印度共产党在第一个执政的喀拉拉邦所采取的农政建设的计划与措施有着相当超前的意识，几乎涉及了当时以及后来印度农村发展的各个方面，其先进性无可置疑。但这种超前的计划与行动遇到的最大阻力可能就不是中央政府，而是地方的富有群体。其中包括进行初步的农村行政改革等在内的各项改革与发展举措，都具有“打富济贫”的性质。因此，印度共产党在喀拉拉邦执政的夭折，与其说是尼赫鲁独断专行导致了印度共产党的失败，还不如说是喀拉拉邦的富人集团与中央政府合力搞垮了印度第一个共产党主政的邦政府。

（二）印共（马）在喀拉拉邦轮流执政的形成

1959年4月，印度共产党的喀拉拉邦政府因其激进的农政建设举措而被印度中央政府解散。这一变化又迫使印度共产党重新评估执政党的性质，重新制定它的战略路线。印度共产党内的一个实力派开始认识到，资产阶级民主和宪法保证并不可靠，必须反对修正主义和改良主义的思想，放弃那种认为前进道路会是一帆风顺的一切幻想，这个实力派在1964年的印度共产党分裂中形成了印共（马）。喀拉拉邦的共产党人也在印共（马）的领导下，积极在党内外进行合法斗争的宣传和组织工作，为新一轮执政做准备。1967年2月，在第四届喀拉拉邦议会选举中，印共（马）联合社会主义革命党和其他的左派政党组成的联盟再次击败长期执政的国大党，在相隔近10年后又回到了邦议会，南布迪里巴德再任邦首席部长，印共（马）与其他党派组成了联合政府。印共（马）在这一次任职期间推行了一系列有利于下层劳动人民的政策，得到了很多表列种姓及表列部族的热烈拥护。这些政策尽管与国大党采取的政策存在一致性，但权力之争使国大党难以长期允许印度共产党执政。最关键的是，印度共产党作为执政党，与国大党之间存在着的种种利益矛盾长期得不到解决，并最终激化。这就使国大党中央政府于1969年10月解散了在喀拉拉邦执政的印共（马）左翼政府，从而也开始了印共（马）在喀拉拉邦的轮流执政。

第二次执政（1980年1月—1981年12月）。经过10余年的努力，以印共（马）为首的左翼联合阵线在1980年1月经过民主选举后，又在邦议会中获得超过 2/3 的议席，再次成为该邦的执政党，组成了以纳拉杨为首席部长的邦政府[①]。印共（马）的左翼阵线本想推行一系列有利于发展政治、经济的政策，发展各项事业，但终因执政时间过于短暂，这些政策还未来得及实施和贯彻。1981 年 12 月印共（马）因内部纷争等种种原因被迫下台。

第三次执政（1987 年 3 月—1991 年 3 月）。1987 年印共（马）在喀拉拉邦民主议会选举中获得了 140 个席位中的 76 席，达到了 54%，组建了以印共（马）主席纳拉杨为首的邦政府。然而，在 1991 年 3 月进行的下一届邦议会选举中又再次败北，结束了本届的执政历史。由于这一届政府执政的时间相对较长，使得印共（马）政府能够比较连贯地推行自己的执政方略，在农业、工业、人文社会等方面取得了可观的政绩，各项事业都获得了很大发展。据统计，本次左翼政府执政期间，喀拉拉邦的农业增长率达到了 9.08%，工业增长率达到了空前的 18.7%，创造了 30 万个左右的就业岗位，提高了妇女、老人、儿童等弱势群体的福利待遇，积极推进喀拉拉邦民众科学运动（Kerala people's Science Movement，简称 KSSP）的发展，增强人民的民主意识。此外，在执政期间，喀拉拉邦的 GDP 增长率达到了 5.75%，而在其之前的 1982—1987 年也就是国大党执政期间，其 GDP 增长率仅为 1.13%[②]。

第四次执政（1996 年 5 月—2001 年 5 月）。1996 年 5 月在喀拉拉邦举行的邦议会选举中，以印共（马）为首的左翼阵线把喀拉拉邦民众科学运动的思想作为施政纲领，得到中下层劳动人民的积极支持和拥护，获得了总议席 140 个席位中的 80 个，达到了 57%，在大选中再次获胜。以印共（马）为首的左翼政党虽然在执政经验、国内及国际社会的认同度上，还不能与国大党和印度人民党相提并论，但其推行了一系列维护广大中下层劳动人民利益的政策[③]，因而获得了中下层劳动人民的认可和赞许，这次执政一直持续到 2001 年 5 月。在这一次执政中，以印共（马）为首的左翼民主阵线政府同样使喀拉拉邦经济获得了较快的发展。据统计，从 1993—1994 年到 1998—1999 年，喀拉拉邦 GDP 的年均增长率为 5.95%，人均 GDP 的年均增长率为 4.72%，在国内各邦中处于较前的位置[④]。另外，在其他各方面也获得了较大的发展。

第五次执政（2006 年 5 月—2009 年 5 月）。在 2006 年 5 月的选举中，选举委员会采取了严密的措施监督选举，结果是印共（马）获得了选票的多数，取得了胜利。印共（马）政府一如既往地关注农业和工业的发展，他们的宣传

① 苗光新著：《印共（马）“人民民主革命理论与实践研究”》，华中师范大学，2005 年，第 79 页。

② 苗光新著：《印共（马）“人民民主革命理论与实践研究”》，华中师范大学，2005 年，第 80 页。

③ 陈斐著：《八十余年的历史，举足轻重的力量》，《当代世界》，2006 年第 4 期。

④ 吴晓黎著：《社群、组织与大众民主》，北京大学出版社，2009 年，第 315 页。

标语为“农业是我们的基础，工业是我们的未来”。这个口号吸引了大量农民和工人的关注。另外，阿诸善南丹还在穆纳尔地区采取坚决措施使侵占森林土地的人退还土地，这一政策也得到当地群众的好评。最后组建了以阿诸善南丹为首席部长的邦议会，在喀拉拉邦又开始了新一轮的地方执政。

再度曲折（2009年5月迄今）。在2009年5月的印度大选中，由于印共（马）的策略失误和印共（马）在该邦陷入内讧，邦首席部长阿诸善南丹和党委书记维亚原相互攻击，激烈的权力斗争甚至一度导致两人抛开对方，各自组建自己的党务系统和政务系统，从而导致大选的失败。印度共产党2004年的3席全部沦陷，印共（马）也只获4席，相当于上届的1/3。在2011年6月的地方选举中，印共（马）以一票之差将执政地位让给了国大党。

二、民众科学运动与农政使者的成长

在印度共产党喀拉拉邦早期农政探索的影响下，伴随印共（马）左翼政府与国大党政府的交替执政，在喀拉拉邦出现了民众科学运动。在这一运动的发展中具有崇高理想的知识群体逐渐成长，他们在服务于政府农政建设的进程中发展成为心系于农的农政使者。印度全国性的农政使者成长于20世纪60年代中期英迪拉的农业新战略之后。而在喀拉拉邦，早在1962年兴起的民众科学运动就开始孕育着具有人类崇高理想的农政使者，1996年5月印共（马）执政后将其纳入政府计划，使其成为真正服务于农民的知识群体。因此，按照这一标准，我们将民众科学运动的兴起与发展分为农政使者的孕育和农政使者的形成两个大的历史时期。

（一）民众科学运动的兴起与农政使者的孕育

KSSP由当地马拉雅拉姆语而来，字面直译是喀拉拉邦盛典诗句集会，意译是喀拉拉邦科学作家论坛。该论坛最初为民间非政府组织，源起于1962年，当时成立这一组织的目标是要在基层人民之间用他们熟识的语言来宣传科学，到1996年KSSP被纳入邦政府计划的30多年间经历了两个阶段。

首先是教育扫盲和科学普及的起步阶段。当时参与此项活动的人员认为“关于人和社会规律的知识一定也对社会有用”，因此先从讲学、出版、传播科学信息的展览等开始，进而建立科学学会和开展教师培训，后来发展到对环境、发展、健康、教育等一般问题的讨论和关注。1972年开始，KSSP发起全邦大讨论，质疑传统发展途径，提出另类发展新方向。1974年KSSP采纳了“为社会革命而科学”的口号，认为科学的目的就是推动社会革命。1978年此项运动正式更名为“人民科学运动”，其要义为：“这是个人民的运动，它认识到印度大致分为两种人——大部分人是不断贫困化或者受贫困化胁迫的人，小部分人是以大部分人付出的代价不断致富的人。每当有利益冲突，这种运动就站在大多数人一边反对少数人。”

其次是1978—1995年KSSP的农村科学、教育和农村改造的行动阶段。其行动包括：①1978年在全邦990个乡中的600个乡建立了“农村科学论坛”，在每个邦培养2～3名KSSP活跃成员，带领当地居民建设美好社区。KSSP与许多团体合作，以民间艺术与街头剧场等形式为媒介，影响了全邦所有的村。整个活动的目的就是通过社会革命，“使大多数人贫困化而让少数人致富的过程倒转过来”。②1986年KSSP将工作重点放到推动全民识字上，不仅让识字的人能看书读报，还培养他们的能力，以改造生存的环境。为此，KSSP建议先在拥有17万人口的安那库林区试点。1989年印度国家扫盲委员会审批拨款，史无前例地将工作交给KSSP这个民间志愿者团体进行。1990年2月安那库林区宣布成为全印度第一个全民识字区时，只有2.3万名义工参与了扫盲。随后KSSP在全邦开展扫盲工作，共动员了30万名志愿者参加。1991年4月，喀拉拉邦成为全民识字邦。③1988年后开展改造农村行为的行动，主要在农村中开展反酗酒与妇女独立活动。1993年在民间反酒运动的压力下，喀拉拉邦政府宣布全面禁酒。该行动还催生了妇女储蓄小组运动，超过20万名妇女自发组织了妇女储蓄小组，并以集体的名义向银行或信用社贷款。她们用这些贷款开展经营，发展生产。很多妇女走出家庭，成立各种各样的互助组织，她们的劳动也从无偿的家务劳动转向了有偿的社会劳动，渐渐走向了自立。④开展有效实用的农村产品推广活动，提倡通过每个人对日常生活中的天文地理、政治文化、经济社会等现象的观察、理解、适应、介入、改造，来进行社会生产。⑤开展农村环保节能产品推广行动。推动用本地原料、能源生产日常生活的必需品，减少对外来原料、产品的需求，促进本地社区经济的发展。在能源开发方面，注重太阳能、沼气、小型水力发电技术的开发；在能源节约方面，注重省柴灶、保暖盒、省电启动器等技术的开发；在本地材料运用上，则重点从事香皂、土砖等技术的开发；而在宏观发展领域，KSSP则注重蓄水池、水流域管理、综合农畜模式、猪种改良、草药等能导向相对自足的、讲求生态的本地经济技术开发。

（二）“人民计划运动”的兴起

20世纪90年代后KSSP在社区发动人们调查自然资源、人力资源，包括健康问题、贫穷问题等，然后选取了10多个乡做试点，与乡民一起制订了民间的15年全面发展计划，包括如何利用本地资源、促进本地的生产和消费等，许多印共（马）成员参与了这一系列活动。在此基础上，印共（马）的领袖和创始人南布迪里巴德，在总结前期经验的基础上，坚持把这个计划写入了竞选纲领。1996年5月的选举中印度共产党胜出，从而使这一运动具有新的意义。

第一，政府的参与增强了运动的物质力量。1996年6—7月，印共（马）

执政的邦政府制定了一些相关的法规，把权力下放到乡一级的自治组织。同年8月17日，在印共（马）影响下的喀拉拉邦“人民计划运动”正式启动，它使开展了34年的KSSP有了一个飞跃，让民众真正“当家做主”。“人民计划运动”的突出之处在于：邦政府将邦财政预算的18%～20%拨交乡、镇地方议会直接支配使用，让乡、镇地方议会拥有实权，让大批公务员听命于地方乡、镇议会，“让社会的民众学习做主人，让公务员还原为公仆”。这项改革史无前例。喀拉拉邦的财政预算分为经常支出和发展项目经费两大块，各占一半。1996年之前，邦财政拨给乡、镇地方议会使用的经费只有3 000多万元，“这些钱只能维持日常运转”。1996年印共（马）左翼联盟上台执政后推行了“人民计划运动”，邦政府将发展项目经费的35%～40%交由乡、镇直接使用，乡、镇财政可支配经费大量增加。在实施“人民计划运动”之后，邦政府重新修订乡、镇自治法律，规定乡之下成立村自治组织，每年法定召开4次村民大会；乡议会不能直接使用发展项目经费，必须由村民大会提出项目方案，提交乡议会会同专家小组审批；所有文件、受益人名单、项目详情和数额、乡议会收支账目等都要公开，任何人都有权查阅和复印。1996年8—9月，喀拉拉邦在全邦召开的村民大会有200万人参加，平均每个村民大会有180人，占选民总数的11.4%。推行“人民计划运动”后，邦政府有限的财政资源被运用到人民最迫切需要的很多领域，很多生产、互助团体迅速发展，喀拉拉邦的教育、医疗、卫生条件得到迅速改善。据统计，1997—1999年，在“人民计划运动”的推动之下，喀拉拉邦兴建了10万间房屋、24万个厕所、5万口水井、1.7万个公共水龙头、8 000多千米公路，还清洗了1.6万个池塘，将30万英亩荒地开垦为耕地。

第二，民众科学运动职能的提升与人员的扩充。通常所说的民众科学运动具有3层含义：一是指喀拉拉邦科学作家论坛这一组织；二是指由这一组织倡导并组织实施的民众科学运动；三是指参与这一组织和运动的工作者，这些工作者是一群具有极高学历的知识分子，他们有的是国家科学院的院士，有的是原子能专家、物理学家，他们利用周末走进民众的生活，走进田野，服务农民大众。1996年8月，印共（马）作为一个执政党推行“人民计划运动”后，使民众科学运动得以提升，使其从自发阶段进入自为阶段。当印共（马）在喀拉拉邦取得政权后，也使这一运动在印共（马）成员的引领下具有了更为明确的方向，推动着更为广泛的人民群众参与。在运动中动员了较以前更多的志愿者，仅在喀拉拉邦就有7.5万人，从而使这一运动形成了志愿者、地方官员、民选代表3股力量，此外还有妇女的参与。

第三，通过邦政府的力量扩充乡村图书馆，为农民创造更好的读书条件。至21世纪初乡村图书馆在喀拉拉邦已有60多年的历史。20世纪40年代的英国殖民统治时期，潘力卡推广图书馆运动，在每一个乡村成立一个图书馆和一个阅览室。1945 年 9 月，图书馆联会正式注册，后来成为“喀拉拉邦图书馆议会”，有 47 个创办成员。1989 年喀拉拉邦议会通过议案，正式承认它为喀拉拉邦的公共图书馆，邦政府和地方政府每年拨款添置图书，管理人员大多是义务的。1996 年“人民计划运动”实施后，乡村图书馆由于得到政府的支持而有了更好的发展。到 2005 年，全邦建立了 5 000 个图书馆，出版了 3 000 多种报纸、杂志，每个乡都有自己的乡报并分发到每户。

第四，引导农民进行农林资源保护。50 余年前印度喀拉拉邦的森林面积还有 1.2 万平方千米，现在只有不到 0.4 万平方千米。大片的森林变成了椰子林、橡胶林或水电站、居民区。水土流失和缺水的地方越来越多。喀拉拉邦在方圆 600 千米内，建了 18 座水坝。自从水坝建立后，外来居民在总居民中的占比上升到 90%，土地原住民被边缘化或到森林深处谋生。为了改变这种局面，邦政府发动当地民众参与收集当地物种，建立生态资源档案。整个喀拉拉邦已有 86 个乡 1 万多人加入采集、整理的工作中。参与收集物种的人要接受短期培训，他们既记录物种，也记录传统的治疗方法和药方。

第五，人民教育分权计划运动。在教育领域中，一般有功能性分权与领域性分权之分。功能性分权指的是教育部把它的一些功能分给了其他一些平行机构；领域性分权指的是控制权在政府不同层级之间向下的分配，如国家-邦-区-学校。领域性分权通常被分为 3 个子类：分权、授权、委托。分权是中央机构设立地方机构，并委派自己的官员去任职的过程；授权指的是在地方层面上具有更大的决定权，但是授权系统中的权力基本上仍是属于中央这一层面的，中央只是把权力“借给”了地方当局；委托是这 3 种领域性分权中最彻底的一种形式，权力被正式授予地方政府，地方政府官员在采取行动时不必寻求上级领导的同意。

喀拉拉邦实现了几乎全民识字，男女入学机会均等，这为开展“人民分权计划运动”创造了很好的条件。分权涵盖了包括教育在内的多方面的发展计划，并强调在该多层计划体制内社区参与的重要性。在第九个五年计划（1997—2002 年）中，邦政府对地区发展计划的财政拨款从 5% 提高到了 40%。在教育事务方面，要求各层级的村务委员会根据邦政府于 1994 年颁布的《喀拉拉邦村务委员会法令》所赋予的权力展开工作。

人民教育分权计划运动属于“人民计划运动”的一部分。在教育领域，邦政府把对学校的权责下放到了各个层级的地方政府，尤其是将地区政府的小学（负责高级小学及中学，它们很多都设立初级小学部）下放给村务委员会的小学（负责初级小学）。尽管镇自治委员会对发展计划的影响日益明显，但在学校的权责划分上，镇自治委员会并不承担具体的责任。在教育领域，邦政府计划委员会引入全面综合教育计划来指导村务委员会。全面综合教育计划把教育视为一个从学前教育到继续教育的过程，并强调校内校外的学习过程的重要性。同时，全面综合教育计划也强调教师、家长及整个社会参与教育的重要性。

（三）村民参与性规划行动

1996年印共（马）领导的左翼民主阵线执政后，决定开展“人民规划运动”，使该邦的乡村和城市团体有权协助制订五年计划，各邦制订的五年计划必须提交给中央政府。经过长达数十年的再分配过程，喀拉拉邦在财政收入方面取得了非常明显的成效。印共（马）认为，要想在诸如土地改革、环境保护、公共卫生以及男女平等等方面得到中央政府更多的支持，必须动员人民参与其中，使人民站在政府这一边协助行动。为此，邦规划委员会将35%～40%的规划活动交由地方制定，并且地方将分配到相等份额的规划资源。依靠喀拉拉邦的志愿组织和群众运动的广泛网络，“人民规划运动”发动地方代表、行政官员、相关的专家以及公众聚集到一起。市民团体和地方带头人以前在发展规划中大多是被动者，在“人民规划运动”中他们被动员起来，为提高喀拉拉邦民众的日常生活水平而工作。行政管理人员和专业人员按照计划分散他们的规划职责，为共同的目标努力。

在“人民规划运动”中，突出地进行了人民土地和资源利用测绘参与行动，开展了“认识土地资源”的活动。尽管大部分村务委员会都加入参与性资源测绘中，但只有12%的村务委员会完成了测绘。规划委员会重点鼓励村务委员会采用不太严格但较快的快速乡村评估方法。邦政府还鼓励在未来规划修订中开展类似的活动。培训计划都以此为目标，与公众规划计划的各个不同阶段相联系。在发展研讨会之前的培训计划中，资源工作人员要熟悉公众参与的评估技术。他们鼓励村务委员会对现有数据资料进行补充，其中很大部分来源于其他评估方法的二手资料，如社会调查和口传的当地历史等。

此外，为使人们进一步了解和利用地方规划的成果，邦政府将所有正在进行的开发规划信息对村务委员会开放。邦政府开发部办公室对他们在各村务委员会实施的部门计划进行回顾总结，特别强调那些与地方规划发展相关的内容。为了在计划形成和整合的过程中展开系统的讨论，资源测绘者会得到一系列诸如教育和学校、卫生、饮用水、能量计划以及环境保护等方面的手册。为使村务委员会对这些手册的实用性有信心，这些手册经过了认真的编写，其内容从真实的本土经验得出。各地方所需要的不是照搬其他地区的成功经验，而是对于当地特殊情况有创造性的处理和运用，邦政府也组织了专家骨干团队协助当地的村务委员会进行讨论。在整个过程中，所有专家都是以志愿者和顾问的身份工作。村务委员会对于各方面的建议，包括农业、教育、环境等方面在内，考虑是否加以采用，其中大部分的建议在决策过程中起着重要作用。这里的“专家”不仅包括土木工程师，还包括“有智慧的农民”。

尽管左翼民主阵线倡导的人民规划在喀拉拉邦轮流执政中将会面临考验，但这种权力分散化并让权力下放，推动了包括村民在内的全体人民的参与，加强了各种专家与农民的交流，也使地方的组织有了一个与村民沟通的途径。因而它将是喀拉拉邦未来规划的一个重要趋势。

（四）农政使者的形成和成长

作为连接农民群体和国家管理的政权主体的桥梁，农政使者必须具有政府背景，只有承担了政府与农民的连接职能才能构成真正意义上的农政使者。因此，1962 年科学作家论坛运动的参与者还不具有完整的农政使者形态。1996 年以印共（马）为首的左派联盟在地方选举中获胜，使这场运动形成了两个方面的农政建设成果。一是促进了喀拉拉邦农村的民主政治，使运动变得更加制度化，形成了一种很有成效的基层民主形式。它的基本内容包括：在农村建立“成员不超过 1 000 人的地方自治组织”，以加强农民参政和经济自立的能力；把全邦财政预算的一半作为“计划发展基金”，交给这些基层组织来决定其用途。二是在运动中催生了喀拉拉邦农政使者队伍的形成与壮大，在政府支持下的运动参与者动员了十几万名技术人员和义务工作者参与民众计划，致力于科技生产、扫盲和妇女地位的提高。2001 年 5 月印共（马）在该邦选举中虽然失去了执政地位，但由于第一个方面的制度保证，使这次运动得以继续实施，并在 2006 年 5 月印共（马）重新执政后使这次运动得以纵深推进了 5 年。尽管印共（马）在 2011 年 6 月喀拉拉邦的地方选举中失利，但它们确定的这条农政路线不会中止。

在促进喀拉拉邦农政使者的成长中，农业大学起到了非常重要的作用。喀拉拉农业大学成立于 1972 年 2 月 1 日，总部位于德里久尔（Thrissur）。作为一所自治性质的邦公立大学，喀拉拉邦总督即为大学校长，邦农业局长为副校长，副校长负责大学的行政管理和教学工作。公众委员会和执行委员会控制和指导着大学的各类活动，学术委员会、教学研究组和财政理事会也负责其相关事宜。喀拉拉农业大学强化着该邦的农业产业，提供人力资源、技术和技能、发展策略、公共条例、农业工程、技术服务和投资支持。作为研究机构，喀拉拉农业大学为本地农业提供技术。例如，技术转让，协调扩张与研究，回答农民、研究者和部门官员的问题，年收获量预测和灾害管理。其机构有农业研究所、农艺研究所、香料及药用作物研究所、香蕉研究所、豆蔻研究所、水牛培育农场、腰果研究所、椰子研究所、种植系统研究所、农耕系统研究所、渔业研究所、家畜研究所、胡椒研究所、菠萝研究所、稻米研究所、糖蔗研究所、土壤保护研究中心、大学家畜农场、大学肉猪培养农场、大学鸡鸭农场等。由于该邦是印度渔业最为发达的邦，其渔产品产量始终位居全国首位，因而它的渔业研究特别是在海洋渔业方面有较大的发言权。大学的水产学院的专业领域涉及渔业养殖、市场营销、渔业工程、海洋捕捞以及渔场管理等。

三、农政建设行动的渐进性推进

在喀拉拉邦轮执型建设模式的演变中，全国性的农村免费教育、免费医疗等制度在该邦均得到了落实。在农政建设上，除了民众科学运动促成了农政使者成长这一突出表现外，其他的政策措施也呈现渐进性变化的特征。

（一）邦政府政务信息服务体系中的乡村信息化

喀拉拉邦有着较高的移动电话普及率，2009 年移动电话的普及率超过 80%。其政府部门一直走在致力于利用信息与通信技术管理和服务公众的前列，并且较早地制定了政务发展战略规划。在政府服务方面，邦政府整合各个政府部门的服务，使民众能够更好地享受一体化服务，努力打造一个高效率、低成本、昼夜不停的综合性的政务服务体系。这个体系已覆盖了喀拉拉邦 90 余个政府部门，主要包括移动政务服务平台、移动犯罪和事故报告平台、语音旅游指南和投诉登记服务平台等。

在喀拉拉邦政务服务平台建设的大环境下，村民走上信息高速路的可能性也比较大。邦政府认为，有一种利器可协助提升民众的信息技术基本知识与能力，即开放源代码软件。喀拉拉邦宣布，为营造人人皆能参与的信息社会，将大力倚重自由软件与开源软件。这项活动已经拓展到一些乡村。如在金拉瓦登村，一位叫艾莎·阿卜杜拉的妇女每天都戴着面纱在田野中步行好几千米。然而，与众不同的是，她不是去汲水或放牛，而是去学习上网和收发电子邮件。艾莎的邻居们——其中包括农民、劳工和蹦蹦车司机——都到同一所计算机中心学习。自 2002 年 4 月该中心开课以来，金拉瓦登村 1 850 个家庭中，每户都有 1 人接受过培训，参加培训的人中大约 70%是妇女。早在 2006 年 3 月，金拉瓦登村 65%的农民不仅普及了电脑，而且连接了互联网。该村成为印度第一个普及计算机知识的村子。邦政府的这项免费培训计划随后普及到该邦的每一个地区。

喀拉拉邦的农村信息化培训还采用了商业模式。仅在马拉普拉姆地区，要普及计算机知识就需要建立 650 个计算机中心，需要 3 000 台计算机。邦政府负担不起这笔费用，于是运用商业模式，由当地人建立计算机中心。每个计算机中心距离最近的村子不超过 3 千米，并配有 5 台计算机、1 台打印机、1 个因特网接口和一批合格的培训人员。对每个参加培训的人，村务委员会都要为其向负责建立计算机中心的当地企业家支付 1.5 英镑，这笔钱会从筹集的发展基金里拨出。建立 1 个计算机中心需要投资大约 3 300 英镑。所以只要培训 1

000 个家庭（每个家庭培训 1 人，每人收费 1.5 英镑），企业家就可以收回一半的投资，同时还能拥有一个可提供商业服务的小型计算机中心。

（二）喀拉拉邦重建农村公共品供给体制

在印度重建农村公共品供给体制方面，喀拉拉邦相对走在全国前列。在印度各邦中，喀拉拉邦是将宪法规定的 29 个任务完全下放给潘查亚特的少数几个邦之一。

喀拉拉邦农村潘查亚特制是 1992 年第 73 号宪法修正案颁布后才逐步发展起来的。根据印度第 73 号、第 74 号宪法修正案的要求，喀拉拉邦分别于 1994 年 4 月 23 日和 5 月 30 日制定了相应的农村和城市自治法案，并规定从 1995 年 10 月 2 日正式生效。2000 年，为有效管理潘查亚特，喀拉拉邦将人口较多的大规模潘查亚特分解成 20 个新的村潘查亚特，并解散了 11 个村潘查亚特。根据相关数据，喀拉拉邦一共有 991 个村潘查亚特，152 个街道潘查亚特，14 个区潘查亚特。

在 1996 年喀拉拉邦实施的“人民分权计划运动”中，喀拉拉邦赋予农村潘查亚特新的职能和决策权，并且将邦发展支出中 35%～40%的预算权赋予了农村潘查亚特。近年来，通过村民大会实施基层参与发展计划，喀拉拉邦的地方自治机构已经成为实施发展计划的有效机构。如在农村医疗上，通过村民大会、发展论坛、专门工作小组、志愿专家团，以及自愿捐献资金和劳力，社区参与地方发展已经在喀拉拉邦成了现实；而通过分权得到财政自主权，已经使得地方机构能够制定和执行大量可以设想的社区医疗项目。

从供给主体、融资结构、决策监督机制等方面来看，喀拉拉邦的农村公共品供给体制与以往相比有明显改善。

一是从供给主体来看，印度宪法附件 11 明确规定了各级政府机构在农村公共品供给方面的责任。其中，农村道路、农村饮用水、教育和医疗卫生等公共品的供给主体各不相同。①农村道路。农村道路建设由中央政府和邦政府完成。但第 73 号宪法修正案规定，农村道路的维护是潘查亚特的责任，所有农村道路的建设和维护都应转移到相关潘查亚特。②农村饮用水。饮用水安全是邦的责任，供水项目和计划由邦政府自己解决，中央政府仅负责制定指导原则、建立标准，并对邦政府提供资金和技术援助。第 73 号宪法修正案出台后，加快了供水和卫生的责任转移到地方政府的进程，地方政府正逐渐负担起饮用水和卫生基本服务的运营与维护。③教育。教育是中央政府和邦政府共同负责的项目。中央政府和邦政府对教育都有融资和供给的责任。不过，在实践中，邦政府在教育的融资和供给方面起主要作用。④医疗卫生。医疗卫生的融资和供给由邦政府承担，中央政府主要负责制定全国政策，并通过中央主持项目和其他中央项目为邦政府提供资金，起监督作用。

二是从融资结构来看，喀拉拉邦农村公共品的融资渠道主要包括以下形式。①政府融资。政府对农村公共品的融资主要通过各级政府的项目进行。中央政府通过中央各部门项目和中央主持项目提供资金。邦政府通过邦项目和中央主持项目（中央和邦共同负担资金）提供资金。地方政府通过自有资源收入为地方性公共品融资，如街道照明、排水渠等。②市场融资。市场融资是针对可以私有化或者通过市场来融资的准公共品进行的。③双边和多边机构融资。这部分融资主要与印度农村公共品供给路径的转变相联系，旨在建立需求推动和社区引导型的供给方式。④社区融资。在喀拉拉邦所辖的村潘查亚特中，许多小型项目是通过社区融资和管理的。社区项目的运营比村潘查亚特对资金的使用更具可持续性。⑤个人融资。在喀拉拉邦也通过用户付费和个人投资的方式进行公共品项目建设，比如小型灌溉设施和供水项目就包括个人提供的资金。⑥非政府组织和志愿者捐赠融资。一些非政府组织和志愿者也会通过捐赠的方式，为部分农村公共品融资，主要用于树立农村居民的公共品意识。

三是从潘查亚特的资金来源看，目前的资金来源除邦财政委员会的转移支付以外，还包括实施各种中央项目获得的转移支付。这些资金由多个设在区一级的专门项目代理机构负责，如区农村发展机构。在喀拉拉邦减贫项目中，中央政府负担 87.5%的资金，邦政府负担 12.5%的资金。与村潘查亚特相比，区潘查亚特和专区潘查亚特基本没有独立的收入资源，主要依靠上级政府的资金支持，其主要收入来源包括以下几种。①专用补助（金额固定并且用于发展）。邦政府向每个区潘查亚特转移支付 113.8 万卢比，向每个专区潘查亚特转移支付 218.7 万卢比。②中央财政委员会建议的任何转移支付。③邦政府转移给区潘查亚特的附加印花税。④实施各种计划性项目和非计划性项目而得到的转移支付。⑤因为实施中央部门的项目和中央主持项目而从中央政府获得的转移支付。

四是建立自下而上的决策机制。在喀拉拉邦，农村公共品的决策过程呈现出分权化特征。通过推广需求推动型和社区引导型的农村公共品供给模式，喀拉拉邦的社区与居民在农村公共品的供给决策中发挥着重要作用。按照印度宪法规定，印度村潘查亚特主要执行两项任务：为中央和邦的福利项目择定受益人；建设和维护村级公共品，如路灯、道路和排水渠等。

五是创建透明度增强的监督机制。近年来，在印度农村公共品的供给中，逐步建立起了完善的问责制，在一定程度上加强了监督，改善了农村公共品供给的效率和公平。①在法律方面，印度宪法已对落实中央政府和邦政府的问责性规定了部分有效措施。比如，宪法要求政府定期选举，通过独立的权威机构对政府账户进行审计。这两项工作分别由印度首席选举委员和主审计长负责。此外，宪法还规定，由独立的司法部门负责制定各部门职员的雇佣条款。②虽然第73号宪法修正案规定地方机构能够自由准备计划，但是对于计划性的补助，印度中央政府和邦政府都会提出一些指导方针。比如，规定村潘查亚特的计划资金中至少有40%要投资在生产部门上，投资于基础设施的资金不低于30%。这些措施都有效地保证了农村公共品供给的有效资金配置。③在印度农村公共品供给的机构建设方面，印度建立了财政委员会（包括中央和邦两个级别），负责对潘查亚特的财政状况进行审查，提出改进意见，从而对农村公共品建设项目起到了有效的监督作用。④中央各部门通过其垂直领导的机构对本部门执行的项目进行监督，地方政府机构尤其是专区潘查亚特对农村公共品供给也起到监督作用。在喀拉拉邦，"人民计划运动"提出了多种创新措施，使得潘查亚特建立起对社区的问责机制。这些创新措施包括：扩大参与，通过村民大会、邻里委员会、监督委员会，扩大居民的参与；专门建立绩效审计局，协助潘查亚特建立财政管理，进行内部审计；由受益人委员会执行公共就业计划，从而提高透明度，有利于持续的社会审计；确保公民知情权，要求潘查亚特公布《市民服务公约》，明确提供服务的程序、期限以及未获得服务的补救措施；建立"看门狗"的监督机制，确保潘查亚特的公平运行，有助于遏制腐败。

四、邦级完善而有效的农业管理

独立后，喀拉拉邦与全国其他各邦一样，在1956年建邦时就成立了邦农业局，随后农业管理与服务的机构基本上与中央保持一致。目前，这些管理和服务的部门包括以下几种。

（1）邦农业局。邦农业局是邦主要的发展部门之一，负责制定和执行作物生产、基础设施发展、种植装备的生产和分配、质量监控和农业输入、农场机械化、技术转移、作物损失减缓和妇女发展等方面的各种政策。其服务的职能包括：提供更优质的土地与水源管理，增加高产杂交种子的产量；培养高产作物取代缺乏经济价值的旧品种，提高地区生产力；提供有害物综合管理；开发必备基础设施建设，鼓励采用新市场技术以减少收后损失；提高产品质量，采用生物技术，农业领域中的信息技术利润化，有机农业，农场机械化改革等。

邦农业局的职能部门及其职能是：①计划处。具体职能有制定五年计划、年计划和预算评估；为筹划指导委员会提供报告，制定农业任务；协调全邦贮藏量和仓储费用，申请中央补助，与其他中央政府机关进行对话和协调；为商品研讨会制作报告，制定季节性作物规划、印度农业农村发展银行方案、农业信用有关方案；修改法案，为农业部长制定会议报告，巩固计划进程；监控并评估计划方案的完成度，提供法律担保等。②种植业处。具体职能包括实施特别就业计划、青年农民培训、农业生产计划，各类申请的审查和分配；推广集体农业，提供免费电力补给，实施高产品种计划，管理种子测试实验室；开发椰子及槟榔，调查椰树根部枯萎，为病变椰树的砍伐和移除提供财政援助；完成含有种子技术的任务，制定小农和边贫农土地发展方案，开发块茎及藤蔓植物；制定作物保护方案，管理移动农业诊所、有害物监督中心、生物控制实验室，控制杂草；购买和销售作物保护化学剂和装备；制定化肥资助方案及化肥相关计划，加固肥料，管理生物杀虫剂和土壤测试实验室；解决作物保护化学剂相关问题，发放和再申请许可证，分析杀虫剂样品、肥料样品，监控肥料质量；负责自然灾害相关事宜，执行救助工程，发放救助资金；负责作物保险及其相关事宜；气象报告的制作和定期公布。③培训处。主要职能包括农民培训，管理在农业大学攻读农业科学相关学士及硕士的农业从业者，作物采用情况调查，蘑菇种植培训，特定地区中的可可、水果和花卉发展，制定乡村地区营养保障园计划，开展花卉贸易，制定香料发展综合计划，蘑菇栽培，实施农业高科技改革，负责生姜及姜黄发展宏观管理，处理蔬菜计划中的民怨和诉状，生产蔬菜种子，负责全邦有机蔬菜食品组织工作。④南部地区及市场处。主要职能包括制定市场方案和培训计划，解决市场联合问题，管理全邦农业市场评级实验室，负责出口交易，处理贮藏量与仓储费相关事宜。⑤北部地区及生物燃气处。主要职能包括负责所有县农场、邦农场和特别农场的成立工作，发展水果产业，看护椰树，保护和分配椰树秧苗，制定国家生物燃气发展计划，与非常规能源及乡村技术局建立沟通，管理卡迪手织布委员会与卡迪理事会等。

（2）邦畜牧业局。在邦农业局成立的同时，于 1956 年成立了邦畜牧业局。目前的主要工作有提供动物医疗服务、保障动物健康、实施疾病根除工程、实施牛羊猪禽发展工程、控制动物疾病、扩展畜牧业、培训农民及兽医、生产生物制剂等。喀拉拉邦畜牧业局成立之初即拥有 39 所动物医院、12 所动物防治站、2 所兽医流动宿舍和 43 所动物药房，目前已有 2 638 所相关机构投入服务。

邦畜牧业局的工作目标是：在质量和数量上提升全邦家畜头数，提高牛奶、鸡蛋和肉品产量，在畜牧业里创造更多创业机会，协助社会弱势群体提高其收入水平，控制动物疾病，开展家畜有关方面的科研活动，收集并分析畜牧业内的相关数据和信息，为牧民提供现代科学实践学习机会等。为了实现以上目标任务，邦畜牧业局有着较为明确的人员分工。邦畜牧业局局长负责全面统筹技术、管理和财政监控。另外配有 2 个副主任、3 个联办主任、6 个代表主任和 5 个协助主任。2 个副主任分别负责动物健康及兽医服务、畜牧业策划，3 个联办主任是家畜生产主任、家禽主任、家畜统计主任，6 个代表主任是策划主任、兽医主任、重点村庄主任、畜牧业扩展主任、肉猪培育主任和家禽主任，5 个协助主任是策划主任、水牛发展主任、狂犬病根除主任、中央储备组织主任和饲料主任。

（3）邦奶业发展局。该局成立于 1962 年，主要负责乡村地区的奶业扩张、饲料资源发展和乡村牛奶市场开发，依法监控邦内牛奶企业，根据印度《商品法》维持牛奶及奶制品行业秩序。邦奶业发展局现拥有 152 个奶业扩展服务点、14 个县办公室、5 个奶业扩展中心、13 个质量监督点和 2 个饲料农场。

（4）邦渔业局。渔业是喀拉拉邦的重要发展及生产行业之一，邦渔业局负责发展并管理政府制定的一切渔业相关工程。该部门各级管理层具体如下：邦级管理者为渔业理事会、渔业主任、渔业副主任，地区级管理者为渔业联办理事会和 3 位渔业联办主任（南部、中部、北部地区），县级管理者为渔业代表理事会和渔业代表主任，村级管理者为渔民村委会和 200 名村镇官员。

（5）邦农场信息局。邦农场信息局成立于 1969 年 1 月 1 日，是邦农业局的农业信息服务和邦畜牧业局的信息中心的整合体，拥有 2 个地区办公室并在各县设有办公点。该局为农场的扩张和发展活动提供有用而完善的信息沟通支持。这个独一无二的组织负责邦农业局、邦畜牧业局、邦奶业发展局和邦渔业局的公开和宣传活动。邦农场信息局定期发布技术报告来协助农业员工和农村公社的工作，每天向报纸媒体提供稿件并向所有报纸的农村专栏提供行动支持，每年出版《农场指导教程》以作为全邦农业状况的可信参考，定期为农村公社印刷各种传单和宣传册作为参考资料。该局还参与邦内及邦外的各类大小型展出，制作农业影片。为了开发信息技术的潜力，该局还为农民及时引进了政府网站登入窗口和卫星数据接收等服务。

五、和谐农政关系的形成与影响力量

（一）喀拉拉邦和谐农政关系的表现形态

喀拉拉邦 1956 年建邦，1957 年 1 月印度共产党就以民主选举的形式在这个新邦开始执政，此后印度共产党和随后的印共（马）在该邦“六起七落”。在农政建设方面，印度共产党人助推民众科学运动促成了农政使者的成长，在其影响下渐进地推进了全邦的农政建设。印共（马）及其左翼政府在与国大党政府的轮流执政中，尽管没有取得经济快速发展的业绩，却造就了印度最为和谐的农政关系，成为印度另类发展的典型。

第一，各项社会和谐发展指标位居世界前列。即使按照印度的标准来衡量，喀拉拉邦也是一个贫困地区，该地区的人均国民生产总值不足 1 000 美元。喀拉拉邦的房屋矮小，居民服饰简单朴素，男性居民的标准行头是上身衬衫、下身裹裙，女孩子们喜欢在发夹里别上鲜花。喀拉拉邦有 300 万居民以农业为生。但是，喀拉拉邦属于热带地区，喀拉拉邦的人均寿命是 72 岁，高于印度平均水平 62 岁。喀拉拉邦的婴儿死亡率在发展中国家最低，比阿根廷和巴林王国这些发达国家还要低。人口增长适中，平均每名妇女生 1.7 个孩子，比美国和瑞典低。喀拉拉邦的居民大多是三口之家，人们愿意将更多的经费用于孩子的教育和家庭生活水平的提高。喀拉拉邦的识字率达到 100%，处于世界前列。这里每隔几千米就有一座学校，里面的教室修缮完好，干净整洁，坐满了身穿鲜艳校服的孩子。

第二，多元文化交融共存，和谐发展。在印共（马）的领导下，喀拉拉邦破除了沿袭几千年的等级森严的社会传统秩序，剥夺了高等种姓和封建领主的特权，赋予“贱民”和低等种姓接受教育和进入神庙的权利。喀拉拉邦曾经是印度最活跃最复杂的等级社会，被称为“种姓制度的疯人院”。今天，虽然种姓隔离和歧视的情况依然存在，但是被甘地称为“印度教污点”的“贱民”种姓被彻底地从社会生活的“肌体之上”清除。要找到喀拉拉邦总是趋向和谐一致的根源很难，不过，也许港口城市科钦能够提供一份参考答案。科钦是一个拥有几座小岛的港口城市，这个被称为印度威尼斯的城市是世界上最繁忙的港口之一。几个世纪以来，通往阿拉伯海的狭窄海道是与中国、埃及、希腊、葡萄牙、荷兰等国进行贸易的大门，停靠在科钦码头上的船只大多是来寻找宝石、茶叶、香料和珍贵的喀拉拉柚木木材。伴随着这种商业交换的是具有强烈渗透力的思想意识。商人和水手给科钦带来的不仅是西方时髦的小玩意，同时也传入了最新的文化潮流和宗教信仰。其结果是产生了一个非常外向型的文化，乐于接受并理解新的世界。新的思想观念一经产生，就会被大众所接受。正是这种文化的渗透造就了喀拉拉人的开明思想。与印度其他地方遭受外寇入侵和占领的历史不同，通过贸易和传教活动，喀拉拉邦一直向外部世界开放着：有新的东西传入时，没有人会感到恐慌，而会像接受一位老朋友的想法一样去接受它。在大量接受外来观念的同时，喀拉拉人也会维护本土所固有的传统和特征。基督教传教士建立的学校面向社会所有阶层，使低种姓的人群也开始接受以前只有婆罗门才能享受的教育。

第三，崇尚知识的乐园，农村文化生活丰富。走进任何一间喀拉拉邦的村镇茶铺，你都会感受到乐于接受新思想的气息。在年久失修的茅草屋里，坐在长条的木板凳上，从有缺口的杯里喝着茶，喀拉拉人每天都习惯性地聚在一起。他们交谈活跃，辩论激烈，话题经常是围绕报纸上报道的事情，大到政治、经济、科学、艺术，小到明星八卦、柴米油盐。在印度，喀拉拉邦的人均报纸消费量是最高的。对于这些即兴的“研讨会”来说，多么高深尖端的话题都不稀罕。在首府特里凡德琅的书店里，各种书籍琳琅满目，有关后现代主义的书也堆满架子，其中有当代著名的后现代主义研究专家齐格蒙特·鲍曼的《后现代的意涵》《生活与碎片——论后现代道德》，还有法国马克思主义哲学家阿尔都塞的《黑格尔的范畴》，让人仿佛置身于世界性都市。像这样的茶铺讨论，遍及喀拉拉邦各地。英式足球俱乐部、电影俱乐部、青年俱乐部等各式各样的协会、团体活跃在喀拉拉邦社会生活的方方面面。几乎每个村子都有一个公共图书馆，这是另一个社会生活中心。公开致力于社会改革的政治协会、激进分子团体大量存在，这在印度其他地方是没有的。有些组织的成员达数万人。对于许多喀拉拉人来说，加入这些组织似乎是公民的一种义务。

第四，农村教育的普及带来了农民的自信。在喀拉拉邦普及了农村初级教育，实现了儿童免费教育，1987 年以后又全部消灭了文盲。农村文化的提高改变了喀拉拉人，在他们的心中注入了自信的种子。如果说土地改革让农民获得了一定的生活保障，那么识字运动则让他们从内心深处增加了安全感。对于那些成年人来说，一定程度的文化提高意味着克服了某种障碍。有些人说他们参加学习班，是为了能够读孩子们写来的信；有些人说是为了能看懂公共汽车的站牌，不需要别人的帮助也能够自由地出行。这种新的信心带来了直接的公众效益。在识字运动的鼓励下，拥有读写能力的妇女更加关注村镇事务，更加关心孩子的福利。识字运动直接提高了妇女参与公共生活的能力，这是识字运动的重要成果之一。

（二）影响喀拉拉邦农政关系的多种力量

印共（马）主导和支持的喀拉拉邦农政建设，已引起了世界各地的高度关注。其活动的范围涉及科学知识普及、实用技术推广、文盲扫除、环境保护、学校教育改革、农村公共供给体制的建构和农业管理的完善等多个领域，在每个领域都取得了丰硕的成果。并且于 1996 年因“促进了以人为本的社会发展”而获得了被称为另类诺贝尔奖的“优秀民生奖”，这一奖项由瑞典优秀民生奖基金会每年颁发一次，旨在表彰对全球民生最有建设性贡献的组织和个人。那么喀拉拉邦的农政建设形态是不是完全不同于其他各邦，是不是完全由印共（马）在起作用呢？在我们看来，喀拉拉邦农政的这种不同局面是由多重因素促成的，印共（马）只是其中的主要力量。

第一，喀拉拉邦地方政府的政策关注基层，关注大多数，着力缩小城乡差别。由于政府长期实行侧重发展农村的政策，这个邦的城乡差别并不明显，这在实行市场经济的发展中国家里是不多见的。在喀拉拉邦，有的城市如邦政府所在地虽然缺乏所谓的“现代都市”气派，但是该邦的农村地区却没有印度其他一些农村普遍存在的赤贫、破败、凋敝景象。在资源一定的条件下，这个邦把更多资源用于发展农村，这对于一个农业人口占 80%以上的地区来说，无疑更有利于居民生存环境和生活质量整体水平的提高。这里农村所具备的基本住房、卫生、饮用水等条件都反映了以人为本的发展思路，是政府有意识的政策选择的结果。

第二，两党轮流执政促进了农政关系的和谐。喀拉拉邦长期受印共（马）

领导的左翼势力影响。自1957年以来，以印共（马）为首的左翼民主阵线和以国大党为首的联合民主阵线轮流执政，也就是说，印共（马）每10年就有5年执政，这为实践该党的政治理想创造了条件。在印共（马）执政期间，通常会大力推动社会发展项目，着力缩小贫富差别和城乡差别，自觉地为广大中下层民众谋利益，政府成为推动社会发展的有力工具。例如，1996年以印共（马）为首的左翼民主阵线经过选举在喀拉拉邦执政后，开始实行一项还财于民的政策。这项政策的主要内容是：在占邦预算一半的计划发展基金中，邦政府拿出40%直接由村民决定如何使用。这是一项有力的分权措施，意义十分重大，它使每个公民都有权参与决定相当大一部分政府预算的使用。它涉及一系列我们所熟悉的概念，如“相信群众，依靠群众”“来自人民，还政于民”等问题。它还涉及如何使民众普遍动员和组织起来、建立人民自我管理机制、实现真正的民主制度等问题。

第三，自下而上的民众动员对推动社会人文发展发挥了重要而持久的作用。当地活跃着一些很有影响的群众性组织或非政府组织，其中民众科学运动的作用最明显。这一运动作为一个独立于政党之外的组织，长期坚持深入基层、深入民众去举办各种农村科学论坛，协助科学家和知识分子把科技运用到生产实践中。同时鼓励知识分子到民众中去，了解民众的真正需求，成为推动社会进步的代理人。该组织举办农村科学论坛，通过民间艺术演出等形式把群众组织起来，开办医疗营地、农业展览等，进行深入调查研究，普及各种有关农业、工业化、环境保护、健康、教育等方面的知识。它所发起的全民扫除文盲运动得到了政府的支持，不仅在喀拉拉邦扫除了文盲，而且在全国也产生了积极影响。他们常年活跃在田间地头，致力于推动社会民主进程，成为推动社会进步的一支重要力量。

第四，广泛普及的教育是人文社会发展的基础。在喀拉拉邦，人文社会发展得到了遍布城乡的教育、保健和社区参与网络的有力支持。喀拉拉邦通过学校教育和大规模扫盲运动，已经取得了全民识字的巨大成就，普通农村妇女都能看书读报。在每个乡都能看到广泛分布的学校、基本医疗中心和技术推广组织。从小学到大学，公立学校全部免费，甚至农村小学也都为学生提供免费午餐。经过长期推动，儿童入学已被当地群众看作理所当然的事情。每个乡至少还建有一个图书馆和一个基本医疗中心，基本医疗中心为村民提供免费医疗服务。

第五，中央政府的总体政策引导。1993年第73号宪法修正案的颁布，是印度农村治理结构的新起点，它为印度分权和农村治理对农村公共品供给提供了一个运行框架。在这个运行框架中，参与治理的各方行为主体对农村公共品的供给体制产生了影响。这些行为主体包括政府、社区、非政府组织、双边和多边机构、市场（私人部门）。在这种框架之下，印度建立起了三级农村潘查亚特制度，使得印度过去的两级结构变成了三级结构。在三级结构中，分权涉及政府间的财权和事权划分。但是，因为印度联邦制的宪政结构，印度各邦在分权和农村治理上的表现状况存在差异。总体上，印度农村公共品供给体制既有统一性，又有差异性，地方的财政转移支付也没有明确的模式。统一性在于印度宪法从法律上明确划分了各级政府的职责，差异性则在于印度分权的进程实际上取决于各邦的态度和所采取的措施。1996 年印共（马）主导的农政建设，改进农村公共品供给的决策机制、问责制和融资结构，都必须在这个大的背景下才能得到分析与说明。国大党政府进行的这次全国性体制的规划，改变了过去印度农村内部公共产品的供给机制。首先，它扩大了农村公共品的供给范围，包括了农村内部的饮用水、村级道路、村级小学和教育以及标准不高但覆盖面比较广的村级卫生医疗保障等，应该说必要的公共品基本上都涉及了。也正是在这种情况下，才有了喀拉拉邦的农政全方位服务。其次，政策要求所有上述公共品全部由邦政府直接负责和管理，从项目、资金到建设和管理都是直接由邦政府负责。这就扩大了邦政府管理农村公共品的权力，印共（马）只有在这种大的体制下才有实施所支持的 KSSP 的可能。

第六，真正的土地改革为和谐的农政关系奠定了基础。在印度共产党和印共（马）的推动和影响下，喀拉拉邦从 20 世纪 60 年代开始推行土地改革，废除地主土地所有制，把土地分给 1 500 多万贫苦的佃农，私人占有土地面积不得超过 25 英亩，没有地主，人们占有土地相对平均，实现了“耕者有其田”。那些重新分配的土地生长的庄稼，使每一个喀拉拉人都能够满足基本的生活需要，确保他们远离绝对的贫困。尽管农产品没有国际竞争力，然而贫困人口很少，流浪乞讨的人也很少。这就为和谐的农政关系奠定了最基本的保障，因为没有土地的农民始终是一个国家动乱的根源。

第三节　西孟加拉邦的长久执政模式

西孟加拉邦是位于印度东部的一个较大的邦，面积 88 752 平方千米，人口 91 347 736 人（2011 年）。首府加尔各答为印度第三大城市。与印度共产党在喀拉拉邦的轮流执政不同，印共（马）分出后在西孟加拉邦于 1967 年和 1969 年两次短暂执政后，1977 年 6 月印共（马）领导的左翼阵线联盟在西孟加拉邦的第三次执政一直持续到 2011 年 5 月被草根国大党替代，前后长达 34 年之久。印共（马）在长期执政中，其农政建设几乎包括了各个方面，而其最为突出、对整个印度产生重大影响的主要包括 3 个方面，即农村土地改革的深入推进、农村治理的变革和工业化推进中矛盾的引发。我们将其称为“西孟加拉邦的长久执政模式”而进行相关的分析与比较。

一、印共（马）的执政与成就

1977年6月，在西孟加拉邦举行的议会选举中，印共（马）获得了历史性胜利，其领导的左翼联合阵线共赢得该邦议会全部294个席位中的228席，其中印共（马）独自赢得177席，在该邦议会席位中占有绝对优势。1977年6月21日，印共（马）领导的左翼阵线政府宣布成立，开始了邦级地方执政历程，印共（马）政治局委员、德高望重的政治活动家乔蒂·巴苏出任邦首席部长职务。此后，印共（马）领导的左翼联合阵线先后以压倒性多数票赢得了该邦1982年、1987年、1991年、1996年、2001年和2006年的议会选举，在该邦长期连续执政，乔蒂·巴苏任邦首席部长长达23年，领导该邦取得良好发展成绩。印共（马）主政的西孟加拉邦成为印度历史上连续执政时间最长的地方政府，印共（马）也是印度独立后唯一一个连续34年赢得邦内选举的政党。2011年5月，在新一届的西孟加拉邦议会选举中，印共（马）落败，原铁道部部长班纳吉领导的草根国大党获得胜利。印共（马）在西孟加拉邦的失势，也给我们对其进行求实分析带来机遇。

如何认识印共（马）在西孟加拉邦长达34年的执政经历，印共（马）总书记哈基申·辛格·苏吉特在题为《印度西孟加拉邦左翼联合政府的执政经验》的文章中进行了较为全面的总结。他指出，30多年来，社会主义的基本价值和原则已经把西孟加拉邦塑造成一个可持续发展的和谐社会：该邦在发展农村、发展教育与卫生、关注弱势群体、维护人民参与管理的民主权利以及维护少数民族权益、消除民族分裂方面取得了优秀的执政业绩，该邦的社会发展综合指标远远好于印度其他非共产党执政的邦，甚至在世界上也居于领先地位。30多年间，印共（马）在西孟加拉邦所展开的工作及其成就如下。

第一，深入推进土地改革。1977年左翼阵线开始执政时，土地改革和农业发展成为首要任务。左翼联合政府执政后给农村带来的两大变化是进行土地改革和重组基层自治机构。这两项措施使政策“以两条腿走路”，相互关联，两者的成功相互依赖。土地改革要求地方政府的民主化和民众的广泛参与。

进行土地改革是西孟加拉邦左翼联合政府取得的一大成就。由于左翼联合政府的政治魄力，印共（马）曾执政的西孟加拉邦、喀拉拉邦和特里普拉邦都是整个国家中土地改革最成功的邦。西孟加拉邦土地改革的主要成就是：①“佃农行动”中共有140万佃农进行登记。通过“契约行动”，110万英亩的土地被分配给佃农，且佃农有权永久耕种。②在土地改革立法中，左翼联合政府总计获得约137万英亩土地。③在土地改革中，左翼联合政府把约104万英亩的土地在250万个无地和贫困家庭中进行重新分配。④约50万从事农业、捕鱼和手工业的家庭得到了宅基地。⑤西孟加拉邦的农田面积只占全国农田面积的3.5%，在土地改革立法中所获得的土地约占全国的18%，进行重新分配的土地占全国可重新分配总量的20%。⑥“贱民”和原住民是土地改革最大的受益者，他们占土地重新分配受益者中的55%以及已登记佃农的42%。⑦西孟加拉邦土地改革也赋予妇女权利。在“佃农行动”中，55万多名妇女得到集体或单独的土地契约。⑧20世纪90年代的10年中，一些邦根本没有采取任何土地改革措施，但是西孟加拉邦却通过土地改革立法又得到了95 000英亩的土地，并对94 000英亩的土地进行了重新分配。

第二，重组基层自治机构。左翼联合政府开始执政不久后便着手把地方政府机构重组为民主选举的三级体制。西孟加拉邦基层自治制度的一些重要特征是：①自1978年以来，基层自治机构每5年进行一次选举。②西孟加拉邦地方机构也具有广泛代表低收入者和社会弱势群体的特征，“贱民”和原住民在各种社会群体中的代表比例不断增加。无地和贫苦农民在自治机构中的代表比例在75%～90%。1995年以来，自治机构中1/3的代表席位和主席职位专为女性预留。③20世纪90年代后期，基层自治制度在每一行政区引入了村民大会制度，即至少10%的法定选民组成村民代表大会，每年至少两次讨论基层自治机构的工作和资金的使用情况，进而使得这一机制又得到加强。④基层自治机构被赋予了可观的资源和责任。20世纪90年代，地方得到的资金达到西孟加拉邦财政支出的50%。⑤基层自治机构在消除贫困中的作用已经得到规划委员会这样的官方机构的认可。

第三，促进农业经济的发展。20世纪70年代之前，西孟加拉邦的农业停滞不前。多份官方报告以及《第七计划》的文献都指出西孟加拉邦的农业潜力没有得到挖掘。左翼联合政府上台执政给西孟加拉邦的农业带来了曙光，1977年后，西孟加拉邦的农业经济得到显著发展。①自1977年以来，西孟加拉邦的粮食产量平均每年增长6%，在印度17个人口较多的邦当中增长速度最快。②西孟加拉邦是印度最大的稻米生产地，土豆产量位居全国第二位。③1980—1981年西孟加拉邦的种植密度约为136%，2000—2001年种植密度增长到约180%，增长速度居全国第二位。④土地改革极大地改善了农民的经济状况，农民收入提高。20世纪80年代，西孟加拉邦农民收入增长幅度在全国最大。同时，1977年以后的农业发展也使在农业中的就业得到扩大。⑤西孟加拉邦与农业经济相关的产业也得到了发展。鱼和鱼苗的产量在全国各邦中最高，农业及其相关产业的发展使人们的物质生活有了较大的改善。⑥20世纪90年代，西孟加拉邦的人均国民生产总值在全国各邦中增长最快。⑦1977—1997年西孟加拉邦的贫困人口比例在全国各邦中下降最快，在这一时期，贫困线以下的农业人口下降了36%。⑧1987—1994年西孟加拉邦农民卡路里平均摄入量增长了184千卡。相同时期，印度农民平均卡路里摄入量却总体下降了38千卡。⑨1972—1994年西孟加拉邦是印度唯一一个平均谷物消费量增长的邦。其他所有邦的谷物消费量都呈绝对下降趋势。

第四，发展教育与卫生事业。左翼联合政府在消除文盲与扩大学校教育中遇到一些严重障碍。尽管如此，左翼联合政府采取一些重要措施，努力减少文盲与扩大基础教育。教育预算占总预算比例从1976—1977年的约12%增加到2000—2001年的25%，小学学校的数量从1978年的0.57万所上升到1999年的1.23万所。政府还建立了许多儿童教育中心，生活区与学校之间的平均距离也已经缩短。左翼联合政府重点考虑在贫困人口聚居区开设新学校。小学平均拥有的正规教师的数量大大上升。政府努力提高教师的工作条件，所有学校都实行义务教育，开展专门计划向学生提供课本以及向女生提供校服。在西孟加拉邦农村中，女童入学率遥遥领先，已超过61%。左翼联合政府十分重视提高公共卫生水平，并在以下几方面取得一些成就：①1992年西孟加拉邦的自然死亡率在全国第二低，为7.1‰；②1999年西孟加拉邦的出生率在全国第三低；③西孟加拉邦人口的平均寿命约为72岁，仅次于喀拉拉邦和马哈拉施特拉邦；④在印度各邦中，西孟加拉邦公共卫生体系的人口覆盖率最高，约为70%。

第五，关注社会弱势群体。①“贱民”与原住民。“贱民”与原住民是土地改革和基层政府重组的主要受益者，约42%的登记佃农以及55%的土地重新分配的受益者是“贱民”与原住民。在社会各阶层中，他们在基层自治机构中拥有最多的代表，其社会地位有了较大提高。进入21世纪后，左翼联合政府制定了许多专门扶持“贱民”与原住民的计划。约3.2万名“贱民”学生和2.8万名原住民学生在接受初等教育时由政府资助而住在简易旅馆中，有11万名“贱民”学生和8万名原住民学生得到政府的奖学金。左翼联合政府还向“贱民”与原住民家庭提供财政援助，以帮助其自我创业。②少数民族。向少数民族提供社会保障和经济援助一直是左翼联合政府重视的一大内容。左翼联合政府成立了西孟加拉少数民族发展金融公司，向自助项目提供贷款，培训少数民族人员，并在经济上进行资助。此外，左翼联合政府还向少数民族的优秀学生提供奖学金。③广大妇女。提高妇女权益是左翼联合政府的一个重要目标。为此左翼政府采取的最重要措施就是使55万名妇女得到集体或单独的土地契约。根据宪法第73条修正案和第74条修正案，左翼政府在基层自治机构中为妇女留出了33%的代表席位和主席职位。由于一些女性候选人在普选中胜出，所以女性代表的实际比例超过1/3。左翼政府还采取了其他措施来提高妇女的经济和社会地位。约5万名丧偶妇女或老年妇女可得到政府的津贴，还有约10万名妇女可得到社会福利委员会的资助。西孟加拉邦还有大量妇女经营的合作社，其中包括210个奶制品合作社、66个工业合作社、29个信用社，以及许多餐厅和纺织合作社。

第六，保护民主与提高民主权利。左翼联合政府不断加强民主机制，保障人民的民主权利。左翼联合政府执政后，工会的权利得到完全恢复，所有行业的从业人员（包括警察）都获得了结社和集体谈判的合法权益。政府对待工人斗争的方式大为转变，禁止警察干涉各种不同行业从业人员的合法斗争，在政府和劳资三方谈判中运用政府的力量支持工人。通过维护各种民主机制的纯洁性，左翼联合政府使西孟加拉邦的民主得到加强。基层自治机构以及其他公民机构每5年就会进行一次正常的选举。在左翼联合政府领导下，西孟加拉邦在全国首先把公民机构的选举年龄从21岁降至18岁。把权力分散到基层的基层自治制度以及声势浩大的左翼群众运动，都为深化民主与行使民主权利提供了真正坚实的基础。几十年来，几千名左翼阵线的干部为了保障人民的民主权利而牺牲了自己的生命。1999—2001年300多名左翼干部在西孟加拉邦的3个区被暴徒杀害。左翼联合政府在印度的民主进程中一直处于领导地位。通过斗争，中央政府给予各邦更大的财政、立法和行政的权力。

第七，维护社会和谐与少数民族的权益。①使西孟加拉邦远离地方分离主义运动的可怕的暴力，维护少数民族的权益，动员左翼干部维护社会和谐以及少数民族的权益，向人民宣传要维护世俗主义，粉碎任何危及社会和谐的企图。②采取措施保障少数民族在发展中的平等权利。左翼联合政府的民主分配制度提供给少数民族平等发展的机遇，占西孟加拉邦人口24%的穆斯林更是如此。穆斯林农民在100多万英亩重新分配的土地中没有受到歧视，平等地得到了应有的土地。同时，穆斯林农民也在150万名签约的佃农之列，因而保障了他们的耕种权利，使他们免受地主的残酷剥削。③专门成立了少数民族发展与福利部。在该部的协调下，西孟加拉发展与金融公司启动了几项优惠贷款项目以支持少数民族的自我创业。左翼联合政府还提供财政支持，建造供来自教育落后地区的少数民族女学生住宿的简易旅馆，同时资助少数民族创办的技术（专业）机构以及对这些教育落后地区提供考前辅导。同时，左翼联合政府还给少数民族提供补贴，支持他们进行不同的职业或技术培训。④努力保障西孟加拉邦讲小语种少数民族的权利。讲乌尔都语的穆斯林在宗教和语言上都属于少数民族。为保护文化的认同和满足这一少数群体的需求，左翼联合政府在成立孟加拉语协会的同时，也成立了乌尔都语协会。除了对从中学到硕士研究生的乌尔都语课本提供补贴，乌尔都语协会还出版了大量的书刊。此外，对尼泊尔语等其他小语种也采取了有效的保护措施。

第八，注重党内的组织建设。印共（马）之所以能在西孟加拉邦取得长期执政地位，与它本身组织的健全、广大党员的献身精神和行政官员的廉洁奉公精神有着密切关系。目前，印度共产党的党员总数接近 200 万人，其中印共（马）有 97 万名党员、10 万个党支部，下属群众组织的总人数约 5 000 万人。西孟加拉邦的党员、党组织和党的群众组织占全国的 1/3 及以上。印共（马）在全国有 6 个群众组织，即工会、农协、农业工人阵线、妇女阵线、青年阵线和学生阵线。印共（马）要求党员或党的积极分子到群众组织中工作，广泛接触社会各个阶层，传递党的声音，确保党对群众组织发挥指导作用。印共（马）党要求党员不能把党组织的运作原则和方式强加给群众组织，允许群众组织保持自己独立的运作方式。印共（马）还要求党员要定期向党支部或上级党组织报告他们在群众组织中开展党建工作的情况。在西孟加拉邦，印共（马）邦委员会下分 4 级：县委员会、地区委员会、地方委员会、党支部。党支部为基层组织，一般情况下每个党支部不超过 9 名党员，但也有由 15～20 名党员组成的党支部。100 个党支部组成一个地方委员会。印共（马）人数虽不多，但素质较高，入党要求比较严格，工人、农民、青年、妇女、学生等群众组织中的积极分子以及知识分子中的积极分子，一般都要先加入附属于党支部的后备小组。通常后备小组成员在后备小组活动 6～12 个月，接受政治思想教育、阅读马克思主义有关著作及党的文件，接受有关党的知识教育，才能被推荐为党支部的预备党员。在入党时须填写入党志愿书，叙述自己的履历和参加群众斗争及阅读马克思主义有关著作的情况，并由 2 名党员介绍，经支部大会讨论通过，报上级党委批准，预备期为 1 年。但也有些著名人士可由印共（马）邦委员会直接吸收，不经过党支部讨论。

二、土地改革的推进及其深入

印共（马）在西孟加拉邦执政最突出的农政建设成就是坚定地进行土地改革，前总理辛格对西孟加拉邦土地改革的成功经验给予了很高评价，希望它成为各邦效仿的榜样。

（一）独立后土地改革的先期实践

西孟加拉邦和印度其他邦一样，在 20 世纪 50 年代进行了土地改革。邦议会陆续制定了有关土地改革的一系列法规。西孟加拉邦地产征收法、土地改革法及其修正案，先后于 1953 年、1955 年和 1972 年公布。这些法案是西孟加拉邦进行土地改革的主要法律依据。整个改革内容包括废除柴明达尔等“中间人”地权制度、规范租佃制度和实行土地所有最高限额 3 个大的方面。为推进改革，印共（马）在西孟加拉邦联合执政中开展了一系列斗争。

1953 年西孟加拉邦通过的地产征收法第一次在法律上宣告废除“中间人”柴明达尔的土地所有权，在一定程度上剥夺了柴明达尔对佃农进行任意勒索的权利。但是依靠分成制坐收渔利的焦特达尔却保留下来，分成制继续作为一种剥削手段得以保留。1955年公布的西孟加拉邦土地改革法则允许土地所有者以“自己耕种”[①] 的名义驱赶分成农，甚至规定分成农可以“自愿放弃”他们所占有的土地。个人持有土地的最高限额也不起作用。显然，这个法案使土地所有者能够更加肆无忌惮地驱赶分成农。所以在20世纪60年代，以“自己耕种”为名的土地占有者的数量（其中很多是一年中大部分农业季节不住在农村却取得“耕种者”资格的“不在地主”）大大增多了。驱赶分成农的现象十分普遍，隐蔽的租佃制在西孟加拉邦实际上是扩大化了。焦特达尔不仅逃避了土地改革的冲击，而且在农村的势力愈来愈大，但数以万计的佃农被夺佃而沦为无地农工。1961年西孟加拉邦农工在全部劳动力中所占的比重为15.3%，1971年这一比例增加到20.75%[②]。由此可见，20世纪50年代的两个主要的土地改革法都没有给分成农和无地农工带来丝毫利益。

20世纪60年代中期以后，印共（马）先后连续两次与其他党派一起组成西孟加拉邦联合阵线政府，使西孟加拉邦的政治形势发生了变化，土地改革取得了一定的进展。印共（马）在西孟加拉邦第一次执政是在1967年全国第四届大选之后。当时的土地与地税部长、印共（马）的领导成员H K科纳尔明确地提出了“废除大的土地持有单位，把土地分配给无地农民”的主张[③]。1967年8月，印共（马）西孟加拉邦委员会号召进行彻底的土地改革，并决定把农民协会的工作集中在分配土地给无地农民和反对向分成农夺佃的斗争上。但是，在科纳尔提出的土地政策还未来得及变成行动纲领时，中央政府就下令解散了西孟加拉邦联合阵线政府。1968年下半年，在采纳科纳尔的策略的基础上，印共（马）中央委员会制定了一条“把富有战斗性的议会政治同有节制的农民斗争糅和在一起的新的策略路线”[④]。

1969年2月，以印共（马）为首的联合阵线政府在西孟加拉邦再次执政，科纳尔再次出任土地与地税部长。在他领导下的土地与地税部发动了一场群众性的夺地斗争，设法查出了焦特达尔以欺骗手段持有的30万英亩土地，并把这些土地分给了无地农民。同时宣布取消对占有不到3英亩土地的农户所征收的土地税，增加对占有7英亩以上的土地持有者所征收的土地税，对假报土地行为的将作为犯罪行为依法审理，可判处为期3个月的监禁或为数1 000卢比

① 根据1955年西孟加拉邦土地改革法，“自己耕种”的意思是：在自己的土地上进行耕种，并且要靠自己劳动、靠任何家庭成员劳动，或靠仆人和付给货币工资或实物工资雇用的农工劳动。1972年土地改革法修正案中对“自己耕种”的定义做了一定的修改和补充。1977年土地改革法修正案才取消了“可以以自己耕种为名占有土地”这一规定。

② ［美］F R弗兰克尔：《1947—1977年的印度政治经济》，1978年，第495页。

③④ 转引自巴巴尼·森·古普塔：《印度的共产主义与农民》，载美国《共产主义问题》杂志，1972年。

的罚金[①]。在这场有几十万农民参加的大规模夺地斗争中，印共（马）西孟加拉邦总书记让党的工作者直接去没收假登记的土地，并把这些土地分配给无地农民[②]。这摧毁了以前国大党历次土地改革的模式，在改变分成农的地位上进行了大胆的尝试，使国大党治理者感到了一种压力，随后诞生了国大党主持制定的1972年土地改革法修正案。这个修正案第一次详细地规定了以农户为基础的土地持有最高限额的标准，要求把“剩余土地”分给无地农工，尤其是属于表列部族和表列种姓的农工。这个修正案还规定了分成农世袭的土地耕种权，提出不许以各种借口驱赶分成农；对农产品分配份额的比例进行了调整，分成农获得75%、土地所有者获得25%[③]。

然而，20世纪60年代末至70年代，印度政局复杂多变，印共（马）转入半地下，进入了“冬眠状态”。这导致土地所有者趁机对分成农进行了恐怖的报复活动。农民协会在村子里的活动被取缔，农协成员被警察抓走，焦特达尔和高利贷者对贫苦农民的剥削加剧，他们开始粗暴地驱赶分成农，土地登记对于保护分成农和下层莱特的权利没有太大的作用，“土地最高限额被人们恣意践踏了”[④]。尽管这种疯狂的反扑几乎吞噬了以往土地再分配运动的全部成果，但它使越来越多的印度农民提高了觉悟，他们对于废除封建租佃制、改变分成农的要求日趋迫切起来。正如《印度快报》所说：“分成制的存在和继续是时代的污点……我们应该考虑一下地主的利益是否有必要继续存在。它已经失去了存在的价值。因此，一切权力应属分成农，他们是真正的土地耕种者。”[⑤] 以上形势构成了印共（马）1977年在西孟加拉邦再次执政后实施土地改革与开展“扶助分成农”运动的序幕。

（二）印共（马）土地改革的深入推进

1977年印共（马）在西孟加拉邦赢得大选，就任西孟加拉邦左翼政府土地与地税部部长的乔崔里随后指出，新政府已下定决心严格实行土地持有最高限额的规定，制止不合法的土地转让，保护分成农的利益。随即左翼政府制定了新的土地改革法修正案，于1977年9月提交邦议会正式通过，半年后印度总统签字同意。随后左翼政府又提出了“扶助分成农”计划，使“保护、巩固分成农的利益”这一宗旨更全面地具体化了，并成为西孟加拉邦有关农村政策的综合性纲领。

---

① 转引自巴巴尼·森·古普塔：《印度的共产主义与农民》，载美国《共产主义问题》杂志，1972年。

② ［美］M F弗兰达：《西孟加拉邦的激进政策》，1971年，第187页。

③ 在土地所有者提供犁、牛、肥料和种子的情况下，分成农和土地所有者的分配比例为50∶50。

④ 伐迪拉尔·达格里：《印度农业分区概貌》，孟买，1974年，第238页。

⑤ 《印度快报》，1976年11月15日。

第一，通过土地改革确定分成农的权利，奠定印共（马）长期执政的基础。1977年新土地改革法修正案弥补了以前土地改革法中的许多漏洞，特别是对于分成农的权利与地位做出了详细规定。其主要新内容是：①不能再把一块没有分成农耕种的地块说成是某个土地所有者以“自己耕种”为名占有的土地，除非这个人或其家庭成员一年中的大部分时间耕种这块土地，并且其经济收入的主要来源是这块土地的产品。②“自己耕种”就是自己或家庭成员亲自栽种，不包括雇工、靠以现金或实物支付工资的农工等。这些新条款堵住了1955年土地改革法的一个重要漏洞，为后来的“扶助分成农”计划奠定了法律上的基础。③为配合修正案的有效实施，1978年6月，西孟加拉邦土地改革研究室确定了实施“扶助分成农”计划的进程方案和分成农姓名登记的新方式。按照新的登记方式，西孟加拉邦42 000个村子被分成了A、B两大类地区，以便于各级干部组织管理。到1980年12月底，西孟加拉邦登记的分成农总计约180万人，从而使西孟加拉邦一半的分成农通过登记获得了合法权利。由此也奠定了印共（马）在西孟加拉邦长期执政的基础。

第二，坚定地实行最高土地限额，减免农民的租税负担。西孟加拉邦土地再分配的法律根据最早见于国大党的土地纲领——1953年西孟加拉邦地产征收法。该法案在理论上规定了土地持有最高限额为25英亩，限额以外的土地一律归邦政府所有并进行再分配。但是该法案本身存在的大量漏洞却为土地所有者暗中超越土地持有最高限额铺平了道路，使土地再分配大打折扣。1967年、1969年在印共（马）领导下进行的土地再分配，也没有达到预期的目的。1967—1969年约有60万英亩收归邦政府所有的土地和假登记的土地分给了无地农工，但1970年后这些土地的30%～40%已经不掌握在农民手中①。

1977年6月以后，西孟加拉邦以其崭新的姿态宣布，它是印度“唯一的一个完全从头开始执法如山的邦”②。土地持有最高限额法开始在全邦有效实施，收归邦政府所有的农业用地达到了117.7万英亩，而全印度收归政府所有的土地总数也仅有400万英亩③。连同1977年前实际由邦政府收回的土地在内，西孟加拉邦一共收回了280万英亩土地（其中近120万英亩土地是农业用地），并将约63万英亩土地分给了约100万无地农工和贫苦农民，他们之中55%属于表列种姓和表列部族④。在坚定地实行土地持有最高限额的同时，1979年8月左翼邦政府还通过了一项土地税收方案，规定凡持有4英亩水田

① 《新地》周刊，1980年10—11月。

②③《商业旗报》，1980年9月24日。

④ 《商业旗报》，1980年7月8日。

或6英亩旱田以下的农户均可免交土地税，结果是450万农户（占520万户小农和边际农的86%）减免了税收，总额约为5万卢比。同时向贫苦农民提供住宅基地。到1985年9月底，有20.2万人获得了住宅基地，同时拿到了少量修建房屋的补贴，促使他们的生活获得了改善和安定。

第三，土地分配之后向分得土地的农民发放贷款。贷款计划是左翼政府在土地改革深入进行过程中由于需要而提出的。20世纪70年代初期人们就注意到，由于没有在财政上给分得土地的人以支持，他们只好在经济上继续依赖大土地所有者，向高利贷者借债，并经常被迫出卖土地①。尽管在土地分配中他们是受益者，但在发展生产、投资和争夺土地方面，他们却远不能与资金富足的土地所有者和高利贷者相比拟。所以，左翼政府把贷款计划作为土地分配的补充或组成部分来进行安排，这为部分分成农和分得土地的贫困人口创造了发展生产、摆脱剥削与贫困的经济条件。尽管当时银行界对于给予分成农无息贷款这种得不偿失的事情一直持冷漠态度，但经左翼政府与银行界积极磋商，终于打开了给予分成农和分得土地的穷苦农民以无息贷款的大门。仅在1979年秋季中，商业银行就为已登记的分成农开立了8万个借款户头②。至1980年9月，已有59 000多户分成农获得了贷款③。这些获得无息贷款的人都是经过村农民协会批准的。此外，左翼政府还在12个县推行了23个小型试验计划，向经过选择的小批分成农提供资金，在播种季节至少向他们提供400卢比的贷款，利息由政府向银行支付，约有12 000人受益④。同时，对于相当一部分贫苦农民豁免了农业税收，他们多数是表列种姓和表列部族⑤。

第四，实施以工代赈计划。以工代赈计划原是印度中央政府发起的，利用国家储备粮作为工资，组织农村失业人员从事农村基本建设的一种形式。在西孟加拉邦，以工代赈计划却以组织参加社会劳动、分享补贴的方式解决了150万名农工的就业和收入问题⑥，以避免他们在找不到工作的4个月中大批流入城市。凡是参加此项计划的人，每天可分得作为赈济的1卢比的现金和2千克的小麦。据粗略统计，1979—1980年西孟加拉邦共有17万吨小麦和11 320万卢比用于此项计划⑦，修复和修筑公路近2万米，修建学校校舍583座，安装管井2 440眼，在3万多公顷土地上安装了小型灌溉配套设备或采取了水土保持措施⑦。更为关键的是，左翼政府将以工代赈计划的各项工作交由村评议会

① 《印度时报》，1974年11月17日。
② 《甘露市场报》，1980年3月24日。
③⑤ 《甘露市场报》，1980年9月29日。
④ 《印度教徒报》，1978年6月19日。
⑥⑦ 《印度快报》，1980年11年3日。
⑦ 《印度教徒报》，1980年12月17日。

执行，由村评议会确定工程项目，挑选项目的参加者以及管理项目资金的使用。由于村评议会已摆脱了地主富农的控制，成员的素质较好，所以在从事这项工作时大都能廉洁奉公，在很大程度上避免了贪污、挪用等弊端的出现，在工程项目的选择方面体现了“共享”的原则。这受到了贫苦农民的赞扬，从而增加了农民对印共（马）的信任和支持。

第五，帮助解决弱势农民的生活困难。左翼政府在西孟加拉邦各县采取了一系列改善无地农工和分成农生活状况的措施，其中主要包括：将无地农工的最低日工资提高到 8 卢比，给 60 岁以上的贫困人口每月发 60 卢比的养老金，给予分成农以专门的医疗待遇，使贫困人口可充分享有教育的机会和免交书本费，为穷苦农民开办 62 个纺织、制革、木工等专门技术训练中心。类似的项目还有许多，有些项目在部分地区试点，有些项目已全面推广，这些项目都纳入了“扶助分成农”计划的范围。这对于改善分成农的生活状况和提高他们的社会地位起到了一定的积极作用。

三、农村治理的变革以及影响

除了土地改革的推进与深入外，印共（马）影响的西孟加拉邦实施的另一项引领印度农政变革的措施就是完善和重组农村基层组织，恢复评议会制度，把基层政权掌握在印共（马）及左翼阵线的支持者手中，通过村评议会帮助贫苦农民。20 世纪 50 年代初期，印度政府曾把建立乡村评议会作为整顿基层政权、加强国大党在农村政权基础的一项重要措施。到 20 世纪 60 年代，印度 85%以上的乡村都建立了评议会，但后来流于形式，名存实亡。在西孟加拉邦，大约从 20 世纪 60 年代初期起，已有 17 年没有举行过评议会选举。印共（马）在西孟加拉邦组织政府的第二年，即 1978 年 6 月恢复了评议会的选举，通过选举把西孟加拉邦农村的基层政权夺回到左翼阵线的支持者手中，从而加强了印共（马）左翼阵线政府的政权基础。

从 1978 年开始，评议会每隔 5 年选举一次。每次选举都分三级进行，即村评议会包括 8～10 个村庄、区评议会包括 100 个村庄以及县评议会。选举的结果是印共（马）和左翼阵线的支持者在三级评议会中占 2/3 以上。他们之中 70%是贫农、分成农、无地农民或农村手工业者，25%是中产阶级，只有 5%是富人。这标志着农村基层政权的阶级结构发生了巨大变化。他们中的大部分在政治上都倾向于印共（马）。印共（马）及其同情者相当牢固地把握了村评议会，并通过村评议会为村民做了大量有益的工作，如参与分配多余的土地、救灾，以及组织村民修公路、挖水塘、排水渠和植树等，从而获得了村民的热诚拥护。

经过多年的发展，西孟加拉邦的评议会制度已经相对完善，并与深化土地改革形成了良性互动关系，所有因土地改革而获得土地的村民都因为评议会制度的存在而能参与和自身有关的发展计划的制定和实施。

四、农业管理体制与大学服务体系

印共（马）左翼政府在深入推进土地改革和进行农业治理变革的同时，还根据西孟加拉邦的实际，完善了全邦的农业管理体制，通过多年的充实、调整，形成了如下的农业管理体系。

（一）邦农业委员会

为了西孟加拉邦乡村社会经济的发展与法令法规的规范，邦政府设立了解决政府与非政府农业问题的邦农业委员会。它的职责是根据邦政府的要求，制定并调整各个时期的农业战略，以供农业各相关部门组织实施。该委员会确定西孟加拉邦的农业战略的目标是：保证农场地区各行各业劳动者的收入和就业的增加，具有生态可持续发展性，为西孟加拉邦全体人民保证食品与营养安全。具体内容是：种植业、渔业、养殖业和林业等农业资源的开发利用，包括荒地在内的各种土地的利用，农业及其相关行业中的土壤、水源、生物资源的管理，种子、肥料（包含有机肥）、杀虫剂（包含生物杀虫剂）的合理使用，联合农场系统的发展水平的提高，佃农的收入和就业的增加，区域作物计划的规范，农业社区内的食物安全的保障，农业教育、研究与扩展等方面的知识的输入，乡村基层建设与就业，乡村地区新自由政策冲击所带来的挑战的应对，为农业及其相关行业的生产而发展基础市场设施，为农业及其相关产品制定合理价格，农业及其相关行业内信用的动员、保险的覆盖以及保险抵押的监管，为保障农业相关从业人员的权益寻求法律支持。

（二）政府的农业部门和相关职能

（1）邦农业局。邦农业局负责农业生产和生产力相关的政策制定、农业新技术研发和技术转让等，同时确保种子、肥料等农业输入品有充足准备并及时分配往各地。该局还提供土壤测试、土壤保护、水源保护、种子测试、种子认证、作物生产、肥料及杀虫剂质量控制等服务。其具体任务是：28个农作物新品种的普及工作并取代旧品种，在该邦17个区设立综合农耕体系示范中心，在该邦被选中的6个区里设立种子银行，联合收割机的引进和普及，混合稻及玉米生产，对机械收割机的资助补贴，绿色肥料与种子生产，开发适宜于多种气候的农作物品种和寻找低砷基因型稻谷品种的农业研究计划。为了更好地进行全邦各地的农业管理和服务，邦农业局还设有如下分局：北孟加拉地区分局，商品作物分局，研究分局，评估分局，偏远地区分局，土壤保护分局，昆虫学分局，稻米发展分局，种子认证分局，肥料及化肥分局，块茎及森林作物分局，土壤水源管理分局，土壤保护计划分局，培训分局，糖蔗发展分局等。

（2）邦动物资源局。邦动物资源局负责制定并实施与家畜发展相关的计划和工程，包括奶牛、水牛、家禽、山羊、肉猪、绵羊等，以及该邦的牛奶工业等。其具体任务是：设立生化安全实验室，发展肉猪饲养基地，设立5所牛奶冷藏中心，设立150所牛奶收集基地，对1万名贫困农民提供牲口保险支持，为麻风病人开发社区医疗计划等。

（3）邦渔业局。其职责主要是通过引进当地环境友好型的各种水体，增强渔业从业人员的社会经济条件与生产力。其具体工作任务是：建设民间实验室、培训中心、交流与信息技术中心，特选孵化所内的卵类储备管理，大型水体的维护与管理，为渔业研究站开展的研究工作，鱼类技术研究所升级，培训中心升级，模范养鱼场的革新与重建等。

（4）邦种植局。种植业在西孟加拉邦中的显著经济地位不容忽视，该邦拥有全国10%～12%的作物种植面积，邦种植局主要负责为该行业引入大量效用持久的基建投资。其具体任务是：设立现代花卉蔬菜市场，建造温室和腰果加工中心，建设滴灌系统和体素培养实验室，生产蔬菜种子，设立微型冷藏库等。

（5）邦农业市场局。其主要职责是研究市场、规划市场和拓展全邦的农业市场。其具体任务是：建设基层市场，发展乡村及主要市场，建设拍卖场，建设商店与货摊，发展规范化市场等。

（6）邦合作局。邦合作局负责管理全邦所有种类的合作社运作。其具体任务是：推动乡村基层合作，发展农产品加工中心，设立土壤评测实验室，设立进口产品租借中心和生物肥料生产中心等。

（7）邦研究及开发局。其职责和任务是：开发种子农庄，设立二次种植果园，设立雨水收集及微型灌溉系统，设立种子加工中心等。

（8）邦森林局。邦森林局负责保存和管理邦内的森林土地及自然资源。在与时俱进的政府条例与法案内，通过科学管理，该部门为森林资源提供安全保护并丰富生物种类。其目标一方面在于执行国家森林政策，另一方面在于妥善管理自然资源，为人们和环境带来共同利益。其具体任务是：为脆弱的生态系统而开展土壤保护工作，为预防农业用地受到损伤而实施河流导流工程，编制造林方案，种植人造林等。

（9）邦村落及乡村发展局。其主要任务是：为邦内所有村务委员会在管理方面提供支持，协调政府部门与各地村务委员会之间的关系以维持经济发展与社会公正，执行中央扶贫政策以强化乡村发展，制订乡镇计划，为村务委员会及乡村发展办公室工作者提供培训。

（三）农业大学

西孟加拉邦是一个大邦，在印共（马）主政时期，充实了执政前的一所农业大学，随后建立了两所农业大学。

（1）比丹·钱德拉·克里斯蒂·维斯瓦维迪亚（Bidhan Chandra Krishi Vishwavidyalaya，简称 BCKV 农业大学）。BCKV 农业大学成立于 1974 年，是一所为各界提供农业教育的农业大学。该校为印度农业教育、研究和探索机构的先驱，它从事农业研究并组织农业相关项目，为学生提供与时俱进的高含金量的种植学、农业工程学等相关课程，培养能力超群的理论专家与科学家。在教学设施上，该农业大学为学生提供学习福利，学生可以在校内商店以八折的价格购买日常用品，贫困学生可享受财政资助。学校也尽力为所有学生探索就业机会，如知名企业、政府机关和金融机构等。该农业大学拥有如下院系：农业院有农业学系、土壤科学与化学系、农业昆虫学系、农业化学系、土壤及水源保护系、植物病理学系、物理与气象学系、农业扩展系、农业统计学系、农业经济学系、遗传学系、植物生理学系、植物培育学习系、动物科学系等，种植学院有果类及果园管理系、蔬菜作物系、花卉栽培与景观美化系、作物处理技术系、香料及森林作物系等，农业工程学院有土壤及水源工程学系、食物工程学系、作物处理工程系、机械与动力系等。

（2）西孟加拉邦牧业及渔业科技大学。该大学成立于 1995 年 1 月，其教学目的在于提供兽医学、畜牧业、奶业和渔业科技相关的教育、培训和研究。该大学主要负责解决各地区的家畜和鱼类产量问题，满足西孟加拉邦农业社区的生产需要。该大学拥有 3 个主要学院：兽医学与动物科学院，奶业技术学院，渔业学院。该大学拥有如下院系：兽医解剖学、组织学与胚胎学系，兽医生理学系，兽医生物化学系，兽医病理学系，兽医微生物学系，兽医寄生物学系，兽医药理学与毒物学系，兽医手术与放射医学系，兽医妇产科学系，兽医职业道德与法学系，兽医流行病与预防医学系，兽医公共健康学系，动物生产与管理系，动物营养系，动物遗传与繁殖系，动物生产技术与市场系，兽医与畜牧扩展系，遗传学与神经学系等。

（3）北孟加拉农业大学（简称 UBKV 农业大学）。该大学根据《西孟加拉 2000 年 20 号法案》成立于 2001 年。该大学的成立对于解决当地社会经济和环境问题有着重大意义。西孟加拉邦北部有着广博而丰富多样的自然资源，然而当地居民却不得不面对土壤淤积等环境问题所带来的极低生产力。西孟加拉邦的经济大量依赖农业，因此，为当地居民提供有效的解决方案以摆脱这种困境是非常重要的。面对如此条件，唯一有效的方法就是为当地居民提供合适建议，指导他们在不同的土壤上种植特定的作物，这一方法最初来自北孟加拉农业大学。该大学的目标是：突出自然农业，发展当地经济水平；在避免破坏自然和谐的情况下，通过科学实验提高土壤生产力；在农业和种植业作物生产中取得重大改革，在北孟加拉的6个地区推行作物布局和生产力革命，引入适宜当地土壤条件和社会经济特色的新技术。该大学有农业学院和种植学院，拥有农业科学系、奶业科学系、森林科学系、家庭科学系、人类学系（博士课程）、兽医科学与畜牧学系（博士课程）、农业商务系等系。

第四节　印共（马）农政实践的比较

近代印度的社会主义流派很多，但从思想的传播到实践的影响来看，主要存在尼赫鲁社会主义和印度共产党社会主义两个大的思想体系。就社会主义农政建设实践来看，无论是尼赫鲁的农政思想，还是国大党实施的政策，既不具有马克思的农业思想和列宁的农政思想的特征，也没有遵循传统的民主社会主义者的农政主张。那么坚称以马克思列宁主义为指导的印度共产党人的农政思想又是否具有马克思的农业思想和列宁的农政思想的内涵呢？本章从印度的社会主义农政思想流变开始，对于印度共产党和印共（马）在喀拉拉邦和西孟加拉邦领导的农政建设进行了介绍。本节试图从理论与实践的结合点上进行相关分析。我们的研究表明，如果印度共产党人无法抛弃经典马克思列宁主义的教条而去寻找自己的社会主义农政建设之路，或许还要经历更多的曲折。

一、国大党和印度共产党农政主张的趋同

由于印度特殊的国情条件，马克思列宁主义自传入印度后，其农业思想和农政主张迄今都没有得到印度共产党人的认同。印度共产党建立初期的表现是反对共产国际为印度制定的土地纲领，印度共产党早期的领导罗易从国外回到印度后更是反对苏联式的社会主义农业方式在印度的推行。独立后，印度共产党根据自己的国情条件，认为印度现阶段的革命是反帝反封建的资产阶级民主革命，革命的任务是建立一切民主的、反封建的和反帝力量的民主联合政府，以取消外国资本对印度经济的控制，废除封建土地所有制。然而也正是在这一重要的革命纲领的前提下，印度共产党内部对国大党政府一系列的政策就有了不同的思想认识，就农政建设相关的策略而言也就存在如下重大分歧，并最终成为1964年印度共产党分裂的重要原因。

第一，对国大党“社会主义类型社会”的分歧。1956年印度共产党四大在确定印度共产党的资产阶级民主革命的战略路线的同时，通过的政治决议对尼赫鲁确定的社会主义目标提出了批判，不认同尼赫鲁的社会主义政策。这一决议认为执政的资产阶级提出在印度实现“社会主义式社会”的口号，是“资

产阶级企图掩盖其政策的实质”，是企图利用群众的激进情绪来巩固资产阶级的阶级统治。但是这一决议又认为执政资产阶级采纳社会主义作为它的目标，也表明社会主义思想具有威力和吸引力，表明“国大党人、国大党的群众以及普通老百姓中”的左倾情绪。这一决议的两种不同观点，表明印度共产党内部在这一问题的认识上是极不统一的。

第二，对国大党政府土地政策的分歧。①关于印度土地问题，1956 年印度共产党四大召开时党内两派都谴责国大党的土地政策。他们之间的分歧在于对印度的土地问题的认识不同。右派认为，印度农业中的半封建关系已经削弱，它正在逐步地转变为资本主义的土地关系。旧的封建地主正在变成资本主义地主，旧的封建式雇工正在变成工资劳动者。左派则坚持认为，印度封建土地关系基本上仍然存在。②虽然两派都认为现有的土地立法是不恰当的而且贯彻不力，但对如何解决土地问题有不同看法。左派认为，应当没收属于地主的土地并把土地分配给无地农民。他们还强调必须建立农民合作社。右派则要求使土地立法更有效地贯彻执行，从而使农民能够获得土地。③1961 年初印度共产党六大召开后，对印度土地问题和印度政府的土地纲领及政策如何评价、应当采取什么方针解决土地问题，党内也存在严重分歧。分歧在于束缚农业的封建半封建枷锁是否已被打破？右派认为，反封建的任务已经大体完成，农业中的封建关系已被资本主义土地关系所取代。但左派不同意这种看法，他们坚持认为反封建的任务基本上尚未完成，印度政府不是废除了而是基本上保存了封建的土地关系。在左派看来，即使在封建地主转变为新的资本主义地主、旧的封建剥削形式转变为资本主义剥削形式的那些地方，也只是剥削形式发生了变化，即从封建剥削变为半封建剥削。

以上两个大的方面的分歧，是导致 1964 年印度共产党分裂的重要因素。其中右派分裂后成为印度共产党的主体，由于其接近国大党而进行了长期的合作；而左派分裂后构成印共（马）的主体，左派在与右派和国大党的斗争中不断发展壮大，也就有了在喀拉拉邦和西孟加拉邦执政的历史。

但是历史的发展似乎并没有如此简单，以左派面目出现的英迪拉在采用更为现实的社会主义类型社会的政策措施时，在外资上实现包括垄断资本、苏联援资在内的全部利用，在土地政策上则是继续贯彻尼赫鲁时期的各项政策法令。苏联解体后，印度共产党和印共（马）的政策主张开始与国大党合流。前述的 2000 年 10 月提鲁瓦南塔普拉姆印共（马）特别会议上确定的人民民主制度的农政新方略、2002 年 3 月印度共产党十八大的经济主张，与国大党的农政建设路线几乎没有实质区别。在印共（马）执政的工业化农政方略推进中，印共（马）甚至表现出比国大党更右的倾向，其结局就是在联邦议会地位的下降和在喀拉拉邦、西孟加拉邦的失政。

作为学术思考，我们也就不得不问，印度共产党人的社会主义理想目标在哪里？印度共产党能够超越国大党或印度人民党而成为印度的主导力量吗？它所作出的一系列对国大党非社会主义的指责在人民中有生命力吗？它有真的社会主义的精神力量在支撑吗？也许能从喀拉拉邦和西孟加拉邦两邦不同的执政模式去进行一些探寻。

二、喀拉拉邦和西孟加拉邦农政运行模式的比较

（一）落实和完善国大党的各项农政建设主张

印共（马）和印度共产党不仅在农政主张上与国大党有合流趋势，而且在曾经执政的喀拉拉邦和西孟加拉邦的农政实践中，从土地和农民私有到农民权利的给予再到国家非农化的工业化等方面，实质上就是国大党各项农政主张的落实。在农业和农民政策上，它强化了 20 世纪 70 年代中期英迪拉得到印度共产党支持的《20 点经济纲领》。该纲领保证实行农业土地持有最高限额，为无地雇工提供宅基地，废除债权、解除农村债务，增加农业工资，降低价格，提高农业、工业生产，促进城市土地社会化，制止逃税，没收走私者的财产，向学生提供廉价课本，扩大就业。然而正如英迪拉曾经所承认的，“实际上，必须这样做的是首席部长们”，但首席部长们是不能自行这样做的。于是国大党主席在 1975 年 8 月发出“关于迅速贯彻执行《20 点经济纲领》和使国大党组织行动起来”的指导方针，指示各邦设立一个从邦级到县级和区（税区）级的“分几级活动的、生产效果和承担责任的、新的代理机构”。虽然邦委员会将以首席部长为首并包括政府、国大党和行政部门中资历较深的成员，但是最重要的活动单位必须是县级和区级的委员会。就农村的改革而言，区级和地方级委员会被赋予了最大的责任。这些委员会将由下列人员组成：国大党国会议员和邦议会议员；评议委员会中任主席或委员的国大党党员，本地区的著名国大党工作人员；有经验的建设工作者，青年国大党工作人员 1 名和全国学生联合会代表 1 名；县委员会指定的有关级别的官员。与国大党的行动相似的是，印共（马）也采取了相应的组织行动，这在前述的西孟加拉邦的各项农业措施中表现得十分明显。

在工业化推进农村政策调整方面，印度共产党则更多地执行和实施了拉吉夫倡导的农政建设主张。拉吉夫执政时期，印度中央政府开始放松管制，要求各邦成立农用工业公司来促进农业及农村工业的发展。其具体政策包括：逐渐敞开国门，确立新的招商引资政策；加强政府的政策引导，成立专门的政府服务机构；推动产业化经营，给予引进和成长中的经营企业以奖励等。1989 年 4 月 28 日，拉吉夫总理宣布实施贾瓦哈尔就业计划。该计划是由现存所有农村工资性就业计划合并而来，这也意味着全国农村就业计划和农村无地劳动者就

业保证计划为贾瓦哈尔就业计划所取代。后来这些计划发展为《国家农民雇佣保障法案》。

在农村管理体制改革方面，尼赫鲁时期的农村会议管理机构指导原则中对其下层农村会议组织的意义予以肯定。原则中提到，各邦要想出办法组织农村会议，要赋予农村会议充分的权力，使它们能以一个自治政府的机构进行工作。但在其实施中，农村会议只是建立在自愿的基础上，没有任何法律约束。另有一个文件中规定，只有在农村一级制定出一项充分重视整个社会利益、重视包括雇农和小手工业者在内的弱小阶层的需求计划时，人们才能享受政府所给予的全部援助。各邦考虑到中央政府的上述规定，纷纷制定出相应的法律及计划，但都不是出于自愿。因此，各地农村会议管理机构在履行职责中，由于无实权和缺少资金，渐渐被拖垮，变得有名无实。1978 年，印度人民党政府为农村会议作出某些决定，承认县、区和村的农村会议管理机构为社会发展计划的一个单位，后来国大党政府采取了相应的措施，制定了相应的法律。为加强农村会议管理制度，印度各党派的意见是一致的。但这种改革的结果直接削弱了邦级官员的权力，受到那些为谋私权而工作的政客的阻挠，因为这样会导致他们自己的权力缩小，会使他们在人民中的影响被削弱，会使人们对他们的支持在相当程度上减少。以邦为中心的分治结构最大的问题是行政管理部门不能成功地把发展计划及其好处宣传和落实到最贫困的阶层。为了改变这一局面，拉吉夫总理于 1989 年 5 月 15 日在人民院提出了第 64 号宪法修正案，其主要内容是：①资金直接发放到各县委员会，由县委员会交付各区委员会农村会议。哪个农村会议应享受多少，则由指定邦任命的财政委员会来决定。②资金的 80%由中央政府提供，20%由邦政府调拨。③农村会议的选举，像立法会议和议会选举一样，由选举委员会组织进行。④农村发展计划要在县一级的范围制定，要考虑同整个区域发展规划相协调。县行政管理部门不仅要对此征收财税，而且要为其发展负责。

从以上的简述中可以看到，国大党、印度人民党、印度共产党和印共（马）尽管在其他领域存在分歧，但在农政建设问题上，为了争取更多的政治选票，其政策主张有着高度的一致性。国大党的农政建设思想主导着印度农政建设进程，这就使印度共产党的农政主张被掩埋在国大党的政治布局之中，也使印度共产党的农政纲领变得对农民没有丝毫的影响力。尽管印度共产党各派都坚称要以马克思列宁主义为指导，但他们的农政主张由于没有丝毫的马克思的农业思想和列宁的农政思想的影子而缺乏逻辑的必然联系。这也使其一切意识形态的说教和对国大党的指责，由于没有自己独立的农政建设主张和农民的支持而难显张力。

然而在当今世界经济一体化的条件下，任何一个政党，不管它是主持中央政府还是地方政府，也不管它是通过民主的办法还是强制的措施，都有一个促进生产力发展的任务。而这种发展对于在那些生产力不发达地区的执政而言，则需要政府与资本的合力来共同推动。尽管这种推动也许能够有效促进生产力的进步，但也必然伴随着对弱势群体的强制。对社会中弱势的农民群体来说，政府的强制也必然引发农政关系的紧张。

（二）和谐的农政关系不得不选择的轮执形态

我们曾经认为，共产党人在不发达地区所领导的农政建设必须解决好两个大问题，一是促进农业生产力的提高，二是保障农民群体的和谐关系。在这两个方面印共（马）都为我们提供了范例，同时也为其未来的执政道路给出了相应的经验教训。以喀拉拉邦轮流执政类型而言，它的发展速度在印度不是最快的，经济水平在印度也属于中等偏下，但印共（马）与农政主张基本一致的国大党形成的这种轮流执政，造就了印度乃至世界上少有的另类发展道路。多年前，印度第一任总理尼赫鲁在庆祝印度获得独立的演讲中，曾经鼓舞印度人民与“贫穷、无知、疾病和社会不公”进行斗争。为了达到理想目标，尼赫鲁主张发展重工业，实现经济独立，但在喀拉拉邦轮流执政的两党似乎都没有选择这一建设路径。两党不仅强调经济的发展，而且重视资源分配上的平等、思想上的开放、社会人口素质的提升和积极的民主参与，从而为世界上所有追求发展的国家积累了宝贵的经验，轮流执政的印共（马）当然也为这种成就做出了自己的贡献。也正是由于这一特征及其形成的传统，也许可以相信，印共（马）在喀拉拉邦再执政的可能性会大大超过西孟加拉邦。

然而就印共（马）在西孟加拉邦长达30余年的执政来看，其经济成就大大超过了喀拉拉邦。在较高的增长情况下，西孟加拉邦成为印度第三大经济体，是印度东部和东北地区的商业中心。2001—2006年西孟加拉邦经济增速为7.3%，高于全国平均值。2004—2005财年，西孟加拉邦GDP为230亿美元，人均GDP为273美元。西孟加拉邦GDP中服务业贡献最大，为57.15%，农业占24.20%，工业占18.65%。2004—2005年西孟加拉邦农业、林业和渔业GDP占本地GDP的25.67%。粮食作物中水稻种植面积最大，占粮食作物种植总面积的85%以上，其次是小麦。黄麻和茶叶是西孟加拉邦的主要经济作物。

然而，无论是在经济发展上还是在农业成就上都取得了不俗业绩的西孟加拉邦，印共（马）却在长期执政后被草根国大党取代，在地方选举上更不像喀拉拉邦那样仅以一票之差而移政，因而它被印共（马）视为一种空前的失败。大选结束后的6月和7月，印共（马）在其机关刊物《马克思主义者》上分别发表了《印共（马）中央委员会关于人民院选举的检讨》以及印共（马）总书记普拉卡什·卡拉特《关于人民院选举结果：检讨党的表现》两篇文章，对人民院选举结果进行了分析[①]。既分析了国大党获胜的因素，也分析了印共（马）失利的原因，尤其是对于印共（马）在西孟加拉邦的表现，将失利归结为3个方面的原因：①是政治上印共（马）所倡导的由左翼政党和地方性政党组成的第三阵线并没有取得人民的信任，从而促使人民只好选择国大党来组成一个稳定的政府。②邦政府方面的因素。邦政府所推行的与人民福利相关的政策措施，如公共分配制度、健康、教育、农村电气化、饮用水的供应等，不是没有被正确地执行，就是被延迟推后。在一些地区这些问题并没有得到改善，而有些地区则呈恶化的趋势。这必然引起人民的不满。邦政府因推进工业化战略而对农民的土地进行征收，也引起了农民的担忧。一些地方的少数民族也长期存在着被剥夺了受教育、工作和发展的机会的不满情绪。这些都对印共（马）的支持率产生了不利的影响。③党的组织方面的因素。选举战中的弱点也是印共（马）整个组织方面弱点的反映。长达30余年的执政对党的组织建设造成了不利的影响。官僚主义、贪污腐败、任人唯亲、玩忽职守等不正之风在一些领导干部中滋生和蔓延。

此外，在同人民关系方面，印共（马）还存在着态度呆板、缺乏信任、害怕面对问题以及避免与群众保持日常联系等问题。这些现象甚至出现在选举期间，这必然对选举产生不良影响。普拉卡什同时还强调，共产主义政党在党和运动的发展过程中必须勇于面对挫折，一次选举的失败并不能瓦解党的士气。作为左翼中的最大一支队伍，人民希望印共（马）能够为目前的统治秩序提供另一种选择。为了实现这个目标，印共（马）必须加强左翼联合，团结其他世俗的、民主的力量，在人民所关注的问题上采取联合行动。

作为中国的学者，我们认为印共（马）领导人作出的自我批评是中肯的、求实的。尽管印度左派政党联盟失去了一次选举，但这显然是前进过程中的一次曲折。如果从农政关系的演变进程来看，印共（马）这次失势有其必然性，它也是在印度民主政治体制下化解印共（马）与农民群体矛盾的一种有效形式。只要印共（马）能够总结经验，吸取教训，相信一定会取得成就。

---

① 以下引文和内容见袁群：《印共（马）剖析2009年印度人民院选举》，《社会主义论坛》，2009年第11期。

参考文献
REFERENCES

阿尔温德·帕纳加里亚，2004. 印度 20 世纪 80 年代和 90 年代的经济增长和改革［M］. 北京：中信出版社.

贝拉·库恩，1965. 共产国际文件汇编［M］. 第三册. 中国人民大学编译室，译. 北京：生活·读书·新知三联书店.

曹雪琴，2008. 农业保险产品创新和天气指数保险的应用：印度实践评析与借鉴［J］. 上海保险（8）：53-58.

陈峰君，1989. 共产国际与印度［M］. 北京：北京大学出版社.

陈明华，1995. 印度的农田水利建设［J］. 世界农业（11）：45-46.

成兰，2008. 印度乡村电子会所——农村信息化组织模式的分析与启示［J］. 内蒙古农业大学学报（社会科学版）（5）：42-45.

邓常春，2004. 从 2004 年人民党大选落败看近年来印度经济改革的社会影响［J］. 南亚研究季刊（3）：2，28-33.

丁开杰，刘合光，2006. 印度农村公共品供给体制研究［J］. 当代亚太（6）：3-9.

董运来，董玉珍，2005. 印度农业科研和推广制度研究［J］. 世界农业（10）：51-54.

董运来，余建斌，刘志雄，2008. 农业贸易自由化、贫困和粮食安全：印度的经验［J］. 华南农业大学学报（社会科学版）（4）：21-29.

冯国忠，吴红雁，2007. 印度医疗保障体制主要内涵及对我国的启示［J］. 上海医药（5）：209-210.

付云东，2006. 另类的科学与另类的发展——印度喀拉拉邦民众科学运动的科学观与发展观［J］. 科学学研究（5）：653-657.

高杰，高洁，2006. 开展中国和印度农业合作的探讨［J］. 南亚研究季刊（1）：5，120-122.

高鹏怀，宫玉涛，2008. 印度共产党：建设“第三种替代性力量”［J］. 廊坊师范学院学报（2）：60-63.

高子平，2008. 印共（马）的执政理念研究：以西孟加拉邦为例［J］. 河南师范大学学报（社会科学版）（3）：74-77.

官进胜，2007. 印共（马）在西孟加拉邦的执政经验［J］. 刊授党校（学习特刊）（8）：36-37.

官进胜，2008. 印共（马）在西孟加拉邦发挥村民自治组织的作用［J］. 国外理论动态（1）：33-34.

官进胜，邱显平，2006.“我们要保护农民的利益”——访印度西孟加拉邦首席部长巴塔恰吉［J］.国外理论动态（9）：21－23.
郭冬乐，宋则，王诚庆，1997.印度农产品流通体制考察［J］.财贸经济（7）：37－43.
黄思骏，1998.印度土地制度研究［M］.北京：中国社会科学出版社.
黄洋，1995.古代希腊土地制度研究［M］.上海：复旦大学出版社.
江林茜，2006.印度南部地区的农村工业化及其经济发展特点评述［J］.南亚研究季刊（1）：3，34－36，83.
金永丽，2007.印度农业保险发展状况简析［J］.南亚研究季刊（2）：4，79－81.
孔庆赟，2007.印度改革路径的选择及其启示［J］.湖北教育学院学报（5）：42－44.
拉姆达斯，李煊昌，1959.共产党领导下的喀拉拉邦政府两年来感动人心的记录［J］.东南亚经济资料汇编（3）：82－89.
乐波，2006.反贫困过程中的印度农村妇女自助团体［J］.孝感学院学报（2）：74－77.
李青，2010.印度农村发展近况与主要政策措施［J］.中国党政干部论坛（9）：56－58.
李筱菁，任金政，2008.印度农业保险的发展历程及启示［J］.世界农业（11）：53－55.
李喻喻，1997.独立前印度思想家对印度经济现代化道路的探索［D］.北京：北京大学.
林冈，储俊庚，2009.被治理者政治的建构——评帕萨·查特杰的政治社会理论［J］.江苏行政学院学报（2）：81－86.
林熙，林义，2008.印度农村小额保险发展经验及启示［J］.保险研究（2）：90－93.
刘欣如，1998.印度种姓制的渊源［J］.史学理论研究（2）：109－123.
罗忠玲，2004.印度种业政策的改革及影响［J］.世界农业（11）：40－41.
马克垚，2001.西欧封建经济形态研究［M］.北京：人民出版社.
莫昆丹 M V，马克·贝磊，2005.印度喀拉拉邦的教育分权计划：理想与现实［J］.教育研究（3）：63－71.
帕塔普·C.阿加瓦尔，赵穗生，1979.关于旁遮普邦卢迪阿纳县土地关系演变的一些看法［J］.南亚研究（1）：27－32.
彭树智，1992.东方民族主义思潮［M］.西安：西北大学出版社.
陶季邑，2000.中国社会主义革命和建设对尼赫鲁的影响［J］.武汉科技大学学报（社会科学版）（2）：41－45.
王红生，2009.90年代以来印度的潘查亚特制度建设与政治改革［J］.南亚研究（2）：57－65.
王金洪，2000.中国与印度农村村民自治制度比较［J］.华南师范大学学报（社会科学版）（5）：21－29.
王立新，2007.印度绿色革命国外研究：路径、观点和问题［J］.史学月刊（7）：110－116.
文富德，2005.印度农业的全球化对策［J］.南亚研究季刊（1）：1－7.
文富德，2007.印度曼·辛格政府坚持谨慎经济改革［J］.南亚研究（1）：9－14.
吴晓黎，2007.种姓、阶级与地位——以南印喀拉拉邦为例［J］.开放时代（5）：123－135.
夏尔玛，1988.印度共产党分裂的原因［M］.梅毕明，译.北京：东方出版社.
向元钧，2002.印度农业应对WTO的对策［J］.当代亚太（6）：58－64.

杨东群，李先德，2007. 印度农业和农村的发展现状及问题［J］. 世界农业（6）：44-47.

姚国章，王星，2010. 印度农村移动政务的发展探究［J］. 电子政务（12）：50-54.

张奎力，2008. 印度农村医疗卫生体制［J］. 社会主义研究（2）：56-60.

张敏秋，2006. 跨越喜马拉雅障碍：中国寻求了解印度［M］. 重庆：重庆出版社.

张青，2006. 印度对农村流动劳动力权益的保护及其对中国的启示［J］. 辽宁大学学报（哲学社会科学版）（6）：22-27.

张伟英，2010. 印共（马）在喀拉拉邦的执政历程［J］. 大众文艺（9）：138，164.

张文镝，2008. 简论印度农村的社会保障制度［J］. 当代世界与社会主义（6）：184-187.

张文镝，2009. 独具特色的印度农村医疗保障体系［J］. 上海党史与党建（8）：58-60.

张霞，2010. 民国时期“三农”思想研究［M］. 武汉：武汉大学出版社.

张要杰，2009. 印度农村潘查亚特制度（PRIs）下公共物品供给的经验研究［J］. 生产力研究（23）：164-165，196.

张颖梅，程绍仁，贾冬艳，2008. 印度农村信息技术发展及对我国的启示［J］. 辽宁农业职业技术学院学报（1）：40-42.

张治华，2000. 印度旁遮普农业大学与旁遮普邦农业［J］. 世界农业（1）：17-19.

赵枫红，2002. 印度喀拉拉邦保健服务机构的发展史［J］. 国外医学（医院管理分册）（2）：32-33.

郑亚琴，李琪，2008. 印度农村信息化模式及启示［J］. 未来与发展，29（2）：62，67-70.

周昭，2008. 印度农村非农产业发展问题研究［J］. 云南社会科学（3）：112-116.

左学金，潘光，王德华，2007. 龙象共舞：对中国和印度两个复兴大国的比较研究［M］. 上海：上海社会科学院出版社.

Fischer F，杨燕，2004. 认真对待市民意见：印度喀拉拉邦的参与性规划和“认识土地”［J］. 国外城市规划（2）：18-22.

Priyadarshi S，赵妍洁，2007. 一份谈判提案的诞生——印度参与多哈回合农业谈判的国内协调机制［J］. WTO经济导刊（5）：72-74.

Sandeep R K，2014. Rural Drinking Water Supply in Karnataka-A Case Study of Mysore Thaluk［J］. IOSR Journal of Humanities and Social Science，19（8）：18-21.

Rao G，Rao V K R V，2002. Fiscal decentralization in Indian federalism［J］. Annexure（1）：32.

后记

POSTSCRIPT

本著很早即已完稿，由于自己的学术天真，在遭遇人生曲折之路后而不得不延迟到现在出版。其间母亲潘兰香谢世！按照老人家的遗愿，我们把她安葬在湖南老家父亲李明星的身旁，纪念双亲的碑铭是：三十八军战士神骨不朽，四十一载烈属圣气永垂。父亲抗美援朝创造的精神，是我战胜逆境不竭的动力。在我愧对父母而处于低谷时，是弟妹李典贵、李福英、李秀英、李静、李湘和妹夫蔡明三、陈明星、熊建平、卢正阳的精心呵护，王建岗、刘榕城、田军、莫斌、李鹏杰、刘强、刘华平、肖燕燕、张玉强、杨山、高建军、李茂金等老同学的诚挚鼓励让我走出了困境。能够站立起来而恢复自己的重生之路，我首先要感谢中国社会科学院农村发展研究所研究员、中国国外农业经济研究会第七届理事会会长杜志雄，他对我的世界各国农政道路研究给予了不断的鼓励与支持，代表中国国外农业经济研究会的专家对本著作出了肯定的评价，并予以推荐出版。其次要感谢中国社会科学院研究生院的老同学刘继磊，他使我成为中国科技孵化器的专家，主政了广东光彩众创孵化器集团而恢复了人生的自信，先后承担过广东的增城、天河、肇庆、云浮，广西的平果，贵州的独山，山东的菏泽、单县的国家级和省级科技企业孵化器、众创空间和星创天地的项目管理工作。然后要感谢广东省人民政府参事、省乡村发展协会理事长钟韶彬，他曾任广东省扶贫开发协会秘书长，他使我成为中国这个最发达、最具活力地区的扶贫一员，出任广东省南方扶贫开发研究院副院长兼研究员而恢复了我的学术自信，让我拓宽了研究视野，得以深入西藏、四川、贵州、广西等少数民族地区进行深层次的课题调研，所形成的成果得到了广东省内专家的高度肯定，也分别被国家级各类新闻媒体采用。在西藏、四川的课题调研中，我还有幸结识了广东省农业农村厅的韦浩处长、刘亚平处长和孙东才主任，我们在相互的配合中结下了深厚的友谊，他们在援藏援川工作中的热情和精神深深地感染了我，也成为我奋进于农政研究的重要的力量。还要感谢华南农业大学的倪根金教授和中国农业博物馆的徐旺生研究员，他们为我的农政研究提供了诸多帮助，使我的学术圈从农村发展拓展到农业农村史领域，在《俄罗斯东欧中亚研究》上发表了《普京农政思想与俄罗斯农政道路的形成》一文，并分别被翻译成英文和俄文在国外一些期刊上转载；在《古今农业》上发表了《中国农政思想起源研究》，在学术界首次尝试性地进行了中国古代农政思想起源的探讨；参加过华南农业大学与中国农业历史学会举办的首届年会，其中《甲骨文中的农事文化与创制主体初探》产生了较好影响。最后要特别感激杨琼肖大姐，她以精湛的中国自然疗法调理好了我的身体，使我有了学术再生的物质基础！尽管遭遇了人生磨难，但梦想不曾改变。苦难有时可以成为人生的财富而产生无穷的动力，能够在岭南这片中华民族的福地而恢复我的学术梦想，真是三生有幸！

2022年元月8日于广东省肇庆市怀集县桥头镇青柠檬庄园

图书在版编目（CIP）数据

印度农政分治研究 / 李典军著．—北京：中国农业出版社，2024.4

ISBN 978-7-109-31986-8

Ⅰ．①印…　Ⅱ．①李…　Ⅲ．①农业政策－研究－印度
Ⅳ．①F335.19

中国国家版本馆 CIP 数据核字（2024）第 103811 号

印度农政分治研究
YINDU NONGZHENG FENZHI YANJIU

中国农业出版社出版
地址：北京市朝阳区麦子店街 18 号楼
邮编：100125
责任编辑：张潇逸　边　疆
版式设计：王　晨　　责任校对：张雯婷
印刷：北京中兴印刷有限公司
版次：2024 年 4 月第 1 版
印次：2024 年 4 月北京第 1 次印刷
发行：新华书店北京发行所
开本：700mm×1000mm　1/16
印张：20.75
字数：395 千字
定价：128.00 元
